TOM LEVINE

Planet Auto

D1719158

Buch

Mobilität lautet das Zauberwort der Moderne: Unterwegs sein ist alles, heute hier, morgen da, und überall erreichbar. Da ist es kein Wunder, dass Autos eine zentrale Rolle in allen Lebenslagen einnehmen. Angefangen bei erotischen Abenteuern der Postpubertät über die Vans der Jungfamilien bis hin zum Rentner-Porsche. Tom Levine beleuchtet die tiefe Beziehung zwischen Mensch und Auto in all ihren Aspekten und sucht nach Erklärungen auf all die Fragen, die sich schon viele gestellt, aber nur selten ausgesprochen und sich noch seltener beantwortet haben: Weshalb ist die andere Spur im Stau immer die schnellere? Warum schleicht der da vorne so auf der Mittelspur? Sind Frauen die stureren Autofahrer? Kann Ablasshandel nach dem Motto »Ich fahre viel, aber dafür sammele ich Yoghurtbecher« das Gewissen des umweltbewussten Fahrers beruhigen? Levine ist diesen und vielen anderen naheliegenden wie ausgefallenen Fragen nachgegangen und schildert den täglichen Wahnsinn im Straßenverkehr mit einem Augenzwinkern – intelligent und vergnüglich.

Autor

Tom Levine, Jahrgang 1964, ist seit mehr als zwanzig Jahren Journalist. Für die Berliner Zeitung berichtete er fünf Jahre lang als Korrespondent aus London; 2002 wechselte er als Korrespondent in ihr Bundesbüro nach Berlin. Seit Ende 2005 schreibt er wieder frei – unter anderem für die Welt am Sonntag und den Tagesspiegel. Tom Levine lebt mit seiner Frau und zwei Töchtern in der Nähe von Düsseldorf und in Berlin.

Tom Levine

Planet Auto

Warum wir im Stau immer
in der falschen Spur stehen –
und andere Rätsel
aus dem Autofahrer-Alltag

GOLDMANN

FSC

Mix
Produktgruppe aus vorbildlich
bewirtschafteten Wäldern und
anderen kontrollierten Herkünften

Zert.-Nr. SGS-COC-1940
www.fsc.org
© 1996 Forest Stewardship Council

Verlagsgruppe Random House FSC-DEU-0100
Das für dieses Buch verwendete FSC-zertifizierte Papier
München Super liefert Mochenwangen.

1. Auflage
Taschenbuchausgabe April 2009
Wilhelm Goldmann Verlag, München,
in der Verlagsgruppe Random House GmbH
Copyright © der Originalausgabe 2007
by Riemann Verlag, München,
in der Verlagsgruppe Random House GmbH
Umschlaggestaltung: Design Team München
Umschlagabbildung: Getty Images/Acadia (56502662)
Redaktion: Roland Rottenfußer
KF · Herstellung: Str.
Druck und Bindung: GGP Media GmbH, Pößneck
Printed in Germany
ISBN: 978-3-442-15549-1

www.goldmann-verlag.de

Inhalt

Prolog

Eigentlich wollte ich nur ein Auto kaufen.

Aber ich wollte es richtig machen diesmal. Überlegt. Systematisch. Ich legte also eine leere Seite Papier vor mir auf den Schreibtisch und schrieb links oben das Wort »Autokauf« darauf. Ich unterstrich das Wort zwei Mal, und dann guckte ich aus dem Fenster.

Lange. Sehr lange.

Wie kauft man eigentlich ein Auto? Eine dumme Frage. Indem ich darüber nachdachte, fand ich sie aber auf einmal gar nicht mehr so dumm. Es ist doch ganz im Gegenteil erstaunlich. Beim Discounter um die Ecke, bei dem ich mich mit allen Dingen des täglichen Bedarfs und diesen praktischen Schraubendrehersets eindecken kann, gibt es doch sonst fast alles. Die haben dort zeitweise Satellitenschüsseln im Angebot und Motorsägen, Cocktailkleidchen, Aktien, Flugtickets, im Einzelfall sogar Klobrillen. Nur Autos, die verkaufen die dort nicht.

Für Autos gibt es Autohäuser. In denen aber gelten Gesetzmäßigkeiten, die der Discounter nicht kennt. Es fängt schon damit an, dass man sich vorbereiten muss, bevor man ein Autohaus betritt. Man sollte nämlich wissen, für welches Auto man sich interessiert, für welches Modell, welchen Motor – sonst geht das sehr wahrscheinlich schief. Wenn man das Verkaufspersonal dazu bringen möchte, sich ins Zeug zu legen, muss man in das Beratungsgespräch zudem Fachausdrücke einflechten. »Mir erscheint der Wagen mit 190 PS etwas untermotorisiert.« Vorkenntnisse sind auch sehr wichtig. »Ich habe mir sagen lassen, dass die Fünfstufen-Tiptronic dem Schaltgetriebe in der Fahrdynamik deutlich überlegen ist. Sehen Sie das auch so?« Und wenn alles gut geht, dann verlässt man das Autohaus mit ein paar Broschüren, aber ohne einen Kaufvertrag.

Der durchschnittliche deutsche Mann, habe ich irgendwo gelesen, braucht zwei Jahre, um sich ein neues Auto zu kaufen. Ich könnte mir also etwas Zeit nehmen.

Ich ließ den leeren Zettel zurück und machte mich auf den Weg. Ich wollte Vorkenntnisse sammeln, mir einen Überblick verschaffen. In der Innenstadt gibt es eine gut sortierte Buchhandlung, in der man, was man lesen, aber nicht kaufen will, bei einer Tasse Kaffee durchblättern kann. Ich suchte dort mit mäßigem Erfolg die Sachbuchregale ab, dann nahm ich mir einen Stapel Fachzeitschriften und suchte mir schließlich einen warmen, behaglichen Sessel in der Nähe des Kaffee-Ausschanks. Das Taschenbuch mit einer sozialpädagogischen Abhandlung über den kollektiv neurotischen Charakter des Automobilismus legte ich schnell wieder beiseite. Was für ein Unsinn. Den Bildband über hübsche Sportwagen auch. Schön wär's. Die Zeitschriften gewährten mir immerhin Zutritt in die fremde Welt der Einspritzpumpe, des Drehmoments und des doppelten Dreieckslenkers. Staunend las ich von bulligen Boliden, ruppigen Triebwerken und üppig dimensionierten Hochleistungsbremsanlagen. Ich verglich Modelle und Marken, Segmente und Sicherheitsnormen. Ich nahm den aktuellen Stand der Navigationstechnologie zur Kenntnis und die Wut über die Benzinpreisentwicklung. Ich wälzte Verbrauchs- und Verlässlichkeitslisten, bis ich mich in zahllosen Fahrberichten verlor.

Vielleicht lag es an der Zeit, der Wärme, vielleicht am Kaffee: Irgendwann verstand ich nichts mehr. Die Dinge vermischten sich, die Modellnamen, die technischen Details und Errungenschaften. ESP, CKD, HUD und SIPS, alles wurde plötzlich eins, mein Blättern hektischer, die Gesichtshaut rötete sich. Von einem Nachbartisch erntete ich einen missbilligenden Blick. Es muss von dort aus ausgesehen haben, als studierte ich heimlich billige Pornoheftchen.

Ich ergriff also die Flucht. Draußen dröhnte der Feierabendverkehr. Langsam klärte sich mein Hirn. Aber ich war beunruhigt.

Wir alle sind ständig mit Autos unterwegs. Wir sind ein Volk von Autofahrern. Unsere Kultur, unsere Wirtschaft, unsere Städte, unsere Landschaft sind vollständig eingestellt auf das Automobil. Wir mögen das Auto lieben oder hassen, in keinem Fall kommen wir an ihm vorbei. Manche von uns sterben im Auto, manche leben nur in ihm so richtig auf, manch einer lebt auch *von* ihm. Das Auto ist allgegenwärtig. Die Gegenwart ist automobil.

Aber wenn über Autos geredet wird, dann stehen plötzlich nur noch dynamische Fahrwerke im Vordergrund, die Beinfreiheit im Fond oder die hohen Benzinpreise. Das muss einen doch verwundern. Es geht beim Autofahren schließlich nicht nur um Technik, um Zahlen, um messbare Werte. Es geht doch zum Beispiel auch um Gefühle. Oder um das, was in unseren Köpfen passiert, wenn wir fahren. Um das, was wir mit uns und mit un-

seren Mitmenschen erleben, im Stau oder im Geschwindigkeits-
rausch auf der Überholspur.

Ich hätte da so eine Theorie. Vielleicht redet und schreibt –
von wenigen leuchtenden Ausnahmen abgesehen – kaum mehr
einer über die emotionale, die menschliche und die soziale
Dimension des Autofahrens, weil wir gerade im deutschsprachigen Raum völlig verlernt haben, solch eine Diskussion auch einmal gut gelaunt zu führen. Es gibt eine heimliche gesellschaftliche Verabredung, der zufolge Autofahren im Grunde gefühls-
krank, unmenschlich oder asozial sei. Es findet sich zumindest
immer jemand, der ernsthaft danach fragt, warum wir immer
noch nicht umgestiegen sind in den Bus oder nur noch Drei-Li-
ter-Autos fahren (drei Liter Verbrauch, nicht drei Liter Hubraum). Und so etwas macht jedes Mal schlechte Laune, deshalb
reden wir dann lieber über adaptive Dämpfungssysteme, was
auch immer die dämpfen sollen. Hauptsache, die Besserwisser
können dann nicht mehr mitreden.

Ich gestehe, dass mir das nicht gereicht hat.

Ich habe mich deshalb auf die Suche gemacht. Ich habe gesammelt: Fragen, Antworten, Eindrücke, Erlebnisse, Kommen-
tare, Interpretationen, auch Kuriositäten. Abseits des Main-
streams der Motormedien habe ich eine ziemlich facettenreiche
und faszinierende automobile Welt gefunden, die ich zuvor
kaum wahrgenommen hatte. Mein Buch soll Einblicke bieten in
diese wunderliche Alltagswelt und in unsere automobile Gesellschaft. Es soll die eigenartigen Gesetzmäßigkeiten dieser Welt
aufzeigen und Antworten geben auf Fragen, die wir uns immer
schon heimlich gestellt haben. Es soll erklären helfen, wie wir
Menschen ticken, wenn wir Autos kaufen und wenn wir Autos
lenken. Es soll aufzeigen, wie wenig wir darüber wissen, warum
der Straßenverkehr manchmal stockt, warum manche Leute par-

tout nicht einparken können oder wie sich Unfälle wirklich vermeiden lassen. Das Buch lädt ein, einen Blick hinter die menschlichen und die sozialen Kulissen der Autowelt zu werfen. Und tief hinein in die menschlichen Gehirnwindungen.

Eigentlich wollte ich nur ein Auto kaufen. Nun ist erst mal ein Buch dabei herausgekommen.

1

Der unbekannte Planet

Ein Wunder vor dem Kühlergrill *oder:*
Warum auf der Straße besondere Gesetze gelten

Ich habe da ein Problem. Keine große Sache eigentlich, aber doch so irritierend, dass es mich nicht loslässt.

Es ist nämlich so: Wenn ich unter Zeitdruck in die Stadt fahre, dann lande ich seit einiger Zeit unausweichlich hinter jemandem, der maximal 38 Stundenkilometer schnell fährt. Es sei denn, wir nähern uns einer grünen Ampel. Dann bremst er. Ich weiß nicht, warum mir das passiert. Es passiert mir. Völlig unabhängig davon, durch welche Stadt zu welcher Zeit ich mit welchem Auto fahre, ich begegne einem Störfaktotum. Auch der Umkehrschluss gilt. Wenn ich viel Zeit mitgebracht habe, es also nicht so darauf ankommt, ob ich schnell oder langsam durch die Stadt komme, dann werde ich von wahrscheinlich demselben Fahrer in demselben Auto überholt. Mit 70 Stundenkilometern. Es ist zum Zähne ausziehen, aber offenbar völlig unvermeidbar.

Ich habe das lange nicht wahrhaben wollen, aber inzwischen glaube ich doch, dass die Sache irgendwie Methode hat. Sie folgt einer noch nicht näher beschriebenen Ableitung jener Grundregel, die gemeinhin als Murphys Gesetz bekannt ist. Streng genommen handelt es sich ja um Finagles Gesetz der dynamischen Negative. Seine Bedeutung ist eigentlich jedem geläufig: »Wenn etwas schiefgehen kann, dann geht es schief.« Es ist einfach nicht anders zu erklären. Von einer Naturkonstante abgesehen, gibt es weder einen nachvollziehbaren Grund für eine solche statistische Auffälligkeit, noch dafür, mit 38 Stundenkilometern durch die Stadt zu fahren.

Selbst bei koreanischen Kleinwagen kann man in der mitgelieferten, holprig übersetzten Betriebsanleitung nachlesen, dass das Fahrzeug serienmäßig mit einem Gaspedal ausgestattet ist, dessen Gebrauch nicht unter Strafe steht. Spätestens seit Wiedereinführung des Tempolimits im Jahre 1957 wird an den Fahrschulen in der Bundesrepublik Deutschland zudem gelehrt, dass die Höchstgeschwindigkeit in geschlossenen Ortschaften gesetzlich auf 50 Stundenkilometer festgesetzt ist. Wer will, kann sich dies auch jederzeit im Internet oder bei der Telefonauskunft bestätigen lassen. Zur Not wird man auch den örtlichen Pfarrer danach fragen können. Er wird es wissen, da bin ich mir sicher.

Wer sein Auto nach 1957 einmal aus der Garage geholt hat, wird möglicherweise sogar beobachtet haben, dass die informelle Geschwindigkeitsbegrenzung auf großen Durchgangsstraßen in unseren Städten gemeinhin bei etwa 60 Stundenkilometern liegt. Das ist, nur für diejenigen, denen es noch nicht aufgefallen ist, daran zu erkennen, dass alle anderen – inklusive aller Polizeifahrzeuge – auf den entsprechenden Straßen mit entsprechender Geschwindigkeit unterwegs sind. Es gibt an anderen Stellen Wohnstraßen, für die zeitweise oder gänzlich eine Höchstgeschwindigkeit von 30 Stundenkilometern vorgeschrieben ist, und manchmal werden auf Ausfallstraßen 70 Stundenkilometer erlaubt.

Aber von 38 Stundenkilometern ist auf den rund 50 Seiten der Straßenverkehrsordnung überhaupt nicht die Rede, und von Abbremsen vor grünen Ampeln erst recht nicht, weshalb die Fahrerinnen oder Fahrer der oben beschriebenen Fahrzeuge nach meinem Dafürhalten auf den Verkehrsübungsplatz gehören oder in die Straßenbahn. Aber bitte doch nicht unmittelbar vor meinen Kühlergrill!

Ich will nicht missverstanden werden. Ich bin von Natur aus ein ausgesprochen geduldiger Mensch. Ich verbringe große Teile meiner Freizeit gerne und häufig damit, bei Rot an der Ampel zu stehen. Als passionierter Architekturfreund schätze ich es auch, mich eingehend mit den Werken deutscher Baukunst befassen zu können, die die Ausfallstraßen unserer Großstädte säumen. Nichts ärgert mich mehr als Menschen, die in den Straßen Hektik verbreiten, nur weil sie unbedingt pünktlich bei Verabredungen, Konzerten, Abflügen oder Gehirnoperationen erscheinen wollen. Ich rede hier der Selbstjustiz ganz ausdrücklich nicht das Wort. Ich gebe nur eine wichtige Beobachtung zu Protokoll. Woher rührt es, dass viele Menschen mit angemessenen Geschwindigkeiten so große Schwierigkeiten haben? Und warum fahren diese Menschen immer genau vor mir herum, wenn ich sie da nicht brauchen kann?

Man wird sich doch mal damit beschäftigen dürfen, oder?

Und es ist schließlich nicht die einzige erstaunliche Konstante, die mir begegnet, wenn ich Auto fahre. Meine empirischen Erhebungen sind diesbezüglich noch etwas lückenhaft, aber ich möchte schon einmal versuchsweise eine Gesetzmäßigkeit für dreispurige Autobahnen unterstellen. Sie lautet: Mindestens alle achteinhalb Minuten wird man auf der mittleren Spur einen Mitmenschen antreffen, der sich mit seinem Fahrzeug langsamer fortbewegt als der Verkehr auf der rechten Spur. Einen Mittelspurschleicher also.

Ich will niemandem das Recht absprechen, nach seinem Gutdünken die Autobahn zu nutzen. Ich frage mich nur langsam, warum wir eigentlich noch Geld dafür ausgeben, Autobahnen dreispurig auszubauen. Es nützt doch ohnehin nichts. Die rechte Spur wird einzig von Gurkentransportern und die mittlere allein von Trantüten im dritten Gang benutzt, und wir, der Rest, üben auf der linken Spur Polonaise. Immer schön beim Vordermann an die Stoßstange gelehnt, und dann alle gemeinsam, oder was? Das können wir, wenn schon, auch gleich zum System ausbauen. Bei DaimlerChrysler gibt es das im Teststadium schon, das nennt sich »elektronische Deichsel«. Jeder hakt sich per Radar beim Vordermann an, heraus kommt dann so eine Art selbst gebastelter Autoreisezug, nur ohne Speisewagen. Senkt auch die Energiekosten, sagt die NASA. Ganz toll.

Aber die Idee der Mittelspur war mal eine andere. Im Bundesverkehrswegeplan steht nirgendwo, dass man dort nur mit einem Attest fahren darf, auf dem steht: »Darf nicht schneller fahren als 80 und nur im Ausnahmefall auf die rechte Spur wechseln. Wegen Bluthochdruck.«

Ich habe mich sogar mal mit einem Mittelspurschleicher unterhalten. Das war lehrreich, wirklich. Ich habe kaum glauben können, was dieser Mittvierziger, Opel Kadett in sämig-braun, mir alles an Begründungen gab, als ich mir erlaubte, ihn an der nächsten Autobahnraststätte sanft an die Straßenverkehrsordnung zu erinnern: Rechtsfahrgebot, ganz vorne gleich im Gesetz, Paragraph 2, Absatz 2. Was der nicht alles erzählt hat. Man wäre auf der Mittelspur sicherer unterwegs, weil die breiter sei (so ein Blödsinn). Man könne auch nicht so schnell von der Spur abkommen (aha). Die anderen ließen ihn immer hinter den Lkw verhungern (mit 80? Und warum eigentlich nicht?).

Ich bin der Sache nachgegangen, weil mich auch diese Frage nicht losgelassen hat: Wie kommt das zustande, dieses Mittelspurschleichen? Ich habe mich darüber mit Verkehrspsychologen unterhalten, mit Verkehrserziehern, Fahrlehrern, Autoentwicklern. Niemand hat mir eine abschließende Antwort darauf gegeben. Vielleicht ist es die Angst vor dem Spurwechsel. Man glaubt es kaum, ich jedenfalls nicht, aber das ist offenbar wirklich schwerer Stress für viele Leute. Gucken, ob jemand neben einem fährt. Blinker setzen (eher optional). Steuer bewegen.

Dem Mittvierziger, Kadett sämig-braun, konnte man entsprechende Insuffizienz nicht ansehen. Das war kein unnormaler Mensch, höchstens ein bisschen penetrant. Aber er sah nicht aus wie jemand, dem berufliche und private Verpflichtungen fremd sind, möglicherweise war er gar des Lesens und Schreibens mächtig. Es waren keine deutlichen Verhaltensauffälligkeiten zu beobachten bei unserem kurzen, aber heftigen Gedankenaustausch in der Nähe von Paderborn.

Er hat mich nachdenklich zurückgelassen, mein Mittelspurschleicher. Er hat Fragen in mir aufgeworfen, die für einen Vielfahrer wie mich keineswegs zweitrangig sind. Wieso gibt es so viele Idioten auf der Straße? Warum blinkt eigentlich kaum noch jemand? Wieso überholen Audi-A4-Fahrer so gerne in unübersichtlichen Kurven? Warum parken die Opas in ihren Porsche Cayennes immer in der zweiten Reihe? Und könnte sich dieser Idiot da vorne jetzt langsam mal entscheiden, wohin er will? Oder jedenfalls einparken?

Ich will versuchen, all diese Fragen zu einer einzigen zu abstrahieren: Wie kommt es, dass inmitten unserer einigermaßen zivil sortierten Gesellschaft ein Bereich existiert, in dem andere Gesetze gelten als sonst (Murphy zum Beispiel), in dem jeder offenbar macht, was er will, und in dem simple Regeln des höflichen Umgangs miteinander nicht zu gelten scheinen.

Ich bin dann auf eine vielleicht eher abwegige Idee gekommen: Vielleicht tritt man, wenn man sich in ein Auto setzt, quasi in eine Parallelwelt ein, ein Universum, das zu jeder Zeit neben dem normalen, von Newton und Einstein hinreichend beschriebenen Universum existiert. Finagles Universum, zum Beispiel. Vielleicht herrschen auf den Straßen deshalb so seltsame Eigengesetze, weil der Planet, auf dem wir fahren, nicht mit dem Planeten identisch ist, auf dem wir leben.

Ich weiß, empirisch ist diese Theorie sehr, sehr schwer nachzuweisen. Wenn ich aus dem Küchenfenster auf den Parkplatz meines eigenen Autos gucke, deutet einiges darauf hin, dass das Auto tatsächlich auf dieser Erde und nicht auf einem anderen Planeten steht. Es ist dennoch so, dass man die Gesetzmäßigkeiten des Autofahrens, zumal die noch kaum entdeckten, die ich erwähnt habe, mit einer interplanetaren Verwicklung besser erklären könnte als im Rahmen der newtonschen Physik.

Als Gedankenexperiment sollte das also mal erlaubt sein. Möglicherweise kann so eine mentale Exkursion auf den Planeten Auto schließlich Fragen beantworten, die sich noch nie jemand zu stellen getraut hat, die aber dringend beantwortet werden sollten. Wozu werden »Wildwechsel«-Schilder aufgestellt? Warum parken Frauen schlechter ein als Männer? Warum halten die Leute in Deutschland um vier Uhr morgens an menschenleeren Kreuzungen, nur weil die Ampel rot ist? Warum gibt es in jedem toten Gewerbegebiet einen Kreisverkehr, aber sonst kaum irgendwo? Was macht eigentlich dieser komische Knopf da links neben dem Lichtschalter? Und warum, warum, warum hänge ich immer, wenn ich es eilig habe, hinter jemandem, der im Fahren seinen Träumen hinterherschleicht?

Ein Heer von bedeutenden Autofahrern
Vom Mangel an Durchschnittlichkeit und den Quellen der Bewegung

Bevor ich mich im Weiteren über die Fahrgewohnheiten anderer Leute beklage, sollte ich vielleicht eines klarstellen: Ich selbst bin ein sehr guter Autofahrer. Es gibt zugegebenermaßen Leute, die finden, dass ich zu aggressiv fahre, zu schnell und zu rücksichtslos. Es gibt auch Leute, die meinen, dass es ungerecht und nicht hilfreich sei, wenn ich dauernd über die ganzen Idioten auf der Straße schimpfe. Ich sei nicht gelassen genug am Steuer, und ich würde mich deshalb selbst ablenken, erklären sie mir besserwisserisch. Nun gut. Es gibt auch Leute, die finden, dass Hansi Hinterseer Musik macht. Der Spielraum für menschlichen Irrtum ist bekanntlich unermesslich.

Im Übrigen darf ich darauf hinweisen, dass ich mit meiner Einschätzung völlig im Trend liege. Die meisten Deutschen halten sich für gute Autofahrer. Die meisten Deutschen sind wie ich der festen Überzeugung, dass sie zu jeder Zeit kontrolliert, vorausschauend, fair, höflich, dabei nicht ängstlich oder übervorsichtig und somit immer im Interesse des zügigen allgemeinen Fortkommens unterwegs sind. Es gibt nur wenige Ausnahmen hierzulande. Ein paar Menschen halten sich für schlechte Autofahrer, weil sie es a) bekanntermaßen sind und dafür auch mehrfach ausgezeichnet wurden, z. B. durch Führerscheinentzug, oder weil sie

b) ihre Führerscheinprüfung erst vor ein paar Wochen gemacht haben und deshalb zu Recht der Meinung sind, sie könnten noch etwas dazulernen. Für mich gilt weder das eine noch das andere.

Ich muss allerdings sagen, dass die Selbsteinschätzung des deutschen Autofahrers und der deutschen Autofahrerin gewisse statistische Schwierigkeiten mit sich bringt. Wenn etwa 90 Prozent der Mitbürger überdurchschnittliche Fahrzeuglenker sind, dann können ja nur noch die restlichen zehn Prozent durchschnittlich oder unterdurchschnittlich gut fahren. Ich bin kein Statistiker, aber ich habe das dumpfe Gefühl, dass das mathematisch nur mit relativ großem Aufwand erklärbar ist. Die unterdurchschnittlich fahrenden Menschen müssten schließlich geradezu unterirdisch schlecht fahren, also im Grunde genommen nur noch von Unfall zu Unfall taumeln, damit der Rest ihrer Mitmenschen über den Mittelwert käme.

Zudem entspricht das Verhältnis 90 zu 10 auch nicht ganz meinen Beobachtungen, mit Verlaub. Mir fällt jedenfalls keine einigermaßen nachvollziehbare Begründung dafür ein, warum die erwähnten zehn Prozent der durchschnittlich bis unterdurchschnittlich qualifizierten Mitfahrer stets ausgerechnet in unmittelbarer Umgebung meines Autos unterwegs sein sollten. Das Leben ist doch kein Detlev-Buck-Film.

Es liegt insofern nahe, und damit will ich natürlich niemandem persönlich zu nahe treten, dass sich der eine oder die andere Deutsche etwas überschätzt, was die eigenen Fahrkünste anbelangt. Allein dieses Selbstbewusstsein ist freilich bemerkenswert. Wir Deutschen sind doch sonst gar nicht so. Überschätzt wird in diesem Land gemeinhin nur das eigene oder kollektive Unvermögen. Ob es nun darum geht, das Handy zu programmieren, uns scheinselbständig zu machen oder eine leichte Vogelgrippe auszukurieren: Immer taumeln wir Deutschen unmittelbar am Abgrund. Und wenn sich überhaupt jemand findet, der ein Problem in Angriff nimmt, dann setzen wir all unsere rhetorischen Fähigkeiten ein, um ihn oder sie zu entmutigen. Sollten wir uns doch einmal etwas trauen, dann nur, wenn wir uns vorher gegen Misserfolge rundum sorglos versichert haben. Angela Merkel sagt an dieser Stelle gerne, dass in Deutschland immer zuerst auf das Risiko geschaut wird, und oft dann gar nicht mehr auf die Chancen.

Es gibt sogar Deutsche, die essen freiwillig Tofu, weil sie hoffen, damit das Sterberisiko zu senken.

Und ausgerechnet dieses unser Volk am Rande des depressiven Totalausfalls überschätzt sich also beim Autofahren? Woran liegt das?

Es gibt auf alle Fragen eine Antwort, und diese stammt vom Philosophen Peter Sloterdijk. Wir Menschen, hat Sloterdijk in einem Interview gesagt, sind im Kern Nomaden, wir haben uns anthropologisch gesehen immer in Bewegung befunden und nach Bewegung gesehnt. Es sei also, um einen anderen meiner Lieblings-Philosophen, Douglas Adams, aufzugreifen, nicht so sehr der Fehler gewesen, dass wir uns seinerzeit von den Bäumen heruntergewagt haben, sondern dass wir vor etwa 10 000 Jahren die Idee hatten, sesshaft zu werden. Als wir damals Heimchen am Herd geworden sind und unsere eigentliche Bestimmung verrieten, hätten uns, so Sloterdijk, aber zum Glück die Schamanen ausgeholfen, indem sie – mit ihren Riten, Mythen, Legenden und Zaubereien – zumindest die Seelen in Bewegung hielten.

Die haben damals so eine Art allgemeines Halteverbot für Seelen durchgesetzt. Wenn also jemand in der Stammesrunde auftauchte, der nicht mehr fröhlich am Leben dieser frühen Menschengemeinschaften teilnahm, dann diagnostizierten sie, er sei von allen guten Geistern verlassen. Ergo müssten, um ihn wieder gesund und fröhlich zu machen, diese persönlichen Begleitgeister zurückgepfiffen werden, schlimmstenfalls vom Rande der Welt. Als Psychotherapie der Bronzezeit wurde dementsprechend eine Seelenwanderung verordnet. Das war die damals erlaubte Form der Mobilität.

Nun weiß auch ich, dass man das Wirken der Schamanen nicht in allen Fällen auf die Moderne übertragen kann und sollte. Ich würde zum Beispiel nicht empfehlen, einem solchen Medizinmann die Genehmigung zu erteilen, einen Eingriff am offenen Herzen vorzunehmen. Aber Sloterdijks Idee ist trotzdem nicht ganz von der Hand zu weisen, finde ich. Wie wichtig die geistige Mobilität für unser seelisches Wohlbefinden ist, kann man schließlich anhand verschiedener Zeitalter und Kulturen nachvollziehen. Wenn man es zum Beispiel leicht vereinfacht betrachtet, sind die Religionen im Mittelalter in erster Linie geistige Reiseveranstaltungen gewesen. Die ganzen biblischen Geschichten mögen ungeschminkt Gottes Wort sein, aber sie sind nicht zuletzt deshalb so erfolgreich gewesen, weil sie bei den Leuten einen regelrechten Spielfilm im Kopf ausgelöst haben. Weihnachten war damals kein Einzelhandelsereignis, sondern sozusagen ein Psychotrip, eine phantastische Reise.

Erst in der neuesten Neuzeit ist das Seelenwandern wieder schwieriger geworden. Die Aufklärung mit ihrem Ideal der Vernunft hat unsere Seelen erst fußkrank und dann sesshaft gemacht. Seit Friedrich Nietzsche 1882 in der »Fröhlichen Wissenschaft« gar nicht fröhlich den Tod Gottes verkündet hat, tut der aufgeklärte Mensch sich schwer, mit seiner Seele ganz träumerisch im Paradies am anderen Ende der Welt Platz zu nehmen. Dem Verstand schwant schließlich doch, dass die Sache mit den gebratenen Tauben allenfalls allegorisch, möglicherweise aber sogar nur als plumper Marketing-Gag eines Religionsgründers entstanden ist. Da bleibt die Seele lieber zu Hause, auch wenn das auf die Dauer nicht gewinnbringend ist.

Aber die Rettung nahte schon, zum Glück. Als Nietzsche gerade Gott beerdigte, machte Karl Benz seine Hände mit Öl schmutzig und erfand das Automobil. Das hat uns gerettet, meint Sloterdijk. Denn jetzt können wir mit Motorkraft durch die Gegend nomadisieren, fast so leicht wie die wandernden Seelen, und die schaukeln einfach mit.

Das Auto ist für Sloterdijk deshalb eine Einrichtung, die gar nicht in erster Linie unseren Körper, sondern unseren Geist bewegt. »Es herrscht heute leider ein Übergewicht an naiven verkehrssoziologischen Theorien«, sagt der Philosoph, »die in Automobilen vor allem Transportmittel erkennen wollen. Aber solange man bloße Transportwissenschaft betreibt, kommt man an die wesentlichen Schichten der modernen Automobilität nicht heran. Ich glaube, man muss in den Fahrzeugen der Menschen in erster Linie Verklärungsmittel und Intensivierungsmittel sehen, mithin kinetische Antidepressiva.«

So erklärt sich mit einem Satz, warum die Deutschen so intensiv auf den Straßen unterwegs sind. Und sich natürlich, weil sie das so glücklich macht, auch für gute Autofahrer halten.

Was aber ist nun eigentlich das Wesen des Automobils?

Mein Macht-Faktor
Warum Autofahren göttlich und die Fernbedienung hilfreich ist

Ich erinnere mich sehr genau an den Tag, an dem sich mir in meiner neuen Eigenschaft als Autobesitzer das Wesentliche im Wesen des Autos erschloss. Ich hielt die frischen Fahrzeugpapiere noch in der Hand. Ich hatte sie gerade im Austausch gegen mehrere Dutzend großer Geldscheine und eine Unterschrift unter den Kaufvertrag erhalten. Das erste Mal in meinem Leben hatte ich einen Neuwagen in Empfang genommen.

Meine Hand strich über das kühle Metall, mein Blick prüfend über die Form der Karosserie. Ich öffnete die Tür und sog diesen merkwürdigen Geruch ein, den Neuwagen von sich geben. Ich finde ihn unangenehm, wenn er mir in Mietwagen begegnet, aber in diesem Moment barg dieser Geruch ein Versprechen. Ich würde Stunden und Tage, Wochen und Monate Spaß mit diesem Gefährten haben, erklärte der Geruch. Ich würde ihn ins Herz schließen dürfen. Ich staunte, nicht zuletzt über mich selbst.

Besitzerstolz ergriff mich. Das kannte ich vorher gar nicht von mir. Aber gut, noch nie hatte es in meinem Besitz eine solch große, glänzende, formschöne, wohlklingende Maschine aus Metall, Gummi, Leder, Öl und Benzin gegeben. Ich besitze keine Immobilie, deshalb konnte ich mich bis dato auch nicht in etwas Eigenes hineinsetzen, eine Tür schließen und laut vor mich hinsagen: »Willkommen zuhause.« Ich schrecke bislang vor einer Schönheitsoperation zurück, deshalb habe ich auch noch nie so viel Geld auf einmal für etwas ausgegeben wie für dieses Auto. Und nichts gab es bis dahin in meinem Besitz, dessen mechanische Funktionen mir derartige Möglichkeiten eröffnen würden, von den unsichtbar elektronischen ganz zu schweigen.

Das war also meine neue Macht. Natürlich. Ich kann nicht ohne besonderen Grund schneller als etwa 35 Stundenkilometer laufen, und auch das nur etwa von hier bis zu der Tonne da drüben. Ich bin nicht in der Lage, ohne technische Hilfsmittel von Köln nach Hamburg zu kommen, nicht in weniger als einer Woche jedenfalls, und sicher kaum ohne nass zu werden. Aber wenn ich im Auto sitze, dann reicht mir ein Drücken hier, ein

Ziehen dort, und ich bin Herr über Ort und Zeit, jedenfalls solange ich den Wagen nicht in einen Acker oder einen Stau stelle. Ich kann ohne spürbare Anstrengung des Körpers von Köln nach Hamburg gelangen, halb sitzend, halb liegend auf einem bequemen Fauteuil, umspielt von wohltemperierten Lüftchen aus der Klimaanlage und umschwirrt von ebensolchen Klängen aus dem CD-Radio. Ich kann unbeschwert von Wetter, Tageszeit und Aktienkurs durch die Landschaft gleiten, und wenn es mir gefällt, dann fahre ich über Neumünster Süd und tauche unangekündigt in der Gaststätte auf, die der ADAC (sicher völlig zu Unrecht) für die schlechteste Autobahnkneipe Deutschlands hält. Ich kann das einfach. Jetzt. Oder nachher. Wann immer ich will. Das ist Macht, ganz klar.

Dieser Moment der Besitzergreifung birgt auch eine Essenz, an die ich mich noch gut erinnere. Das Türöffnen nämlich. Ich meine damit nicht das, was höfliche Männer für eine Dame tun, wenn sie etwas von gutem Benehmen verstehen. Nein, ich rede von dem Ritual, das man als Mann mit seinem Auto vollführen darf, bevor man sich hineinsetzen kann. Das Öffnen der Autotüren mit der Fernbedienung der Zentralverriegelung, dem Zauberamulett des Remote-Zeitalters. Es gibt Leute, die halten das für einen profanen Akt, zumal man heute wahrscheinlich selbst rumänische Billigimporte fernöffnen darf. Für mich aber ist das oft der einzige Moment am Tag, an dem ich mich kurz mal wie James Bond fühle.

Eben bin ich noch in der Menge vor dem Straßencafé untergegangen, da entfalte ich plötzlich und öffentlich meine Macht. Ganz cool, ganz gelassen, ganz unauffällig aus dem Handgelenk, das kaum die enge Designerjeans verlassen muss. Der Knopfdruck erfolgt nonchalant, das Amulett blitzt kaum merklich in meiner Hand hervor, und doch springt das Auto mich nun vor dem erstaunten Publikum förmlich an, als wäre es ein junger Hund. Die Türschlösser klickern vernehmlich, die Blinker blinken mehrfach im Takt, durch die Elektronik hinter dem Armaturenbrett beginnen unauffällig die ersten Elektronen zu sausen, damit ich gleich nicht so lange warten muss auf die Sachstandsmeldungen des Bordcomputers. Das ist ein Moment, in dem nicht nur ich, sondern auch das Auto Vorfreude auszustrahlen scheint. In dem sich für meine sterbliche Existenz eine Symbiose mit dieser Machtmaschine andeutet, meinem eigenen Auto.

Ein letzter, vager Blick noch über die Eiscafétische. Und dann sieht die Welt mich hinter dem Steuer meines Volkswagen Polo versinken, ein Superagent in geheimer Mission.

Wenn ich von dieser Szene und den damit verbundenen Gefühlen erzähle, gibt es manchmal Leute, die mich angucken, als hätte ich den Verstand verloren. Das Auto, sagen sie mir dann, sei ein Fortbewegungsmittel, ein Gerät, das dazu gebaut worden sei, mich von A nach B zu bringen. Ich sei ein hirnverbrannter Idiot, denken sie dann noch, auch wenn sie es nicht sagen. Ein kindischer Auto-Erotiker, der sich spätpubertären Machtphantasien hingibt. Das Einsteigen in das Auto sei nichts als ein rein mechanischer, pragmatischer Vorgang, der zur Nutzung des fahrbaren Untersatzes nun mal nötig sei. Das würden Millionen von anderen Deutschen auch einfach so tun, da bräuchte ich gar nichts hineinzudeuten.

Ich halte mich da an Sloterdijk. Wahrscheinlich sind das alles naive Verkehrssoziologen. Und zwar offensichtlich solche ohne jedes Verständnis für das historische Vorbild. Ich habe mir die Idee von der Macht der Räder doch nicht aus den Fingern gesogen. Das ist doch alles längst Kulturgeschichte.

Was glauben die denn, warum Zeus, der Göttervater, seinerzeit mitunter die Zügel eines flotten Sechsspänners in die Hand genommen hat? Oder warum Hephaistos, sein Gott der Schmiedekunst und des Feuers, ab und zu gar mit einem »Selbstfahrer« (auto-mobil) auf Spritztour ging: einer Kutsche, die ohne Pferde auskam, also ganz von alleine fuhr, was im alten Griechenland keineswegs zur Normalität des Straßenverkehrs gehörte? Vielleicht weil die griechischen Götter von ihren Göttergattinnen zum Brötchenholen geschickt worden waren? Wohl kaum, oder?

Sie haben sich auf ihre Wagen geschwungen, weil Fahren göttlich war – und ist. Und umgekehrt: Wenn man nämlich ein Gott ist, dann ist man Herr über Zeit und Raum und hat ergo die Fähigkeit, an jedem Ort zu jeder Zeit ohne Ankündigung zu erscheinen. Das war bei Zeus so, wie auch bei seinen römischen und babylonischen Kollegen. Das haben die Götter und Halbgötter der Germanen so getrieben, das kennen die Naturvölker von ihren verschiedenen Angebeteten: Die Götter sind ständig vom Himmel herabgefahren. Und zurück.

Das ist eigentlich bis in unsere Zeit so geblieben. Der Gott der Christen, der Gott der Juden und Allah, der Allmächtige haben es sogar noch ein bisschen besser getroffen als die Göttergestalten zuvor. Die brauchen nämlich nicht einmal mehr selbst irgendwo aufzutauchen. Sie sind einfach immer schon da, weil sie bekanntlich allgegenwärtig sind. Das ist weit mehr, als man sogar von einem Mercedes der S-Klasse verlangen würde.

Der Mensch hat sich das Treiben seiner transzendenten Chefs natürlich nicht nur staunend angeguckt. Wer konnte, hat die Götter kopiert. Vor allem natürlich die weltlich Mächtigen, denn wenn man sich schon zur Begründung seines Machtanspruchs auf göttliche Gnade berief, konnte man sich ruhig auch von den erweiterten Reisemöglichkeiten der Götter etwas abschneiden. Die mittelalterlichen Kaiser haben deshalb großen Wert darauf gelegt, bei ihren ständigen Reisen von Burg zu Burg mit einem ansehnlichen Gepränge aufzuwarten. Pferde vorne, Pferde hinten, dicke Wagen oder Kutschen dazwischen, Amulett oder Funkfernbedienung in der Tasche, man kennt das. Selbst wenn die Leute damals nicht wirklich angenehm reisen konnten, weil die Straßen und Wege einfach viel zu schlammig waren und es noch keine Sport Utility Vehicles gab, die Leute haben das Reisen als Gottesgeschenk zelebriert.

Die Sitte hat sich gehalten und das Gefühl dazu auch, möchte ich behaupten. Für die Herrscher von heute werden keine goldenen Kutschen mehr benutzt (die Queen ist hier mal die Ausnahme), aber damit das Gefühl des machtvollen Dahinrollens in einer Parade noch ein bisschen aufkommen kann, hat man die Symbole zweckmäßig vertauscht. Mächtige, also besonders schützenswerte Leute fahren nicht in einer Limousine, sondern in einer von zwei Limousinen, die hintereinander fahren. Wenn man noch mächtiger ist, dann rollen vielleicht sogar vier dieser blitzenden Wagen hintereinander her. Und wenn man gar mal Staatsgast ist, dann wird man in einer möglichst langen Automobilkolonne platziert, vorne weg und hinten dran ein Rudel motorradberittener Polizisten und jede Menge schwarzglänzender Autos.

Ich bin mal in einer solchen Kolonne durch London gefahren. Ich war nicht selbst der Staatsgast, leider, aber ich durfte mitfahren, in einem der lang gezogenen Begleitfahrzeuge. Zur Verstärkung des Machtgefühls und zur allgemeinen Demütigung der Nicht-Mächtigen rundherum, die in Individualautos oder Nahverkehrsmitteln unterwegs waren, durfte die Kolonne nicht nur protzen, sondern auch jegliche Straßenverkehrsregel missachten. Wir sind damals auf der rechten (also für London durchaus falschen) Straßenseite des Embankments von Westminster Richtung City of London gefahren, durch rote Ampeln und entgegen der Einbahnstraße. In absoluter Rekordzeit erreichten wir die Bank of England. James Bond hätte gestaunt. Der Staatsgast stieg mit einem berauschten Lächeln auf den Lippen aus. Er fühlte sich mächtiger als jemals zuvor.

Dabei war es nur der Herr Kinkel. Der Außen-Klaus, wie wir Journalisten ihn spöttisch nannten. Ein netter, sachlicher, äußerst harmloser Mensch und dann auch noch in der FDP. Nicht mal dem wäre wahrscheinlich eingefallen zu behaupten, dass Autofahren nichts weiter als einen Nutzwert hat.

Das heilige Q *oder:*
Was das Auto für uns so alles geworden ist

Ich blättere ein wenig in der »Auto Bild«. Europas größte Autozeitschrift versorgt allein in Deutschland 2,8 Millionen Leser mit den wichtigsten Nachrichten, da will auch ich nichts verpassen. Und ich hätte fast. Beinahe wäre mir entgangen, dass der Volkswagen Touareg schon im März den aufgebohrten 3,6-Liter-Direkteinspritzer (FSI) mit 280 PS bekommt, mit dem der Audi Q7 erst ab Herbst 2006 zu bestellen ist, weil der zunächst mit dem 3.0 V6 TDI oder dem 4.2 V8 FSI auf den Markt gekommen ist. Weiterhin macht mir erst »Auto Bild« bewusst, dass der Touareg seine Kraft mittels Zentraldifferential und elektronisch geregelter Lamellenkupplung symmetrisch verteilt, während der Q7 auf das Torsen-Differential mit einer heckbetonten Kraftverteilung von 60 zu 40 Prozent setzt. Wenn ich das vorher gewusst hätte!

In weiten Teilen der wissenschaftlichen Automobilismus-Literatur kommt der Q7 übrigens eher selten vor, um nicht zu sagen: gar nicht. Das liegt zum einen sicher daran, dass der zweite Sieger des Auto Bild Design Awards 2006 erst seit 2005 auf dem

Markt ist. Zum anderen liegt es, fürchte ich, auch daran, dass sich die wissenschaftliche Automobilismus-Literatur gar nicht besonders für Autos interessiert, vor allem nicht für große, dicke Angeberautos. Die Verkehrswissenschaft ist offensichtlich zu sachlich für solche Themen. Mir kommt dazu auch das Wort »blutarm« in den Sinn, aber damit würde ich sicher verkennen, dass es wahrscheinlich gar nicht an den Leuten liegt, die Verkehrswissenschaft betreiben.

Es liegt an den ungeschriebenen Gesetzen des Motorjournalismus. Dessen philosophischer Ausgangspunkt ist, glaube ich, dass ein elektrisch entriegelndes Handschuhfach, das straffe Fahrwerk oder die Zahl der Newtonmeter entscheidend für unsere Lebensqualität seien. Schreibt ein Motorjournalist über Autos, muss er deshalb technisch versierter sein als der Leser. Damit das klar bleibt, ist eine besondere Sprache zu benutzen. In einem Automobil-Artikel sind Benziner bitte mit Selbstzündern zu vergleichen (für Laien: Diesel), und schreibt man über Sportwagen, dann ist die Erwähnung des geheimnisvollen Begriffs »Bolide« nach spätestens zwei Absätzen Pflicht. Selbst wenn das Wort vom griechischen »bolis«, Geschoss, kommt und dermaleinst für Meteoriten genutzt wurde, die beim Eintreten in die Atmosphäre bekanntlich eine vergleichsweise schlechte Figur machten. Zudem soll die Sprache lustbetont und bilderreich oder technisch zackig sein, was bisweilen in der Tat zu sehr belustigenden, wenngleich auch kaum verständlichen Formulierungen führt.

Bei den Verkehrswissenschaftlern sind unverständliche Formulierungen auch sehr verbreitet, aber das gehört wohl eher zum Grundkodex jeder Wissenschaft. Spezifischer für die forschende Betrachtung des Automobilismus ist nach meinem Eindruck eine gewisse Furcht, sich mit Emotionen oder Irrationa-

lem auseinanderzusetzen. Da gibt es ganze Bücherregale voller
kluger Expertisen, in denen nicht ein einziges Wort über die psychologischen Aspekte eines Rennstreifens steht, den aphrodi-
sierenden Effekt eines Achtzylinderklangs oder die berauschen-
de Wirkung hoher Geschwindigkeit. Da geht es hunderte von
eng beschriebenen Seiten lang um Lärmdämpfung im Brückenbau oder die Begrenztheit von Fahrsicherheitssimulationen, um
die optimale Aufstellhöhe von Verkehrszeichen und den Nutzwert des dritten Bremslichts. Aber wenn überhaupt, dann
scheint die Beschreibung von »Autolust« (so der Titel einer Aus-
stellung in der Schweiz, zu der es auch ein gleichnamiges Buch
gab) nur unter Zuhilfenahme eines pädagogischen Untertons erlaubt. Kein lustvolles Autofahren bitte ohne ökomoralische Er-
mahnung, keine Kurvenfahrt ohne Unfallwarnung. Ich nehme
an, Verkehrswissenschaftler werden von ihrer Zunft exkommu-
niziert, wenn sie euphorisch über die Erotik eines Lederlenkrads
schreiben. Also schreiben sie nicht drüber und betreiben lieber
»Transportwissenschaft«. Das ist wirklich bemerkenswert, und
deshalb hat es Peter Sloterdijk wohl auch bemerkt. Und kriti-
siert.

Aber seinen Vorwurf finde ich trotzdem ein bisschen ungerecht. Denn ich fürchte, dass die Eindimensionalität der Betrachtung ein Geburtsfehler des Automobils ist. Schon Karl
Benz, Gottfried Daimler und Wilhelm Maybach haben doch den
Fehler gemacht, im Auto zuvörderst ein Fortbewegungsmittel zu
sehen. Die Werbung für den »Benz Patent-Motorwagen« von
1886 ist in dieser Hinsicht eindeutig: Die Marktlücke, um die es
Benz ging, hat der (übrigens fahrradbegeisterte) Erfinder aus
Mannheim klar umrissen: »Immer sogleich betriebsfähig! – Bequem und absolut gefahrlos!« sei das Fahrzeug. Der Motorwa-
gen, »patentiert in allen Industriestaaten!«, sei ein »vollständiger

Ersatz für Wagen mit Pferden. Erspart den Kutscher, die theure Ausstattung, Wartung und Unterhaltung der Pferde« (kein Ausrufezeichen!). Bei Benzens Dreirad ging es ergo keineswegs um Schnelligkeit, Fahrkomfort oder Sex, also um all das, womit seine Urerben heute angeben, sondern nur darum, nicht ständig anhalten zu müssen, um müde Pferde zu füttern oder mit dem Kutscher zu schimpfen. Gottfried Daimler, der nur kurze Zeit später mit der »Motorkutsche« (der Name sagt alles: eine mit Motor versehene Kutsche) auf den Markt kam, konnte natürlich erst recht nicht anders argumentieren.

Wie heute jeder drittklassige Marketing-Assistent voraussagen könnte, trafen Benz und Daimler mit ihrem Kutschenersatzgerede nicht den Nerv ihrer Zeit. Im Brockhaus von 1880 schon, also sechs Jahre vor dem epochalen Patenteintrag durch Benz, hätten die Erfinder unter dem Eintrag »Automobil« entsprechende Anregung finden können: »Name, der den manchmal sonderbaren, von einem Explosionsmotor bewegten Fahrzeugen gegeben wurde. Diese heute vergessene Erfindung hat nur Fehlschläge und die Mißbilligung der wissenschaftlichen Autoritäten erlebt.« Von ähnlicher Qualität ist eine Bemerkung in der französischen Zeitschrift »La Justice«, die ihrem Gründer, dem späteren französischen Ministerpräsidenten und damaligen Journalisten George Clemenceau, zugeschrieben wird: »Der selbstfahrende Wagen, den in Deutschland Benz und Daimler soeben Kaiser Wilhelm vorgestellt haben, ist gefährlich, stinkt, ist unbequem, ganz sicherlich lächerlich, zu schnell und zum Vergessenwerden verurteilt.« Kaiser Wilhelm II. soll bei der gleichen Gelegenheit ähnlich reagiert haben. Er sei ein Mann des Pferdes, »das Automobil ist eine vorübergehende Erscheinung«.

Die Geschichte ist über den verkorksten Kaiser hinweggegangen, allerdings auch über Benz und Daimler. Als Fortbewegungsmittel hat sich das Auto nämlich in der Tat nicht so schnell etabliert. Es war anfangs schlicht viel zu teuer für den Standardverkehr. Außerdem fehlte es an Infrastruktur. Straßen zum Beispiel waren nur unzureichend für den Automobilverkehr vorbereitet, ein schweres Versäumnis der damaligen Politik. Auch weigerten sich die Ölmultis, ein anständiges Tankstellennetz aufzubauen. Bertha Benz, die Gattin des Erfinders Karl, musste auf der ersten protokollierten automobilen Fernreise der Weltgeschichte, einer (vor ihrem Mann verheimlichten!) Fahrt zur Oma nach Pforzheim, ihr Benzin deshalb bei Apotheken besorgen.

Seinen Durchbruch verdankt das Automobil dem Geld der Superreichen, einer gewissen Verrücktheit und vor allem dem Sport, was Emil Jellinek zu einem Paradeauftritt verhilft. Jellinek war der Vater jener berühmten Tochter mit dem schönen Namen Mercedes, der bis heute in einem gewissen, weltweit bekannt gewordenen Markennamen verewigt ist. Jellinek fuhr Auto, weil er dermaßen viel Geld hatte, dass selbst nach anhaltendem Zum-Fenster-Rauswerfen immer noch etwas übrig blieb. Und er fuhr gern schnell, weil ihm dermaßen langweilig war, dass er offenbar keine Furcht mehr kannte. Das war zunächst nicht besonders bedrohlich, weil die hochbeinigen »Vis-à-vis« oder »Dos-a-Dos«, mit denen man auf den staubigen Straßen herumknattern konnte, alle höchstens 20 Stundenkilometer machten. Beim Autorennen von Nizza, erstes Ziel des neuen Massentourismus, gab es dann aber doch bald die ersten Toten.

Jellinek hat deshalb besagten Wilhelm Maybach bedrängt, ihm ein sichereres und schnelleres Auto zu bauen, damit er weiter Rennen gewinnen konnte. Maybach ließ sich überzeugen (Jellinek hatte, wie gesagt, Geld) und schuf den Mercedes 35 PS, der nicht nur der Urahn der Mercedes-Familie ist, sondern eigentlich überhaupt das Schnittmuster für das moderne Auto. Der 35PS war stabil, gut zu fahren, einigermaßen sicher und schnell. Die Autosportanhänger zeigten sich also begeistert, die Nichtanhänger empört, denn 86 Stundenkilometer waren deutlich schneller, als das Publikum am Straßenrand gemeinhin tolerierte. Es gab erste Demonstrationen gegen den Automobilismus, Straßenblockaden, und manch ein früher Anhänger des motorisierten Verkehrs sah sich von Steine und Mist werfenden Dorfjugendlichen behelligt. Der in Dresden lehrende Berliner Historiker Uwe Fraunholz hat in seiner Dissertation über den massiven Widerstand, der dem Automobil zu Anfang des 20. Jahrhunderts entgegenschlug, sogar von Seilen berichtet, die über die Straßen gespannt waren. Es ging den Motorphoben aber wohl weniger um einen Kampf gegen den Lärm oder Autoverkehr als vielmehr um »Sozialrebellentum«. Autofahren war eben nur etwas für reiche Leute.

Das immerhin hat sich verändert, wenn uns auch der Sozialneid geblieben ist. Heute aber hat fast jeder volljährige Dorfjugendliche selbst einen Wagen, und fürchten muss man etwa im Brandenburgischen nicht mehr Steine oder Mist, sondern die Fahrweise der Eingeborenen. Um Transport geht es freilich immer noch höchstens sekundär, selbst wenn die tägliche Fahrt zur Arbeit der meist genutzte Vorwand für einen Kfz-Erwerb sein dürfte.

Das Auto ist heute vor allem eine Eintrittskarte – gerade für den gesellschaftlich noch wenig arrivierten Mann jüngeren Alters. Das sollte man nicht unterschätzen. Ein getunter 3er BMW, selbst wenn er aus dem Spätmittelalter stammt, ist in der sozialen Randzone ein wichtiges Symbol. So einer strahlt Macht aus, Individualität, natürlich auch sexuelle Kompetenz. Da öffnen sich also Türen, selbst wenn es sich möglicherweise um grobe

Täuschung in allen drei Sparten handelt. Ähnliches gilt, wenn auch in etwas abgemilderter Form, natürlich für Menschen, die sich dank materiell besserer Stellung zum Kauf eines Audi Q7 entschließen konnten. Wer beim Stelldichein im Art Director Club keine Schwäche zeigen will, muss zwingend aus so einem Großraumschiff steigen, sonst hält man ihn für impotent oder sie für frigide. So ist das nun mal.

Gerade der Q7 ist allerdings das beste Beispiel dafür, dass man es sich zu einfach macht, wenn man Autos nur als Status-symbole missversteht. Der Q7, beispielsweise, ist natürlich auch ein ganz fantastisches Warenlager. Wenn man damit in die Stadt fährt, kann man schon während des Einkaufsbummels seine Er-rungenschaften prima zwischenlagern – selbst wenn man eine Schrankwand gekauft hat. Später dient das Auto dann als fahren-de Festung: Man kann mit solch einem Wagen sogar am Bran-denburger Tor vorbeifahren, weil die Zentralverriegelung einen vor den dort herumirrenden Touristen schützt. Und wenn man in eine Demonstration gegen irgendwas gerät, zum Beispiel in einen Apotheker-Mob, der gegen die Gesundheitsreform aufbe-gehrt, dann braucht man nur kurz auf das Gaspedal zu drücken, und die halten Abstand.

So ein Auto schützt allerdings längst nicht nur vor den sozia-len, politischen oder gar kriminellen Unbilden der Gesellschaft. So ein Auto ist auch ein Bollwerk gegen den Alltag und gegen die Normalität. Wie Umfragen zeigen, sind über 30 Prozent der täg-lichen Pendler sehr gerne in ihrem Auto unterwegs, weil sie hier zwischen dem Chaos des Familienalltags und dem Stress des Bü-ros eine Oase des Friedens finden; eine Ablenkung vielleicht oder eine Möglichkeit, durch das Fußspiel am Gaspedal die eine oder andere Aggression in Newtonmeter umzusetzen. Da ist die Fortbewegung, also der Weg von zuhause zur Arbeit oder umgekehrt, nur ein willkommener Nebeneffekt. Und wenn man gleich neben dem Büro lebte, dann würde man auf dem Rückweg wahrscheinlich einen Umweg über Kopenhagen einlegen. Es gibt Leute, die aus diesem Grund sogar gerne im Stau stehen.

Und es gibt Menschen, die sogar in solchen Autos wohnen. Man kennt das bislang eher aus Amerika, aber wer weiß, welche Blüten die Akademikerarbeitslosigkeit in Europa noch treiben wird. Der Q7 ist auch hier bestens geeignet. Man liegt hoch genug, damit niemand einfach reinguckt, man hat Platz im Auto – immerhin ist es über fünf Meter lang –, und mit 2,3 Tonnen wiegt so ein Wagen auch fast so viel wie eine Wohnung.

Nur für das, was die Verkehrswissenschaftler ihm unterstellen, nämlich den schnöden Transport von A nach B, ist der heilige Q7 wahrscheinlich doch nicht geeignet, fürchte ich. Da ist er einfach überqualifiziert. Schon wegen dieses Torsen-Differentials. Alles andere wäre ein Missverständnis.

2

Das fahrende Volk
Eine kurze Anthropologie der
automobilen Gesellschaft

Die automobile Gesellschaft *oder:*
Das Auto bestimmt das Bewusstsein

»Ich habe mein Auto eigentlich nur«, erzählte mir neulich ein Kollege, »weil ich es manchmal brauche, um damit irgendwo hin zu fahren.« Ich starrte ihn völlig ungläubig an. Er hätte mir ebenso erzählen können, dass er als Nonne nach Molwanien gehen und sich deshalb übermorgen einer Geschlechtsumwandlung unterziehen wollte. Ich kräuselte die Stirn. Ob er das wirklich glaube, fragte ich ihn. »Ja, natürlich. Ich weiß doch, wozu ich mir ein Auto gekauft habe.« Ob es nicht billiger sein würde, bohrte ich nach, wenn er sich hin und wieder ein Auto miete, wenn es mal ins Hinterpommernsche gehen sollte, und ansonsten die Not leidende Taxi-Branche unterstütze. Er stutzte. »Naja, ich will schon auch unabhängig sein.« Aha. Siehste.

Der Kollege, den ich übrigens sehr schätze, ist keineswegs die Ausnahme. Es gibt nach meiner Beobachtung sehr viele Menschen, die sich einreden, dass sie ihr Auto nur haben, um damit von A nach B zu kommen. Es gibt Leute, bei denen das anfangs sogar stimmt. Die brauchen ein Auto, weil sie sonst morgens nicht an ihre Arbeitsstelle kämen, ohne im Büro zu übernachten. Ich kann das nachfühlen, ich wohne selbst ziemlich nahverkehrsungünstig. Auf den Weg zur nächsten Bushaltestelle sollte man Proviant mitnehmen und ein Zelt, weil der Bus, soweit ich weiß, nur zweimal in der Woche da vorbeikommt. Da wirkt das Auto beinahe als Notwendigkeit, sofern man sich nicht selbstlos kasteien und das Fahrrad auch im gemütlichen November nutzen will.

Aber beim Fahren von A nach B bleibt es nicht. Das Automobil hat nämlich einen »Aufforderungscharakter«, wie die Leute schreiben, die sich wissenschaftlich mit den Strukturen der Verkehrsnutzung und den Möglichkeiten ihrer Veränderung beschäftigen. Sie meinen damit, dass das Auto, wenn es erst mal auf der Tanzfläche steht, seinen Besitzer oder seine Besitzerin gewissermaßen subtil zur Bewegung auffordert. Aus A nach B wird so ganz schnell ein A nach B über C, und dann vielleicht auch noch zum Getränkehändler, wo Leitungswasser in Flaschen günstiger ist als beim Discounter. Anschließend via Autowaschanlage zum Fitness-Center: »Ich fühle mich irgendwie fett, ich bewege mich doch kaum noch.« Und im Sommer ist es dann einfach bequemer, statt Kofferpacken den Kofferraum vollzuschütten und mit halbem Hausstand in die Ferienwohnung am Plattensee zu fahren. Und billiger als ein Flug oder eine Bahnfahrt ist es allemal, denn die Abschreibung rechnen wir nicht mit, die zahlen wir doch sowieso.

Und schon hat uns das Auto rumgekriegt. Vielleicht haben wir es nicht mal bemerkt, wie automobilabhängig wir geworden sind – und die Gesellschaft um uns herum. Es gibt zur Illustration dieser Abhängigkeit ein ganz eigenartiges Phänomen, das mancher Wissenschaftler für ganz banal halten wird, mich aber doch ziemlich überrascht hat. Wir leben da offenbar mit einer »industriellen Arbeitswegkonstante«, wie ich das Phänomen jetzt mal genannt habe. Wir Westeuropäer nutzen schon seit Anbeginn der industriellen Revolution immer durchschnittlich eine Stunde pro Tag dafür, zwischen unserer Wohnstatt und unserer Arbeitsstätte hin und her zu pendeln, also 30 Minuten morgens hin und 30 Minuten abends zurück.

Geändert hat sich das Verkehrsmittel der Wahl. Vor 150 Jahren haben unsere Altvorderen sich per pedes auf den Weg zur Arbeit gemacht, sind dann um die Jahrhundertwende aufs Fahrrad gestiegen, wurden seit den Zwanzigern mobil mit der Straßenbahn, kauften sich in den Fünfzigern ein NSU-Motorrad und in den Siebzigern den Audi 80. Man wird heute auf dem Weg zur Arbeit nicht mehr so nass oder friert oder schwitzt, man schont die Muskulatur oder die Nerven – aber das Zeitbudget, das ist dasselbe geblieben. Mit den Möglichkeiten des Verkehrsmittels ist nämlich die Entfernung zwischen Arbeitsort und Wohnung gewachsen. Früher musste man wohnen, wo es Arbeit gab; zog die Arbeit weg, zog man mit. Heute sucht man sich seine Wohnstatt nach völlig anderen Kriterien aus (von der Arbeitsstelle, sofern man eine hat, ganz zu schweigen). Die Landschaft der Städte und der Vorstädte hat sich dementsprechend verändert, und unsere Bedürfnisse haben sich auch an die neuen Verhältnisse angepasst. Wer wollte in einem gesichtslosen Gewerbegebiet leben, wenn man in einer gesichtslosen Einfamilienhaussiedlung leben kann? Eben.

Verkehrssoziologen sprechen gerne davon, dass das Auto unseren Aktionsradius vergrößert hat. Wir wohnen jetzt vielleicht im Grünen, arbeiten dafür aber innerstädtisch (oder umgekehrt); und weil wir deshalb das Auto ohnehin mehrmals täglich bewegen, haben wir auch unsere sonstigen Lebensgewohnheiten auf diese Beweglichkeit eingestellt. Wir suchen jetzt für die lieben Kinder Schulen aus, die vielleicht nicht gerade um die Ecke liegen, aber pädagogisch besonders wertvoll scheinen. Wir wählen unser Fitnesscenter oder den Tennisclub oder die Macramee-Gruppe ausschließlich nach Attraktivität aus, nicht nach Erreichbarkeit. Wir haben Freunde und pflegen Freundschaften, selbst wenn die betreffenden Opfer verkehrstechnisch unpraktisch wohnen. Vom Einkaufen will ich gar nicht erst anfangen.

Es ist ungeheuer schwierig, sich der Entwicklung zu entziehen. Gut, bei den Freunden, die nach Klein Dunsum gezogen sind, kann man die Leine etwas länger werden lassen; die werden kaum erwarten können, dass man noch zum Kaffeetrinken vorbeikommt. Aber im Beruf zum Beispiel ist das anders. Selbst beim Verwaltungsbeamten im mittleren Dienst – das sind Leute, die sich früher 30 Jahre lang nicht bewegen durften – wird heute zeitliche und räumliche Flexibilität verlangt. Da gibt es dann übermorgen eine Fortbildung in Eckernförde und nächste Woche ein Fachgruppen-Meeting in Tauberbischofsheim, und wie Sie da hinkommen, sehen Sie bitte selbst. Und in der Freizeit geht das so weiter. Die Macramee-Gruppe möchte nächste Woche unbedingt ihre schönsten Knoten in Bad Oeynhausen ausstellen, und da muss natürlich jemand drauf aufpassen, stundenweise. Wer kein Auto hat, fällt aus dem Dienstplan raus und auf.

Der »Autowahnsinn«, der in manchem Fachbuch für Floristik oder Ökologie gerne angeprangert wird, hat also eine ganz unwahnsinnig rationale Seite. Die automobile Gesellschaft hat sich auf die automobilen Möglichkeiten eingestellt. Das führt zu einem interessanten Nebeneffekt. »Auf der einen Seite erweitert das Auto Spielräume und Freiheitsräume, auf der anderen Seite erhält die Alltagswelt in dem Moment, in dem die Möglichkeiten des Autos genutzt werden, eine unflexible Struktur, die den Pkw zur Voraussetzung macht.« Diesen klugen Satz haben die Mitarbeiter der »Arbeitsgemeinschaft Sozialwissenschaftliche Technikforschung Niedersachsen« in einer Studie zum Autofahren im Alltag rund um Hannover geschrieben. Das ist ein Satz, der in mir böse Vorahnungen auslöst. Meine Lebensverhältnisse jedenfalls würden so gut wie zusammenbrechen, fürchte ich, wenn eines Tages mal der Führerschein oder das Auto weg wären.

Schon deshalb finde ich es fast rührend, mit welchem Eifer sich mancher Verkehrswissenschaftler nach wie vor darum bemüht, einen Ausweg aus der beschriebenen Abhängigkeit zu suchen. Da gibt es Leute, die schreiben nicht nur aufopferungsvolle Bücher zu diesem Thema, sondern stürzen sich dann auch noch in allerlei Experimente mit Car-Sharing oder »Mobilitätskonten«, die dann bald unter der Mühsal der Realität in sich zusammenkrachen. Nein, ich fürchte, das mit der großen Verkehrswende wird so schnell nichts werden – kurzfristig jedenfalls. Die Erstnacktbesteigung des Mount Everest ist eine vergleichsweise harmlose Herausforderung, vielleicht versucht man sich lieber auf diesem Gebiet. Das würde auch besser bei ProSieben ankommen, denke ich.

Die Welle des Automobilismus ist entstanden, um nicht so schnell wieder abzuebben. Jede gutgemeinte Gegenwehr kann allein mit Zahlen schon erschlagen werden. Soll ich Sie mal ein bisschen langweilen? Also gut: Der wichtigste Industriezweig Deutschlands ist nach wie vor der Fahrzeugbau, mit 777 000 Beschäftigten und 227 Milliarden Euro Umsatz, Tendenz wieder steigend. Die Jahresfahrleistung der Deutschen auf Autobahnen und Bundesstraßen liegt bei 328 Milliarden Kilometern (2004), das ist viermal so viel wie 1970. Die Zahl der Pkw ist im gleichen

Zeitraum um den Faktor drei auf 45,4 Millionen gewachsen; die Ausgaben für die Mobilität liegen im deutschen Durchschnittshaushalt inzwischen knapp über denen für Ernährung. Der größte deutsche Verein ist der Automobilclub ADAC mit 14 Millionen Mitgliedern. An den Kiosken gibt es eine wachsende Zahl von Auto-Titeln, im Fernsehen gibt es erste zaghafte Versuche einer Kfz-Berichterstattung über den Siebten Sinn hinaus, wenn auch hauptsächlich in Formaten, die sich mit Autotuning beschäftigen. Das Alter des deutschen Durchschnittsfahrzeugs steigt, auch der Preis der Neuwagen. Das Einzige, was wirklich tief gesunken ist in Deutschland, ist die Zahl der Autodiebstähle.

Erstaunlich an dieser Automobilisierung unseres Lebens und der Gesellschaft ist vor allem der kulturelle Effekt, finde ich. Das Thema Auto spaltet die Gesellschaft in unbegrenzt viele Gruppierungen und Untergruppierungen auf. Da gibt es Autofreunde, Autonarren, Auto-Erotiker (auch wenn davon einige nichts mit Autos zu tun haben), es gibt sogar Auto-Fetischisten. Es gibt veritable Auto-Gegner, mit eigenem Verein und Statut und einer Mailinglist für Aussteiger. Und immer geht es auf »Planet Auto« gleich um Emotionen.

Die Stammeskrieger
Das Auto als Streitaxt

Mir persönlich sind Vorurteile ein Gräuel. Es ist abstoßend, wie schnell und oberflächlich man heutzutage eingeordnet und abgestempelt wird. Mir ist das gerade in jüngster Zeit aufgefallen. Ich brauche nur zu unterstreichen, dass ich rasend gerne Auto fahre, da geht bei unglaublich vielen Leuten gleich die Klappe runter. Das ist völlig unübersehbar; die verändern sofort ihren

Gesichtsausdruck und sogar ihre Körperhaltung. Stellen sich auf, verschränken die Arme. Gucken aggressiv. Atmen schwer. Jeder kann das ausprobieren, gleich morgen im Kollegenkreis oder am Stammtisch. Funktioniert immer, es sei denn, man arbeitet bei Porsche oder beim ADAC.

Dabei hätte ich gedacht, unsere Gesellschaft wäre offen, tolerant, innerlich beweglich und positiv gestimmt. Von wegen »Du bist Deutschland«! Neulich hat mich so ein schlecht frisierter Mensch sogar als Auto-Fetischist beschimpft, kein Scherz. Okay, das war so ein Birkenstock-Träger, wahrscheinlich Mitsubishi-Fahrer und Lateinlehrer von Beruf (oder Gemeinschaftskunde). Wenn ich länger darüber nachdenke, wäre das eigentlich erst recht schlimm. So ein Lehrer ist doch ein Bildungsmultiplikator, der sollte Offenheit fördern und die Pluralität von Lebens- und Kulturentwürfen. Aber das ist halt typisch für Pädagogen: ökosozial, ein bisschen weltfremd und voller Vorurteile gegenüber den produktiv Beschäftigten. Man kennt das.

Ich für meinen Teil lehne, wie gesagt, Vorurteile ab. Ich versuche Verständnis aufzubringen für die andere Seite oder für Menschen, mit denen ich inhaltlich oder optisch nicht übereinstimme. Es gibt Grenzen, sicher, auch für Toleranz. Mit Neonazis rede ich nicht, und bei Leuten, die braune Cordhosen tragen, lege ich ebenfalls einen gesunden Skeptizismus an den Tag. Aber so ganz grundsätzlich halte ich es schon für eine staatsbürgerliche Pflicht, andere Meinungen zu akzeptieren. Oder zumindest nachzuvollziehen, wie andere Meinungen entstanden sein könnten.

Von daher ist mir durchaus bewusst, warum anderen Leuten bei der Begegnung mit Menschen wie mir eine innere Hutschnur hochgeht. Ich glaube, dass das nicht an diesen Leuten und nicht an mir liegt, sondern am Thema Auto. Es gibt nämlich so gut wie keine Angelegenheit, bei der so viele unterschiedliche und ge-

gensätzliche Gefühle ins Spiel kommen wie bei unser aller fahrbaren Untersätzen. Außer Sex vielleicht, aber gerade bei dem Thema bin ich mir nicht mal sicher.

Fahren ist ein unmittelbar mit starken Gefühlen und Wertungen verbundener Lebensbereich, von dem darüber hinaus fast jeder Mensch betroffen ist. Nur wenige Leute, um einen Vergleich anzustellen, beschimpfen mich zum Beispiel dafür, dass ich gerne einen Kugelschreiber benutze. Die Füllfederhalterfraktion wird das abscheulich finden, stillos und verwerflich, vielleicht sogar zu Recht. Aber so lange sie mit mir keine intensivere Beziehung eingehen müssen, kann mein Schreibverhalten diesen Menschen einfach am Federbeutel vorbeigehen. Ich tangiere ihr Leben schließlich nicht. Ich schränke die Freiheit oder die Kultur des Füllfederhalternutzers in keiner Weise ein.

Bei Autos und beim Autofahren ist eine solche Distanz viel, viel schwieriger herzustellen. Man ist fast immer gleich betroffen. Wenn sich mein Nachbar einen hässlichen Fiat Multipla kauft, muss ich ihn mir jeden Tag vor meiner Wohnung angucken. Ich muss mir das Röcheln eines alternden Citroën AX jeden Morgen anhören, wenn er ebendort angelassen wird. Ich muss das aufgedrehte Gewimmer eines getunten Opel Astras ertragen, falls ein Astratuner neben mir parkt. Wenn einer aus dem Auspuff stinkt wie ein alter Trabbi, dann rieche ich mit, wenn meine Balkontüren offen stehen. Und wenn einer meint, seinen Mercedes GL500 mit Höchstgeschwindigkeit durch die Wohnstraße jagen zu müssen, in der ich mein Altglas entsorge, dann bin sofort ich es, der um die Unversehrtheit seines in zweiter Reihe geparkten Wagens fürchten muss.

Viel schlimmer noch wird es natürlich für den, der sich dem Ökomoralismus verschrieben hat, also der Idee, dass man den Kantschen Imperativ mit der Botschaft des Häuptlings Seattle vermischen müsse. Ein Mensch, der sich um seine Umwelt tief schürfende Gedanken macht und alle richtigen Konsequenzen zieht, der wird weder einen GL500 noch einen alten AX haben und erst recht keinen aufgetunten Astra, sondern er wird eine Jahresnetzkarte der Bahn besitzen und möglicherweise – aber nur, wenn er Kinder oder hin und wieder größere Mengen Dinkelschrot vom Biohof nachhause transportieren muss – eine Mitgliedschaft beim örtlichen Car-Sharing-Club.

Da kann ich natürlich schon nachvollziehen, dass eine gewisse Aggression aufkommt, ganz gleich, wie viele Tai-Chi-Kurse man auch belegt haben mag. Da lebt man nun seit vierzehn Jahren als naturnaher Mensch, isst immer nur hartes, krümeliges Brot und trinkt lokal erzeugten Malzkaffee dazu, darf keinen Fisch mehr anfassen wegen der Überfischung der Meere und muss für Bio-Fleisch soviel bezahlen, dass man schon aus ökonomischen Gründen Vegetarier geworden ist, und dann stellt sich so ein Mensch wie ich hin und erzählt was von diesem ultracoolen Nachtsichtgerät, mit dem ich mir meinen 7er BMW nachrüsten lassen würde, wenn ich einen hätte.

Das geht nicht zusammen, nicht wahr? Da steht auf der einen Seite ein Mensch, dem rational und emotional bewusst ist, dass es so, wie wir leben, nicht weitergehen kann. Der möglicherweise von der amerikanischen »Peak-Oil-Bewegung« gehört hat, die verkündet, dass die Ölförderung spätestens 2008 ihren globalen Höhepunkt erreicht haben und danach ein Preis- und Verteilungskampf um Energie beginnen wird, gegen den der Irak-Krieg eine Art Freundschaftsspiel in der Kreisliga war. Der den Klimawandel nicht schätzt, weil die schönen neuen Palmen auf dem Balkon so hübsch gedeihen und im Winter auch nicht mehr reinmüssen, sondern ganz im Gegenteil fürchtet wegen der drohenden Wirtschafts-, Versorgungs- und Naturkatastrophen.

Und auf der anderen Seite stehen wir Autonarren, die einfach so tun, als gäbe es all diese Probleme nicht. Wir wechseln einfach das Thema und reden von Boliden und von Newtonmetern. Das ärgert den (oder die, vor allem die). Die wissen gar nicht, dass all diese Umweltprobleme für uns natürlich auch Thema sind. Ist doch schon seit Jahren aktuell; ich meine, sogar den Hummer H3 gibt es jetzt als »E85 Flexfuel« mit 5,3-Liter-V8 im Ethanolbetrieb. Und die General-Motors-Ingenieure haben den auch immerhin fünf Zentimeter tiefer gelegt, damit er windschlüpfriger ist. Wir tun was. Fällt nur nicht so auf.

Aber noch viel mehr ärgert es einen guten Umweltschützer natürlich, dass ich, wenn ich mit dem konventionellen H3 zum Brötchenholen fahre, bei einer Tour mehr Benzin verbrauchen kann, als er selbst in den letzten acht Jahren eingespart hat. Das ist natürlich bitter. Zynisch sogar. Das erzeugt Aggression, das muss ich akzeptieren.

Ist akzeptiert, du.

Aber ich fahre gar keinen Hummer, nicht mal Q7 oder sonst ein so genanntes Sport Utility Vehicle. Ich habe keine große Farm, und ich befinde mich derzeit nicht im Krieg. Ich halte Leute, die SUVs fahren, für ziemlich albern. Die meisten tun das angeblich, weil sie sich darin sicherer fühlen. SUVs sind aber nicht sicherer. Dazu haben die eine viel zu hohe Höchstgeschwindigkeit (bis auf den Hummer, der kann nur 160) und einen viel zu hohen Schwerpunkt, woran auch das schönste elektronisch nachregelnde Fahrwerk nichts ändern kann. Ein Sportwagen hat auf der Straße zu liegen wie ein Brett, nicht auf Stelzen rumzulaufen. Außerdem sehen die doch alle so aus, als hätten sie als Kinder Hormone bekommen, oder? Ich meine jetzt die Autos, nicht die SUV-Fahrer.

Obwohl, naja. Ich habe neulich mit einer Dame aus dem Literaturbetrieb telefoniert, die mir erklärte, sie würde sich schon seit Jahren den Spaß machen, die Fahrerinnen und Fahrer dieser aufgeblasenen Prolo-Schüsseln in ihrem Cockpit anzugucken. Und es wäre ihr, heilig geschworen, noch nie jemand untergekommen, der sympathisch gewirkt hätte. Ich habe sie dann vorsichtig darauf hingewiesen, dass das jetzt ein Vorurteil sei und demnach unfein. Es gibt sicher irgendwo einen sympathischen M5-Fahrer, und ich kenne sogar eine richtig nette Volvo-XC70-Fahrerin. Wer weiß, vielleicht hat der oder die sich ihr Auto gar nicht so bewusst ausgesucht.

Aber da sieht man es eben. Das Thema Auto emotionalisiert ungemein. Man kann kaum unparteiisch bleiben. SUV-Besitzer finden Kleinwagen störend, Kombifahrer die SUV-Besitzer lächerlich, die Coupé-Clique wiederum hält Kombifahrer für Spießer. Kleinwagenbesitzer finden jeden anderen beängstigend, und nur Ferrari-Fahrer interessiert das alles überhaupt nicht. Es gibt Markenkonkurrenzen, die sich auf der Straße und im Bekanntenkreis niederschlagen. BMW-Fans lästern über Mercedes-Fahrer und umgekehrt, Opel-Anhänger halten Volkswagen-Käufer für erfolglose Aufsteiger, Volkswagen-Käufer Opel-Fahrer für erfolglose Absteiger. Niemand weiß irgendwas über Mitsubishi-Halter. Sonst aber findet immer irgendwer irgendwen verachtenswert. Manchmal gibt es sogar Bürgerkrieg innerhalb der Autofahrerstämme. Die traditionelle Softtop-Cabrio-Fraktion zum Beispiel hält die neue Stahldach-Cabrio-Fraktion für ausgemachte Weicheier (was die BMW-Marketing-Abteilung aber nicht daran gehindert hat, den neuen 3er BMW Cabrio auch mit einem Stahldach auszurichten).

Nicht immer sind solche Streitereien militant. Aber es gibt Anlässe, die gewaltsame Übergriffe geradezu herausfordern. Sportwagenfahrer beispielsweise hassen die Fraktion der umweltschützenden Besserwisser dafür, dass sie ihren Traum vom Tempolimit auf der linken Spur der Autobahn hin und wieder schon mal als Realität ausprobieren. Umgekehrt muss ein Mensch mit Hang zum Naturschutz den Fahrer eines AMG-Mercedes für so vorpubertär halten, dass man ihm unmöglich Platz machen darf – der braucht jetzt einfach noch Erziehung. Da sind dann auf dem umkämpften Territorium Straße durchaus unschöne Kampfhandlungen zu beobachten.

Wir sollten uns alle ein bisschen beherrschen. Wir sollten aufpassen. Sonst passiert eines Tages noch Schlimmeres als ein Blechschaden. Sonst gibt es Stress bis hinein in die Familie, bekanntlich die Keimzelle der Gesellschaft. Hatte ich schon erwähnt, dass Frauen nicht Auto fahren können?

Frau am Steuer
Über ein lieb gewordenes Vorurteil

Hatte ich das erwähnt? Nein? Nun: Frauen können nicht Auto fahren. Das ist praktisch endgültig belegt. Da gibt es zum Beispiel mehrere Web-Foren im Internet, auf denen dieses Axiom (also nach Brockhaus ein »Ursatz, der keines Beweises bedarf und nicht bewiesen werden kann«) mit Beispielen aus der täglichen Lebenspraxis unterfüttert wird. Etwa www.frau-am-steuer. de, wo der humorige Autofahrer aber nicht nur entsprechende Belege finden, sondern für seine Auto fahrende Freundin auch einen entsprechend bedruckten Tanga-Slip bestellen kann. In sexy Rosa. Das kommt sicher sehr gut an als kleines Präsent zum Sankt-Christophorustag. Sankt Christophorus ist bekanntlich der Schutzheilige der Autofahrer, den Frauen offensichtlich besonders beanspruchen. Kleiner Tipp: Der Namenstag des Heiligen wird in Deutschland am 24. Juli gefeiert, von den Katholiken anderswo auf der Welt am 25. Juli jeden Jahres.

Besagte Website wartet übrigens mit einer einleuchtenden Begründung für das Phänomen auf, dass Frauen nicht Auto fahren können. »Die meisten Frauen haben kein Interesse an der Technik des Autos und können sich deshalb auch nicht gefühlvoll mit dem Auto bewegen. Wie soll eine Frau auch wissen, wie man gefühlvoll mit der Kupplung umgeht, wenn sie nicht weiß, was eine Kupplung eigentlich ist und was in ihr vorgeht?« Das ist ein Grundgedanke, der mich völlig überzeugt hat. Wie kann man sich, erweitere ich mal frei, mit einem Audi Q7 gefühlvoll bewegen, wenn man nicht weiß, wie das Torsen-Differential funktioniert? Wohl kaum, nicht wahr? Deshalb fahren die auch immer so eckig, irgendwie.

Scherz beiseite. Die Behauptung, dass Frauen am Steuer eine Bedrohung für die Menschheit darstellen, ist leider völlig an den Haaren herbeigezogen, wie ich nicht nur auf Druck einschlägig interessierter Teile meines privaten Umfelds feststellen will. Frauen fahren anders als Männer, das ist sicher so, und deshalb gibt es durchaus Verkehrssituationen, mit denen Frauen tendenziell größere Probleme haben als der durchschnittliche Mann. Dazu später mehr. Aber schlechter als Männer fahren Frauen deshalb nicht.

Übrigens auch nicht besser. Das behaupten immer gerne die (oft weiblichen) Leute nach einem allerdings sehr flüchtigen Blick in die Unfallstatistik. Männer sind überdurchschnittlich an Unfällen beteiligt, so weit stimmt es noch, und sogar besonders überdurchschnittlich an den besonders schweren: Rund zwei Drittel der Unfälle mit Todesfolge werden durch einen Mann verursacht. Aber das ist so aussagekräftig wie der Satz, dass Frauen häufiger als Männer beim Bügeln verunglücken. Männer bügeln einfach seltener. Dafür sind sie häufiger auf langen Strecken und damit auf Fernstraßen und schnell unterwegs und somit dem Risiko, einen schweren Unfall auszulösen, deutlich stärker ausgesetzt.

Das Statistische Amt des Kantons Zürich hat sich vor einigen Jahren mal die große Mühe gemacht, die Unfallzahlen von Frauen und Männern mit der jeweiligen Jahresfahrleistung, dem Alter, der durchschnittlichen Wegzeit und der »Verkehrsbeteiligungsdauer« in Bezug zu setzen. Das letztere formschöne Wort beschreibt den Zeitraum, in dem jemand schon im Besitz seines Führerscheins ist (der auf Schweizerisch allerdings Führerausweis und auf Österreichisch Lenkberechtigung heißt). Die Liebesmüh wurde belohnt mit einer Übersicht, die deutlich zeigt, dass der Mann (jedenfalls der Schweizer Mann, wie einschränkend gesagt werden muss) lediglich in bestimmten Lebenslagen ein wirklich schlechter Autofahrer ist: wenn er nämlich besonders jung ist und wenn er besonders alt ist. In den so genannten besten Jahren allerdings, also ungefähr zwischen dem 25. und dem 74. Lebensjahr, so zeigt die Züricher Statistik, sind es die Frauen, die (etwas) häufiger Unfälle bauen. Wobei selbige dann weniger heftig ausfallen, bislang, weil Frauen eher dazu tendieren, bislang, innerorts oder in Parkgaragen Blechschäden zu verursachen. Aber das ändert sich ohnehin gerade alles.

Was mich zu der Frage zurückbringt, woher eigentlich das Vorurteil stammt, dass Frauen nicht Auto fahren können. Man könnte einfach annehmen, dass es von Männern geprägt wird, die um ihre Vorherrschaft auf den Straßen besorgt sind. Das ist wohl auch so, aber nur teilweise, denn die Zeiten, in denen selbige Vorherrschaft überhaupt noch als verteidigungsfähig galt, sind schon länger vorbei. Am Anfang des 20. Jahrhunderts hat es solche Phänomene aber noch gegeben, als die »Herrenfahrer«

die Straße eroberten. Dieser Begriff richtet sich – wieder so ein modernes Missverständnis – nicht etwa gegen Frauenfahrerinnen; »Herrenfahrer« waren einfach die Leute gehobenen Portemonnaies, die den Chauffeur zuhause ließen, weil sie das Führen des Steuers persönlich genießen wollten. Aber als sich in der Frühzeit des Automobils eben doch ein paar Frauen fanden, die sich am Steuer beweisen wollten, hat es durchaus Widerstand seitens einer konservativen Männerfront gegeben. Das fanden die irgendwie nicht gut. So ist dann die eine oder andere Behauptung entstanden, die Einzug gehalten hat in das allgemeine bzw. gesunde Volksempfinden; etwa die oben zitierte, dass nämlich Frauen aus naturgegebenen Gründen weniger von Technik verstehen als der Mann, dem das Ingenieurswesen bekanntlich bereits in der Wiege zufliegt.

Aber das ist, wie gesagt, alles Geschichte, und frau müsste sich, meine ich, schon sehr im Geschlechterkampf der siebziger Jahre verbissen haben, um ernsthaft behaupten zu wollen, dass die Überlebensfähigkeit des besagten Vorurteils der Borniertheit böser Männer zu verdanken ist. Nein, dafür, dass sich die Mär von den schlechten Autofahrerinnen so gut halten konnte, gibt es einen sehr leicht nachvollziehbaren Grund: Das Vorurteil trifft zu. Bis ungefähr Mitte der achtziger Jahre jedenfalls.

Das hat gar nichts mit Sexismus zu tun, sondern mit der relativen Verteilung von Fahrpraxis und dem Zugang zum Straßenverkehr. Ich kann da immerhin eine Frau, nämlich die Erlanger Soziologin Birgit Hodenius zitieren, die die Entwicklung dieser beiden Faktoren vor einigen Jahren in einem wissenschaftlichen Beitrag namens »Frauen fahren anders!« nachgezeichnet hat. Es ist eigentlich ganz einfach. In den fünfziger Jahren haben die (deutschen) Männer angefangen, fast alle einen Führerschein zu machen. Deshalb dürften heute in fast jeder Altersgruppe über

90 Prozent der Männer Auto fahren. Diejenigen, die heute über 60 Jahre alt sind, haben ihre Fahrerlaubnis dabei teilweise im Nachhinein erworben, also vielleicht erst mit 30 oder gar mit 40 Jahren. Alle nachfolgenden Männer-Generationen aber haben Autofahren gelernt, sobald sie volljährig wurden. Und, was auch noch wichtig ist: Die sind dann auch alle ziemlich viel herumgegurkt, und die meisten hatten einen Wagen vor der Tür stehen, der zur täglichen Ausfahrt zur Verfügung stand.

Bei den Frauen war das alles aber ganz anders. In den fünfziger Jahren waren Frauen mit Führerschein die Ausnahme und Frauen mit einem eigenen Wagen (oder der Verfügbarkeit eines solchen) erst recht. Wenn Frauen ihre Fahrprüfung machten, dann selten vor ihrem 25. Geburtstag. Und daran hat sich lange ziemlich wenig verändert. Erst seit dem Geburtsjahrgang (!) 1964 ist die Quote der Frauen, die einen Führerschein haben, ungefähr genauso hoch wie die der Männer. Auf den Straßen machte sich dies erst ab Anfang der achtziger Jahre bemerkbar, als die Baby-Boomer nämlich die Fahrschulen verstopften.

So weit die Statistik. Und nun die Auflösung des Rätsels. Menschen gleich welchen Geschlechts und Bildungsgrads fahren umso besser, je früher sie ihre Fahrprüfung ablegen, je länger sie schon fahren und je mehr Fahrpraxis sie haben. Wenn man erst mit 40 Jahren den Führerschein macht und dann nur alle vierzehn Tage ins Auto steigt, wird man nie im Leben zu einem guten Autofahrer werden (oder zu einer guten Autofahrerin). Dann bleibt man ängstlich, fährt langsam und unsicher. Was genau das Image ist, das mit dem Satz »typisch Frau am Steuer« umschrieben wird. Und so ist es eben auch gewesen, Pardon, gnädige Frau. Sehr viele Damen der heute schon etwas älteren Generationen sind über Jahrzehnte hinweg sporadisch und entsprechend chaotisch über die Straßen diffundiert. Die Frauen, die mit Elan, Sportlichkeit, großem Überblick und sämtlichen ihnen sonst gern angedichteten Tugenden am Steuer gesessen haben, waren in der Minderheit. Also ist das Vorurteil entstanden.

Und deshalb gilt es eben auch nicht mehr. Die heutigen Mittvierziger haben – Männlein wie Weiblein – ihren Führerschein seit gut und gerne zwanzig Jahren, sie fahren Auto seit ihrer späten Jugend, haben alle – Männlein wie Weiblein – ausreichende Fahrpraxis. Bei den heutigen Fahranfängern ist die Annäherung der Geschlechter so stark, dass es heute fast so viele aggressiv-idiotische Jungfahrerinnen gibt wie todessüchtige Jungfahrer. Zum Leidwesen der Versicherer gleichen sich die jungen Frauen dabei den jungen Männern an und nicht umgekehrt.

Wer nun glaubt, damit habe sich das Thema erledigt, irrt allerdings. Erstens unterscheidet sich – so eine Studie der Axa-Versicherung und der »Auto-Bild« aus dem Jahre 2003 – die »Wahrnehmung der Fahrstile« von Frauen und Männern immer noch deutlich. Männer fahren angeblich aggressiv, hitzig und hektisch, Frauen wie erwähnt unsicher und lahm. Erstaunlicherweise bildet sich dies auch recht eindrucksvoll im Selbstbild der Geschlechter ab, vor allem dann, wenn fahrende Frauen über andere fahrende Frauen urteilen oder Männer über Männer. Geradezu frappierend ist, dass das jeweilige Image offenbar als peinlich gilt. Danach gefragt, wie sie denn selber Auto fahren, halten sich Frauen gerne für relativ sicher, schnell und souverän. Und Männer sich selbst für rücksichtsvoll, defensiv und gelassen. Selten so gelacht.

Und zweitens, und darauf hatte ich oben schon mal kurz hingewiesen, gibt es eben doch Unterschiede im Fahrverhalten. Das Kuratorium für Verkehrssicherheit (KfV) in Wien hat das mal untersucht, das ist über zehn Jahre her und vielleicht in manchen Teilen überholt, aber die entsprechende Studie ist dermaßen mit statistischen Daten und psychologischen Befragungen unterfüttert, dass sie sicherlich nicht gänzlich vom Tisch zu fegen ist.

»Weibliche Lenker«, schreiben die Autoren da, hätten »in Bezug auf manche ihrer Pflichten im Straßenverkehr ein stärkeres Bewusstsein entwickelt«. Frauen würden viel seltener als Männer ohne Führerschein oder mit Fahne erwischt, begingen kaum jemals Fahrerflucht und könnten Verkehrsrisiken besser einschätzen. Deshalb wären Fahranfängerinnen auch nicht so extrem gefährdet wie männliche Führerscheinneulinge. »Interessantes Detail am Rande: Obwohl davon ausgegangen werden kann, dass beide Geschlechter wenigstens zu Fuß gleich viel ›Kilometerleistung‹ erbringen, verursachen weibliche Fußgänger weit weniger Unfälle als männliche.«

Geschlechtsspezifische Unterschiede fanden die Österreicher auch beim Unfallgeschehen. Männer kommen gerne ins Schleudern oder verlassen mit unbekanntem Kurs die Fahrbahn. Männer überholen auch gerne vor Kurven und halten Abstandhalten für uncool. Frauen haben dafür eher ein Faible für das Missachten der Vorfahrt oder das erfolglose Abbiegen an ungeregelten Kreuzungen. Überdies scheint Rückwärtsfahren eine in der Tat schwer überwindbare Hürde für die Durchschnittsfrau zu sein. Das sagen übrigens auch deutsche Daten.

Nun kann man sich ausrechnen, dass beim (männlichen) Schleudern und schrägen Überholen oder dem Einfahren in unkartierte Waldgebiete weitaus mehr passieren wird als bei der (weiblichen) Feindberührung im Rückwärtsgang. »Die Wahrscheinlichkeit, dass ein Mann als Lenker bei einem tödlichen Unfall beteiligt ist, ist 1,8mal so hoch wie die einer Frau«, wissen die Wiener denn auch. Und deren Taschenrechner wusste noch mehr: Der durchschnittliche Unfall eines Österreichers fällt um 46 Prozent schwerer aus als der einer Österreicherin. »Deutsche

Daten sprechen eine noch klarere Sprache: Lenker verursachen über fünf Mal soviele Unfälle mit tödlichem Ausgang wie Lenkerinnen«, heißt es dort weiter.

Die Verkehrssicherheitsexperten halten schließlich den Schlüssel zur Frage bereit, warum es eine geschlechtsspezifische Verteilung von Unfalltypen gibt: Die »Gefahrenerkennung« sei unterschiedlich. »Lenkerinnen schätzen Kurven, Dunkelheit, Sichtbehinderungen, hohe Geschwindigkeit, ländliche Umgebung, Steigungen und Gefälle für gefährlicher ein als ihre männlichen Kollegen, die unter diesen Verkehrsbedingungen besonders oft verunfallen. Und gerade dort, wo Frauen die Risiken unterschätzen, sind sie selbst überproportional in Unfälle verwickelt: an Kreuzungen.«

Insofern ist es vielleicht gar keine so gute Nachricht, dass Frauen viel mehr als Männer auf kurzen Strecken unterwegs sind.

Wenn Frauen zu viel fahren
Über den Angriff auf eine Männerdomäne

Ich weiß gar nicht mehr, wie wir auf das Thema gekommen waren. Ich weiß nur noch, dass ich mich von Anfang an unwohl gefühlt hatte. Mein Gesprächspartner trug eines dieser changierend braunen Jacketts, bei denen man nicht so recht weiß, ob es in den letzten zehn Jahren mal in der Reinigung war. Und er war schlecht rasiert. Rechts vom Mundwinkel wippten immer ein paar auffällige Stoppel mit, was mich immens irritierte. Ich bin kein Pedant, aber könnte man nicht in Gesellschaft zumindest gewisse Standards einhalten? Saubere Kleidung, saubere Rasur?

Und dann waren wir auch noch irgendwie aufs Autofahren gekommen. Es ging um die Guten, zu denen wir gehörten, und die

Schlechten, die Profis, zu denen wir gehörten, und die Amateure, und natürlich bald um Männer, zu denen wir gehörten, und die Frauen. Ich war müde, starrte auf die wippenden Stoppel und dachte darüber nach, wie ich jetzt das Gespräch beenden könnte.

»Autofahren ist ja im Grunde die letzte Männerdomäne«, sagte mein Gegenüber. Der Satz hing für einen Augenblick unkommentiert in der Luft.

Ich nickte leicht, weil ich nicht wusste, was ich sagen sollte.

»Sehen Sie, überall machen die Frauen uns Konkurrenz. Auf der Arbeit, in der Politik, selbst beim Fußball, ja. Die sind ja Weltmeisterinnen, die Frauen.« Er lachte heiser. »Nur beim Autofahren, da sind wir immer noch meilenweit vorn.«

Ich wusste immer noch nicht, was ich sagen sollte. Er hatte ein bisschen Recht, ganz gleich, wie unangenehm er war. Wohin man auch guckt, die Frauen sind heute fast überall etabliert, und nicht selten sind sie das eigentlich überlegene Geschlecht, ganz gleich, ob die Old-Boys-Netzwerke noch einen alten Daddy auf dem Führungsjob halten. Für uns nachgeborene Menschen gibt es solche Netzwerke kaum noch. Kann man ja an Christian Wulff und Roland Koch sehen. Die hatten Angela Merkel nur als Platzhalterin in Berlin installiert, und schon war die plötzlich Kanzlerin.

»Naja, es gibt halt Wahrheiten«, sagte ich in der Hoffnung, den Gesprächsfaden zu verlieren, »die man nicht weiter begründen muss. Autofahren ist männlich. Ist immer so gewesen, wird immer so sein.«

Er schwieg. Erfolg.

Ich habe es nicht übers Herz gebracht, ihn aufzuklären. Ich hätte auch, ehrlich gesagt, keine Lust gehabt, weil das wahrscheinlich eher gesprächsverlängernd gewirkt hätte. Autofahren ist aber nicht mehr männlich, vor allem nicht »echt männlich«.

Autofahren ist weiblich geworden, ganz unbemerkt, sagt zumindest die Sozialforschung.

Nicht, dass sie ausgestorben wären, die Automänner. Man sieht sie morgens zur Arbeit fahren und nachmittags beim Autozubehör an der Kasse stehen, sich die kleinen, dünnen Ausrüstungskataloge mit den dürren, unterbekleideten Mädchen angucken und dann doch nur wieder Polierwatte kaufen. Man sieht gelegentlich auch den klassischen männlichen Kurzhaarschnitt mit kurzem Bärtchen in der klassischen männlichen Reiselimousine, viersitzig, aber deutlich unterbesetzt. Wer sich allmorgendlich hinter das Steuerrad klemmt, um seiner Arbeitsstätte näher zu kommen, wird die anhaltende Vorherrschaft des Mannes als König der Straße weiterhin empirisch untersuchen können. Er braucht nur aus dem Fenster zu gucken, was beim Autofahren übrigens ohnehin eine gute Idee ist.

Es ist nur so: Die etwas aufgeblasenen Kombifahrzeuge, diese so genannten »Mini-Vans«, die da vorne jetzt alle unbedingt links in diese kleine Einfahrt abbiegen müssen, für die es aber keine eigene Linksabbiegerspur gibt, weshalb jetzt schon seit längerem der Verkehr zum Erliegen gekommen ist, deretwegen also der Bordcomputer keine Durchschnittsgeschwindigkeit mehr angibt, weil sie wahrscheinlich unter den Messbarkeitswert gefallen ist – also: diese blöden Vans da vorne gehören nicht zum überwiegend männlichen Berufsverkehr. Da vorne links ist das neue Mehrgenerationenzentrum, das früher einfach Kindergarten hieß. Und am Steuer dieser Mini-Vans sitzen überwiegend Frauen. Also ist das da Frauenverkehr, kein Männerverkehr.

Und der Frauenverkehr wächst. Das hat wirklich kaum etwas damit zu tun, dass immer weniger Männer in Deutschland überhaupt Arbeit haben. Nicht mal damit, dass nur noch jeder fünfte

Weg in Deutschland überhaupt etwas mit Produktivität im Sinn hat.

Es geht um etwas anderes. Nirgendwo sonst ist das Auto, sagen die Sozialforscher, so sehr mit unserem Leben verwoben wie im Bereich der Familien. Diese Spezies ist in Deutschland zwar – wie ergo das Volk insgesamt – angeblich vom Aussterben bedroht, aber Familien mit Kindern machen doch noch etwa die Hälfte aller Haushalte aus. Statistisch gesehen sind Familien also nach wie vor in der Mehrheit. Und während von den Singles, kinderlosen Yuppies oder älteren Herrschaften doch wenigstens einige ganz auf das Auto verzichten, steht doch vor praktisch jeder Familienwohnung ein Auto und möglicherweise (für Detailversessene: in 28 Prozent aller Haushalte) auch zwei. Wenn es nur ein Auto gibt, dann wird dieses im Durchschnitt nicht etwa, wie man zunächst glauben möchte, täglich vom Herrn Papa zur Arbeit ausgefahren; Frau Mutter braucht es nämlich. Wenn es zwei Autos gibt, dann fährt Vati – jetzt mal rein statistisch gesprochen – den Kleinwagen. Im deutschen Sprachraum mag die Arbeitsteilung der Geschlechter hoffnungslos tradiert sein, was interessanterweise ein Grund ist für das langsame Aussterben des Ureinwohner-Genpools. Die Hoheit über die Autoschlüssel aber hat mit der guten, alten Zeit überhaupt nichts mehr zu tun. Die hat Mutti übernommen. Nicht ganz freiwillig, allerdings.

Man kennt das, spätestens und schlimmstenfalls aus »Desperate Housewives«: Frauen sind heute gar nicht in erster Linie mit Kindererziehung und Haushalt, ihrem Beruf oder dem Einkaufsbummel beschäftigt, sondern vor allem als Chauffeurinnen des Nachwuchses. Was eine mehrköpfige Familie heute zu bewältigen hat, bedarf generalstabsmäßiger Vorbereitung, weshalb es fast wie ein Wunder erscheint, dass wir überhaupt noch »Erziehungsberechtigte« oder »Mutter«/«Vater« sagen und nicht

»Haushaltslogistiker/in«. Die Kleine muss am Montag zum Flötenunterricht, am Dienstag nach der Schule gleich zur Kindermalakademie, am Mittwoch wird Fußball gespielt (wg. Frauenweltmeisterschaft), und am Freitag ist Ballett. Der Terminkalender des Süßen ist dummerweise inkompatibel: Montag Fußball, Dienstag Karate, Mittwoch Pfadfindergruppe und Donnerstag Begabtenförderung (»Kinder-Uni«). Nun ist es so, dass der Mutter (sagen wir: promovierte Germanistin) nach Rückkehr aus dem sechsjährigen Erziehungsurlaub bei ihrem alten Arbeitgeber immerhin noch eine Halbtagsstelle als Hausbotin angeboten wurde, was der früheren Cheflektorin anfangs etwas mickrig vorkam. Aber im Grunde genommen muss sie einräumen, dass mehr gar nicht ginge. Am Montagnachmittag zum Beispiel muss sie gleich nach der Schule erst die Kinder einsammeln, dann im Auto durchfüttern, die Tochter zum Privatflötenlehrer fahren (Flötentasche im Kofferraum!), dann den Sohn beim Fußballstadion abliefern (Sporttasche dito!), dann die Tochter vom Flötenunterricht abholen und den Sohn wieder einsammeln (plus Sporttasche, plus aller verlorenen Socken und Schuhe, die noch aus dem Umkleideraum zu klauben sind), zuzüglich möglicherweise eines seiner Fußballfreunde, falls dessen Mutter per Handy Bescheid gegeben hat. Weil der Flötenunterricht recht nahe bei Kaufbeuren stattfindet und das Fußballstadion ungefähr in Flensburg steht, sind auch gewisse Entfernungen zu bewältigen. Zum Glück kann die Frau zwischendurch noch ein Schächtelchen Brüsseler Pralinen einkaufen, so dass der Weg nicht vollends selbstlos bleibt. Aber wenn man bedenkt, dass unsere Germanistin Autos möglicherweise ziemlich nervig findet und das Autofahren keineswegs genießt, dann entbehrt die tägliche Weltumfahrung nicht gewisser Ironie.

Nun gut, ich kenne auch Leute, die entweder solche Schilderungen oder solch ein Verhalten übertrieben finden. Realität ist es gleichwohl. Nach Feststellung der Verkehrsforscher und Pädagogen ist die Zahl der unbegleiteten Wege von Kindern und Jugendlichen drastisch zurückgegangen. Gleichzeitig haben sich Angebot und Nachfrage, aber auch gesellschaftlicher Druck und »Notwendigkeit« erhöht, Kindern und Jugendlichen ein breites »Freizeitangebot« mit Bildungscharakter zu machen. Weil die Kinderdichte in den meisten Orten gesunken ist, sind die Entfernungen zu solchen Angeboten gewachsen. Es hat gleichzeitig eine geographische Konzentration und eine mengenmäßige Erweiterung des Angebots gegeben. Ergo werden Kinder mehr kutschiert.

Die Hauptbegründung von Eltern dafür, dass sie ihren Nachwuchs ständig im Auto herumkarren, ist ironischerweise die hohe Verkehrsdichte und die damit verbundenen Risiken für kleine Fahrradfahrer und Fußgänger. Jetzt mal völlig abgesehen davon, dass sich diese Risiken durch das ständige Herumkutschieren naturgemäß weiterverschärfen: Es gibt noch einen viel auffälligeren, um nicht zu sagen tragischeren Fehler in dieser Kalkulation. Wer in die Statistiken guckt, von denen es reichlich gibt, wird nicht an der Erkenntnis vorbeikommen, dass es für Kinder viel, viel gefährlicher ist, bei Mami oder Papi im Auto zu sitzen, als zum Beispiel auf dem Bürgersteig Handstand zu machen. Um nicht zu sagen: dreimal so gefährlich. 72 Prozent aller getöteten Kinder unter sechs Jahren sterben auf der Rückbank eines Autos, knapp die Hälfte davon auf einem Kurztrip. Zwei Drittel aller Kinder werden falsch oder gar nicht angeschnallt.

Motormännerwelt
Selbst wenn Frauen Autos fahren – gebaut werden sie weiter für Männer

Aber keine Angst. Die Welt ist verwirrend und komplex und zuweilen auf bizarre Art von politischer Korrektheit durchwoben. Ich verliere manchmal auch den Überblick. Aber es bleibt dabei. Autos sind für Männer da. Autos sind von Männern für Männer gebaut. Es gibt keinen Grund, in Panik zu verfallen. Solange es noch Fahrzeuge vom Stil des Lotus Exige gibt, einen BMW Z4, den Mercedes-Benz S65 AMG, so lange man den Opel Astra auch in der VXR-Version bekommen kann oder seinen Vetter, den Ford Focus 2.5 ST, solange der Porsche Carrera GT und der Shelby Daytona Coupé produziert werden, so lange braucht Mann sich keine Sorgen zu machen, dass es mit der Dominanz in der Autowelt vorbei sein könnte.

Frauen fahren Auto, sicher, und da ist auch gar nichts dagegen einzuwenden. Aber sie fahren erstens nur ein Drittel der Strecke, die die Männer bewältigen (laut ADAC sind das für Deutschland immerhin 600 Milliarden Kilometer). Und zweitens fahren Frauen kleine, bunte Autos, in denen man – Dank an die niedrige Ladekante – schön die Einkaufstüten unterbringen kann, in denen Platz für Kindersitze ist und die beim Einparken keinen Ärger machen. So ist das wirklich. Hat auch, so ungefähr, der ADAC aufgezählt.

Damit ich jetzt nicht gleich Ärger kriege, wegen der EU-Antidiskriminierungsrichtlinie oder dergleichen, stelle ich an dieser Stelle vorsichtshalber fest, dass ich natürlich auch immer Frauen meine, wenn ich von Männern rede, und umgekehrt. Ich würde nie in irgendeiner Weise unterstellen wollen, dass Frauen anders sind als Männer, von einigen unvermeidlichen äußeren sowie inneren Kennzeichen abgesehen, die es hier aber gar nicht zu diskutieren gilt. So weit zur Nicht-Diskriminierung. Diese kleine Richtigstellung genügt hoffentlich. Wenn man heutzutage in die USA einreist, muss man die Frage beantworten, ob man plane, einen Terroranschlag zu begehen. Wer unbehelligt bleiben will vom Übereifer der Gleichstellungsbeauftragten, der muss sich eben hin und wieder auf die Zunge beißen.

Im Übrigen aber bleibt es also auf längere Sicht dabei, dass Autofahren eine Männerdomäne ist. Männer wachsen mit Spielzeugautos auf, basteln später an Mofas herum, kennen Motoren von innen, trinken Öl (in Dänemark) und debattieren ausführlich über die Vor- und Nachteile neuartiger Halbautomatiken. Männer wissen, was das Drehmoment ist. Männer gucken hin und wieder auf die Drehzahlanzeige auf der Instrumententafel. Männer halten ESP nicht für eine neue Währungseinheit oder Partei.

Für Männer gibt es Autos mit Motoren, die über 2000 Kubikzentimeter Hubraum haben (und wieder der ADAC: Da liegt der Fahrerinnenanteil bei nur noch 15 Prozent). Für Männer hat BMW sich das fiese Manga-Outfit für seine neueren Modellreihen ausgedacht. Für Männer hätte es ABS und ESP und all diese Sicherheitsgimmicks nicht geben müssen (na gut: ABC ist ganz schön, Active Body Control, damit man nicht durch die Kurve fliegt), weshalb die besseren Autos, die für uns gebaut sind, kleine Schalter haben, mit denen man diese ganze Schaumschlägerei ausschalten kann.

Es gibt Leute, vor allem Frauen, die sich fragen, warum der gemeine Mann all dies braucht: hohe Geschwindigkeit, schwere Beschleunigung, atemberaubend geformten Stahl, ultrabreite Reifen, blinkende Armaturen, schwarze Ledersitze. Warum sich nicht jedermann einfach mit einem Kia Picanto zufriedengibt;

man sollte nur verschiedene Farben wählen können, damit man den eigenen Wagen in der Tiefgarage wiederfinden kann. Das ist eine ziemlich unsinnige und unselige Fragestellung, aber sie taucht häufiger auf, als man gemeinhin erwarten würde.

Was mich daran amüsiert, ist der Umstand, dass an dieser Stelle fast immer die gleichen Schnellschlüsse gezogen werden und zwar per Griff in die Evolutionsmottenkiste. Das geht dann so: Der Mann an sich kann evolutionsbedingt gar nicht anders, als immerzu ein großes, mächtiges, zu schnellen Bewegungen fähiges Organ vorzuzeigen. Er muss nämlich Eindruck schinden – erstens bei den Frauen, die schließlich samt und sonders potenzielle Sexualpartnerinnen sind, und gegenüber Männern, die schließlich allesamt potenzielle Konkurrenten sind, was die Weitergabe von genetischen Informationen anbelangt. Doch weil es sich heute – ein paar tausend Jahren Geschichte sei Dank – nicht mehr gehört, die zur DNA-Weitergabe nötigen Kontakte durch öffentliche Zurschaustellung primärer Geschlechtsmerkmale zu initiieren, habe Homo sapiens eben allerhand kompensiert. Er präsentiert, um Frauen wie Männer zu beeindrucken, Visitenkarten mit sehr mächtigen Titeln (»Chief Executive Officer Global Operations«), seine Kennerschaft in teuren Weinen (»der Latour Paulliac 1988, ganz ein herrlicher Tropfen«) oder eben und vor allem sein Fahrzeug. Je eleganter die Karosserie, je aggressiver der Ton, je größer der Motor seines Wagens, desto besser fühle sich der Mann im Konkurrenzkampf um Sex und Macht gerüstet. Und das sei besonders so, wenn er in Wirklichkeit der größte Verlierer sei.

Ich bin ein bisschen skeptisch, was die Evolutionspsychologie angeht. Ich finde, dass diese Wissenschaftsrichtung von einer allzu einfachen Voraussetzung ausgeht: dass der Mann nämlich seinen Daseinszweck als DNA-Verbreiter sieht und die Frau in

Aufzucht und Hege von Nachwuchs. Die Evolutionspsychologie ignoriert dagegen völlig den Einfluss von Weizenbier, Cybersex und der Arbeitsmarktreformen, und hat es nach meinem Eindruck außerdem versäumt, mal ein bisschen aktuelle Markt- und Meinungsforschung zu betreiben. Nach meiner Einschätzung haben sich in den vergangenen paar Jahrzehnten einige nicht ganz unmaßgebliche Parameter in der Grundkonstellation verändert. Es gilt heutzutage zum Beispiel durchaus nicht als unmännlich, auf das spontane Bespringen von gebärfähigen Frauen zu verzichten, selbst wenn das für die DNA-Verbreitung Vorteile hätte. Es denkt auch nicht jeder Mann bei jeder Frau immer nur an Sex, ich jedenfalls nicht bei Eva Hermann. Und nur 21-jährige Jünglinge glauben doch noch an die Mär, dass Mädchen sich von großen Motoren beeindrucken lassen. Das interessiert die doch gar nicht. Die Frauen von heute sind aus vielerlei Gründen an den inneren Werten interessiert. An der Inneneinrichtung eines BMW M6 Cabriolet, zum Beispiel.

Der reifere Mann weiß längst mehr als die Laienevolutionspsychologen. Man fährt keinen Audi A8, um damit Frauen für sich zu erwärmen. Man steigt nicht in einen Jaguar XKR Coupé, um darin so etwas Profanes wie Sex zu haben. Nicht auszudenken, die Verschmutzungsrisiken. Und wer einen Koenigsegg CCX sein Eigen nennt, 4,7 Liter, 8 Zylinder, 817 PS, von Null auf Hundert in 3,2 Sekunden, der hat es schon länger nicht mehr nötig, irgendeiner Dame irgendetwas zu beweisen. Der will jetzt einfach Spaß, und zwar den politisch höchst unkorrekten, also doppelt so großen Spaß des Fahrens mit hoher Geschwindigkeit.

Wenn der reifere Mann eine Frau rumkriegen will, dann nutzt er dazu seinen unglaublichen Charme, seinen Humor und die Kochkunst, denn auch in dieser Beziehung hat sich einiges geändert: Heute kriegen die meisten Frauen doch nicht mal Pfannkuchen gebacken. Den Koenigsegg wird der reifere Mann nicht mal erwähnen. Er sagt ihr schließlich auch nicht zur Begrüßung, dass er auf hohe Hacken steht oder auf Flanellunterwäsche oder was auch immer gerade seine heimliche Phantasie sein mag.

Die Faszination für schnelle Autos hat mit Evolutionspsychologie eher wenig zu tun. Es geht dabei nicht um Macht oder Status oder Attraktivitätssteigerung für pickelige Paarungsbereite, sondern um die Freude an Kontrolle. Wenn man den besagten Koenigsegg mal auf eine Teststrecke bewegen darf und dort mal ausprobieren, was das Fahrzeug wohl so aushält, dann begeistert man sich an seiner eigenen Fähigkeit, das Auto mit 395 km/h über ein plötzlich sehr kurzes Stück Asphalt zu bewegen. Das Auto wird dann Teil des eigenen Körpers, und der Körper erfüllt sich mit Hochgenuss.

Und da läge dann auch der Unterschied zwischen Mann und Frau. Frauen sind emphatische Menschen: Sie sind sehr gut darin, sich in andere Menschen (oder Tiere, meinetwegen) einzufühlen. Männer können das gemeinhin nicht so gut. Rainer Schönhammer hat das schön, aber sachlich in seinem Buch »Leiden am Beifahren« beschrieben. Frauen könnten sich, so Schönhammer, so sehr in den Fahrenden einfühlen, dass sie sich als Beifahrerinnen eines guten Fahrers völlig fallenlassen könnten, die Kontrolle aufgeben, die Landschaft genießen. Männer hingegen säßen, weil sie den Menschen neben sich viel schlechter einschätzen können, auf dem Beifahrersitz immer wie auf Kohlen. Männer müssen aktiv mitfahren, reinreden, kommentieren. Die treten auch auf virtuelle Bremspedale, kein Scherz. Sie sehnen sich nämlich nach Kontrolle.

Das Fahrerfeld
Von Autoprofis und Kompensatoren

Ich komme noch mal auf den Füllfederhalter zurück. Ich muss. Er ist mir nämlich in die Hände gefallen, buchstäblich. Ich hatte nur mal in einem Rolls-Royce Phantom der Limited Edition von 2005 das Handschuhfach geöffnet, und was kam da heraus? Ein Füllfederhalter der Marke Conway Stewart in selbstredend edlem Etui. Das bekommt man bei Rolls-Royce als kleine Dreingabe, so wie in der Apotheke Traubenzuckerbonbons. Der Vorfall mit dem Füllfederhalter aber hat mir die Augen geöffnet. Es gibt da ein ganzes Universum an philosophischen Betrachtungen über Schreibgeräte und eine entsprechende Vermarktungsmaschinerie, von der der gemeine Mensch gar nichts ahnt. Es gibt Sammlermagazine, wie ich inzwischen feststellen musste, es gibt zahllose Foren im Internet, in denen es um wenig anderes geht als um die Frage, wie man mit welcher Feder Tinte auf Papier bringt. Es gibt da klar abgegrenzt eine Massenwaren-Markenszene, eine Premium-Szene, eine Luxus-Szene gar, in der kein Füllfederhalter weniger kosten darf als ein Kleinwagen.

Und dazu gibt es natürlich auch die entsprechenden Füllfederhalternutzergemeinden, wenn ich das mal so ausdrücken darf. Es gibt Leute, die sammeln platinüberzogene Vintage-Füllfederhalter oder Limited Editions, um sie in einen Safe zu legen. Es gibt Menschen, gerade jüngeren Alters, die in Cafés herumsitzen und mit sehr dicken, schwarzen Füllfederhaltern sehr dicke, kluge Gedanken in teure Moleskine-Bücher eintragen, in der heimlichen Hoffnung, dass diese Moleskine-Bücher in einigen Jahren von schlankbeinigen Literaturstudentinnen entziffert werden, mit glühenden Wangen möglichst, weil man eben den Literaturnobelpreis gewonnen hat. Es gibt auch Leute wie mich, wahrscheinlich. Menschen, die einen mittelbilligen Füllfederhalter irgendwo in der Schreibtischschublade liegen haben, aber nur ganz, ganz selten damit schreiben, weil sie fürchten, dass er verloren gehen würde, wenn er erst einmal mit dem Chaos der Schreibtischoberfläche in Berührung gekommen ist. Und dann gibt es natürlich Menschen noch viel jüngeren Alters, die haben einen diddelrosafarbenen Füllfederhalter in ihrem Federtäschchen, weil das im Deutschunterricht so sein muss.

Und all diese hübschen Stifte haben also nicht nur unterschiedliche Preisschildchen, sondern auch ganz unterschiedliche Bedeutung. Für den einen ist der Federhalter ein Hobby, für den anderen ein materielles Statussymbol, für den anderen ein kulturelles. Es gibt Leute, die legen auf den besonderen Schwung der Schrift Wert, und wieder andere, die dürfen nicht mit Kugelschreiber schreiben, weil Frau Witzekowski das so gesagt hat.

Ich erzähle das alles in epischer Breite, weil das, was in der Welt des Füllfederhalters gilt, natürlich ganz ähnlich auch für die Welt des Automobils anwendbar sein müsste. Das vergisst man manchmal, wenn man in der egalisierenden Situation eines Staus festsitzt und sich über längere Zeiträume darüber den Kopf zerbricht, wie der Mensch vor einem auf die Idee gekommen sein könnte, dass ein Fiat Multipla sein Auto der Wahl ist. Aber so müsste es doch eigentlich sein, oder?

Es gibt zum Beispiel Menschen, die sammeln keine Füllfederhalter, sondern Autos. Das sind Leute, die sich lustige italienische Rennautos kaufen, Lamborghinis zum Beispiel oder Maseratis, ohne dass sie dafür einen mehrjährigen Ratenkredit aufnehmen müssten – oder ihre Tochter damit zur Kita bringen. Dafür haben die nämlich einen kleinen, bescheidenen M-Klasse-Mercedes oder einen von diesen niedlichen BMW X5, möglicherweise sogar einen Nissan Micra, falls man an der Kita nicht so gut parken kann. Bei gutem Wetter und guter Führung darf das Kind vielleicht auch mit dem Bentley Azure vorgefahren werden, ein Stoffdach-Cabrio für etwas über 325 000 Euro. »Leute, die ein versenkbares Hardtop schätzen, wollen zwei Autos in einem«, zitiert die Süddeutsche Zeitung einen Sprecher dieser Automarke zur Frage der Dachtextilie. »Azure-Kunden haben das nicht nötig, denn sie besitzen ohnehin zwischen fünf und zwölf weitere Autos.«

Wenn das geklärt ist, dann wird es kompliziert. Es gibt – jedenfalls nach meinem Eindruck – erstaunlicherweise keine abgeschlossene anthropologische Systematisierung des Autofahrers. Es gibt gewisse Kartierungen der Marktforschung, was den Kauf bestimmter Marken anbelangt. Dazu komme ich noch. Es gibt Verhaltenstypologien, die im Interesse der Verkehrssicherheit zusammengestellt worden sind. Auch dazu später mehr. Aber es gibt nirgendwo eine fundierte Rundum-Untersuchung, warum eigentlich wer welches Auto benutzt.

Man kann da nur schätzen, sozusagen über den Füllfederhalter gepeilt. Die Sammler sind zum Beispiel sicher nicht diejenigen, die ein Auto aus Statusgründen fahren. Das verwechselt mancher und denkt, dass jemand einen Bentley fahren würde, um damit anzugeben. Das ist natürlich ein Missverständnis. Wer einen Bentley fährt, für den ist Status inzwischen lässliche Nebensache. Wer Protzen nötig hat, fährt keinen Bentley, sondern eher einen Audi Q7. Oder den erwähnten Tuning-Astra, allerdings dann mit einer sehr, sehr lauten Hi-Fi-Anlage. Status ist eine komplizierte Sache, denn es kommt absolut darauf an, bei welchem Publikum welcher Status erreicht werden soll.

Ich habe das mal in der Londoner City gelernt, im Bankenviertel. Da sind mir all die Männer in ihren Anzügen aufgefallen, die in hässlichen, klobigen Schuhen herumlaufen. Und ich habe mich gefragt: Können die sich keine feine Eleganz, italienisch geschnitten, leisten wie ich? Gut, und dann hatte ich irgendwann ein paar Minuten Zeit und bin in einer Nebenstraße bei einem Shoemaker rein. Regale über Regale voll mit diesen Lederkloben. Und keine Preise dran. Ich habe mich dann mal erkundigt, und der ältere Herr meinte (mit indigniertem Blick auf mein ungeputztes Schuhwerk), der Preis hänge natürlich davon ab, welche Verarbeitung ich für den individuell zugeschnittenen und handgefertigten Schuh im Sinn hätte. Mit ungefähr 1250 Pfund solle ich aber rechnen. Beim zweiten Paar gäbe es 200 Pfund Discount, alldieweil die Aufmessung wegfalle. Hm. 1250 Pfund, also 1900 Euro. Vielleicht bleibe ich doch erst mal bei italienischen Modellen aus dem Regal, habe ich dann gedacht.

Es gibt Menschen, die mit Status nicht so viel am Hut haben, wie sie behaupten (dazu an anderer Stelle mehr). Die fahren dann ein Nutzfahrzeug. Damit meine ich nicht einen Bus oder Pick-up, sondern einfach das für die Nutzung relativ passendste Fahrzeug, gerne auch gebraucht. Nutzfahrzeugfahrer sind die, die ich auch als A-nach-B-Fahrer bezeichnen würde. Sie wissen möglicherweise noch nichts von ihrer tiefen Beziehung zum Automobil, aber selbst wenn, dann versuchen sie möglichst wenig daraus zu machen. Sie fahren in der Regel nicht besonders gerne Auto und kümmern sich auch nicht gerne darum. Man kann einen Autofahrer dieser Gattung auf Partys daran erkennen, dass er oder sie auf der Stelle aus dem Raum geht, wenn man den Begriff Torsen-Differential in denselben stellt. Es gibt viele Frauen, die sich als Nutzfahrzeughalterinnen bezeichnen, auch wenn sie es eigentlich gar nicht sind. Frauen fahren oft nur einfach für sie unpassende Autos, weil Papi oder Schatzimausi ihnen eingeredet hat, dass es der Normalcorsa doch bestens tut.

Dann gibt es da noch die Jungbullen. Oft jung, manchmal jung geblieben, manchmal auch sich allzu jung verhaltend: Menschen mit Drang zu hoher Geschwindigkeit. Sie halten sich für unsterblich, was bei Achtzehnjährigen mit dem hohen Testosteronspiegel leidlich zu erklären ist. Sie meinen, dass ihr Auto das Beste ist, das ihnen im Leben passieren konnte. Ich komme noch auf diese Leute zurück, weil sie nicht ganz ungefährlich für den Rest der Autofahrermenschheit sind.

Geteilt ist nach meinem Eindruck das Lager der professionellen Fahrer. Da gibt es einmal die, die taxifahrerhaft auf alles schimpfen und reagieren, was sich um sie herum bewegt oder eben nicht. Bei manchem ist das Schimpfen eher zu einer Art reduzierter nonverbaler Kommunikation geworden, wobei die Gestik direkt in Fahrbewegungen umgesetzt wird. Auch diese Art von Autofahrern hält sich – diesmal auf Grund einer berufsbedingten Veränderung der Psyche – für unverletzbar. Interessanterweise gibt es aber andere professionelle Autofahrer, die mit Aggressionen praktisch nichts mehr zu tun haben. Die mögen mit 180 Stundenkilometer über die linke Spur brettern, aber aufregungsfrei und vorausschauend defensiv.

Und dann gibt es noch zwei Subkulturen der Auto fahrenden Population, die ich einer besonderen Beachtung für würdig halte. Das sind zum einen die Alten. Und zum anderen die Auto-Fetischisten.

Generation Cayenne
Die Rennrentner sind unter uns

Neulich bin ich von einem Porsche Cayenne geschnitten worden. Ich korrigiere: böse geschnitten worden. Der hat einfach draufgehalten auf das Stück Straße vor mir. Absurd. Der hätte nicht mal in die Lücke gepasst, wenn man aus diesem großen, grauen

Blechmonster die Luft rausgelassen hätte. Was dem Porschefahrer aber offenbar völlig egal war, frei nach dem Motto: Mir gehört doch die Straße, also alle anderen schnell aus dem Weg! Ich also rauf auf den Gehweg, elegant um eine Mülltonne herum und dann über eine immens hohe Bordsteinkante zurück auf die Straße. Meine armen Reifen. Ich habe zum Glück ESP, zudem stahlharte Nerven. Trotzdem. Es hätte mir auch ein Kinderwagen im Weg stehen können. Deshalb: Man schneidet andere Leute nicht. Nicht so.

Ich also hinter dem Rowdy her, den will ich mir noch mal kaufen. Bis zum Aldi-Parkplatz. Aha! Das sieht diesen Leuten ähnlich. Kaufen ein Auto, das 266 Stundenkilometer schnell fahren kann, sparen dann aber beim Käse. Ich parke neben dem Kerl, steige langsam, aber betont bedrohlich aus. Ich lasse die Tür lässig geöffnet stehen, schon um gegebenenfalls auf Fluchtversuche reagieren zu können, und stelle mich einfach mal nur so hin, entspannt in die Tür, die Arme oben auf dem Autodach verschränkt, die Augen hart, die Miene stoisch-aggressiv. Und die Cayenne-Fahrertür taxierend.

Und dann steigt SIE aus, und ich traue meinen Augen nicht mehr. Lange Beine. Gute Figur. Scharfes Kostüm. Und absolut schlohweiße Haare. Haut wie Knitterseide. So viele Falten haben noch nicht mal die Alpen! Das ist ja unglaublich: Die Porsche-Fahrerin da neben mir ist mindestens 75 Jahre alt.

Ich bin dann ganz still wieder eingestiegen und von dannen gefahren. Mit Rennrentnern lege ich mich nicht an. Mit Rennrentnerinnen schon gar nicht. Da weiß man nie.

Sicher, das klingt jetzt eigenartig in diesem Zusammenhang. Aber ich finde wirklich, dass früher vieles besser war. Erstens war zum Beispiel alles billiger als heute, um nicht zu sagen: viel billiger. Wir sind damals gut Essen gegangen für 10 Mark höchstens, und ein voller Tank, den gab es für 20 Mark, Zigaretten für 2 Mark. Die Packung! 40 Zigaretten! Und heute? Es ist ja kaum noch möglich, sich für 5 Euro beim Imbiss zu sättigen. In einem richtigen Restaurant muss man schon für die erste Tasse Kaffee einen Bankkredit aufnehmen.

Auch die Autos waren früher besser, finde ich, irgendwie. Vor allem waren das noch Autos, die wie Autos aussahen, bis auf den Käfer. Aber sogar bei dem konnte man selbst die Zündkerzen wechseln und reinigen, man konnte die Heizung mit dem Hammer ausmachen im Frühjahr und mit dem Hammer wieder an im Herbst, und wenn der Anlasser nicht funktionierte, brauchte man auch nur mal einen draufgeben, und dann flutschte wieder alles. Jedes Wochenende haben wir damals bis zu den Armen im Öl gestanden, wenn wir den Gebrauchten mal wieder auf Vordermann bringen wollten, und das ging damals auch noch alles selbst.

Heute ist da nur noch Elektronik, da kann sogar der Kfz-Mechaniker, der jetzt deshalb höchst albern Kfz-Mechatroniker heißt, nur noch am Computer ein Ersatzteil bestellen, und das wird dann, wenn es nach wenigen Wochen lieferbar geworden ist, irgendwie da so reingedrückt.

Es gab früher auch nicht so viele Rowdys in schnellen Autos, weniger Einbahnstraßen, keine Ökosteuer oder Partikelfilter oder so was. Vor allem aber gab es noch richtige alte Leute.

Das war wirklich so, in den goldenen siebziger Jahren, und vorher natürlich überhaupt. Da fuhren alte Herren steif in Hut und Mantel in ihren ebenso steifen Fahrzeugen im Schritttempo durch die Stadt. Man konnte sie von weitem erkennen, denn sie fuhren das Vorvorvorjahresmodell von Mercedes, wenn sie es sich leisten konnten, und zwar als Diesel. Hinten auf der Hutablage (!) saß eine verzierte Klorolle neben einem Wackeldackel, und neben dem alten Herrn die gnädige Frau, die sich in die Stadt fahren lassen musste, alldieweil sie nie einen Führerschein gemacht hatte. Das Thema hatten wir schon.

Und heute? Heute jagen 70-jährige Frauen mit muskelbepackten Sportgeländewagen auf den Supermarkt zu, als gäbe es da Prozac oder Prosecco gratis. Und der Göttergatte ist wahrscheinlich gerade mit dem 911er beim Golfen, Segeln, Bungee-Jumping oder bei seiner 19-jährigen Geliebten.

Ich weiß, das klingt jetzt ein bisschen gehässig. Aber ich bin echt nicht neidisch, kein bisschen. Ich leiste mir keinen Cayenne, weil ich finde, dass ich das nicht nötig habe. Ich finde ihn auch hässlich, diesen Wagen, und den Touareg auch, wie die Volkswagen-Leute ihren Cayenne nennen. Ich finde, dieses Auto sieht aus, als hätten sie einem hochgebockten Nissan Micra eine Überdosis Hormone verpasst und ihn dann zum Aufgehen zu lange in die Mikrowelle geschoben. Das Thema hatten wir schon.

Übrigens wäre die Anschaffung eines Cayenne auch ein völlig falsches Signal, aus meiner Sicht. Der Cayenne heißt nicht von ungefähr »Rentner-Porsche«. Es ist nämlich das einzige Porschemodell, in das man auch nach mehrfachem Bandscheibenvorfall noch leidlich einsteigen kann. Weil man so schön hoch sitzt. Der Cayenne hat zudem eine praktisch niedrige Ladekante und einen praktisch großen Kofferraum, in den man seine Golfausrüstung, später aber auch einen Rollstuhl gut unterbringen kann. Und im klimatisierten Handschuhfach ist Platz für die Medikamente, die nicht warm werden dürfen.

Ich will gar nicht behaupten, dass ich wüsste, was in den Entwicklungsabteilungen der großen Autohersteller so vor sich geht. Aber es ist doch auffällig, dass alle diese schicken Gimmicks, die es gerade in den Cayennes und Touaregs und BMW-X-Modellen, in den M-Klassen oder ihren zahllosen japanischen

Vorbildern serienmäßig gibt, gerade aus der Sicht der Senioren besonders viel Sinn machen, oder?

Jetzt nur mal auf den Cayenne geschielt und nur auf die Grundversion ohne S und ohne Turbo. Die Einparkhilfe mit Rückwärtskamera, wer braucht die vor allem? Frauen? Nein, für Frauen, die nicht einparken können, gibt es die Einparkautomatik. Das mit der Kamera ist für solche schweren Fälle viel zu kompliziert. Nein: Einen Blick nach hinten beim Blick nach vorne braucht der Mensch, wenn er zwar eigentlich gut einparken, aber sich nur noch unter Mühen nach hinten umdrehen kann. Ein älterer Mensch, kurzum.

Oder die »Komfortsitzanlage vorne (12-Wege) zusätzlich mit elektrischer Gurthöhenverstellung vorne, elektrischer Lenksäulenverstellung, erweiterter Memoryfunktion und Spiegelumfeldbeleuchtung«. Mal abgesehen davon, dass ich nicht weiß, was eine Spiegelumfeldbeleuchtung ist, will ich das alles auch, na klar. Aber ich kann mir zur Not meinen Sitz auch noch selber neu einstellen, wenn meine bessere Hälfte ihn mal wieder bis zum Anschlag nach vorne gezogen hat. Als wäre sie nur fünfzig Zentimeter groß. Wenn ich mal älter bin, werde ich mit der Restauration der Sitzposition aber gleich mehrere Schwierigkeiten haben: Erstens werde ich mir nicht merken können, an welchen Schaltern oder Hebeln oder Drehknöpfen ich jetzt für welche Seitenpolsterverschiebung oder welche Rückenkissenverstärkung drehen oder drücken muss. Zweitens werde ich die Hälfte dieser Schalter und Hebel oder Drehknöpfe nur noch dann bedienen können, wenn ich vorher ausgestiegen bin und mich neben dem Auto hingesetzt habe. Meine Bandscheiben sind nämlich jetzt schon kaputt. Und drittens werde ich weder das eine noch das andere durchführen wollen, weil mir das peinlich wäre in der Gegenwart meiner 19-jährigen Pflegeassistentin.

Und so geht das fröhlich weiter mit der seniorengerechten Ausstattung des Interieurs. Jede hochmoderne Serviceleistung ist nicht viel mehr als eine High-Tech-Variante des Gehstocks. Brillenfach in der Dachkonsole? »Ach Gott, wo ist denn meine Brille jetzt schon wieder? Ich hatte sie doch eben noch auf.« Elektrische Zuziehhilfe für die Heckklappe? »Entschuldigen Sie, junger Mann, wenn ich Sie mal ansprechen dürfte. Ich kriege doch diesen Kofferraum einfach nicht richtig zu. Könnten Sie es mal versuchen?« Zwei-Zonen-Klimaanlage? »Schatz, du weißt doch, dass ich immer so friere. Können wir die Klimaanlage nicht ausstellen? Es sind doch nur 30 Grad draußen.« Porsche Stability-Management? »Lieschen, halt dich fest. Ich glaube, ich habe mich mit dieser Kurve etwas übernommen.« MP3-fähiges Radio? »Und was ist das hier für ein Loch?« Na gut, okay.

Alles Rennrentnerbedarf, wenn man mich fragt. Was aber schon erstaunlich ist. Denn für die alten Herren mit Hut hätte man all den Schnickschnack natürlich gar nicht gebraucht. Die haben noch nicht mal gewusst, wie man das Autoradio anmacht, oder wenn, dann nicht, dass es außer NDR1 noch einen weiteren Sender gibt, den man darauf einstellen kann.

Die Verkehrswissenschaftler haben aber schon raus, was mit den alten Herren mit Hut passiert ist. Die sind inzwischen ausgestorben, samt ihrer Kamelhaarmäntel. Das ist der Gang der Zeit, wie jeder Mortalitätsbewusste weiß, aber durchaus auch eine bemerkenswerte Entwicklung im Zusammenhang mit dem Straßenverkehr. Der Herr mit Hut gehörte nämlich einer Generation an, für die das Auto noch eine ganz andere Rolle spielte als für alle Generationen danach. Wer etwa im Jahre 1985 seinen 70. Geburtstag feierte, der verfügte – in Deutschland jedenfalls – als Zwanzigjähriger mit an Sicherheit grenzender Wahrscheinlichkeit nicht über ein eigenes Auto. Und er hatte tendenziell auch keinen Führerschein. 1933, im Jahr der Machtergreifung der Nazis, waren in Deutschland erst 511 000 Pkw erfasst. Damit kam rein statistisch ein Auto auf 130 Personen.

Also hat der Mensch mit Jahrgang 1915 auch erst in den Fünfzigern oder gar Sechzigern des vergangenen Jahrhunderts wirklich mal am Steuer des eigenen Fahrzeugs gesessen. Da war er dann schon Mitte vierzig oder gar älter. Das Transportmittel seiner »prägenden Jahre« aber wird die Straßenbahn, das Fahrrad, bestenfalls das Motorrad gewesen sein. Das Autofahren ist für ihn also immer etwas Fremdes geblieben, ebenso wie das Auto selbst, weshalb er eben im Auto saß wie im Bus, Hut auf dem Kopf und Mantel um die Beine.

Die neuen Alten aber sind anders: Wer im Jahre 2005 seinen 70. Geburtstag feierte und sein Leben in der Bundesrepublik verbracht hat, der hat das Autofahren als Alltäglichkeit kennen gelernt, als er noch unter 30 war. 1959 gab es erst in jedem vierten Angestellten- oder Beamtenhaushalt und erst bei jeder achten Arbeiterfamilie ein eigenes Auto. 1962 aber war schon ein Drittel aller Arbeitnehmerhaushalte motorisiert und sei es auch nur mit einem Kleinstwagen. 1960 gab es vier Millionen zugelassene Autos in Westdeutschland. Danach ist die Sache mit dem Verkehr ernsthaft explodiert. Die hatten sogar schon Staus damals, man höre und staune.

Die »jungen Alten« fahren also schon von Anfang an Auto wie die jungen Hunde. Sie fahren gerne schnell und weit herum. Sie wissen vielleicht, so steht es jedenfalls in der »Aral-Mobilitätsstudie« von 2005, um die Notwendigkeiten und Schwierigkeiten des Fahrens im rüstigen Alter. Sie fahren deshalb nicht ganz so viel wie ihre Enkelkinder, sie fahren auch ungern nachts, sie meiden Autobahnen und den Berufsverkehr. Aber verzichten auf die Mobilität, das möchten die »jungen Alten« nicht. Von der zuweilen diskutierten »freiwilligen Abgabe des Führerscheins im Alter«, mit dem sich insbesondere junge Bundestagsabgeordnete in Sommerlöchern profilieren, halten die Voraltachtundsechziger ungefähr so viel wie von Pneumothorax.

Sie wollen weiter Auto fahren. Und zwar so wie schon immer. Oder sogar so, wie noch nie. Dann kaufen sie sich den Traumwagen, den sie sich in ihrem ganzen früheren Leben nie geleistet haben. Zum Beispiel den Porsche Cayenne. Es könnte ja das letzte Auto gewesen sein, das man sich kauft.

Aber gut. Was erwarte ich? Mick Jagger, ihr Alter Ego, fährt ja auch keinen Opel Granada. Und ich will in dreißig Jahren nicht im Honda Civic zum Urologen fahren.

Die Auto-Erotiker
Eine Randgruppe unter den Automobilen

In der Nähe des kleinen italienischen Städtchens Vinci, weltbekannt als Geburtsort eines gewissen Leonardo, gibt es dem Vernehmen nach – ich bin dort immer noch nicht gewesen – einen sehr, sehr schönen Parkplatz. Die 172 Stellplätze sind mit Blumenkübeln voneinander abgegrenzt, heißt es, nachts scheint hier das Licht etwas gedämpft und beinahe romantisch, es gibt ausreichend Möglichkeiten zur Entsorgung von szeneüblichem Einmalbedarf. Im Volksmund sei die Anlage schon seit längerem als »Liebespark« bekannt, vermelden die Nachrichtenagenturen. Das ist heikel. Nach einem Gerichtsurteil aus dem Jahre 1999 ist in Italien der Geschlechtsverkehr in einem sich im öffentlichen Verkehrsraum befindlichen Kraftfahrzeug verboten, solange die Autofenster nicht durch geeignete Vorhänge (zur Not Zeitungen) blickdicht gehalten werden. Die Behörden von Vinci haben dennoch die Parkplatz-Verschönerung verfügt, weil sie wohl der Meinung sind, dass man mit Verboten nichts ausrichten kann gegen den italienischen Trend zur Auto-Erotik. Da sollten sich die Leute dann wenigstens wohl fühlen auf dem einschlägigen Ortsparkplatz.

Wie man sich vorstellen kann, gibt es durchaus Diskussionen um besagten Trend. Es gibt Erklärungsversuche. Harmlose, zum Beispiel: Immer mehr italienische Männer leben noch bis ins fortgeschrittene Alter bei Mamma, haben also gar keine andere Wahl, wenn sie es mal schaffen, eine Holde in ihren Bann zu ziehen. Hotels sind zu teuer und zu kompliziert, außerdem kann man eher erwischt werden. Bleibt also nur das eigene Auto. 88 Prozent der Italiener geben in Umfragen an, schon einmal im oder am Kraftfahrzeug liebesdienstlich tätig gewesen zu sein.

Ich glaube, solche Erklärungsversuche sind ein bisschen naiv. Es gibt schließlich ernsthafte Anzeichen dafür, dass viele Menschen das Auto nicht nur für eine Art Ausweichstelle für Intimitäten halten, sondern vielmehr für den idealen Ort zwischenmenschlicher Beziehung. Das hat zunächst einfach technische Gründe. Es gibt im Kraftfahrzeug, anders als in den meisten Wohnungen, gleich mehrere stufenlos verstellbare Sitze, die eine ganze Anzahl von Erfolg versprechenden Kombinationen erlauben. In vielen Autos sind auch derart aufwändige Hi-Fi-Anlagen eingebaut, dass häusliche Modelle im Fachbereich akustische Atmosphäre nicht konkurrieren können. Schließlich und vor allem lässt sich ein Auto vor unromantischen Nebengeräuschen (Ehestreit, Babygeschrei, Schießerei) leichter in Sicherheit bringen als ein fester Wohnsitz.

Noch gewichtiger sind nach meinem Eindruck aber die Gründe, die aus rein kulturell-psychologischer Sicht für ein Stelldichein im eigenen Wagen sprechen. Man braucht sich gar nicht in biologistischen Begründungszusammenhängen verlaufen, um darauf zu kommen. Es geht nicht um die Bedeutung des Nestbaus im Paarungsverhalten oder die des Territorialstolzes bei der Balz. Noch nicht mal um Statistik. Klar: Wenn man allein Wachzeiten messen würde, dann dürfte das Auto für viele Menschen heutzutage durchaus der Haupt- und die Wohnung ein Nebenaufenthaltsort sein. Aber darum geht es mir gar nicht.

Ich denke da eher an die allgemeine Beziehungsdichte. Das Auto spielt heutzutage gerade für den jüngeren Humanoiden eine so wichtige Rolle im Leben, dass es geradezu absurd wäre zu glauben, dass das Auto ausgerechnet in den Liebes- und Werbebeziehungen eine Nebenrolle einnehmen sollte. Zum Auto haben schon ganz normale Menschen eine – wenn auch oft verheimlichte, aber dafür nicht weniger feste – tiefgründige Beziehung. Über die Hälfte der Deutschen geben ihrem Auto einen Kosenamen, »Butzi« oder »Hasso« zum Beispiel, gern auch »Magda-Wilhelmine« (sehr beliebt für 3er BMW, aber das habe ich mir jetzt ausgedacht). Viele Männer, manche Frauen gar, verbringen große Anteile ihrer Freizeit bei der Kraftfahrzeugskörperpflege. Mancher entwickelt nachgerade erotische Beziehungen zu seinem Gefährt. Das ist kein Zufall, weil die Auto-Designer es mit ihrer Formensprache durchaus auf solche Beziehungsentwicklungen anlegen. Da geht es ein bisschen subtiler zu als in der »Praline«, aber es geht bei den hier weichen, rundlichen, sanften, dort kräftigen, kantigen, panzerartigen Formen natürlich um Sex. Da werden Hüft-, dort Brustpartien nachempfunden. Da kann dann auch der chronische Single mal die Hände sanft über eine feste Wölbung streichen lassen, dort die Gattin eines Bierbauchbesitzers vom kräftigen Gegendruck eines Muskelpaketes träumen.

Nun ist es – von wenigen literarischen Ausnahmen hier mal

abgesehen – nicht sehr verbreitet, mit dem eigenen Fahrzeug auch eine vollwertige sexuelle Beziehung aufzunehmen. Man hört da zwar so das eine oder andere, aber letztendlich ist es dem menschlichen Trieb eher abträglich, sich auf oder unter ein Auto zu legen. Das gemeine Kraftfahrzeug ist insofern auch kein Sexualobjekt, selbst wenn dies von leichtfertigen Journalisten gerne mal in Artikeln über moderne Sportwagen behauptet wird. Wie man aus der Sexualforschung weiß, geht es bei Autos nicht um Sex an sich, sondern um Sublimierung. Zu Deutsch: Man(n) lenkt seinen Sexualtrieb um, richtet ihn in Form großer emotioneller Zuwendung auf ein lebloses Objekt und findet dabei vielleicht die Befriedigung, die im Zwischenmenschlichen so flüchtig ist.

So eine Sublimierung ist nichts Schlimmes. Wenn man sich ein bisschen mehr um sein Auto kümmert, als es der gesellschaftliche Konsens vorsieht, dann heißt das keineswegs, dass man gleich unter medizinische Beobachtung gestellt werden müsste. Ich selbst kenne Leute, die häufig dabei zu beobachten sind, wie sie mit ihrem Auto reden. Aber sonst wirken die ganz normal und werden in Gesellschaft kaum verhaltensauffällig. Sie tragen akzeptable Kleidung, waschen sich bisweilen, sorgen für sich selbst. Sie sind nur ein bisschen autofixiert, wie die Forschung das wahrscheinlich nennen würde. Sie kümmern sich lieber um ihr Auto als um ihre belebte Umgebung, sie tauschen lieber einen Luftfilter aus als Gerüchte, sie brillieren mit dem Drehmomentschlüssel, aber nicht so recht im Gespräch mit einer jungen Dame.

Wenn so ein Autofixierter doch mal über seinen Schatten springt und sich Mann und Weib gefühls- und körperweise näher kommen, dann müsste es doch sehr verwundern, wenn er sie in sein Schlafzimmer einladen würde, oder? Es wäre doch auch billige Täuschung. Das intimste Reich des Auto-Erotikers ist die Fahrgastzelle. Dorthin bittet der ehrliche Mann seine ehrbare Besucherin. Darin liegt nichts Verwerfliches. Das hat nichts mit Hotelbettennutzungsvermeidung zu tun, es ist ein tief emotionaler Akt.

Es gibt allerdings Grenzen bei der emotionalen Anhänglichkeit ans eigene Gefährt. Menschen, die ihren Volkswagen Bora für eine Gottheit halten, gehen zu weit. Leute, die meinen, ihr Lebensglück sei verloren, weil ein Kind mit fettigen Händen ihren ältlichen BMW 323i berührt hat, sollten sich – nach dem Wutanfall – innerlich prüfen. Fachleute sprechen in solchen Fällen gerne von einer »religions-ähnlichen Verehrung von Objekten mit besonderer Bedeutung für die eigene Identität, denen besondere Wirkungsmacht auf das subjektive Wohlbefinden zugetraut wird«. Die Abkürzung dieses langen Satzes ist »Fetisch«. Fetischismus ist noch okay, wenn man ihn vornehmlich hinter Schlafzimmervorhängen oder in einschlägigen Etablissements unter seinesgleichen lebt. Im öffentlichen Straßenverkehrsraum ist das etwas anderes.

Die Sklaven des Autofetischismus sind ohnehin kein schöner Anblick. Ich weiß das so genau, weil uns die Opfer dieser Abhängigkeit bisweilen im Spätprogramm billiger Privatsender vorgeführt werden. Tuning-Shows heißen diese Programmbeiträge: Da sieht man dann schlecht angezogene Männer, die auch im Sommer schwarze Lederwesten und Baseballcaps tragen, selbst wenn sie eigentlich zu alt dafür sind, vor funkelnd aufgebrezelten Autos stehen. Soweit eine Freundin vorhanden ist, passt diese zur Autofarbe und kleidet sich ebenfalls nicht altersgemäß, sondern wie eine Vierzehnjährige, also mit Klamotten, die für junge Twens gedacht sind. Alles dreht sich um Motoren und Blech, und Letzteres reden sie dann auch.

Es gibt auch Internetforen für Autofetischisten. Sie sind daran zu erkennen, dass dort Tondateien getauscht werden, aber nicht mit Musik oder gut vorgetragenen Witzen, sondern mit Auspuffgeräuschen. Es gibt also Leute unter uns, die ihre Wochenenden damit verbringen, den Auspuff-Sound ihres Fahrzeugs mit hochkomplexen Aufnahme-Installationen zu konservieren und dann zur allgemeinen Bewunderung feilzubieten.

Wie ich aber höre, können wir aufatmen. Soziologen behaupten, dass die Hoch-Zeit des Autofetischismus geschichtlich hinter uns liegt. Was uns das Fernsehen bietet, ist ein Blick in ein verwaisendes Reservat. Wenn Heinz Sielmann noch lebte, man könnte ihn glatt zur Moderation bitten.

3

Mein Ich und mein Auto

Seelenstriptease
Warum es so schwer ist, ein Auto zu kaufen

Meine Freunde finden mich momentan unerträglich. Das wundert mich nicht, denn ich bin tatsächlich unleidlich zurzeit. Ich lasse mich bei Terminen entschuldigen, bei unverständlichen Selbstgesprächen erwischen und hygienetechnisch gehen. Ich verbringe Tage allein vor dem Computer. Ich fahre stundenlang durch Vorstadt-Gewerbegebiete, als hätte ich architektur-masochistische Neigungen.

Es ist nicht zu ändern. Ich stehe an einer dieser wenigen Wegmarken im Leben eines Mannes, an denen man alles gewinnen oder alles verlieren kann, Glück, berufliche Zukunft, privaten Erfolg.

Ich muss mich beim Neuwagenkauf für Marke und Typ entscheiden.

Warum das so schwer ist? Aber ich bitte Sie! Der Neuwagen, den ich kaufe, wird mein Innerstes für die Welt nach außen kehren. Autokauf ist schlicht Seelenstriptease. Der Wagen vor meiner Tür wird mehr über mich erzählen als irgend sonst ein Objekt meiner Umgebung.

Viel mehr als meine Kleidung, zum Beispiel. Das ist so bei Männern. Kleidung interessiert uns nicht besonders. Wir mögen eitel sein, aber textilmäßig sind wir nicht sehr involviert. Es fehlt den meisten von uns schlicht an Talent auf diesem Gebiet. Am Morgen ziehen wir uns hauptsächlich nach dem Zufallsprinzip an, und wenn wir mal versuchen, für ein Date am Abend noch ein bisschen was herauszuholen, dann meistens erfolglos. Auswahl bedeutet für uns in Kleidungsfragen nämlich keine Chance, sondern Belastung. Das Einzige, was unsere Kleidung deshalb über uns verrät, ist in der Regel, dass das Hemd, das wir tragen, morgens im Schrank irgendwie günstig hing. Oder gebügelt war. Mehr nicht.

Oder die Frau an unserer Seite. Das hätten wir natürlich gerne: dass wir die optisch, intellektuell, kulturell und politisch exakt zu uns passende Lebensgefährtin hätten. Aber geben wir es doch zu: Die Dame unseres Herzens, soweit vorhanden und so gern wir sie persönlich auch haben, ist ein Produkt des Zufalls. Erstens können sich nur russische Milliardäre ihre Frau quasi aus dem Katalog zusammenstellen; in deren Kreisen fällt das Ergebnis nicht so auf. Zweitens sind es, von russischen Milliardären eben abgesehen, doch längst nicht mehr die Männer, die sich die Frauen aussuchen, sondern tendenziell sind es die Frauen, die Mitleid mit einem einsamen Mann empfinden. Weshalb, quod erat demonstrandum, sie eben auch so gut wie nichts über unsere Persönlichkeit aussagen.

Aber mit dem Auto ist das eben ganz etwas anderes. Das Auto meiner Wahl ist das klare Abbild meines Selbst, zumal dann, wenn es sich um einen Neuwagen handelt. Ein Neuwagen ist die

Kreatur meiner individuellen Entscheidungskraft. Ich habe die Marke ausgesucht, ich habe den Fahrzeugtyp gewählt, ich habe mich für einen Motor entschieden, für die Getriebeart, das Leichtmetallrad und die Bereifung. Ich ganz allein habe darüber befunden, ob der Sport- oder der Komfortsitz, der Leder- oder der Velourbezug, das Multifunktionslenkrad, die Snowboardtasche oder auch die Easy-Entry-Hilfe zu mir passt. Alles fällt auf mich zurück. Wenn ich rote Ledersitze angekreuzt habe, bewusst, dann werde ich damit leben müssen, dass mich zukünftige Bekanntschaften für einen Zuhälter oder einen Mechatronikerlehrling halten. Ich werde mich nicht einmal mit einem Ausstattungspaket oder einem Sondermodell herausreden können, denn wer so etwas kauft, ist dann eben entscheidungsschwach. Es hilft nichts. Das Auto ist immer entlarvend.

Vor allem natürlich die Marke und das Modell. »Jedes Auto sagt etwas über seinen Besitzer«, hat kürzlich der Kleinwagenhersteller Mercedes-Benz über eine Werbung geschrieben und dann weiter: »Dieses hier hält eine Laudatio.« Es ist dann doch nur die neue CL-Klasse, die beworben wird, so dass für die Lobrede viel Autosuggestion vonnöten ist. Aber prinzipiell Recht haben die Werbetexter natürlich schon. Jedes Auto spricht. Das Problem ist nur, dass es nicht immer Klartext ist. Und ich fürchte, es ist in den vergangenen Jahren immer schwieriger geworden, präzise vorauszusagen, was genau das Modell X der Marke Y über seinen neuen Besitzer sagen wird. Über mich, also.

Das Feld ist zum Beispiel verdammt unübersichtlich geworden. Man kann sich also sehr einfach sehr stark verwählen. Das war mal anders. Es hat Zeiten gegeben, da war die Sache jedem klar. Mercedes: Bankdirektor oder sonstwie arriviert. BMW: Bankangestellte/r, noch arrivierend. Volvo: Architekt. Der Saab war etwas für Hochschullehrer, der Alfa Romeo für Filmschaffende oder solche, die das gerne wären. In Opel-Modellen saßen Gastarbeiter (so hießen die Arbeitsimmigranten damals) oder ältere Damen, es sei denn natürlich, es war der berühmte Manta. Ford verkaufte seine Granadas an Leute, die gerne einen Mercedes gehabt hätten, sich so etwas aber nicht leisten konnten. Und Mustangs an Bauarbeiter. Studenten fuhren Renaults oder Strich-Achter. Reiche Leute den Mercedes 600, später die S-Klasse oder einen Porsche. Richtig reiche Leute einen Rolls-Royce. Alle anderen mussten immer erst Käfer fahren und dann Golf, Kadett oder Rekord. Wer sich mit einem Datsun auf eine deutsche Straße wagte, machte sich zum Gespött. Zu Recht, wie ich finde.

Die Welt war also hübsch und ordentlich aufgeteilt, insofern war die Auswahl vorsortiert. Es gab Autos für kleine Einkommen, für mittlere Einkommen, für große Einkommen. Kraftfahrzeuge funktionierten als simple Statussymbole. Der Chef fuhr einen dicken Wagen, die Sekretärin einen kleinen. Für die Ausstattung galt Entsprechendes: Im Oberklassewagen gab es Radio und Umluft und elektrische Fensterheber sowie sagenhaft weiche Sitze, beim Kleinwagen musste man froh sein, wenn es gelang, im Frühjahr die binär einstellbare Heizung wieder ausgestellt zu bekommen, weil es sonst trotz der zugigen Fenster ja schnell recht warmfeucht wurde.

Aber heute? Es ist bemerkenswert. 1964 gab es weltweit noch stolze 52 Automobilhersteller. Heute gibt es noch ungefähr zehn. Die haben sich alle gegenseitig aufgekauft, fusioniert oder sind untergegangen. Große Legenden wie Bentley, Jaguar, Maserati, Alfa Romeo, selbst manche Titanen unsterblichen Autodesigns wie Skoda sind zu schnöden Wurmfortsätzen großer Konzerne geworden, Abwurf- oder Spielmaterial hedgefondgejagter Krawattenträger. Wenn man die Handvoll kleiner Spezialwerkstätten für Sammlerautos in Großbritannien und Skandinavien mal übersieht, gibt es eigentlich nur noch Autos zu kaufen bei General Motors, Toyota, Ford, Renault-Nissan, Volkswagen, DaimlerChrysler, Honda, Fiat, BMW und Hyundai Kia.

Aber wer nun angenommen hätte, dass mit der Konzentration der Hersteller auch eine Konzentration der Marken und Modelle einhergehen müsste, der hat noch nie Ferdinand Dudenhöffer das Konzept der Plattform erklären hören. Der von den Medien gerne »Auto-Professor« genannte Marketing-Mann ist wegen seines guten Selbst-Marketings unter Auto-Professoren relativ verschrien, aber das mit der Plattform erklärt er wirklich sehr schön: »Die Plattform ist der technische Unterbau unter der Karosse. Fahrzeugboden, Fahrwerk, Lenksystem, Motor, Getriebe – also alles, was man nicht so direkt sieht, was aber das Fahren wesentlich prägt. Der Trick bei der Plattform ist, sie einmal zu erfinden und dann über vielfältige Karosserievarianten zum Einsatz zu bringen.«

Ein Trick, den sich die Autobauer allesamt sehr zu Herzen genommen haben, wie mir scheint. Die großen Zehn jedenfalls scheinen keine Mühe gescheut zu haben, auch noch die kleinste Marktnische ausfindig zu machen, um sie umgehend mit ein bis fünf Angeboten aus ihrem Konzern vollzustellen. Geht doch jetzt, wo man Plattformen aus dem Regal holen kann (inzwischen auch noch kleinteiligere Module, weshalb die Autobauer bald wahrscheinlich wirklich Lizenzen bei Lego bezahlen müssen). Man bastelt einfach ein paar Blechkurven dran, schon hat man ein Coupé, schneidet Dächer ab und Heureka! ein Cabrio, oder man stellt sie zum Aufgehen in den warmen Backofen, dann kommt ein SUV heraus.

270 Automodelle gab es bei meiner letzten Zählung. Aus neun so genannten »Marktsegmenten« 1987 sind, sagt Volkswagens

Marketing, inzwischen etwa 30 geworden. Für den normalsterblichen Kunden, fürchte ich, ist das kaum noch überschaubar. Man quält sich inzwischen schon damit, nur den Überblick über die 40 verfügbaren Cabrio-Modelle zu bekommen – und das ist ein Marktsegment, das in Deutschland nur 4,3 Prozent der verkauften Neuwagen ausmacht.

Zur Verstärkung der Käufer-Tortur haben sich die Autohersteller offenbar nach Kräften bemüht, ihre Autos mit bizarren Klanggebilden zu benennen. Keiner weiß deshalb mehr nichts. War der Akkord von Honda und der Accent von Hyundai oder umgekehrt? Und der Nubira von Daihatsu oder Cadillac oder weder noch? Von wem kommt gleich der Sebring oder der Rodius? Wer verkauft noch die Agila und das Cerato? Wieso gibt es ein Auto namens Ypsilon, und kann man mit dem Tribeca eigentlich ebendorthin fahren? Dazu kommt noch, dass sie im Grunde alle gleich aussehen, diese neuen Autos. Das liegt daran, dass nicht mehr verrückte Designer mit Kunstdiplom Autos entwerfen, sondern Entwicklungsabteilungen, die von Controllern und Marktanalysten geradezu überlaufen. Und wenn ein Auto doch mal ein Profil hat, wie zum Beispiel der extrem hässliche Fiat Multipla von 1998, dann wird spätestens beim nächsten »Relaunch« alles schön eingeebnet.

Kurzum: Es wird eigentlich immer schwieriger, sich stilsicher einen Wagen auszusuchen, zumal, wenn man nicht auf Konventionelles zurückgreifen will wie das Heer der C-Klassen-Fahrer und 5er-BMW-Fans. Es wird schwieriger, sich Maßstäbe zurecht zu legen. Man muss das aber immer häufiger tun, weil die Industrie nicht müde wird, ständig neue Ordnungswidrigkeiten zu begehen, mit denen die Maßstäbe durcheinander geraten. Mir gefriert inzwischen fast das Blut in den Adern, wenn ich nur das Wort »Typenoffensive« höre. Da geht gleich wieder alles drunter und drüber, und man weiß erst recht nicht mehr, welches Auto für welches Image stehen wird. Marketing-Experten warnen doch schon seit Jahren vor der Industriekrankheit »Markensprei-zung«, was in etwa bedeutet, dass alle Unterschiede verschwim-men. Aber es hört offenbar keiner zu.

Ich frage mich, wo das noch hinführen soll. Werden wir bald die Geburt einer neuen Dienstleistungsbranche erleben: die der unabhängigen Automobilkäuferberatung? Eine Freundin aus Uruguay hat mir erzählt, dass ein Kumpel von ihr genau mit die-sem Geschäft in Montevideo sein Geld verdient. Der besucht ei-nen im trauten Heim, guckt sich den Bücher- und den Kühl-schrank an, geht Plattensammlung und Unterwäsche durch und dann ins Autohaus, um das zum Profil passende Modell ein-zukaufen. Das ist, soweit ich weiß, noch eine Marktlücke in Deutschland. Es gibt bislang noch nicht einmal einen einschlä-gigen Führer im Buchhandel. Zu der umgekehrten Problem-stellung »Sage mir, was du fährst, und ich sage dir, wer du bist« finden sich selbst in den Zeitungsarchiven nur sporadische Ver-suche. Die vollständigste Aufstellung, die ich finden konnte, stammt aus der »Bild am Sonntag«, aber schon von 1997. Man merkt dem Text das Alter an. »Die typische Hausfrau wird oft in einem Opel vermutet«, steht da unwidersprochen. Der Volkswa-gen sei Spitze bei Umweltschutz und Sympathie, schrieben die damals, und Renault sei »gut für intellektuelle Familienväter«.

Was man dagegen in den Bücherregalen und Zeitschriften-ständern findet, ist Technik. Es gibt ungeheuer viel Statistik, man hat fast das Gefühl, die ganze Branche werde von Micro-soft-Excel betrieben. Es gibt Pannenstatistiken für Autos und Zu-verlässigkeitsskalen, es gibt Kundenzufriedenheitsumfragen, es gibt Experten, die die technische Qualität der Marken mit Noten bewerten, selbst die Aufwendungen pro hergestelltes Fahrzeug für Werbung kann man ablesen. Der ADAC lässt dann alles zusammenfügen, als der über der Branche thronende geistige Vorbeter: zum Automarxx, der von besagtem Herrn Dudenhöffer erfundenen, allumfassenden Liste der Listen. Dort kann man dann lesen, dass Mercedes-Benz an der Spitze nur eine 2,02 im Zeugnis stehen hat, aber Chrysler ganz hinten immerhin eine 3,70; dass es also eng ist in diesem Feld der 33 in Deutschland erhältlichen Marken, die so nett eingerahmt werden vom Hause DaimlerChrysler.

Solche Listen nützen mir nur nichts. Daihatsu liegt auf Platz 20 in dieser Tabelle, also weit vor Alfa Romeo zum Beispiel, Platz 28. Aber wer will mir erzählen, dass ich mich in einem Daihatsu bei uns in der Stadt sehen lassen könnte? Da lacht mich doch das halbe Eiscafé aus. Hingegen mit einem Alfa Romeo ...

Die Sache mit dem Premium
Wie sich der Automarkt heute selbst begreift

Naja. Ein Alfa Romeo ist vielleicht doch nicht das Richtige für mich. Ich möchte gerne mal zum Mainstream gehören. So eine viersitzige Rennreiselimousine fahren, wie das der Fachmann nennt. Einen Audi A4 zum Beispiel, den 3er BMW, eine Mercedes-C-Klasse, das fahren doch fast alle jetzt. Oder den Hyundai Sonata vielleicht? Das ist, steht im ADAC-Auto-Test-Magazin, der »imagelose Preisbrecher« in dieser Klasse. Da könnte ich einiges Geld sparen.

Der deutsche Mainstream spart allerdings nicht. Das steht in der Zulassungsstatistik. In der Bundesrepublik wurden 2005 ungefähr 944 000 Neuwagen gekauft, die bei Audi, Mercedes-Benz, BMW, Porsche, Volvo, Saab und einer Handvoll weiterer so genannter Premium-Hersteller gebaut wurden. Über 28 Prozent des Frischwarenmarktes ist damit in den Händen von Automarken, die für ihren Namen allein einen Preis verlangen können und ihre Autos teurer verkaufen als streng genommen nötig. Deutschland ist übrigens Weltmeister beim Premiumkauf. In Großbritannien, dem Vorzeigekönigreich des anhaltenden Konsumismus, bestellt man sein Fahrzeug nur halb so oft beim Premium-Händler. In Frankreich, in Spanien und in Italien sieht es noch schlechter aus für die Markenfabrikate aus Deutschland. Und im neuen Osten sowieso.

Ich finde das, ehrlich gesagt, ein bisschen überraschend. Deutschland ist doch das Land, in dem der Slogan »Geiz ist geil« dermaßen erfolgreich war, dass ganze Landstriche sich entindustrialisiert haben, weil niemand mehr Produkte kauft, die hierzulande oder unter humanen Bedingungen hergestellt werden können. Dies ist das Land, in dem selbst Menschen ohne angeborene Lernschwäche im Supermarkt so genannte »Schweineschnitzel« für 70 Cent das Stück kaufen und nicht mitbekommen, dass da irgendetwas faul sein muss, schlimmstenfalls das Fleisch. Dies ist das Land, in dem Leute ihre Wohnzimmertapeten mit weiß gefärbtem Wasser anpinseln, weil sie lieber fünf Jahre lang in einer streifigen Gilbumgebung sitzen, als Geld für eine Markenfarbe und eine ordentliche Rolle auszugeben. Dies ist das Land, kurzum, in dem Qualität langsam zur Bückware wird, weil dem Einzelhandel auch nichts mehr anderes einfällt als »Wir sind die Preisbrecher«. Diese Selbstmörder!

Und ausgerechnet in diesem Land zahlen die Leute Geld für einen Autonamen? Aber hallo. Und zwar nicht ein paar Euro, nein, gleich ein paar Tausender. Es gibt mehrere Autos, die ungefähr dasselbe können wie ein Sonata, aber über den Daumen 10 000 Euro mehr kosten.

Wie gut, dass es Philipp Rosengarten und Christoph Stürmer gibt. Die können mir das vielleicht erklären. In ihrem Buch »Premium Power« wird der Erfolg der großen deutschen Automarken Mercedes-Benz, BMW, Audi und Porsche beleuchtet und erklärt, warum es sich diese vier Unternehmen erlauben können, nicht nur viele Autos, sondern viele Autos teuer zu verkaufen. Die beiden professionellen Automarkt-Analysten haben damit eine veritable Geschichte der halben deutschen Autoindustrie vorgelegt.

In den Jahrzehnten nach dem Zweiten Weltkrieg, so tief muss man wohl in der Vergangenheit wühlen, hat es eigentlich zwei ganz getrennte Automobilmärkte gegeben. Der eine Markt war (im deutschsprachigen Raum) mehr oder minder das Revier von Mercedes-Benz; später ist BMW dazugekommen, und Porsche gehörte am Rande auch immer dazu: Die drei bauten die Fahrzeuge für die oberen Zehntausend, weshalb der Preis keine große Rolle spielte, aber der mitverkaufte Status umso mehr. Wenn es etwas weniger teure Autos in den Portfolios gab, zum Beispiel den Strich-Acht bei Mercedes-Benz, dann als Gnadenakt gegenüber bedürftigen Landärzten, nicht als Versuch, sich für die Kunden des anderen Marktes zu öffnen.

Der andere Markt gehörte der Massenmotorisierung und jenen Marken, die für die Versorgung des ordinären Volkes zuständig waren: Volkswagen immer allen voran, aber natürlich auch Opel und Ford, die mit dem Kadett und dem Escort dem Käfer und Golf ebenbürtige Konkurrenz machten. Von diesen Modellen sind jeweils Stückzahlen in zweistelliger Millionenhöhe verkauft worden, sie sind für ihre jeweiligen Marken bis heute die Bestseller geblieben. In ihren fröhlich vor sich hin rostenden Karosserien hat Deutschland im Grunde Autofahren gelernt. Es gab Aufstiegsmöglichkeiten, sicher. Opel und Ford vor allem, auch Audi und BMW haben sich darum verdient gemacht. Im unvergesslichen Rekord und im Taunus sicherte sich der arrivierte Versicherungsvertreter den kleinen automobilen Vorteil gegenüber der jungen Grundschullehrerin in ihrem VW Polo. Das Grundmuster dieser Hersteller aber ist bei allen Modellen immer gleich geblieben. Der Kunde wollte möglichst billige Autos, und deshalb mussten die Autos möglichst billig gebaut werden. Der Preis war immer das Allererste, auf das die Kundschaft gucken musste. Und muss.

Heute nennt man die Massenmotorisierer »Volumenhersteller«. Weltweit ist inzwischen nicht ganz zufällig Toyota der größte dieser Art. Die Japaner haben das Prinzip knallharter Kostensenkung bislang am erfolgreichsten mit guter Qualitätssicherung verbunden. Volkswagen folgt mit höflichem Abstand, schon weil dessen Autos eben teurer und pannenanfälliger sind. Und dann gibt es natürlich noch Honda, Hyundai und Peugeot, Renault und Citroën, Opel und Ford, Skoda und Seat, den Mini und eine Handvoll kleiner Jungs.

Und die Luxusmarken? Die gibt es immer noch, aber aus Sicht der Autoanalysten sind das Marken mit schnell ablaufendem Haltbarkeitsdatum. Eine Luxusmarke nämlich, so schreiben Rosengarten und Stürmer, baut ihren kommerziellen Erfolg lediglich auf ihren guten Namen und auf schlichten Überfluss auf. Rolls-Royce wäre – gerade noch, denn die Marke ist auf dem Weg in den Premiumsektor – ein gutes Beispiel: Den neuen Phantom gibt es für knapp 400 000 Euro (inklusive Mehrwertsteuer) das Stück, man bekommt dazu Luxus und Komfort bis zum Abwinken, aber so richtig innovativ extravagant sind eigentlich nur die Radkappen, die sich nach dem Einparken sanft und lautlos nachdrehen, bis das Markenemblem ordentlich aufrecht steht. Das neueste Modell der jetzt zu BMW gehörenden britischen

Obernobelmarke ist immerhin zuverlässig, seine Vorgänger waren noch nicht mal das. Die Kundschaft interessierte das nicht groß. »Well, wenn mein Rolls-Royce einmal stehen bleibt, dann schicken sie eben schnell einen Mechaniker raus«, hat mal der Käufer eines solchen fahrenden Einfamilienhauses auf die Frage geantwortet, ob der »RR« nicht ziemlich unzuverlässig sei. Damit ist alles gesagt, finde ich.

Mercedes-Benz ist keine Luxusmarke mehr. Das ist als Kompliment gedacht. Die Stuttgarter haben es allerdings eher zufällig erfahren, welcher kommerzielle wie strategische Segen darin liegt, zur Premiummarke geworden zu sein.

Bis in die achtziger Jahre wurde ein Auto in Deutschland so produziert, wie man heute noch Tarifsysteme für den Nahverkehr entwickelt: ohne den geringsten Gedanken an die Leute, die das später mal benutzen sollen, das Auto oder das Tarifsystem. Das galt/gilt als überflüssig. Die Ingenieure der Entwicklungsabteilungen hielten es nicht mal für nötig, die Vorstandsmitglieder des eigenen Konzerns über neue Modelle zu informieren. Die durften sich das fertige Produkt angucken, kurz bevor es auf eine Automesse und ergo vor das Publikum geschoben wurde. Reichte doch. Der Kunde kam weder als Konzept vor, noch hielten sich die Herren Autotechniker mit Petitessen wie Strategie und Marketing auf. Überragende Ingenieursleistung und der deutsche Hang zum Perfektionismus sorgten für einen steten Fluss an Innovation, und es scherte niemanden die Bohne, ob das Ergebnis denn auch die Kundschaft interessieren würde. Der Erfolg gab ihnen scheinbar Recht. Denn die männliche, motorbegeisterte Kundschaft klatschte weisungsgemäß Beifall, und die Preiskalkulation der Vertriebsabteilung konnte der einfachen Formel folgen, dass ein Nachfolgemodell immer zehn Prozent mehr kostet als der Vorgänger. So lief das und lief und lief und lief.

Aber dann funkte Washington dazwischen. Kein Witz. Die Ingenieure, die sich wie gesagt einen feuchten Wischlappen um die tumbe Kundschaft kümmerten, haben den berühmten Mercedes-Benz 190, den »Baby Benz«, nur entwickelt, weil die US-Regierung das indirekt angeordnet hat. Die haben den Autoherstellern per Gesetz befohlen, den »Flottenverbrauch« für ihre Marke um einen gewissen Prozentsatz zu senken. Das konnte man tun, indem man neue, kleinere Modelle baute, oder indem man bei den Schlachtschiffen etwas Takelage abnahm. Mercedes-Benz entschied sich für erstere Variante. Als er fertig war, der »Baby Benz«, da hat er sich in den USA kaum verkauft. Dafür aber in Deutschland, was die Autobastler aus Stuttgart wohl ein bisschen gewundert hat.

Denn der 190er hatte nichts davon, was die S-Klasse zu einem Erfolgsmodell gemacht hatte. Die S-Klasse verströmte Status; wer sie fuhr, der demonstrierte Macht und Einfluss. Beim 190er, ich erinnere mich gut daran, war das Gegenteil der Fall. Die Leute, die sich diese Mercedes-Sparausgabe – bitte doch: mit 4-Zylinder-Motor! – kauften, mussten sich anfangs eher Spott gefallen lassen. Aber selbst das hielt viele Leute nicht davon ab, für diesen Wagen viel Geld zum Mercedes-Händler zu tragen.

Für Rosengarten und Stürmer ist das ein elegantes Beispiel dafür, was eine Premiummarke ausmacht: Die Leute zahlen eine Zusatzprämie für ein solches Auto, weil sie an die Marke die Erwartung knüpfen, dass das Auto dank hoher Innovation und glänzender Qualität besonders wertvoll ist und bleiben wird. Sie erwarten, dass in solch einem Auto immer nur die besten Systeme eingebaut werden, dass die Marke viel in Forschung und Entwicklung investiert hat und dass das Auto Möglichkeiten hat oder schafft, von denen andere Autos nur träumen könnten. Wenn Autos träumen könnten.

Es geht nicht mal darum, dass die Käufer eines Premium-Autos all diese Innovationen immer gleich umsetzen oder ausprobieren wollen – im Falle des Airbags, mit dem Mercedes-Benz nach dreizehnjähriger Entwicklungsarbeit 1980 in der Baureihe W126 (S-Klasse) reüssierte, wird man auf den Praxistest liebend gern verzichten wollen. Aber der Premiumkunde möchte, dass der Geist der Innovation, das Image der technischen Perfektion und Vollendung überspringt. Auf die eigene Person nämlich, und wenn schon nicht auf ihre reale Existenz, dann doch zumindest auf ihr Image.

Das ist ein, wie ich finde, recht faszinierendes Zusammenspiel von Technik, Innovation und Psychologie. Es klingt fast unglaublich, aber es funktioniert – die Zahlen sprechen für sich. In »Premium Power« findet sich ein hübsches Zitat von Helmut Werner dazu, dem vor einigen Jahren verstorbenen früheren Chef von Mercedes-Benz. »Die Frage, wie man einen Kunden dazu bringen kann, allein für den Markennamen eine Prämie von mehreren Prozent zu bezahlen, ist letztlich nur psychologisch, über die Wahrnehmung als Premiummarke zu erklären. (...) Im Entscheidungsprozess für ein Premiumprodukt drückt der Kunde nicht nur seine wirkliche Persönlichkeit aus, sondern er sucht insbesondere nach einer Verkörperung seiner Ziele, Sehnsüchte und Wünsche. Das Verhältnis des Premiumkunden zu seinem Auto und – fast noch mehr – zur Marke seines Fahrzeugs ist deshalb zutiefst emotional verankert, um nicht zu sagen etwas Intimes, da er sich einen Partner sucht, der ihm nicht nur praktische Dienste, sondern auch emotionale und psychologische Bestätigung verschafft.«

Es gibt Wissenschaftler, die sagen das ganz ähnlich.

Das Kia-Phänomen *oder:*
Das gefühlte Auto

Rüdiger Hossiep ist so einer. Ihm dürfte das Werner-Zitat gefallen. Er drückt denselben Sachverhalt allerdings etwas knapper aus: »Mit der Sache hat die Entscheidung für eine Automarke nichts zu tun«, sagt Hossiep, und mit der Sache meint er Technik, Preis, Zuverlässigkeit, kurzum: die ganzen harten Fakten. Die deutsche Fach- und Führungskraft kaufe nicht das Auto, was technisch gut für sie sei, sondern das, was sie für ihr Image als förderlich empfindet.

Hossiep muss das wissen. Der an der Universität Bochum lehrende Psychologe und Management-Diagnostiker hat vor vielen Jahren eine Art Persönlichkeitstest erfunden und ihm einen schwer unternehmensberatermäßigen Namen gegeben: »Bochumer Inventar zur berufsbezogenen Persönlichkeitsbeschreibung«. Die Unternehmensberater müssen ihm die Tür eingerannt haben, aber Hossiep ist das nach einer Weile offenbar langweilig geworden. Deshalb hat er sich mit Studierenden und Forschenden seiner Abteilung nach Feldern umgeguckt, die man sonst noch mit Persönlichkeitsprofilen beackern könnte. Was die Truppe unweigerlich auf das Auto brachte.

Hossiep sitzt in seinem Büro irgendwo in der Bausünde, die die Universität Bochum beherbergt. Er zitiert Sätze wie »Nur Spießer fahren Opel« oder »Wer Honda kauft, hätte eigentlich gerne einen BMW«. Das wären, so Hossiep, aber nur Vermutungen, Annahmen, die man so aufschnappe, wenn man sich mit Leuten über Autos unterhalte. Es gebe, so weit er wisse, keine öffentlich zugänglichen Studien, in denen die Beziehung von Käuferpersönlichkeiten zu Automarken sauber nachvollzogen würde. Die Autohersteller würden sicher eigene Ansätze verfolgen, aber sie würden seine Arbeit mit besonders großer Aufmerksamkeit begleiten.

Seine Auto-Arbeit hat mit dem Diplom-Abschluss der Psychologin Melanie Sommer angefangen. Sie hatte im Jahr 2002 insgesamt 280 so genannte Fach- und Führungskräfte zu den 211 Fragen des »Bochumer Inventars« vernommen. Anschließend stellte sie ihnen noch zwei Dutzend Fragen zum letzten Autokauf. Damit konnte, sagt Hossiep, zum ersten Mal eine direkte Verbindung zwischen Persönlichkeit und Markenentscheidung hergestellt werden. Mit einem Kollegen, dem Diplompsychologen Patrick Schardien, hat Hossiep die Tests seitdem noch ausgeweitet. Inzwischen gibt es in Bochum einen »Fragebogen zur automobilbezogenen Handlungsregulation«, augenzwinkernd abgekürzt: FAHR, in dem die Befragten weit mehr über ihr Autofahrverhalten verraten müssen als in der vorherigen Studie. Hossiep glaubt, dass das Thema spannend bleiben wird. »Wir haben schon jetzt ganz beachtliche systematische Zusammenhänge gefunden«, sagt er.

Der auffälligste Zusammenhang hat dabei nichts mit den Zuverlässigkeitsskalen oder ADAC-Markenlisten zu tun. Autos hätten vielmehr eine »soziale Identifikationsfunktion«. Man wolle zu einer Gruppe gehören oder bestimmte Werte ausdrücken, wenn man sich zum Beispiel einen Audi A6 kaufe. Das klingt ein bisschen simpel, aber man kann es durchaus auch an anderer Stelle lesen. In einer österreichischen Umfrage zum selben Themenkomplex hat jeder fünfte Audi-Fahrer den hochnotpeinlichen Satz unterschrieben: »Eigentlich gehöre ich ja auch schon zu denen, die es geschafft haben!« Der Satz kam auch gut bei BMW-Besitzern an. Schon weniger bei Mercedes-Fahrern, wohl weil es die wahrscheinlich nicht nötig haben, so einen Satz auch nur zu denken.

Würde ich mir den erwähnten Hyundai Sonata zum Fahrzeug wählen, dann könnte ich, meint Hossiep, den Satz mit dem »Geschafft haben« dagegen nicht unterschreiben. Wenn ich dringend als arriviert gelten wollte, käme der Hyundai nicht in Frage. Hyundai ist eine Marke, die entweder gar kein Profil hat oder ein so schwaches, dass sich niemand unbesehen darauf festlegen würde, wer einen Hyundai fährt und warum. Dieser Umstand eröffnet dann gewissermaßen die Möglichkeit zu zeigen, dass ich zur Gruppe derjenigen gehören möchte, die zu keiner Gruppe gehören wollen. Zu denjenigen, die sagen: »Mir ist Marke egal.« Der Umkehrschluss ist gültig. Wer Marke nicht will, kann sich schlecht einen Audi A6 aussuchen.

Hossiep kennt sich in solchen Dingen aus. Er ist selbst so eine Art Marken-Vegetarier. Rüdiger Hossiep fährt nämlich Saab, und zwar ganz ausdrücklich deshalb, weil er hofft, damit irgendwie als »anders« wahrgenommen zu werden. Er will nicht als Kraftmeier gelten, deshalb fährt er keinen BMW. Er will nicht als jemand angesehen werden, der vor Seriosität nicht mehr laufen kann, fährt also keine Mercedes-Limousine. Und er will nicht für einen dynamischen Zombie gehalten werden und verzichtet deshalb auf einen Audi. Die Konnotation, also die Aufladung mit Bedeutung, ist für ihn beim Saab passender: »Bildung« und »Individualität«, glaubt Hossiep. Möglicherweise auch »skandinavische Gelassenheit«, glaube ich. Das ist nämlich hilfreich, beim Saab, denn in der Pannenstatistik liegt er so weit vorne, dass man annehmen möchte, die Autos seien eigentlich nur als Seitenstreifendekoration gedacht und würden deshalb von Ikea in China gefertigt.

Was mich unmittelbar zur Frage bringt, ob die Technik nicht doch eine gewichtige Rolle spielt. Es muss doch Leute geben, würde ich Hossiep gerne fragen, die einen Mercedes, einen

BMW oder einen Audi, vielleicht gar den Hybrid-Lexus, aus Begeisterung für die dort eingebaute Technik kaufen. »Vorsprung durch Technik« – das seit 1971 genutzte Leitbild von Audi, ist der einzige deutsche Satz aus der Zeit seit Ende des Zweiten Weltkriegs, den der durchschnittliche Brite sinngemäß versteht. Von einem Audi schwärmen die Leute, sage ich, weil die Türen beim Zuschlagen so einen phantastisch satten Sound machen oder wegen der besonders gelungenen Rücklichtabdeckung oder natürlich wegen des tollen Torsen-Differentials. Das müssten doch auch Kaufgründe sein, zumal bei den Preisen? Nein, würde Hossiep antworten. Wären sie nicht.

Sein Argument geht ungefähr so: Wenn wir aus rationalen Gründen ein Auto kaufen würden, dann müssten wir alle Toyota Aygo oder Yaris, Dacia Logan, Skoda Oktavia oder den Chrysler 300 C fahren. Das sind beim ADAC – Stand Anfang 2006 – die Fahrzeugmodelle mit dem besten Preis-Leistungs-Verhältnis ihrer jeweiligen Klasse. Tun wir aber nicht, und weil wir das nicht tun, müssen wir jede andere Entscheidung vor uns selbst rechtfertigen. Deshalb wird jedermann immer einen Grund finden, warum für ihn (oder für sie) der Volvo C70 eine bessere Wahl ist, oder der Alfa 159, der Mazda 3 oder der Seat Toledo. Und es ist völlig egal, ob es die bessere Ökobilanz, die Wirkung auf den deutschen Arbeitsmarkt, der schönere Türgriff oder dieses praktische Fach für Inkontinenzbeutel ist: Das sind alles nachgeschobene Erklärungen. Der deutsche Mann (und wahrscheinlich nicht nur der deutsche) fälle seine Entscheidung für ein Auto aus dem Bauch, sagt Hossiep, und rationalisiere nachher. Oder, wie im Falle des VW Phaetons, gar nicht. Der Phaeton lässt sich nicht begründen.

Langsam sehe ich Licht. Ich weiß nur nicht, ob das jetzt der Silberstreif am Markthorizont ist oder nur eine Erschöpfungserscheinung. Es ist offenbar so, um das mal kurz zusammenzufassen: Weil die Entscheidungen aus dem Bauch heraus getroffen werden, ist die Persönlichkeit eine entscheidende Größe für die Auto-Auswahl. Weil die Persönlichkeit eine entscheidende Größe ist, sagt das Auto viel über die Persönlichkeit aus. Und weil das so ist, entscheidet man am besten aus dem Bauch.

Hossiep kann nachlegen. Die Tests der Bochumer Testentwickler geben immerhin mal einige Anhaltspunkte dafür, wer welches Auto fahren sollte oder was ein Auto über seinen Fahrer aussagt. Melanie Sommer hat zum Beispiel notiert, dass diejenigen, die sich bewusst für einen Audi, einen BMW oder einen Mercedes entschieden haben, signifikant »leistungsmotivierter, führungsmotivierter, flexibler und durchsetzungsstärker sind« als Menschen, die sich mit den Marken Opel, Ford, Renault oder Volkswagen zufriedengeben. Die Fahrer einer Premiummarke sagen über sich selbst, dass sie »selbstbewusster« und »belastbarer« sind als die Durchschnittsfahrer. Es sind eben wirklich typische Chefs, also Menschen, die die Grenze der Selbstüberschätzung nur knapp überschritten haben. Und weil sie sich so sehen, fahren sie Audi, BMW oder Mercedes, und zwar auf eine markengemäße Weise. Nie unter 160 km/h, nie mit angemessenem Sicherheitsabstand. Das behaupte nicht ich, das sagt der ADAC.

Für die Fahrer eines VW, Renault, Ford oder Opel gibt es ein Trostpflästerchen. Sie sind eher »soziabel«, kommen also besser mit Menschen zurecht, das ist doch auch sehr löblich. Sie haben zudem eine höhere »Analyseorientierung«, immerhin ein Alleinstellungsmerkmal am Arbeitsmarkt. Überdies sind sie emotional nicht so verheiratet mit ihrem Auto wie die Premium-Kunden.

Die Bochumer haben auch mal die Autokauf-Kriterien der Kundschaft unter die Lupe genommen, also skaliert, wie viel Emotion und Prestige jemand von seinem Auto erwartet, wie viel

Nutzwert und wie viel spezifischen Komfort. Herausgekommen ist eine leicht verwirrende Zweiteilung des Marktes. Wer VW fährt, Opel oder Ford, möglicherweise aber auch einen Nissan, Fiat, Citroën, Renault oder Peugeot, der wird kaum Erwartungen an die Ausstrahlung und den emotionalen Wert seines Autos haben und auch an Komfort oder Nutzwert keine anstrengenden Maßstäbe anlegen. Sehr viel anspruchsvoller gibt sich die Kundschaft von Mercedes, Audi, BMW, aber auch Volvo, Toyota, Honda und Seat (!). Da wollen die Leute sehr viel Komfort, sehr viel Nutzen und ziemlich viel Prestige und Emotion. In der Studie werden überdies Ausnahmeerscheinungen ausgewiesen. Wer einen Saab kauft oder einen Alfa Romeo, der will, wie man leicht nachvollziehen kann, eine starke emotionale Beziehung zu seinem Auto unterhalten, erwartet aber nicht, dass das Auto diese Zuneigung durch Zuverlässigkeit erwidert. Wer einen Porsche sein eigen nennt, erwartet alles und von allem viel. Wer einen Mazda MX5 fährt, dagegen weder noch.

Das ist alles nicht ganz unwichtig für die Automobilhersteller, fügen die Bochumer hinzu. Erwartungen sind nämlich zentral für die »automobilbezogene Handlungsregulation«, von der ich zuvor auch nicht wusste, dass ich sie habe.

Ganz verkürzt gesagt, hängt die Entscheidung für eine Marke offensichtlich davon ab, welche Erwartungen ich als Kunde an die Marke oder das Modell habe. Dabei spielt eine große Rolle, ob meine Erwartungen auch schon bisher erfüllt oder eben nicht erfüllt wurden. Wenn ich mir zum Beispiel einen Kia Cerato kaufe, weil ich die Hoffnung habe, dass die weibliche Bevölkerung in meiner Umgebung alsbald einen sehnsuchtsvollen Schlafzimmerblick aufsetzen wird, sobald sie mich hinter dem Cerato-Steuer sieht, dann ist diese Erwartung für meine zukünftige Beziehung zu Kia nur dann hilfreich, wenn sie erfüllt wird. Sollte mir nämlich nach einer Weile auffallen, dass ich in meinem Kia sozusagen unsichtbar geworden bin für besagte Bevölkerungsteile, dann dürfte aus der enttäuschten Erwartung ein enttäuschter Kunde werden. Das nächste Mal kaufe ich dann einen Daihatsu. Autohersteller sollten sich deshalb sehr genau angucken, sagen die Bochumer jedenfalls, was die Leute von Marken erwarten und wo Erwartungen erfüllt respektive enttäuscht werden.

Die FAHR-Studie, die genau diese Erwartungen abfragt, müsste demnach bei allen Autoherstellern, die nicht BMW oder Porsche heißen, die Alarmglocken schrillen lassen. Nur BMW-Fahrer zeigen sich nämlich relativ zufrieden, was das Verhältnis von Erwartung und Realität betrifft, ob bei Individualität, Markenimage, Charakter oder Fahrgenuss. Dem Porsche werden von Porschefahrern immerhin die entscheidenden Merkmale zugeschrieben: Sportlichkeit, Performance, Faszination. Bei Mercedes sieht es schon ganz anders aus. Da sind die Leute offenbar nur sehr sekundär zufrieden. Ihre Erwartung an Seriosität und Gelassenheit sei erfüllt, die an Genuss, Individualität und Faszination aber zum Beispiel nicht, besagt FAHR. Bei Renault, Opel, Ford und VW sieht es noch ein wenig schlechter aus. Da gibt es in der Abteilung »Erfüllt« erst gar keinen Eintrag.

Es gibt allerdings Hoffnung. Ich denke, dass die FAHR-Ergebnisse noch nicht so »signifikant« sind, dass sich die Industrie in Selbstzweifel stürzen muss. Bei Toyota nämlich, sagt FAHR, wären die Erwartungen der Fahrer an Aggressivität, Sportlichkeit, Performance, das Image und die Faszination der Marke voll erfüllt. Und da fürchte ich doch irgendwie, dass ein Missverständnis vorliegen könnte. Ich bin selbst mal eine Weile Toyota gefahren, in dunkler Vorzeit. Technisch ist das ein perfektes Auto, keine Frage. Aber Aggressivität, Sportlichkeit, Performance, Image und Faszination sind beim Toyota Corolla nun mal nicht mit eingebaut. Das ist ein Nutzwertauto, kein Auto zum Spaß. Und der Corolla ist nun mal der Toyota, der weltweit am meisten verkauft wird. Irgendwas kann da also nicht stimmen.

Die Elite fährt Micra
Was die Marktforschung alles über
Autokunden weiß

Versuche ich es also mal andersherum. »Ich fahre gerne Auto. Es ist mir schon wichtig, ein Auto mit einem gewissen Prestige zu fahren. Ich lege besonderen Wert auf hochwertige und exklusive Materialien im Innenraum. Von einer Automarke erwarte ich, dass sie Kraft und Stärke demonstriert.« Naja gut, von mir aus, wenn es sein muss. »Ich finde es toll, dass man im Auto nicht mehr auf Internet und E-Mail verzichten muss. Für mich haben manche Autos eine erotische Ausstrahlung. Es macht mir Spaß, meinen Wagen voll auszufahren. Autofahren ist für mich ein sinnliches Erlebnis.« Irgendwie schon. Aber mit E-Mail?

Zur Klarstellung: Das sollen Zitate sein. Solche Sätze soll jemand bei einer Umfrage in ein Mikrofon gesprochen haben. Ich kann mir das fast gar nicht vorstellen. Ich habe noch nie jemanden getroffen, von Roland Koch vielleicht mal abgesehen, der ohne rot zu werden von »hochwertigen und exklusiven Materialien« sprechen würde. Oder E-Mails in einen Zusammenhang mit Sinnlichkeit bringen.

Abgeschrieben habe ich diese Zitate aus dem Dokumentationsteil der Studie »AdProof 1: Pkw« des Spiegel-Verlags in Hamburg. Besagte Äußerungen seien »typische Statements« von ausgewählten Angehörigen verschiedener »Pkw-Zielgruppen«, steht da geschrieben. Der erste Absatz kommt angeblich aus der Gruppe »Sinus B1 Etablierte«, der zweite Absatz aus »Sinus C12 Moderne Performer«. Ist schon erstaunlich, was es alles so gibt.

Ich will das hier gar nicht lächerlich machen, das mit Sinus, B1 und C12. Das war eigentlich mal eine ganz gute Idee. Wenn man Marktforschung betreibt und zum Beispiel für einen Zahnpastahersteller herauskriegen soll, wer das Prinzip der blauen und roten Tuben bei Elmex begreift und wer nicht, dann nützt es nichts, wenn man seinem Auftraggeber nachher mitteilt, dass die Leute in der Rosa-Luxemburg-Straße das Prinzip Elmex verstehen und die Leute in der Bismarckallee nicht. Oder dass vor allem Menschen, die älter sind als 34 Jahre, damit ihre Probleme haben. Oder besonders Naturwissenschaftler und Beamte im mittleren Dienst. Das wären zwar alles ordentliche demografische Kategorien, es würde auch irgendwie wichtig klingen, aber wahrscheinlich hätte der Wohnort und das Alter und der Beruf soviel mit dem Rot-Blau-Problem zu tun wie die Körbchengröße von Dolly Buster mit ihrer Telefonnummer.

Die Marktforschung hat schon vor vielen Jahren ihre ganz eigene Lösung für dieses ihr ganz eigene Problem gefunden: Sie hat uns in Milieus eingeteilt. Das ist jetzt nichts Schlimmes, sondern letztendlich nur eine Weiterentwicklung dessen, was wir früher mit Poesie-Alben gemacht haben. Ich erinnere mich sehr gut daran: Da durfte ich bei der langhaarigen Petra, die sonst nie mit mir gespielt hat, erst mal schöne Poesie reinschreiben, »Rosen, Tulpen, Nelken, alle Blumen welken, nur unsere Freundschaft nicht«, oder so was in der Art. Und dann waren auf der anderen Hälfte der Doppelseite neben den demografischen auch die milieutypischen Daten einzutragen. Also Alter, Länge, Augenfarbe, aber dann eben auch Lieblingsfarbe, Lieblingstier, Lieblingsfernsehstar und Lieblingsschulfach. Was nicht einfach war.

Die Marktforschung macht das heute ein bisschen raffinierter, aber im Grunde genommen genauso. Die fragen auch ganz viele Leute nach Lieblingsdies und Lieblingsjenes und bilden dann statistische Haufen, will sagen Milieus. In der »Lebenswelt« eines Milieus müssen dann später die Bildung, das Alter und das Einkommen zum Wohnort, zur Zahnpastamarke, der Freizeitbeschäftigung, der Abo-Zeitschrift und dem Lieblingstier passen. Und selbst wenn der eine oder andere nicht vollends hineinpasste in seine Schablone, so steckt doch durchaus Wahrheit in diesen Beschreibungen. Es mag beispielsweise viele habilitierte Wirtschaftsfachleute mit eigener Villa, Mitgliedschaft in einem Sportverein und Abonnement der Kulturzeitschrift »du« geben, aber nur sehr, sehr wenige davon werden einen Kampfhund besitzen und sich öffentlich zu Intimpiercing bekennen. Das ist nicht so, weil die Menschen alle unter Anpassungsdruck leiden und sich nicht trauen würden. Sondern weil, wie die Kulturtheoretiker schon länger wissen, Kultur eben so funktioniert. Haufenbildung ist ein Teil der Zivilisation, liest man schon bei Norbert Elias.

Eine der erfolgreicheren Milieueinteilungen, nämlich die mit dem erwähnten Markennamen Sinus®, hat eine Firma namens Sociovision vorgenommen. Aufbauend auf kultursoziologischen Überlegungen aus den Siebzigern haben die Sociovisionäre in den Achtzigern mit acht Milieus angefangen und sie seitdem, schon weil die Gesellschaft sich hier und da ein wenig verändert hat, immer feiner weiterentwickelt. Heute sortiert Sociovision zumindest uns Deutsche in zehn »gesellschaftliche Leitmilieus« ein: in Etablierte, Postmaterielle, Moderne Performer, Konservative, Traditionsverwurzelte, DDR-Nostalgische, die bürgerliche Mitte, die Konsum-Materialisten, Experimentalisten und Hedonisten. Hier und da gibt es dann vielleicht noch Untergruppen, aber im Wesentlichen sind all diese Grüppchen ausgiebigst beschrieben, mit »soziodemografischem Profil« versehen, mit Grundorientierungen, einem Lebensstil und, genau: natürlich auch mit ihren Automarken.

Das ist letztendlich sehr praktisch, diese Einteilung, und man könnte geneigt sein, sie auch als Leitfaden für die eigene Kraftfahrzeugwahl zu nutzen. Sie hat gegenüber anderen Untersuchungen unter anderem den Vorteil, dass sie einem sogar noch das Modell nennen kann, das man beispielsweise als Hedonist zu bevorzugen hätte. Denn die Marktforscher haben, als sie die Leute in ihre Kästchen einsortiert haben, eben einfach deren Präferenzen nachgezählt. So können sie der Automobilbranche gleich noch Zahlen an die Hand geben, wie viele ihrer Modelle sie in nächster Zeit an wen verkaufen können müssten.

Die Ergebnisse dieser Auszählung sind allerdings, wie soll ich das jetzt vorsichtig ausdrücken: nicht immer vollends überzeugend. Vor dem August 2003 – damals ist die AdProof-Studie abgeschlossen worden – haben zum Beispiel die Hedonisten (das ist die »spaßorientierte moderne Unterschicht/untere Mittelschicht«) eine deutliche Präferenz für drei Autotypen erkennen lassen: den Mercedes-Benz SL, den Opel Astra Coupé und den Opel Speedster – das war so eine Lotus-Kopie, die seinerzeit für Furore sorgte. Das hat mich schon überrascht. Ein Opel Astra hedonistisch? Nun gut. Als Hedonist hat man angeblich Spaß an Tabuverletzungen und Provokation und übt möglicherweise eine »aggressive Abgrenzung nach oben«. Wenn man jetzt um die Ecke und dann wieder durch die Hintertür rein, die Treppe runter und durch das Kellerfenster in den Garten denkt, dann spricht das in der Tat gegen den BMW 3er, den ich felsenfest ins Hedonistenherz verpflanzt hätte. Der kommt aber auf den ersten zehn Wunschplätzen der Hedonisten noch nicht mal vor. Dafür der X5. Und noch ein Rätsel.

Und so geht es anderen auch. Die »Experimentalisten« zum Beispiel, auch als individualistische Bohème bezeichnet, lieben das Leben in Widersprüchen offenbar so sehr, dass sie den Marktforschern und mir das Rätsel hinterlassen haben, so unterschiedliche Autos wie den Golf Cabrio, den Peugeot 206, den Audi A8 und den Mitsubishi Colt zu präferieren. Die »Konservativen«, vormals das deutsche Bildungsbürgertum, überraschen den progressiven Beobachter, indem sie nach Nissan Primera und Skoda Octavia Kombi ausgerechnet den BMW Z3 auf ihre Wunschliste setzen. Liegt das an der bildungsbürgerlichen Midlife Crisis – oder an der feschen Frau Gattin? Unentschieden zeigen sich die »Modernen Performer«, was immerhin der von ihnen geliebten »Multi-Optionalität« entspricht, wie der Marktforscher das nennt. In Autos übersetzt: Peugeot 206, Audi Allroad, Opel Tigra, Land Rover Freelander. Einheitliche Linie? Fehlanzeige. Für allgemeine Belustigung sorgt schließlich die statistische Antwort der »Etablierten«, des selbstbewussten Establishments also. Die Elite der Nation kauft sich durch den Mercedes- und den BMW-Katalog (und erstaunlicherweise nichts bei Audi), nimmt einen Porsche Boxter auf die Wunschliste und den Nissan Micra. Und ich dachte immer, den gibt es gratis dazu, wenn man die S-Klasse bestellt. Offenbar kaufen die den aber alle selber, damit sie jedenfalls ein Auto in der Garage haben, das auch die höhere Tochter schadensfrei einparken kann.

Falls es noch jemanden interessiert: Verlass ist eigentlich nur auf die »Postmateriellen«, also die Nach-68er, die alle aus politischen (wenngleich unerfindlichen) Gründen französische und schwedische Fabrikate bevorzugen, und auf die »Traditionsverwurzelten«, das beliebte Kleinbürgertum, die wie nach Drehbuch Astra, Fiesta, Corsa und Escort bestellen – und wenn sie so richtig die Sau rauslassen und ihren individuellen Stachel löcken wollen, einen Subaru Forester. Oder einen Hyundai Accent, was mich sehr glücklich macht, weil ich nun endlich weiß, wer diesen Wagen eigentlich kauft.

Es gibt aber noch etwas anderes Bemerkenswertes, vielleicht gar Irreführendes an dieser Art Marktübersicht. Ich würde es eigentlich als Verneblungseffekt bezeichnen wollen, aber vielleicht ist der Begriff »Bayern München«-Effekt an dieser Stelle passender. Man stelle sich vor, es würden hundert fußballbegeisterte Schülerinnen und Schüler aus zehn verschiedenen Klassen nach ihrer Lieblingsmannschaft gefragt. Der Zufall aber wolle es, dass es in jeder Klasse genau zwei Bayern-Fans gibt, dafür aber sechs, sieben oder acht Fans eines wirklich völlig obskuren Teams, des TSV Schwachhausen-Horn meinetwegen, das allein in dieser einen Klasse Anhänger hat. Dann würde, wenn man eine Liste der Klassenfavoriten erstellt, Schwachhausen-Horn vorkommen, aber Bayern nicht, weil Bayern in keiner Klasse die Nummer 1 ist. Auf die Schule bezogen wäre Bayern München aber trotzdem die führende Lieblingsmannschaft.

Möglicherweise ist dieser Effekt dafür verantwortlich, dass in der besagten Auto-Studie eine relativ wichtige Automarke beinahe fehlt. Genau zwei Mal wird das Kürzel VW genannt: Der Golf Cabrio führt wie gesagt bei den »Experimentalisten«, der VW Beetle läuft unter »ferner fuhren« bei der »Bürgerlichen Mitte«. Das schafft, vorsichtig ausgedrückt, einen gewissen Erklärungsbedarf. Es gibt 9,8 Millionen Volkswagen auf den Straßen Deutschlands, damit ist VW die mit Abstand meistgefahrene Marke des Landes. Es kann selbstverständlich sein, dass diese 9,8 Millionen Fahrzeuge rein zufällig gekauft worden sind oder nur deshalb, weil Leute auf der Suche nach dem Nissan Primera oder dem Alfa 156 für kurze Zeit unter Konzentrations-, Orientierungs- und Leseschwierigkeiten gelitten haben. Wahrscheinlich ist das allerdings nicht. Es gibt nur zwei Erklärungen: Entweder kommt VW – in Folge des »Bayern-München-Effekts« – nur deshalb nirgendwo vor, weil VW als Marke universell bindet. Alternativ kann ich mir nur vorstellen, dass Volkswagen sich geweigert hat, diese Studie zu unterstützen.

Aber das würde heißen, dass es in der Automobilbranche nicht immer mit rechten Dingen zugehen würde. Ein Gedanke, der sich selbstredend verbietet.

Im Konfigurator
Von Regensensor bis Zündschlüssel

Die gute Nachricht zuerst. Wenn man sich all das anguckt, was die Analysten, die Psychologen und die Marktforscher herausgefunden haben, wird allmählich klar, dass es doch ziemlich viele Automodelle gibt, deren Anschaffung als risikoarm zu bewerten wäre. Ganz gleich, was ein Volkswagen Golf oder ein Opel Corsa, ein Seat Leon oder gar ein neuer Honda Civic über seinen Halter kulturell aussagen mögen, man kann sich offenbar ganz gut herausreden. Wenn jemand käme und mir eröffnete, dass mein frisch aus der Folie gepulter Citroën C3 für ihn der letzte noch fehlende Beweis dafür sei, dass ich ein konformistischer Versager wäre, dann würde jedenfalls ich einfach mit der Schulter zucken. Ich hätte eine Studie gelesen, würde ich einfach behaupten, nach der sich unter den Citroën-C3-Fahrern überdurchschnittlich viele Modedesigner, Web-Videoartisten und Cyber-DJs finden. Der C3 sei hip, würde ich sagen. Er habe das nur noch nicht mitbekommen, offenbar. Die Mode sei flüchtig, gerade was die Modelle anbelange.

Und bei den anderen Fahrzeugen, das nur noch zum Abschluss, ist offenbar immer schon alles geregelt. Die Neuwagen der Premium-Marken sind Beschäftigungsnachweise, da gibt es kaum etwas daran zu rütteln, Sportwagen dienen zur Profilierung des »Fit-for-Fun«-Lesers, und koreanische Fahrzeuge sind egal.

Aber nun zur schlechten Nachricht. Man kann trotzdem noch jede Menge falsch machen. Man muss so ein Auto nämlich noch ausstatten. Früher war auch das ganz einfach. Da konnte man Autos quasi von der Stange kaufen. Ging zum Mercedes-Händler und zeigte mit dem Finger auf den Mercedes Benz 200 Diesel, außen weiß lackiert, dafür innen alles schwarz und sozusagen Plaste und Elaste, Version West. Das sah nicht schön aus, nein, war aber irgendwie okay. Hauptsache Mercedes. Wenn man heute den Nachfahren dieses legendären Landwirttransporters bestellt, den C 200 CDI, dann macht allein schon die Typenbezeichnung klar, dass es so ganz ohne weiteres nicht mehr geht. Und das Interieur namens »Holzausführung Oliv-Esche« natürlich auch. Das Auto hat in der Grundausstattung heute eine Klimaanlage »Thermatic«, die für »konstant angenehmes Klima bei jeder Witterung« sorgt. Ein »Multifunktionslenkrad«, einen Tempomaten namens »Speedtronic« und ein Getriebe namens »Direct Control«. Man kann beim Arbeitsamt sicher eine Fortbildung beantragen, damit man später mal erklären kann, was das alles ist.

Nur ein Radio hat er nicht, der Wagen. Das müsste ich extra bezahlen. Wie auch den Ascher »mit Klappe u. Steckdose«, der aber nur 29 Euro kostet. Der Regensensor, der mir das lästige Anschalten des Scheibenwischers ersparen würde, schon 116 Euro. Da wäre die Reifendruckverlustwarnung mit 63,80 Euro deutlich billiger. Und wenn ich für die Scheinwerferreinigungsanlage 295,80 Euro ausgebe, brauche ich beim Tanken nie wieder daran zu denken, mal eben mit dem Lappen über die Lampen zu gehen.

Aber nicht alles ist immer so einfach dazuzukaufen. Wenn ich bei meinem C 200 CDI zum Beispiel (gratis!) die schönen »Zierteile Aluminium in spez. Design« beifügen wollte, dann geht das nur in Verbindung mit dem Sportpaket und einer Zusatzgebühr von 2088 Euro. Dafür bekomme ich dann noch Sportsitze, ein Sportfahrwerk und, nicht zu vergessen: eine »Sportpedalanlage aus gebürstetem Edelstahl m. Gumminoppen«. Das wollte ich schon immer mal.

Damit keine Missverständnisse aufkommen: Die Sache mit dem gigantischen Katalog der Sonder- und Zusatzausstattungen ist nicht exklusiv für Mercedes-Benz, nicht mal für die sonstigen fahrenden Technologieparks der Oberklasse. Für den Hyundai Atos, das ist so ein Auto, das bequem in den Kofferraum einer C-Klasse passt, kann man auch eine Klimaanlage bestellen, wirklich. Und rot-schwarz gestreifte Sitze. Selbst für den Lada 2110, ein Auto, das streng genommen nicht wirklich zum Kauf empfohlen werden kann, gibt es eine eigene Zubehörliste. Man kann farbige Fußmatten kaufen, mit Lada-Emblem. Man kann sich eine Lada-geprüfte Radio-Cassetten-Anlage, gar eine Radio-CD-Anlage einbauen lassen.

Man kann, mit anderen Worten, Geld für Unsinn hinauswerfen, hier wie dort. Wobei es gleich zwei Ärgernisse gibt: Zum einen weisen Autoexperten gerne darauf hin, dass die Autohersteller gerade mit dem Zusatzklimbim ihr wahres Geld verdienen. Das Ersetzen eines Ablagefaches durch einen Aschenbecher kostet schließlich nicht wirklich 29 Euro, und die Verkabelung für den Stromanschluss ist genauso serienmäßig angelegt wie die Verkabelung für die meisten anderen gängigen Varianten.

Zum anderen ist mancher Ausstattungsfortschritt nur als solcher getarnt. Da gibt es manches, was eigentlich höchst überflüssig ist.

Manches. Nicht alles. Wie äußerst mühsam wäre zum Beispiel heute jede längere Reise, wenn Mary Anderson nicht 1903 den Scheibenwischer erfunden hätte. Man müsste, kaum dass es mal regnet, alle paar Kilometer aussteigen und die Windschutzscheibe abtrocknen. Genau dieses Ritual hatte die patente Frau in New York bei den Straßenbahnfahrern beobachtet und erdachte deshalb eine einfache Konstruktion, die einen Handgriff innen mit einem Gummischaber außen verband. Möglicherweise hat das sogar funktioniert.

Nach Aussage des irischen Autohistorikers Bob Montgomery war es allerdings der deutsche Prinz Heinrich von Preußen, Bruder des letzten Kaisers Wilhelm II., der die erste praktikable (und patentierte) Scheibenwischanlage entwickelte. Seine Königliche Hoheit wäre demnach also wirklich für mehr gut gewesen als nur als Namensgeber für die Prinz-Heinrich-Mütze von Helmut Schmidt.

Weil auch des Prinzen Wischblätter aber per Hand bedient und bewegt werden mussten, hatte die Welt zu warten, bis sie 1917 mit einer elektrisch betriebenen Wischanlage beglückt wurde – von einem hawaiianischen Zahnarzt übrigens. Diese Information, auch von Bob Montgomery, ist insofern glaubwürdig, als ein Zahnarzt seinen Behandlungsstuhl nur geringfügig modifizieren musste, um ein Wischsystem zu erfinden. Andererseits fragt man sich natürlich, warum ausgerechnet jemand auf Hawaii einen Scheibenwischer erfinden sollte. Dort regnet es doch nie.

Doch wer auch immer am Ende schuld war, wir stehen heute in seiner ebensolchen. Die Wischautomatik samt Intervallschaltung stellt einen deutlichen, erkennbaren und unzweifelhaften

Gewinn für die automobile Welt dar. Und ganz Ähnliches gilt für die Rückfahrleuchte, das Verlegen des Schaltknüppels in den Wageninnenraum oder den Anlasser. Alles Fortschritte, die das Leben des Autofahrers deutlich sicherer gemacht und erleichtert haben.

Wo aber, möchte ich fragen, ist der Qualitätsgewinn für den Autofahrer von heute, wenn sein Fahrzeug nicht mehr mit dem Autoschlüssel, sondern mit einer Chipkarte zuzüglich Netzschalter in Betrieb genommen wird?

Ich lernte diese Technik erstmals in einem Mietauto kennen. Der Schlüssel, so hatte mir die freundliche Dame am Empfang bedeutet, würde im Auto stecken. Was er nicht tat, jedenfalls nicht wirklich. Der Wagen, ein harnfarbener Renault Megane, hatte nämlich keinen Schlüssel, sondern eine klobige Plastikkarte, die einladend, aber ohne nähere Erklärung auf dem Beifahrersitz lag. Nach einer guten halben Stunde hatte ich heraus, dass man die klobige Plastikkarte in einen Schlitz stecken musste, den man zuvor, wenn man sich viel Mühe gab, zwischen Knie und Mittelkonsole ausfindig machen konnte. War das Kärtchen korrekt, aber nicht zu tief eingeführt, durfte man, sofern gleichzeitig ein Fuß auf der Bremse, der Gang rausgenommen, eine Hand unter der Motorraumklappe und eine Gauloise im Mundwinkel steckte, den leuchtend roten Startknopf betätigen, und dann sprang der Motor an. Ich war von diesem Erfolg derart erschöpft, dass ich auf dem Parkplatz des Autovermieters ein Nickerchen einlegen musste, bis ich die Hochzeit verpasst hatte, deretwegen ich mir den Mietwagen genommen hatte.

Das mit der Chipkarte gefiel mir nicht. Es fühlte sich falsch an, dieses Einlegen des Plastikplättchens, anonym und klinisch wie eine Schlüsselkarte in einem Tagungshotel. Der Schlüssel, metallisch und klar, ist eine viel sinnlichere Angelegenheit. Man kann ihn am Schlüsselbund in der Hosentasche klappern lassen, an seinem mit dem Fortschritt und all den Fernbedienungen und Funkübertragungen fett gewordenen Korpus herumdrücken, ihn sogar – bei Volkswagen und Audi jedenfalls – wie ein Klappmesser aufspringen lassen. Und das Herumdrehen im Zündloch erst! Das ist eine symbolisch derart aufgeladene Veranstaltung, dass jeder mäßig begabte Freud-Schüler eine Diplomarbeit darüber schreiben könnte. Das ist so offenkundig Sex und Macht und Technik, meinetwegen sogar alles zusammen, dass man sich wundert, wieso Fernseher keine Zündschlüssel haben.

Ich jedenfalls war genervt und hielt diese Kartenspielerei für eine typisch französische Verrücktheit. Es wäre nicht die erste gewesen. Citroën hat seine Fahrzeuge jahrelang mit den futuristischsten Tachometern ausgerüstet, zugleich aber darauf verzichtet, das Lenkrad so einzurichten, dass es automatisch das Blinken beendet, wenn die Kurve vorbei ist. Hauptsache originell.

Wie man sich täuschen kann. Der neue BMW M6 Cabrio ist ganz sicher kein lustiges Spielzeug. »Auf der Suche nach einzigartigem Luxus, ultimativer Beschleunigung und Augenblicken wirklicher Freiheit«, so der Originalwerbeton, ist unter der Hand der bayerischen Motorenbauer ein fast beängstigendes Fahrzeug entstanden. Unter dem durchaus aggressiv wirkenden Corpus, bald fünf Meter lang und (leer) an die 1,8 Tonnen schwer, steckt ein brutaler V-10-Zylinder mit 5 Litern Hubraum, dem es mit bescheidenen 507 PS gelingt, in 4,8 Sekunden auf 100 Stundenkilometer zu beschleunigen. Das ist so bedrohlich schnell, dass die Elektronik mit dem Beschleunigen bei 250 Stundenkilometern notgedrungen Schluss macht; der Motor könnte selbstverständlich mehr. Damit auch ungelernte Fahrer den Cabrio schadlos aus der Garage bekommen, werden die 507 Pferdestärken erst auf Knopfdruck aktiv. Beim Starten des Wagens sind nur handliche 400 PS zugeschaltet, was für die Fahrt zum Brötchenbäcker meistens reicht. Das Cabrio freilich wird ohnehin nicht unbedingt für den Gelegenheitsfahrer gebaut: Mit 116 000 Euro wäre es dafür auch einen Tick zu teuer. Auf Anfrage bestätigen die Münchner, dass der M6 Cabrio gedacht ist »für Geschäftsleute, die gerne auch mal sportlich fahren und sich das Besondere leisten wollen«. Und können. Der Verbrauch liegt zwischen zehn und 22 Litern Superbenzin auf 100 Kilometern.

Dafür hat der Wagen so gut wie alles, was sich ein Autobesessener erträumen kann. Einen Drehzahlmesser, der von der Motorentemperatur abhängig ist. Ein Motormanagement, das Zylindern und Katalysator beim Anwärmen hilft. Eine Sieben-Gang-Halbautomatik, bei der man nicht mal mehr die Kupplung zu treten braucht und die man sich auf genau die Fahrweise einstellen kann, die man gerne hätte. Ein Head-Up-Display innen auf der Windschutzscheibe, damit man beim Fahren nicht nach unten gucken muss, und allerlei Sicherheitssysteme, die man auf seine Fahrweise abstimmen kann. Man kann in der mit schwarzen Klavierlack-Leisten oder feinem Merinoleder verschönerten Instrumententafel ein Navigationssystem, einen DVD-Spieler und/oder eine Schnittstelle für den i-Pod unterbringen.

Nur einen Zündschlüssel nicht. Der Wagen ist mit einer Chipkarte zu starten, die im Handschuhfach in einen Schlitz eingelegt werden muss.

Ich habe keine Ahnung, wie die sich das vorstellen. Ich stelle es mir ungefähr so vor: Eben hat die platinblonde Schönheit auf dem Beifahrersitz Platz genommen, ich schließe galant ihre Tür, umschreite mit wissendem Lächeln meinen neuen, schwarzmetallicglänzenden M6 Cabrio, steige dann meinerseits ein und setze mich. Und während das Autodach sich lautlos und in

25 Sekunden öffnet und sie sich ihren knallroten Minirock instinktiv nach unten streicht, als gäbe es da überhaupt irgendetwas nach unten zu streichen, greife ich also erst in die Innenseite meines Jacketts und dann, mit einem leicht irritierenden Blick in ihre blauen Augen, worauf sie mit einem irritierten Lächeln antwortet, irgendwo zwischen ihre Beine, weil ich nämlich an das Handschuhfach muss, wo ich meine Chipkarte einzulegen habe. Ja, super. Die ist doch ausgestiegen, bevor ich das Wort »Zündschlüssel« über die Lippen gebracht habe, oder?

Es sei denn, die Dame bzw. ihr Begleiter fährt eine Corvette. Das ist einer von diesen amerikanischen Sportwagen, bei deren Erwerb man ein ärztliches Attest vorlegen muss. Vom Image her gesehen ist der BMW M6 Cabrio vergleichsweise eine Art Papamobil. Eine Corvette ist ein so unmissverständliches Statement, dass man sich schon sehr, sehr sicher sein sollte, bevor man sich so etwas anschafft.

Früher war die Corvette einfach nur ein sehr schnelles Auto, heutzutage ist sie natürlich mit allem Schnickschnack ausgestattet, den man von seinem VW Polo gewöhnt ist: Alarm-, Klima-, Sonstwasanlage. Und Zündschlüssel? Fehlanzeige. Auch die neue Corvette wird jetzt per Knopfdruck gestartet. Es ist einfach zum Weinen.

Wenn die Sonnenblende quietscht
Über den Trend zur Wertanmutung

Ich hatte das schon länger vermutet, aber jetzt weiß ich es: Die spinnen, die Japaner. Ein Freund von mir arbeitet bei Toyota, der Nummer Eins unter den Fahrzeugherstellern der Welt. Er hat mir erzählt, was sein japanischer Arbeitgeber sich zur Verfeinerung eines der jüngsten Modelle hat einfallen lassen. Hunderte von Mitarbeitern aus allerhand Abteilungen wurden gebeten, für ein paar Minuten zu einem Testwagen zu kommen. In diesen Wagen mussten sich die Leute kurz hineinsetzen, dann wurden sie gebeten, die Sonnenblende herunterzuklappen, hinaufzuklappen, wieder herunter und wieder hinauf. Schließlich bekamen sie einen Fragebogen in die Hand gedrückt, in dem sie aufgefordert wurden, ihren Eindruck, nein: nicht von der Sonnenblende und ihrer guten Bedienbarkeit, sondern von dem Geräusch wiederzugeben, das sie selbst eben an der Sonnenblende erzeugt hatten. Hat das angenehm geklungen? Oder unangenehm? Zu hoch? Zu tief? Zu laut? Zu leise? Wie hat es auf den Mitarbeiter gewirkt? Und so weiter, und so weiter.

Die Japaner testen den Sound ihrer Sonnenblende. Ich finde das unglaublich. Das ist doch vollkommene Zeitverschwendung, oder? Ich meine, wer in aller Welt kauft ein Auto, weil darin die Sonnenblende gut klingt? »Hallo, guter Mann, ich möchte ein Auto kaufen. Haben Sie vielleicht ein Modell für mich, in dem das Umklappen der Sonnenblende klassisch klingt?« Selbst wenn ich mich sehr genau konzentriere: Ich könnte jetzt nicht beschreiben, was für ein Geräusch die Sonnenblende in meinem Auto macht. Oder ob überhaupt. Quietscht die? Ich glaube nicht. Aber vielleicht doch. Jedenfalls ist es mir noch nie aufgefallen. Ich fürchte, es gibt eine sehr, sehr kleine Anzahl von Menschen, die auf den Sonnenblendensound achtet, liebe Fachmitarbeiter bei Toyota.

Achim Parnow hat sich aber überhaupt nicht gewundert, als ich ihm die Geschichte erzählt habe. Das hat dann wiederum mich gewundert. Parnow ist »Leiter Ergonomie« bei Mercedes-Benz in Stuttgart. Er selbst beschäftigt sich zunehmend mehr mit Haptik, mit Optik, mit Akustik als mit gesunden Sitzhaltungen. Das sind Themen, die sehr wichtig geworden sind für DaimlerChrysler und für andere Fahrzeughersteller auch, erklärt Parnow. Der Mensch erwarte vom Cockpit eines Autos heute nicht nur, dass er sich dort wohlfühle. Es müsse, gerade bei den Premiummarken, auch »eine gewisse Wertanmutung« geben. Da müssten sich die Materialien gefällig anfühlen, die Schalter gut aussehen, die müssten auch fest sitzen und keine unnötigen Spalten bilden. Es dürfe nichts wackeln. Es dürfe noch nicht einmal so sein, dass man irgendwo keinen Gegendruck fühlt, wenn man einen Schalter bedient. Deshalb sitzen heute ganze Abteilungen von Fachleuten in eigenen Büros und eigenen Labors, die nichts anderes tun als Schalter ausprobieren und weiterentwickeln und Wertanmutung herstellen.

»Früher war das mal anders. Da gab es eine eher mechanische Vorstellung davon, was ein Schalter ist. Für Schalter waren die Elektriker zuständig«, sagt Parnow. Jede Komponentenabteilung hätte eigentlich immer nur ihr eigenes Ding gemacht. Die Leute zum Beispiel, die die Türen bauen, hätten dann eben einen Wippschalter für den Fensterheber entwickelt, der vielleicht anders ausgesehen hat als der Schalter am Armaturenbrett, der die Lüftung höher stellt. Die Schalter hätten sich auch anders angefühlt. Und ein anderes Geräusch von sich gegeben, vielleicht.

Irgendjemand hat dann angefangen, sich jeden Schalter, jeden Knopf im Auto, ganz genau anzusehen. Lange daran herumzutüfteln, dass man zum Beispiel überall den gleichen Kraftaufwand braucht, um etwas an- oder auszuschalten: »Die Dämpfung muss auf das Kraftniveauempfinden abgestimmt sein«, wie der Fachmann das ausdrückt. Es gilt bei den Premiummarken auch als Usus, dass Knöpfe ein Geräusch machen, wenn sie geschaltet werden, und zwar alle Knöpfe im Auto immer das gleiche Geräusch. Das ist gar nicht so einfach, weil es heutzutage Knöpfe gibt, die eine mechanische Wirkung, bei der es einen hörbaren »Klick« gibt, gar nicht mehr brauchen. In lautlose Schalter muss deshalb ein Akustiktechniker das Geräusch erst wieder einbauen. Oder er muss ein unangenehmes Geräusch so verändern, dass das gewünschte, angenehme Schaltgeräusch entsteht. Und bei der Sonnenblende ist das natürlich nicht anders. Die muss nicht nur ein Geräusch machen, einen bestimmten Widerstand haben und eine gewisse haptische Qualität besitzen, sondern diese drei Charakteristika müssen auch zu dem sonstigen Ambiente passen.

»Wertanmutung« eben. Und die Anforderungen an diese werden naturgemäß immer größer. Der Fahrer soll das Gefühl bekommen, in einer fein bearbeiteten, in jedem Aspekt hochwertigen Umgebung zu sitzen. In der neuen S-Klasse, Parnows ganzem Stolz, haben sie elf Wippschalter zu einer einzigen, eleganten Chromleiste angeordnet, die über die Mittelkonsole schwingt. Die Metallschalter sind so genau gearbeitet, dass man kaum Lücken sieht. Es gibt keine Querbewegung. Alles muss unglaublich präzise gearbeitet werden, sonst fällt es sofort auf. »Non forgiving design« nennt Parnow so etwas: ein Design, das keine Qualitätsmängel zulässt. Sitzt ein einziger Schalter auch nur um Millimeterbruchteile schief, dann sieht die ganze Leiste plötzlich schäbig aus. Es muss also klappen. Aber wenn es klappt, dann sieht es eben sensationell aus – ein bisschen so edel wie das Cockpit des 280 SE aus den frühen sechziger Jahren, als Mercedes-Benz noch eine Marke für die wirklich oberen Zehntausend war. Nur eben heute mit der vollen Ladung High-Tech hinter der Fassade.

Der Aufwand ist notwendig, das hört man bei allen Marken. Der Kunde erwarte heutzutage einen »Look« und ein »Feeling«, das zum Auto passt. Die Zeiten, in denen man das Cockpit eines

Mittelklasse-Wagens mit einer Wand aus eckig-schwarzem Hartplastik ausfüllen konnte, sind vorbei. Selbst beim kleinen Ford Ka und seinen Kollegen muss das Ambiente heute zur Verarbeitung passen und umgekehrt. Wenn sich da etwas anfühlt wie recyceltes Bobby-Car, dann steigt der Käufer aus.

Der Einfluss solcher Dinge auf das Kaufverhalten ist erstaunlich, aber nachvollziehbar. Ich habe zwar weiterhin Recht mit meiner Behauptung, dass niemand ein Auto kauft, weil dort die Sonnenblende so schön klingt. Aber es mag Leute geben, die ein Auto nicht gekauft haben, weil ihnen dort irgendwie irgendetwas nicht gepasst hat. Und wenn sie genauer darüber nachdenken würden, was sie da eigentlich gestört hat, dann kämen sie möglicherweise auf die Idee, dass es das Geräusch der Sonnenblende war. Weil die zum Beispiel billig geklungen hat oder extrem unangenehm, so wie eine Nagelfeile in Benutzung etwa oder quietschende Kreide. Aber darauf kommt natürlich keiner. Niemand würde zugeben, dass er den Bentley nur deshalb nicht gekauft hat, weil ihm der Sonnenblendenklappsound missfallen hat.

Es gibt einen überraschenden Grund für die hohe Wertigkeit des Sonnenblendensounds. Einen Grund, der zumindest mich überrascht hat. Ich hätte angenommen, dass der preis- und prestigebewusste Mitteleuropäer bei der Anschaffung eines Automobils auf eine eingehende Prüfung nicht verzichten würde. Ich sehe immer jede Menge Leute, die bei meinem Lieblingsdiscounter den Camembert aus dem Regal nehmen, um durch Druckprüfung vorzuempfinden, ob der Käse vielleicht reif sein könnte. Das ist meiner Einschätzung nach völlig überflüssig, denn ein konservierungsmitteldurchtränkter Discount-Camembert kann eigentlich nicht reifen, sonst müsste er teurer sein als 39 Cent das Kilo. Egal. Die Leute drücken. Aber dann gehen sie zum

Autohändler und gucken ein bisschen und blättern in einem hübschen Katalog, lesen vielleicht noch eine »Kritik« in einer einschlägigen Motorzeitschrift, aber sie trauen sich nicht, nach einer Probefahrt zu fragen.

Ja, das ist wohl so, sagen gewöhnlich gut unterrichtete Kreise. Jetzt mal ganz abgesehen davon, dass die meisten Autohändler nach meinem Eindruck auch eher zurückhaltend damit sind, so ein Angebot zu unterbreiten; es ist halt Aufwand, und Vorführwagen sind rar. Aber die Kunden fragen offenbar auch gar nicht. Bei entsprechenden Autos lässt der Kundenberater vielleicht mal den Motor an, damit man mal reinhören kann in das Konzert. Aber der deutsche Normalkunde kauft – zu etwa 85 Prozent – einen Neuwagen, ohne mit ihm Probe gefahren zu sein.

Und deshalb ist es eben für die Autobauer so ungeheuer wichtig zu wissen, was der Normalkunde denn dann veranstaltet, wenn er sich im Autohaus in den Ausstellungswagen setzt. Hochinteressant. Bei DaimlerChrysler haben die das mal gefilmt, selbstverständlich mit Zustimmung der Opfer. Der Kunde setzt sich rein. Für drei Minuten, im Durchschnitt. Er probiert den Sitz aus. Er fasst das Lenkrad an. Und dann kommt es schon: Er drückt auf ein paar Knöpfe.

Nun gut, die meisten potenziellen Käufer machen natürlich noch mehr. Lassen sich den Kofferraum aufmachen, sich beschwatzen, diskutieren das Drehmoment und die Vorzüge der Halbautomatik, drücken vielleicht mal am Bordcomputer herum, messen vielleicht gar etwas aus oder testen, wie man die Sitze umlegen kann. Familienväter nehmen auch gerne mal probeweise auf dem Rücksitz Platz – es ist das erste und letzte Mal, dass sie in ihrem zukünftigen Auto hinten sitzen, aber man möchte es doch mal erlebt haben. Besonders abenteuerlustige Menschen probieren auch die Fensterheber aus. Frauen klappen die Sonnenblende herunter, um nachzugucken, ob da ein Kosmetikspiegel ist.

Aber die DaimlerChrysler-Leute wissen eben: Wenn in den ersten drei Minuten etwas schiefgegangen ist, dann fällt die Geschichte mit dem Kofferraum und dem Drehmoment flach. Dann findet das weitere Beratungsgespräch möglicherweise gegen einen inneren Widerstand statt. Es ist deshalb höchst bedeutend, dass der Mensch, wenn er nach den ersten drei Minuten aus dem Wagen steigt, eine positive Einstellung zu dem Auto hat, das er vielleicht kaufen könnte. So wichtig, dass Achim Parnow sogar denkt, dass der Trend zur höheren Wertanmutung sich noch verstärken dürfte. Dass da noch viel, viel mehr passieren wird mit der Haptik, der Optik und der Akustik im Innenraum.

Gut. Die Japaner spinnen also doch nicht. Ich habe immer schon davor gewarnt, sie zu unterschätzen.

Gelb meiden?
Warum die Autofarbe wichtig ist

Die Lieblingsfarbe meiner Tochter ist Gelb. Sie hat deshalb den ausdrücklichen Wunsch geäußert, dass mein nächstes Auto, wenn es denn so weit ist, ein gelbes Auto wird. Ich fürchte, mir steht da ein Konflikt ins Haus. Ich werde sie enttäuschen müssen.

Nun gibt es Menschen in meinem Umkreis, die sagen, dass ich doch noch relativ gut bedient sei. Sie selber hätten nämlich eine Tochter, deren Lieblingsfarbe Rosa wäre. Als Autofarbe wäre Rosa aber so schrecklich, dass nur Elton John damit herumfahren will. Streng genommen haben diese Leute aber gar kein

Problem. Sie können ihre Töchter nämlich einfach mitnehmen zum Autohändler, und dann können sie ihnen sagen: »Gut, dann such du dir mal ein hübsches zartrosarotes Auto aus.« Und die Töchter werden ein bisschen herumsuchen und enttäuscht zurückkommen, es sei denn, man ist mit ihnen zur Dortmunder Tuning-Messe gegangen. Meine Tochter hingegen kennt Autos, die gelb sind. Sie sieht solche Autos auf Parkplätzen und bei der Post stehen. Deshalb ist sie überzeugt davon, dass unser nächstes Auto ein Auto sein wird, das farblich nach ihren Wünschen gestaltet ist.

Wird es aber nicht. Ich bin der felsenfesten Überzeugung, dass man mit einem gelben Auto nicht herumfahren sollte. Es gibt überhaupt nur zwei bis drei Fahrzeugtypen, die man in der Kanarienvogel-Lackierung kaufen darf, ohne dem Verdacht ausgesetzt zu sein, Schwierigkeiten mit dem Ego oder mit dem Geschmack zu haben. Gelbe Volkswagen-Käfer gehen durch (Beetle eingeschlossen), weil weder der Käfer noch der Beetle im engeren Sinn ein Auto sind. Smarts auch, weil dito. Und dann nur noch der Lamborghini Diablo (schlimmstenfalls auch der Gallardo), weil man dann zwar dem oben erwähnten Verdacht ausgesetzt ist, einem das aber egal sein kann, weil man eben in einem Lamborghini sitzt. Und die anderen sind eh nur neidisch.

Leider ist das Bewusstsein über die begrenzte Einsatzfähigkeit von gelbem Autolack nicht sehr verbreitet. Es gibt nach meinem Eindruck ziemlich viel zu viele gelbe Seat Ibizas, gelbe Fiat Puntos und gelbe VW Fox auf den Straßen, deren Inhaber diese Farbe wohl dynamisch oder lustig fanden. Tja, schade. Leider sehen gelbe Ibizas aus wie nicht gekonnt. Peinlicher sind aber noch gelbe Hyundai Coupés oder Mazda RX-8, alte Sciroccos und deren Klone: Da ist das Gelb dann der direkte Hinweis auf Neid, weil der Besitzer lieber in einem Lamborghini sitzen würde, aber die Sparkasse nicht mitspielt. Alle anderen gelben Autos fahren Post aus oder sind Teil des öffentlichen Nahverkehrs. Beim Einstieg also bitte abgezähltes Kleingeld oder Fahrschein bereithalten.

Wie ich festgestellt habe, spiegelt der sich anbahnende Konflikt zwischen meiner Tochter und meinem Geschmacksempfinden immerhin ein universelles Farbdilemma wider. Nach einer kürzlich erschienenen österreichischen Untersuchung über Autofarben sind jedenfalls 55 Prozent aller Frauen und 41 Prozent aller Männer im zivilen Leben Fans der Farbe Gelb, weil sie selbige für ein besonders fröhliches Attribut halten. Bei den Autofarben dagegen ist Gelb ein kompletter Außenseiter. Bei einer zufälligen Zählung in Wien waren von 1056 Autos nur zehn gelb lackiert. Beim bundesdeutschen Kraftfahrbundesamt läuft Gelb dementsprechend unter »sonstige Farben«.

Die Autoren der Studie, Barbara Hager und Gregor Bartl, fanden das genauso erstaunlich wie ich, weshalb sie versucht haben, diese Differenz zu erklären. Sie haben sich zwei Argumente zurechtgelegt. Zum einen sagen sie, dass Leute bei der Wahl der Autofarbe ganz grundsätzlich Zurückhaltung zu zeigen scheinen, was die hohe Zahl von grauen, silbernen und schwarzen Autos begründen könnte. Es gäbe nur sehr wenige Leute, die mit ihrer Autofarbe eine Grundstimmung ausstrahlen wollen, weil sie sich schlicht nicht sicher sind, welche Grundstimmung sie ständig vor sich hertragen wollen. Wenn man ein gelbes Auto fährt, müsste man ja streng genommen ständig guter Laune sein, höflich, aber flott fahren und optimistisch Heiterkeit verbreiten – was unangebracht ist, wenn man zum Beispiel mal zu einer Beerdigung fahren muss. Zum Vergleich: Mit einem silbergrauen Fahrzeug darf man die Stimmung auch mal wechseln und auch seine Fahrweise variieren, ohne dass das merkwürdig wirkt. Weil ein Auto ein Werkzeug ist, bei dem es ganz zentral um die Erweiterung von Optionen geht, wird also die gelbe Lackierung eher selten gewählt. Dieses erste Argument passt zu dem Gedanken, dass Autos auch so etwas haben wie einen Wiederverkaufswert – selbst dann, wenn man sie achter Hand kauft, möchte man möglicherweise in der Lage sein, sie irgendwann doch wieder zu veräußern. Um ein gelbes Auto zu verkaufen, braucht man aber entweder einen fröhlichen Tag oder jemanden, der in einer echten Notlage ist. Ein silbernes Auto, soweit ansonsten in Ordnung und gut gepflegt, verkauft sich eigentlich von selbst.

Das zweite Argument der beiden Studienautoren funktioniert nur, wenn man das Prinzip der Kompensation für relevant hält. Dies besagt, dass der Mensch sich eine Autofarbe sucht, die die eigene Unvollkommenheit zu übertünchen hilft. Schwarz zum Beispiel, das Macht ausstrahlt und zugleich vor fremden Blicken schützt, wäre demnach die Autofarbe der Wahl für den sozial verunsicherten Mann. Ein aggressives Rot sollte jemand für sein Auto auswählen, der seine Aggressionen nur gehemmt ausleben kann, weil er zu verklemmt ist, um wirklich mal auf den Putz zu hauen. Das lustige, fröhliche Gelb wäre nach diesem Schema also, richtig: die Farbe der Depressiven. Soll bloß keiner merken, dass sie mit enthusiastischem Pessimismus durch die Weltgeschichte steuern.

Diesem zweiten Argument, so naheliegend es klingt, steht aber ein anderes, ganz praktisches, entgegen: Gelbe Autos sind besonders selten in Unfälle verwickelt. Das ist einerseits naheliegend. Ein gelbes Auto ist besonders gut sichtbar, selbst bei dichtem Nebel. Das ist möglichweise sogar damit zu begründen, dass jeder andere Autofahrer beim Anblick eines gelben Autos sofort aufmerksamer fährt, weil er ahnt, dass dort vielleicht ein manisch-depressiver Selbstmordkandidat am Steuer sitzt. Anderererseits aber: Wenn man nachdenkt, erscheint es doch ziemlich unwahrscheinlich, dass ausgerechnet Leute, die den Weltuntergang eher heute als morgen erwarten, sich so viele Gedanken über Unfallverhütung machen sollen. Ich schätze deshalb, dass Depressive doch eher schwarz, grau oder vielleicht noch braun fahren, mehrheitlich zumindest. Sonst müsste gerade im depressiven Deutschland die Zahl der gelben Fahrzeuge wesentlich höher sein.

Könnte allerdings sein, dass das mit der hohen Sicherheit gelben Autolacks ohnehin nur ein statistischer Fehler ist. Unter den 2100 Autofahrern, deren Kilometer- und Unfallleistung mit der Autofarbe abgeglichen wurde, fand sich nur ein einziger Unfallfahrer, der ein gelbes Auto fuhr. Statistiker werden also zu Recht einwenden, dass das Sample viel zu klein war, um eine unanfechtbare Aussage treffen zu können. Diese Einschränkung kann man für Hellgrün aber nicht ohne weiteres machen. Hellgrün war in Wien zum Zeitraum der Untersuchung deutlich weiter verbreitet, was erstaunt. Vor Hellgrün als Autofarbe müsste man schließlich schon im Sinne der Kultur- und Landschaftspflege genauso warnen wie vor Gelb. Und nun sogar noch viel mehr. Denn hellgrüne Autos sind extrem unfallgefährdet, haben die Österreicher ermittelt. Zur Begründung für solche Unfallleidenschaft ist ihnen nichts eingefallen. Mir schon. Hellgrün ist die Farbwahl von Menschen, die eigentlich gar kein Auto fahren wollen, aber dann doch eins gekauft haben. Die Jahreskilometerleistung von grünen Autos liegt weit unter Durchschnitt. Wenn jemand also mit einem hellgrünen Auto auf die Straße einbiegt, dann ist das höchstwahrscheinlich der sprichwörtliche Sonntagsfahrer.

Auch Hellrot ist weit überdurchschnittlich riskant. Das hat

den Studienautoren schon eher eingeleuchtet. Ganz gleich, ob Hellrot im Sinne der Kompensation etwas für gehemmte Aggressive ist, oder im Sinne ihres Gegenteils einfach die Farbe von lustvoll Aggressiven, man fährt kein hellrotes Auto, um damit ganz friedlich über die Landstraße zu zuckeln. Weil das allgemein bekannt ist, fühlt sich die Umwelt von roten Autos offenbar auch noch entsprechend provoziert. In einschlägigen Web-Foren beschweren sich Halter von roten Fahrzeugen über das Gefühl, in wandelnden Zielscheiben für allgemeinen Autofahrerhass durch die Gegend zu fahren.

Eher unauffällig, dies nur zur Vervollständigung, ist nach österreichischer Zählung die Unfallneigung der Lackwerte in dieser Reihenfolge: weiß, dunkelrot, schwarz, dunkelblau, dunkelgrün, braun und gold, hellblau und silbergrau. Weiß ist, höre ich, sehr im Kommen.

4

Von großen Gefühlen

Friedliches Fahren
Traum und Wirklichkeit der Defensive

Es gibt sie noch. Ich habe sie entdeckt. Kleine Werbefilmchen für Autos, in denen nicht hochwitzig herumgeflirtet wird und keine Fische vergiftet oder Katzen durchgeschnitten werden. Werbefilmchen ohne Supermodel oder Dressman, der in Unterwäsche seinen Sportwagen wäscht, wie man das gemeinhin so tut.

Nein, ganz schöne, sachliche Fahrfilme. Bewegte Bilder von bewegten Autos vor bewegender Landschaft. Ich fand sie rein zufällig, als ich neulich auf der Website von »Auto Bild« unterwegs war. Plötzlich füllte sich mein öder Bildschirm mit einer traumhaften Kulisse. Eine frisch asphaltierte Straße schwang sich vorbei an grün schimmernden Berghängen, ein blau bleckendes Meer daneben, eine gewissenhaft fröhliche Sonne, und dann öffnete sich der Blick für die Weite eines Fjords – oder war es die Kargheit einer Wüste? Jedenfalls dramatische Felsenformationen. Dann eine Stadt, majestätisch glitzernd, eine schier orgiastisch geschwungene Brücke. Und mittendrin immer ein schönes, frisch geputztes Auto, sanft gleitend, und natürlich Musik.

Ich liebe diese Filme, ich gebe das gerne zu. Diese Unbeschwertheit der Bewegung, das Fließende, Harmonische, ja: Friedliche der Szenerie, durch die man getragen wird vom satten, samtigen, weich wummernden Brummen eines Motors, das alles setzt sich sehr wohlgefällig in meiner Bauchgegend um. Und wie doch das Versprechen von Kraft und Macht verzückt, weil es so gar nicht einzulösen ist: Es herrscht in diesem Film nämlich gar kein Verkehr. An diesem fiktiven Filmfreitagnachmittag fährt kein unerschütterlicher Caravan-Fan seinen Anhänger über diese Küstenstraße, kein frisch herausgeputzter Chrysler Matiz verfällt mitten auf der Brücke in offensiven Parksuchverkehr. Und nichts ist zu sehen von Opa mit Hut in seinem geschwindigkeitsgedrosselten Hyundai Accent, der sonst mit der Verlässlichkeit einer Mineralölsteuererhöhung auf dem City-Ring auftauchen würde. Bei mir jedenfalls.

Ich liebe diese Filme besonders, weil dort nichts Aggressionen weckt.

Ich glaube an den Menschen. Wir sind, soweit wir nicht beruflich mit Mord, Totschlag oder Finanzanalyse zu tun haben, dank jahrhundertealter Zivilisierungsprozesse eine tendenziell friedliche Spezies geworden, glaube ich, aller alltäglichen Kriegstreiberei zum Trotz. Gerade im deutschsprachigen Raum ist das bellizistische Herumgetöse arg aus der Mode gekommen. Von einer Minderheit in Mecklenburg-Vorpommern und Sachsen abgesehen, finden die allermeisten Leute es ziemlich schön, mit ihren Nachbarn einigermaßen in Frieden zu leben. Deshalb rühren uns auch solche Werbefilmchen so an. Wir würden auch gerne mal derart friedfertig unserer Wege ziehen wie der Ford- oder Kia-Pilot auf der Traumküstenstraße. Es bietet sich nur leider allzu selten die Gelegenheit dazu. Wenn ich mal so eine Straße finde, dann kann ich meine Goldzähne darauf verwetten, dass vor mir besagter Caravan-Fan auftaucht. Oder ein ältlicher Futtermitteltransporter mit Auspuffproblemen. Oder Opi halt.

Wie man der einschlägigen Literatur entnehmen kann und von der letzten Fahrt zum Wagenwaschen weiß, wirkt Opi aggressionsauslösend. Das liegt, sagen die Fachleute, schlicht daran, dass uns Opi und seine Freunde davon abhalten, ein selbst gestecktes Ziel zu erreichen, also etwa eine schwungvoll-gelassene Fahrt durch schöne Landschaft zu genießen. Solch ein Ziel wird bei einer langsam-genervten Fahrt hinter einem fischleberbraunen Hyundai Accent nicht erreicht. Womit negative Energie entsteht etc. Genaueres später.

In der einschlägigen Literatur gibt es aber schon mal eine Fülle von Hinweisen darauf, wie man Frustrationen ausweichen sollte, und eine Reihe von Büchern, die auf die Frustration beim Fahren spezialisiert sind. Es gibt Leute, die mit solchen Hinweisen sogar ihr eigentliches Geld verdienen, was sage ich: eine Karriere machen. Dr. Driving zum Beispiel, mit bürgerlichem Namen Leon James, Professor für Psychologie an der Universität von Hawaii, von der ich gar nicht wusste, dass sie neben dem Surfer-Diplom und dem Magister für Ananasanbau überhaupt Bildungsangebote macht. Dr. Driving ist unter den Autoexperten das, was den Christen ihr Paulus ist: Er hat sich vom Fahrersaulus gewandelt, will sagen, er ist früher selbst so aggressiv gefahren, dass fast seine Ehe daran gescheitert wäre. Und nachdem er sich das jetzt angeblich abgewöhnt hat, verdammt noch mal, da predigt er Frieden für die Straßen der Welt.

Als guter Hawaiianer bittet der Herr James uns zu Anfang der Sitzung, dass wir jetzt alle einmal tief durchatmen und uns ganz doll entspannen, und dann, wenn wir konzentriert sind, uns ehrlich darüber bewusst werden, was für ein Autofahrer eigentlich in uns selbst steckt. »Hast du«, fragt also James in seiner virtuellen Therapiestunde, »schon mal einen Drängler ausgebremst?« Hm. »Hast du schon mal durch Langsamfahren eine Schlange von Autos hinter dir entstehen lassen?« Omm. »Bist du schon einmal jemandem dicht aufgefahren, um ihn aus der Spur zu drängeln?« Ommm. »Benutzt du die Hupe, um jemandem anzuzeigen, dass du seinen Fahrstil nicht für richtig hältst?« Chrrr. »Bist du eingeschlafen?«

Die letzte Frage stellt er natürlich nicht. Aber das Buch. Es eignet sich, so jemand gerne englische Sachbücher liest, ausgezeichnet als Bettlektüre für Leute mit Schlafstörungen. Zumal man sich fast bis zur Mitte des Buches analysieren soll, um in der zweiten Hälfte zu lesen, dass man sein Leben sowieso ändern muss. Man soll nämlich nicht mehr besserwisserisch fahren, steht da, oder überheblich, zu schnell oder mit angezogener Handbremse. Einkehr halten sollten neben den Rasenden, die dem Volksmund gemeinhin die Aggressoren sind, auch die Angstschleicher und die Rechthaber, die sich auf der Straße als Verkehrslehrer aufspielen. Aggressives Fahren wäre das alles, meint der Doktor. Immerhin.

Der Doktor ist ein Träumer. Er möchte, dass der fahrende Mensch sich nie mehr über andere fahrende Menschen aufregt. Wenn man hinter einen Schleicher gerate, dann überhole man ihn unaufgeregt an der nächstbesten Stelle, aber man ärgere sich nicht über ihn. Es könne einen Grund haben, dass der schon länger nicht mehr das Gaspedal benutzt. Dieser Grund aber wäre im Grunde egal. Wenn man die Aktionen der anderen nicht ständig als Angriff gegen die eigene Person verstehen würde, sagt Dr. Driving, dann wäre das doch schon mal die halbe Miete.

Ein schöner Traum, sicher. Aber so ein Szenario, ich drücke

mich mal vorsichtig aus, widerspricht ein wenig meiner Auto-fahrerfahrung. Ich weiß zum Beispiel aus einer Untersuchung, dass ein Drittel der Mittelspurschleicher ganz ohne besonderen Grund mittelspurschleichen: Die vergessen einfach nur, sich wieder rechts einzuordnen; die sind dermaßen in Gedanken, dass sie auch die sich im Schlepptau bildende Stop-and-Go-Karawane nicht wahrnehmen. Jetzt könnte ich mir natürlich einreden, dass diese Unaufmerksamkeit nicht direkt gegen mich gerichtet ist. Das könnte man schon so interpretieren, weil der gedankenverlorene Mensch schließlich ganz offensichtlich nicht an mich oder mein Schicksal denkt oder an sonst wen in seiner Umgebung. Aber da mache ich es ihm etwas zu leicht, oder? Diese Gedankenverlorenheit ist doch wirklich höchst rücksichtslos und asozial. Der Angriff auf meine Person und die Gesellschaft an sich mag ohne Intention und Motiv sein, aber ein Angriff ist er trotzdem.

Aber es gibt noch ein größeres Problem mit den Rezepten für friedliches Fahren. Man muss das dafür geeignete Auto haben. Mit VW Polos kann man prima friedlich fahren, auch mit all den Standard-Japanern und -Koreanern, die mit den nichts sagenden Namen und der dazu passenden Optik. Vielleicht auch mit einem Opel Corsa, mit einem Zafira auf alle Fälle, und bei Ford gibt es neben dem Mondeo auch noch ein paar Modelle, die sich für passives Fahren gut eignen.

Aber wäre es nicht völlig absurd, sich in Unkosten zu stürzen und aus den USA einen Ford Mustang Shelby Cobra 500 GT zu importieren, wenn man anschließend damit defensiv fahren wollte? Das wäre doch so, als würde man einen Geldtransporter mieten, um damit Leergut abzutransportieren, oder? Der Mustang – und noch ein paar andere Autos ähnlicher Formgebung verschiedener großer Hersteller – ist ein Auto, das eine durchaus unmissverständliche Botschaft hat, und die verträgt sich so gut mit Passivität wie Engtanz mit Mundgeruch. Die ganze Form des Autos, der hochgerissene Grill, die genervt wirkenden Scheinwerfer, der erst wummernde, dann brüllende Sound des 300-PS-Motors, die Ledersitze, selbst das Lenkrad sagen laut, sehr laut und absolut deutlich jedem, der es nicht hören will: »Hey, du kleiner Furz. Ich bin groß und stark, und du bist klein und doof. Aus dem Weg!«

Überraschenderweise sind gerade an »Muscle-Cars« (Muskel-Autos) wie dem Ford Mustang oft eher kleinwüchsige und/oder geistig leicht benachteiligte Menschen interessiert. Wie ich feststellen konnte, gibt es dafür sogar eine nachvollziehbare Begründung.

Flucht hinters Steuer
Die Theorie vom bösen Rausch der Regression

Es ist ein unbestrittener Fakt, dass der Verkehr auf den Autobahnen schneller geworden ist in Deutschland, dem letzten Land Europas, in dem man noch unbeschwert und unbegrenzt schnell fahren kann – auf einzelnen, ausgewählten Teilstücken des Autobahnnetzes. Früher sind die Leute in ihren VW-Käfern mit 120 km/h über die Autobahnen geschlingert, und ein paar besonders schnelle BMW-Fahrer konnten dann mit 170 km/h den großen Maxe markieren. Heute ist man mit 120 Stundenkilometern deutlich zu langsam für die Mittelspur. Und links werden Leute mit Lichthupe gejagt, die sich nicht trauen, über 220 km/h zu fahren.

Es liegt an der Regression, sagt Micha Hilgers in seinem Buch »Total Abgefahren«. Es ist ein ziemlich schlecht gelauntes Buch, um es mal vorsichtig auszudrücken. Zudem nicht unbedingt zurückhaltend mit Pauschalurteilen: »Längst ist das viel zitierte Fahrvergnügen dem Zweikampf gewichen, gerät die Straße immer häufiger zur Arena des Showdown«, schreibt Hilgers zum Beispiel. Er schimpft über »Rammstangen«, über Spoiler, Raubtieraugen, Breitreifen. Das Auto sei zum Prestigeobjekt verkommen, sagt er, zum Phallussymbol und Aggressionsventil. »Heute ist das Auto oftmals zuallerletzt Fortbewegungsmittel, zuförderst aber Krücke der Seele, Illusion der Freiheit und Bestätigung eigener Größe. Denn im Auto werden wir zum Kind, das um die Ecke rast, zum jugendlichen Aufschneider, der die Mädchen beeindrucken will, oder zum Imponierhengst auf der Autobahn.« Und Letzteres sei, sagt er, eine besonders perfide, weil zerstörerische Form von Regression.

Das ist doch mal interessant. Regression kannte ich sonst nur aus Woody-Allen-Filmen oder vom Jahrmarkt. Ich habe mich aber jetzt aufklären lassen. Die gibt es auch auf unseren Straßen. Das ist ungefähr so zu verstehen: Es gibt bei uns Menschen eigentlich immerzu den Wunsch, all den Zwängen und Nöten des eigenen Ichs oder der arg zivilisierten Welt zu entkommen, vor allem aber den Ängsten, die auf einen einströmen. Man kann auf der Flucht ganz, ganz viel essen, oder Talkshow-Gastgeber werden oder Exhibitionist (falls es da einen wesentlichen Unterschied gibt), aber man kann sich auch in eine Welt zurückbegeben, in der die normalen, erwachsenen, zivilen Regeln aufgehoben sind und man sich aufführen darf wie ein Kind. Diese Rückflucht ins Paradies der Kindheit nennt man dann Regression, was nicht zu verwechseln ist mit Repression, das machen südamerikanische Diktatoren und Wladimir Putin.

Regression ist das heimliche Hobby all der ausgewachsenen Männer, die in der Kneipe laut und falsch singen, ohne dass ihnen das peinlich erscheint, oder der Frauen an ihrer Seite, die sich gesangsbegleitend in vorpubertäre Heulsusen verwandeln.

Und beim Autofahren, hat also jetzt Herr Hilgers gesagt, gibt es eben auch Regression. Wenn man sich nämlich in seinen sehr luxuriös ausgestatteten Blechkasten gesetzt hat, dann fällt man manchmal (oder immer?) in kindliche oder kindische Verhaltensweisen zurück. Weil es im Straßenverkehr einen Freiraum von den Regeln des Alltags gibt, kann man, wie Hilgers es ausdrückt, »sich ungestraft austoben«.

Zum Beispiel ganz harmlos in der Nase bohren. Das ist übrigens eine sehr verbreitete Variante der Regression. Bei einer Umfrage einer Versicherungsgesellschaft in den USA gaben 2005 immerhin 17 Prozent der Teilnehmer zu, mal beinahe einen Verkehrsunfall verursacht zu haben, weil sie mit ihren Fingern nasal überbeschäftigt waren. Die Dunkelziffer dürfte nach meiner Beobachtung aber weit darüber liegen. Denn wenn ich mal zu bedenken geben darf, dass neun von zehn Freunden der manuellen Nasenreinigung durchaus in der Lage sein dürften, im Rahmen des erweiterten Multitaskings gleichzeitig in der Nase zu bohren und ihr Auto zu lenken, ohne dabei einen Unfall zu riskieren, dann komme ich auf etwa 170 Prozent aller Fahrenden, die sich am Steuer an die eigene Nase fassen. Ziemlich viele also. Andere in der gleichen Umfrage zu Protokoll gegebene Unfallrisiken sind, das nur am Rande, das Verschütten heißen Kaffees, das versehentliche Fallenlassen von Zigarettenasche und das Auflegen von Make-up. Bei den Nasenbohrern sind die Männer überproportional beteiligt, beim Make-up führen dafür die Frauen.

Zurück zur Betrachtung der Eckkneipe. Wenn dort ein sturzbetrunkener Mann regressiv losheult oder eine Frau mit der Intonierung von »Hänschen-klein« begonnen hat, dann sinkt bekanntlich nicht nur das kulturelle Niveau. Viel schlimmer ist, sagt jedenfalls die freudianische Psychologie, dass auch die Fähigkeit der handelnden Akteure abnimmt, mit ihren Mitmenschen auf normale Art und Weise umzugehen, ja: sie überhaupt als Mitmenschen im klassischen Sinne anzuerkennen. Es muss gar nicht so weit kommen, dass man den Nebenmann gleich für eine Litfass-Säule hält oder seine Lebens- und Trinkpartnerin für einen Hut, aber je weiter fortgeschritten das Stadium der Regression, je höher also der Alkoholisierungsgrad, desto stärker werden andere Menschen nur noch als Objekte wahrgenommen.

Das Gleiche, nur meistens ohne den Alkohol, passiert ständig bei Leuten, die am Steuer eines Automobils sitzen, sagt der forsche Herr Hilgers. Der Mensch steigt aus der Zivilisation aus, indem er in seinen Wagen steigt, und wenn er dann erst mal ein bisschen vom Nektar des kindischen Benehmens genascht hat, beispielsweise also wie ein Besessener in der Gegend herumgerast ist, dann werden ihm die Mitmenschen auf der Straße zu reinen Objekten, mit denen man umgehen kann, wie man will. Das Gefühl schaukelt sich schnell hoch, der Fahrer wird zum aufgeblasenen Narziss, zum grandios Unbezwingbaren und Unangreifbaren – und das sogar, wenn er nur einen alten Polo fährt.

Das stimmt ein bisschen, ich kann das bestätigen. Obwohl ich mich so gut wie nie kindisch benehme, würde ich zugeben, dass ich in dem Micra, der vor mir von unbekannter Hand gerade schlecht eingeparkt wird und deshalb seit gut und gerne zwanzig Minuten die Straße blockiert, schon länger wirklich kein von einem Menschen bewohntes Automobil, sondern ein eigenständiges Hass-Objekt sehe. Ich will das so haben. Ich will einen saublöden Micra sehen, einen Rindviech-Micra, den man von der Straße schieben, was sage ich: bomben sollte, und dann ärgere ich mich schon darüber, dass mein Auto nicht serienmäßig mit Cruise Missiles ausgestattet ist, mit denen ich meine Warnungen endlich mal Wirklichkeit werden lassen könnte.

Ich habe neulich Götz Renner die Sache mit den Cruise Missiles erzählt. Renner ist nicht mein Therapeut, nein, dafür aber »Abteilungsleiter Akzeptanz- und Verhaltensanalyse« beim Automobilkonzern DaimlerChrysler. Er ist Experimentalpsychologe von Haus aus, aber Verkehrspsychologe von Berufs wegen, und es gibt ziemlich viele seines Faches, die ihn für seine Stellung bei DaimlerChrysler beneiden. Nicht jeder Verkehrspsychologe verfügt über einen Mitarbeiterstab von 20 bestens ausgebildeten Wissenschaftlern plus Doktoranden, Diplomanden und Werksstudenten. Nicht jeder hat Räumlichkeiten, in denen man aufwändige Kundenbefragungen, -interviews und -tests durchführen kann, und gleichzeitig einen direkten Zugang zu allen Neuentwicklungen eines großen internationalen Autokonzerns. Der Preis für all diesen Luxus ist die Aufgabe, die Renner hat. Er soll herausfinden, wie Kunden mit Autos umgehen können, was Kunden an Entwicklungen akzeptieren und was Kunden von Autos wollen. Renner wäre also der Mann, den man ansprechen sollte, wenn man in der nächsten S-Klasse eine kleine Cruise Missile eingebaut haben möchte.

Götz Renner hat mir immerhin bedeutet, dass das kein ganz seltener und in gewissem Sinne auch kein ganz abwegiger Wunsch sei.

Nicht, dass jetzt ein Missverständnis entsteht. Renner will natürlich keineswegs andeuten, dass DaimlerChrysler über die Bewaffnung von Oberklassefahrzeugen nachdenke – oder dass irgendjemand in diesem friedliebenden Konzern ein solches Ansinnen überhaupt ernst nehmen könnte. Renner will lediglich ausdrücken, dass er natürlich darüber Bescheid weiß, wie die

Idee mit der Lenkwaffe beim alltäglichen Autofahren aufkommen kann.

Das sei eine Frage der Kommunikation, sagt er. »Der Mensch sitzt ja beim Autofahren letztendlich in einem Stahlkäfig, das muss man sich klar machen.« Der Fahrende könne mit den anderen Benutzern der Straße also »keine komplexe Kommunikation in Gang setzen«, will sagen: nicht viel mehr als jemandem seinen Mittelfinger entgegenstrecken oder das Aufblendlicht oder die Hupe betätigen. Diese »Primitivierung der Kommunikation« führe praktisch direkt zu Aggression. Zumal in Situationen, in denen der Mensch ohnehin gereizt oder entnervt sei, was bei der Verkehrsdichte in unseren Breiten einfach häufiger passiert.

Götz Renner steht in den Diensten eines Automobilherstellers, und dann auch noch bei einem, der große, schnelle Autos baut, mit denen manche Leute vielleicht einen Tick aggressiver fahren als mit alten Renault-Kastenwagen. Schon deshalb wird Renner also bestreiten müssen, dass die wachsende Aggressivität auf den Straßen etwas mit höheren Geschwindigkeiten oder größeren Motoren zu tun haben könnte, oder gar mit serienmäßig eingebauten Regressionsverstärkern, wie Micha Hilgers möglicherweise vermuten würde.

Renner stellt folglich auch keine technische Abrüstung der Autos in Aussicht, damit die Aggressionen unter Kontrolle gehalten werden könnten, sondern eine mentale Abrüstung der Fahrenden. Die Zeiten würden kommen, sagt Renner, in denen die »Car-to-Car-Communication«, die Kommunikation von Auto zu Auto, zur Normalität gehört. Dann würden nicht nur Fahrzeuge einander vor Gefahren warnen, man werde auch von Auto zu Auto miteinander sprechen oder doch mindestens differenziertere Signale geben können. Man werde also erfahren können, warum der Mensch vor einem langsamer fährt. Man werde ihn höflich bitten können, doch mal kurz die Bahn frei zu machen, sich dann anschließend bedanken oder vielleicht noch gute Fahrt wünschen. Aus primitiver Gestik wird wieder verbaler Dialog werden, was aggressive Begegnungen nicht ganz ausschließen, aber vielleicht doch seltener machen wird.

Noch so eine schöne Idee.

Man darf das nur nicht zu Ende denken.

»Hallo, Sie da.« Eine Frauenstimme.

»Ja?«

»Ich habe gerade gesehen, wie Sie sich in der Nase bohren. Muss das denn sein?«

»Wie bitte? Ich in der Nase bohren? Ich bohre nie in der Nase. Ich habe mich höchstens mal da irgendwo gezwickt.«

»Nein, nein. Ich habe das genau gesehen gerade eben. Sie sollten sich was schämen!«

Und womöglich könnte die dann auch gleich noch meine Daten ablesen auf ihrem Mittelkonsolenbildschirm. Und mich weltweit verpfeifen. Mit Beweisfotos. Nie wieder Nasebohren.

Ich würde auch ständig eindeutige Angebote von beziehungswilligen Single-Frauen bekommen, die ich gerade besonders schnittig und mit beeindruckender Eleganz überholt habe. Wenn ich länger darüber nachdenke, würde ich erst recht darunter leiden, wenn ich nie, aber meine Freunde ständig solche Angebote erhielten. Komplexe Kommunikation kann äußerst komplexe Folgen haben.

Wahrscheinlich wird es mal wieder eine Frage des Maßhaltens sein, eine in der Autoindustrie allerdings nicht besonders weit entwickelte Tugend. Kommunikation mit anderen Autofahrern in Ehren, aber ich will nicht in die komplizierten Lebensplanungsprobleme langsam fahrender Mitmenschen involviert werden. Ich möchte nicht über jede kürzlich zerfaserte Ehe, Karriere oder Katze erfahren, derenthalben jetzt die Leistungs- und Geschwindigkeitsfähigkeit irgendwelcher uninteressanter Mitmenschen eingeschränkt ist, die mir zufällig im Weg herumfahren. Wenn ich derart unterhalten werden möchte, kann ich mich in die U-Bahn setzen und Leuten beim Telefonieren zuhören.

In meinem Auto soll auch in Zukunft bei Bedarf Ruhe herrschen. Vor allem Ruhe vor anderen Leuten. Ich mag meinen Stahlkäfig, zumal er sehr nett eingerichtet ist. Und wenn ich mich dann ganz in Ruhe aufregen will, Mittelfinger auf Mittelspurfahrende richten oder von Lenkwaffen träumen, dann soll ich das auch dürfen, oder? Genauso wie Nasebohren. Ist beides noch nicht verboten.

Der Road Rage Report
Auf der Suche nach einem flüchtigen Phänomen

In diesem Sommer bin ich erstmals Opfer von Road Rage geworden. Es war sogar ein weißer Lieferwagen beteiligt, was eine klassische Kombination ergibt, wie Leser der Fachpresse wissen. Ich war jedenfalls ganz stolz, endlich zu einem Topos der westlichen Kulturgeschichte geworden zu sein. Als es vorbei war.

Road Rage ist noch ein ziemlich neues Phänomen. Erst Mitte der neunziger Jahre hat man sie entdeckt, in etwa also zu jener Zeit, als in den USA die Präsidentschaft George Bushs zu Ende ging. Des älteren George Bush. Der mit dem ersten Golfkrieg. Irgendwas muss sich damals arg verändert haben am gesellschaftlichen Klima in den USA oder mindestens an der nationalen Streitkultur. Vielleicht waren auch Außerirdische schuld. Jedenfalls waren plötzlich die Zeitungen voll mit Geschichten, in denen ganz normale Leute wegen eines Streits am Steuer zu Affektmördern oder -schlägern geworden waren.

Die Geschichte von Donald Graham gehört zu den Klassikern dieses Genres. Graham war seinerzeit 54 Jahre alt und hatte sich, nachdem er als Buchhalter in die Sinnkrise gekommen war, dem Leben eines Laienpriesters gewidmet. Ein frommer, anständiger Mensch also, der Herr Graham. Leider fuhr er im Februar 1994 auf dem Interstate Highway 95 durch Massachussetts und beobachtete deshalb eine hässliche Szene auf der Überholspur: Ein Wagen mit zwei Männern bedrängte bösartig und ausdauernd das Auto einer jungen Dame, bis selbige sich ängstlich auf die rechte Spur flüchten konnte. Graham fand das irgendwie nicht gut und schaltete auf Racheengel. Über geschätzte zehn Kilometer war nun er es, der die Drängler bedrängte, ließ nun er Lichthupe und Motor spielen, schweißnass und fluchend. Bis sich Vordrängler und Nachdrängler endlich auf eine Ausfahrt geeinigt hatten, wo sie anhalten und aus dem Auto steigen konnten, um ihren Streit so zu klären, wie es unter Männern üblich ist. Darunter verstand der Herr Graham offenbar, in seinen Kofferraum zu greifen, seinen formschönen Jagdbogen hervorzuholen und einen der Insassen des Streitwagens mit einem 29-Zoll-Pfeil von dieser in eine andere, mutmaßlich bessere Welt zu schicken. Seitdem sitzt er lebenslänglich.

Andere starben aus geringeren Gründen. Hier hatte jemand es nicht vermocht, seine Alarmanlage auszuschalten. Tot durch Erschießen. Dort stieß jemand beim Einparken zu stark zurück und drückte das Blech eines frisch gewaschenen Fahrzeugs ein. Schwer verletzt durch den Einsatz eines Baseballschlägers.

Die Medien tauften das dann »Road Rage«, und plötzlich kannte jeder irgendjemanden, der jemanden kannte, dem auch so was passiert war oder sogar Schlimmeres. Nur ich wieder nicht. Ich fuhr damals zwar Streit suchend durch Kalifornien, aber statt Road Ragern traf ich nur Range Rover und Idioten, die meine Schwester für ein Double von Lady Diana hielten. Ich musste mir also weiter Zeitungen und Zeitschriften kaufen, um über die neuesten Rage-Vorfälle Amerikas im Bilde zu bleiben.

Kurz bevor Road Rage dann wieder vom Themenzettel der Redaktionskonferenzen weichen konnte, sorgte die AAA, der wichtigste amerikanische Automobilclub, für eine Ehren- und Lebensrettung. Sie gab eine Untersuchung in Auftrag, bei der 1996 genau 10 037 Unfälle der vergangenen Jahre auf Anzeichen von Road Rage geprüft wurden. In diesem ersten wissenschaftlichen Bericht zum Thema hieß es dann, dass in den USA pro Jahr 1500 Menschen in einen Fall von Road Rage verwickelt würden und dabei zu Schaden kämen – und dass die Zahl der Opfer jedes Jahr um beunruhigende sieben Prozent steigen werde. Die Mehrheit der Aggressoren, erfuhr man dann noch, seien junge Männer zwischen 18 und 26 Jahren, aber es gäbe auch eine ganze Menge Senioren, die am Steuer die Kontrolle über sich selbst verlieren.

In Großbritannien, genauer gesagt: bei BBC Radio 2, fand man 1997 dann sogar noch zusätzlich heraus, in welchen Autos die Aggressoren vornehmlich sitzen. In den weißen Lieferwagen nämlich, die einem dortzulande mindestens zweimal am Tag die Vorfahrt nehmen. »White Van Man«, der Mann im weißen Lieferwagen, war geboren und wurde schnell zum Inbegriff des dummen, gnadenlos drängelnden, sich über die Verkehrsregeln erhaben fühlenden Zeitgenossen. Es war ein Vorurteil, wie sich später herausstellen sollte, das nicht unbedingt durch Unfall- und Deliktzahlen zu decken war, aber geschenkt. Die ganz alltägliche Road Rage hatte nun nicht nur einen Namen, sondern auch eine Art Gesicht. Den weißen Lieferwagen im Rückspiegel nämlich.

Und deshalb war eben auch ich jetzt dran. White Van Man fuhr nämlich gleich hinter mir, genauer gesagt: sehr direkt hinter mir. Ich sah nach hinten und alle meine Befürchtungen bestätigt. Der Fahrer trug kurze Haare über Stiernacken und nur wenig Gesicht dazwischen. Seine Miene war dumpf, aber angespannt. Er ließ seinen Wagen ungeduldig in der Spur herumhüpfen, bis es aussah, als transportiere er im Fahrerhaus einen Ameisenhügel und zwar anstelle des Fahrersitzes. Wie im Kurzbrevier der Road-Rage-Regeln spielte White Van Man sich dann umgehend als kompletter Verkehrsrüpel auf. Ohne zu blinken wechselte er ungebremst auf die rechte Spur, obwohl dort streng genommen gar keine Lücke zum Einwechseln zur Verfügung stand. Nicht ich wurde allerdings geschnitten, sondern ein leicht verbeulter Peugeot 806, der rechts hinter mir fuhr.

Und was dann folgte, war eben klassische Road Rage! Der Peugeot-Fahrer, in seiner Ehre verletzt (wenn auch nicht am Blechkleid) regte sich dermaßen auf über diese Demütigung, dass er hupte, als gälte es ein Konzert mit moderner, experimenteller E-Musik nachzuspielen. Forsch wechselte er von der rechten auf die linke Spur, jagte die Umdrehungen seines Motors hoch und preschte nach vorne, um mit White Van Man Blickkontakt aufzunehmen. Ich weiß nicht, ob er ihn sofort erschießen wollte oder nur zu einem Duell an der nächsten Haltemöglichkeit herausfordern.

Ich werde es auch nicht mehr erfahren. Denn in diesem Moment musste ich leider bremsen, weil ausgerechnet jetzt eine uneinsichtige Ampel auf Rot gesprungen war, was dem aufgeregten Peugeot-Fahrer aber irgendwie entging, was dazu führte, dass er seinen Peugeot von hinten in mein Auto setzte. Ich hörte Blech beim Verbiegen und Plastikabdeckungen beim Zersplittern zu. White Van Man blinkte und verschwand in einer Nebenstraße.

Ich fuhr rechts ran. Entnervt. An meinen Schläfen pochten die Adern. Ich stieg aus. Nestelte am Verschluss des leicht eingeklemmten Kofferraums. Dort unter der Haube lagen mein Bogen bereit und die Sammlung von 29-Zoll-Pfeilen, alle mit extraharten Pfeilspitzen. Ich würde Viersen, den Schauplatz dieses Dramas, jetzt gleich in ein Blutbad verwandeln und in die Geschichte eingehen als »Rächer der Road-Rage-Opfer«. Dachte ich.

Ich habe mir dann aber doch nur seine Adresse aufgeschrieben. Der Mann war doch ganz außer sich. Ich, dem er draufgefahren war, musste ihn, den von White Van Man Gedemütigten, unter Einsatz meines ganzen psychotherapeutischen Laienwissens beruhigen. Er hätte sich oder jemandem anderen ja noch Schaden zufügen können.

Wie ich bei meinem nun anschließenden Privatstudium der abendländischen Kultur- und Sozialgeschichte in Erfahrung brachte, ist Road Rage leider gar nicht mehr so richtig in Mode. Es ist sogar behauptet worden, wahrscheinlich von interessierter Seite, dass Road Rage möglicherweise genauso eine Erfindung der Medien sein könnte wie der White Van Man. Ich schreibe diesen plumpen Versuch der Irreführung dem Umstand zu, dass es in der Tat immer noch keine unanfechtbaren Studien zum Phänomen der Road Rage gibt. Das liegt vielleicht daran, dass es auch keine eindeutige Definition dafür gibt, was Road Rage eigentlich sei. Die Unfallstatistiken gelten gerade bei diesem Thema als unzuverlässig: Ein Unfallfahrer wird nur ungern zugeben, dass er sich soeben emotional nicht mehr unter Kontrolle hatte. Da sagt man doch lieber, man habe einen plötzlichen Hustenanfall überwinden müssen, nachdem man ein Weingummi verschluckte.

Für seriöse Verkehrsforscher ist das ein ziemlich frustrierender Zustand: »Wie gerne hätten wir nun eine allumfassende Statistik, die uns exakt und verbindlich die Einschätzungen der

Experten über das Anschwellen der Aggressionsbereitschaft im Auto bestätigen könnte. Eine solche Statistik gibt es nicht«, schreibt der für das Bundesamt für das Straßenwesen arbeitende Verkehrspsychologe Hardy Holte in seinem Buch »Rasende Liebe«. Man kann ihm das abnehmen. Holte hätte wirklich gerne einen statistischen Beweis. Er versteht sich als Wissenschaftler, er mag keine hohlen Vermutungen.

Der Öffentlichkeit ist das allerdings weitgehend egal, weil sie sich sicher ist, dass die Aggressivität im Straßenverkehr zugenommen hat. Die »Road Rage« ist zwar wieder ein wenig aus dem öffentlichen Bewusstsein entschwunden, weil die Medien wohl keine Lust mehr auf »Road Rage« haben oder machen. Aber dafür liest man jetzt immer wieder, dass die zunehmende Verwahrlosung der Sitten auf den Straßen ein Zeichen unserer Zeit sei. Dass unser ganzes kapitalistisches Gesellschaftssystem langsam aber sicher vor die Hunde gehe, weshalb eben schon mal vermehrt gebellt und geschnappt werde. Es gibt allerdings Leute, die uns diese beliebte Analyse auf kluge Weise widerlegen.

Aggression für Anfänger
Einführung in eine ganz alltägliche Lebensäußerung

Wie allgemein bekannt ist, werden wir alle immer aggressiver. Die Umgangsformen lösen sich auf. Menschen sind nur noch fies und böse zu anderen Menschen. Ich persönlich gebe dem Fernsehen die Schuld an dieser Misere. Es gibt einfach keine vernünftige Programmabsprache zwischen den Fernsehanbietern. Ich könnte manchmal wütend werden, wenn ich mich einschalte: Auf zwei Kanälen faseln Verona Feldbusch und Hella von Sinnen über völlig hirnrissige Themen, und überall sonst sind gerade Reinhold Beckmann, Johannes B. Kerner oder Günther Jauch dran – oder alle zusammen. Kein Wunder doch, dass die Gesellschaft aggressiver wird.

Der britisch-amerikanische Anthropologe, Dichter und Essayist Robin Fox hat vor ein paar Jahren eine faszinierende These zu diesem Thema aufgestellt. Nicht das Ansteigen von schlechten Manieren in unserer Gesellschaft sei bemerkenswert, meint er, sondern der Umstand, dass die Höflichkeit sich überhaupt noch halten könne. Fox hat mit dieser Aussage nicht das deutsche Fernsehprogramm kommentieren wollen. Er ist nur der Meinung, dass Aggression ganz normal, ein zivilisierter Umgang miteinander dagegen eine Ausnahme im Naturgeschehen sei. Deshalb, hat Fox uns alle verwarnt, sollten wir Aggression bitte nicht mit einer Krankheit verwechseln.

Seitdem ich das gelesen habe, bin ich ein Fox-Fan. Ich habe das nämlich auch schon immer irgendwie so ähnlich gesagt, oder es war mir zumindest unterbewusst klar. Gerade im Zusammenhang mit dem Autofahren. Wenn Leute mir erzählt haben, dass all die anderen immer aggressiver fahren würden und dass das ein böses Omen für die Zukunft der menschlichen Zivilisation sei, habe ich immer dagegen gefragt, was denn so unnatürlich sei an aggressivem Fahren. Das mache doch jeder. Es sei doch sogar gesund, irgendwie.

Fox sagt das ein bisschen eleganter, und er hat vor allem ein Killerbeispiel dafür gefunden. Ein Killerbeispiel ist ein Beispiel, mit dem man mögliche Gegenargumente von vornherein vom Feld bläst. Weil es einfach so gut und handlich und unwiderstehlich ist.

Das Killerbeispiel geht so: Niemand rege sich darüber auf, sagt Fox, dass Menschen Verdauung haben. Es werde keine gesellschaftliche Debatte über die Frage geführt, warum wir verdauen – wozu auch. Verdauung werde hingenommen, weil sie schlicht unvermeidlich ist, solange wir essen, also leben. Verdauung werde nur ein Thema, wenn wir zum Beispiel Verstopfung oder Durchfall hätten. Dann bringe die Menschheit das Interesse auf, sich den Prozess der menschlichen Verdauung genauer anzugucken. Sie suche ganz gezielt nach Ursachen für die Fehlentwicklungen, nicht zuletzt, um möglicherweise ein Gegenmittel zu finden.

Tja, und nun fragt uns Fox, was denn wäre, wenn Aggression gar kein Durchfall sei, so wie wir es immer darstellen, sondern Verdauung – oder vielleicht besser ein Verdauungsschritt? Wenn Aggression also kein Krebs sei, der sich bösartig durch unsere Gesellschaft frisst, sondern eine Lebensroutine, die normaler ist als das morgendliche Zähneputzen. Heute schon aggressiv gewesen? Na, dann mal los!

Wenn das so wäre, dann wäre es verlorene Zeit, nach den eigentlichen Ursachen von Aggression zu forschen, um selbige dann gesellschaftlich ausmerzen zu können, sagt Fox. Man sollte sich lieber fragen, wie Aggressionsroutinen aussehen und wie man sie vielleicht sozialverträglicher gestalten könne oder im Sinne der Kostendämpfung im Gesundheitswesen. Man werde sich auch mit Erkenntnisgewinn fragen dürfen, meint Fox, was unsere evolutionären Anverwandten aus Zoo und Safaripark mit Aggressionen anstellen. Das leuchtet ein, finde ich: Die haben weder Fernsehen noch Mittelspurschleicher und können uns deshalb vielleicht auch mal erklären, was Aggression eigentlich ursprünglich sollte.

Und das ist gar nicht so uninteressant. Im Alltag kennt das Tier, sagt die Wissenschaft, nämlich zwei ganz verschiedene Aggressions- oder Gewaltmuster. Das erste ist das Jägerverhalten. Löwe sieht Antilope, dies regt seinen Kreislauf und Appetit an, er schleicht sich durch die Büsche, schwingt die Tatze und, zack!, ist das Abendbrot auf dem Tisch. Für die Antilope gibt es bei dieser Sequenz exakt zwei Optionen: A) Gegessenwerden. B) Weglaufen. Aus der Löwenperspektive ist die Sache nach Sekunden vorüber, und verhandelt wird da überhaupt nichts. Also alles ganz einfach.

Das zweite, viel interessantere Aggressionsmuster ist eines, das sich eigentlich nur innerhalb einer Spezies abspielt, bei den Löwen oft sogar nur im eigenen Rudel. Da geht es schon viel komplizierter zu, mit Eskalation, Ritual und allerhand Theaterdonner. Dies ist das Aggressionsmuster, sagen Anthropologen, das dem menschlichen entspricht.

Ich will das ruhig mal genauer ausführen, auch wenn es vielleicht ein paar Zeilen länger dauert. Kann man nämlich was von lernen, würde meine Mutter sagen. Also: Löwe erwischt Junglöwen dabei, wie der einer Löwin schöne Augen macht. Das gefällt dem Leitlöwen nicht. Jetzt geht es also rund.

Und zwar erst mal ganz sachte. Das limbische System im Löwengehirn erklärt der Nebenniere, sie soll jetzt mal subito ein paar Katecholamine in den Blutkreislauf entlassen – Stoffe, zu denen das bekannte Adrenalin gehört. So kommt der Löwe erst mal auf Tour, rein kreislaufmäßig, und was die Aufmerksamkeit seiner Sinne angeht. Beim Junglöwen passiert das Gleiche, sobald der mitbekommt, dass da möglicherweise Ärger droht.

Er könnte an dieser Stelle auch die Biege machen. Dann wäre der Zauber vorbei. Wenn aber nicht, dann gibt es für den Leitlöwen noch etwas Dope fürs Blut, diesmal ein bisschen Testosteron. Das macht mächtig. Jetzt stellt Herr Löwe sich also erst mal richtig löwenmäßig auf: Brust raus, Mähne nach hinten, Kinn nach oben, Zähne zeigen. Und sollte der Nebenbuhler jetzt nicht einsehen, wer hier der Chef ist, passiert mit dem das Gleiche.

Nun gibt es ein Schlückchen Serotonin von der Nebenniere. Serotonin ist eigentlich für gutes Gefühl zuständig und hemmt in gewisser Dosis sogar Gewalt und Aggression. Aber jetzt hilft es beim Mutigwerden. Der alte Löwe muss jetzt nämlich eine Drohgebärde machen. Den Kampfplatz betreten. Wo sich der Junglöwe, wenn er sich nicht an dieser Stelle endlich trollt, ebenfalls serotoningestählt sehen lässt.

Der eigentliche Kampf zwischen den Löwen wird dann von Endorphinen verschönert, den so genannten Opiaten der Natur. Das Tatzengehaue wird zunächst rituell sein und erst im späteren Verlauf der Auseinandersetzung – wenn die nicht durch eine Demutsäußerung beendet wird – in echte Gewalt übergehen, die möglicherweise mit nur einem Überlebenden endet.

Das ganze Theater kann in wenigen Minuten vorüber sein; bei faulen Löwen ist das sogar wahrscheinlich. Aber die Eskalation kann auch mehrere Stunden dauern und von Pausenzeiten unterbrochen sein, in denen die Beteiligten, wie beim Cricket, Tee zu sich nehmen und Konversation betreiben. Aggression ist schließlich nichts Unzivilisiertes, auch bei Löwen nicht. Es handelt sich letztendlich um ein Ritual unter Bekannten, die nicht nur die Regeln kennen, sondern auch wissen, an welcher Stelle der Eskalation man auf welche Art seine Niederlage eingestehen und das Spiel beenden kann.

Weshalb man sich jetzt den Spaß machen kann und in den Absätzen oben das Wort »Löwe« durch »spätpubertärer Wichtigtuer« ersetzen und den »Junglöwen« durch »Kneipengast«, und schon passt es ungefähr. Rein evolutionsbiologisch gesehen können diese Halbstarken nichts dafür, weil sie – nur um sie jetzt auch mal ein bisschen in Schutz zu nehmen – nach der Pubertät immerhin mit einem bis zu dreißigfach erhöhten Testosteronspiegel zu kämpfen haben. Rein evolutionsbiologisch ist es vorgesehen, dass sich junge Männer in der Kneipe oder davor um Sexualpartnerinnen prügeln. Und in der Realität ist das wohl auch oft so. Eigentlich dreht sich bei jungen Männern schließlich immer alles um das eine.

Allerdings hat die Zivilisation, damit uns erwachsenen Damen und Herren die Jungschar nicht allzu sehr auf die Nerven geht, für junge Männer etliche Hilfsmittel zur Triebbewältigung erfunden: Mofas zum Beispiel und Schulunterricht, Taschengeld und Tanzveranstaltungen, Fußballstadien und das bürgerliche Gesetzbuch. Das führt allerdings nicht etwa, und darauf weist Robin Fox eben hin, zum Aussterben der Aggression oder zu einer Aufhebung jener Eskalationsrituale, die man etwa bei den Löwen beobachtet. Sondern einzig dazu, dass es bei zwischenmenschlichen Konflikten gemeinhin bei den untersten Eskalationsstufen bleibt.

Robin Fox hat mal die verschiedensten Varianten von irischen Kneipenprügeleien untersucht. Ich stelle mir das sehr interessant und lehrreich vor. Es wären durchaus mal Tische, Bänke und Fäuste geflogen, kann man bei Fox nachlesen, aber es habe keine Toten gegeben. Irgendwer habe immer entweder die Polizei geholt oder die Prügelknaben zurückgehalten, weinende Mütter hätten Einhalt geboten oder ein dominanter Wirt, wie auch immer: Den Konfliktpartnern wäre immer ein Ausweg geboten worden, sich ehrenhaft aus der Eskalation zu verabschieden, ohne gleich als Verlierer zu gelten. Es sei gewissermaßen immer beim Ritual geblieben, auch wenn die beteiligten Versicherungsgesellschaften das anschließend sicher ganz anders bewertet haben.

Womit sich für mich allerdings die Frage stellt, wie so eine ganz natürliche Aggressionseskalation nun eigentlich unter Autofahrern funktioniert.

Menschen sind keine Löwen
Vom schlecht gelaunten Fahren und dem Fluch
des Neocortex

Mit der Wissenschaft ist das immer so eine Sache. Der eine Wissenschaftler, sagen wir: ein Ethnologe oder ein Psychologe, begründet die ganze Malaise des Informationszeitalters mit evolutionsbiologischen Entwicklungen, die unweigerlich in uns stecken, vor allem in den offenbar wenig entwickelten Männern. Andere, Soziologen zum Beispiel, setzen ganz andere Erkenntnisse dagegen. Bei »biologistischen Erklärungen«, heißt es dann gerne, würde man die Erkenntnisse ganzer Forschungsrichtungen ignorieren. Es wäre zu platt, unser Verhalten mit uralten Trieben erklären zu wollen. Welcher Trieb, nur mal so zum Beispiel, würde denn das Phänomen Florian Silbereisen erklären? Das ist ein Mann, der nicht richtig sprechen kann, aussieht wie ein Hutständer und trotzdem sehr erfolgreich sehr populäre Sendungen moderiert, in denen sagenhaft schlechte Musik vorgestellt wird. So etwas kann kein Wissenschaftler erklären.

Aber vielleicht kann man sich darauf einigen, dass Menschen heute ganz dezidiert keine Löwen mehr sind. Wir verrichten unsere Notdurft, selbst wenn es dringend wird, zum Beispiel möglichst nicht mehr direkt an Ort und Stelle. Wir fallen gemeinhin auch nicht pausenlos übereinander her, um die Menschheit durch Reproduktion zu erhalten. Und wir verteidigen nicht mehr unser Territorium, indem wir jeden Eindringling, und sei es der Postbote, mittels geschwungener Tatze zu demütigem Rückzug zwingen. Der Abschied von diesen einst lieb gewordenen Gewohnheiten hat, ohne dass es den meisten von uns bewusst ist, sogar physiologische Folgen. Bei Tieren zum Beispiel kann man Aggression künstlich erzeugen, indem man im Hirn den lateralen Hypothalamus an der richtigen Stelle per Stromschlag stimuliert. Bei Menschen klappt das nicht, selbst wenn man weiß, wo der Hypothalamus ist, weshalb das Experiment auch nicht zuhause ausprobiert werden sollte.

Leider ist die menschliche Aggression aber offenbar auch nicht so kurzlebig wie bei Tieren. Bei denen funktioniert Aggression im Grunde so wie Hunger. Hunger geht bekanntlich vorbei, wenn man sich beim örtlichen Imbiss mehrere Portionen frittierter Kartoffelstäbchen bestellt und sie dann aufisst. Bei Löwen und Meerschweinchen funktioniert Aggression ganz ähnlich: Spätestens nach dem Ritualkampf hat sich die Sache erledigt, dann döst man wieder etwas.

Mit menschlicher Aggression, sagt der amerikanische Psychologe Daniel Goleman, der viel Geld mit der Erfindung des Begriffs »emotionale Intelligenz« verdient hat, funktioniert dies leider nicht. Das liegt möglicherweise daran, dass es bei Menschen nicht nur die tierisch primitive Aggression gibt, die einen angesichts drohender Gefahren übermannt. Es gibt auch den kalten, wohlüberlegten Zorn, der aus dem »denkenden« Teil des Gehirns, dem Neocortex, stammt.

Ich will das mal an einem Beispiel beschreiben. Ich sitze also in meinem Auto und bin ringsum von Gefahren bedroht. Es ist zwar statistisch unwahrscheinlich, dass ein Keulen schwingender Jungmann auftaucht und mir mein Auto und/oder meine Angebetete streitig machen will, aber die Zivilisation hat viele anderweitige Fallstricke für mich ausgelegt. Der spätpubertäre Gernegroß vorne rechts nimmt mir die Vorfahrt. Die blöde Ziege hinter mir hupt mich unverschämt an, obwohl ich höchstens eine halbe Minute oder zwei an der grünen Ampel gestanden habe. Noch schlimmer wird es, wenn irgend so ein Frührentner vor mir herfährt und den dritten Gang nicht findet, mich also dabei stört, mein Wunschziel in der von mir geschätzten Geschwindigkeit zu erreichen. Man mag das alles für Kleinigkeiten halten, sogar für lässliche Sünden, aber jeder dieser Eingriffe in mein Leben berührt mein labiles Selbstbewusstsein. Jede Ungerechtigkeit, jede Demütigung, vor allem aber jedes Hindernis auf dem Weg zur Selbstentfaltung, nehme ich also als direkten Angriff gegen mein Selbst wahr.

Was dann im Detail passiert, kennt man inzwischen. Limbisches System, Katecholamine, das ganze Programm. Schon habe ich »Rage Rush«, wie Goleman die halbe Minute nennt, in der ich blaue und grüne Punkte vor dem inneren Auge platzen sehe. Damit ist die Sache aber noch nicht abgeschlossen – selbst wenn der impertinente Idiot, der an meiner schlechten Laune Schuld hat, jetzt rechts abgebogen und aus meinem Umfeld verschwunden ist.

Das Nervensystem nämlich bleibt auf Alarmstufe 17, und mein Neocortex verarbeitet die öffentliche Demütigung, die meine wunde Seele erlitten hat, nun beispielsweise in Form von Rachegelüsten. Wahrscheinlich, sagt Goleman voraus, werde ich jetzt aggressive Gedanken und Phantasien pflegen: mir etwa in allen Einzelheiten vorstellen, wie schön es doch wäre, diesen nichtsnutzigen Straßenschädling mitsamt seiner verrosteten Blechkiste in eine Autowrackpresse zu werfen, wie die das beim Krimi gestern Abend gemacht haben. Indem ich mir dieses Bild genüsslich vor Augen führe, wird mein Aggressionsniveau allerdings nicht niedriger, sondern im Gegenteil noch ein bisschen weiter nach oben getrieben. Und langsam, mit jedem weiteren derartigen Vorfall, nähere ich mich dem Punkt, an dem ein einziger dämlicher Nichtblinker mich dermaßen auf die Palme bringen könnte, dass ich zum Jagdbogen im Kofferraum greife.

Keine Angst, da liegt kein Jagdbogen. Das ist die gute Nachricht. Die schlechte Nachricht ist: Ich fürchte, dass meine bisherige Aggressionsbewältigungsstrategie mit Golemans Theorien nicht so richtig übereinstimmt. Und die vieler anderer wahrscheinlich auch nicht.

Es ist doch so. Wenn ich morgens unter der Dusche einen unerwarteten Wasserdruck-Abfall hatte und dann kalt weiterduschen musste, und anschließend beim Frühstück ist mir das Brot aus der Hand gefallen und natürlich mit der Marmeladenseite auf die frisch gewaschene Hose, und dann hat meine Tochter auch noch ihren Kakao über eine wertvolle spätvenezianische Bleistiftskizze gekippt, die mir jemand per Post zur sorgsamen Aufbewahrung geschickt hat, dann habe ich mich bislang gerne kurz zurückgezogen, um dann mit recht lauten Begeisterungsschreien Zeitungen oder im Wege stehende Sofas zu Bastelmaterial umzufunktionieren. Wenn das nichts genützt hat, bin ich kurz mal ins Auto gestiegen und nach Basel gefahren, via Neumünster. Mal Gas gegeben. Mal ein bisschen abreagiert. Wenn ich dann wieder zuhause war, hatte sich die Aggression gelegt.

David Goleman sagt nun, dass man sich so etwas sparen kann. Dass man zwar möglicherweise müde wird von der Sofazerkleinerei oder dem Kilometerschruppen, aber dass man damit gegen seine Aggressionen gar nichts ausrichten kann.

Eher im Gegenteil. Wenn ich Goleman mal für eine Minute ernst nehmen würde, dann sollte ich nicht nur mein Sofa heile lassen, sondern auch den Autoschlüssel am Haken. Denn wenn ich den Wagen schon in entsprechender Stimmung aufschließe, dann wäre ich auf dem besten Wege, einen Donald Graham zu geben, man erinnert sich: der berühmte Jagdbogenschütze von Massachussetts.

Es gibt Verkehrserzieher, die mir mit ähnlichen Warnungen gekommen sind. Man solle nicht aggressiv fahren, weil man dann gar nicht recht fahrtüchtig sei. Das Adrenalin sei zwar nicht schlecht für die Aufmerksamkeit, aber das Testosteron mache das verkehrserzieherisch gewünschte genüssliche Dahingleiten schwierig, weil es in mir einen ständigen Drang verursacht, den anderen Verkehrsteilnehmern meine Dominanz zu zeigen. Und wenn ich dann zu wenig Serotonin im Blut hätte, um mich glücklich zu fühlen, wäre ich sogar arg gefährdet, bei nächster Gelegenheit emotional zu explodieren. Und dann wäre sowieso alles vorbei, weil ich mit zu viel Endorphin nicht mehr klar denken kann. Dann sehe ich nur noch, was ich sehen will, und deshalb vielleicht nicht den großen grauen Bauschutttransporter, der gerade rückwärts aus einer Einfahrt kommt. Außerdem würde ich, wenn ich hormonell bedingt schlechter Laune bin, Risiken nicht richtig einschätzen können.

Was sie mir anraten, all diese Verkehrsexperten, ist wahrscheinlich dieses: vor der Abfahrt in genervtem Zustand noch mal ganz, ganz ruhig hinsetzen, einen Entspannungstee trinken und eine Viertelstunde lang meditativem Meeresrauschen zuhören. Und wenn ich dann nicht eingeschlafen bin, könne ich bei der anschließenden Autofahrt sogar Mittelspurschleichern mit großer Gelassenheit begegnen.

Nun, ich werde das gleich nächstes Jahr mal ausprobieren. Am Tag der Verkehrssicherheit. Der findet in Deutschland immer am dritten Samstag im Juni statt. Gleich mal vormerken. Da will ich brav und unaggressiv fahren, und nicht mal ein Sofa soll unter mir leiden.

5

Von den drei echten Plagen des Autoverkehrs

Kriegsschauplatz vor der Haustür
Der Kampf um die letzten Parkplätze

Als ich noch klein war, habe ich mit meinem besten Freund Patrick gerne in dessen Kinderzimmer gesessen, einen Quadratmeter Fußboden spielzeugfrei geschaufelt, und dann haben wir wie die Weltmeister Autos entworfen, echte und hochrealistische Zukunftsautos. Es könnte sein, dass wir damit nicht allein gewesen sind. Aber die anderen haben in den Siebzigern eher mit Modell-Kernkraftwerken gespielt, glaube ich. Oder mit Faller-Schienen.

Ich bin mir nicht mehr ganz sicher, was wir uns alles an wünschenswerten Zusatzausstattungen ausgedacht haben. Das Grundmodell, meine ich, war immer irgendwie gleich: vier Räder, vier Türen, Steuerrad, Sahnebonbon-Spender, leichte Bewaffnung, gigantischer Front- und flugzeugträgergroßer Heckspoiler. Dazu kamen dann wichtige Elemente wie ausfahrbare Flügel, falls man mit dem Ding zum Chef nach Palermo muss, oder alternativ aufklappbare Rotoren, weil wir uns schon damals darüber klar waren, dass der Hubschrauber gegenüber dem Linienjet im individuellen Nahverkehr erhebliche Systemvorteile hat, die ich hier jetzt nicht aufführen muss. Weil wir schon schreiben konnten und auch begeisterte Anhänger des Auto-Quartett-Spiels waren, von daher leidlich Bescheid wussten über die gängigen Werte für PS, U/Min, ccm und 0–100 (selbst wenn wir nicht den geringsten Dunst hatten, was das jeweils bedeutet), haben wir unseren zukünftigen Modellen immer gleich die entsprechenden Wunschwerte für die Motorisierung und die Auslegung der Halbautomatik beigefügt. Es gab deshalb durchaus Modelle, bei denen man schon bei ungefähr 500 km/h in den zweiten Gang hochschalten muss. Mit Turbo.

Gut, das ist alles lange her, und ich kann deshalb über diese jugendlichen Irrungen schmunzeln wie andere Leute über ihre einstige Mitgliedschaft im Kommunistischen Bund Westdeutschlands. Durch solche Entwicklungsschritte musste man eben durchgegangen sein. Ich bin inzwischen älter und reifer geworden, es gibt durchaus erste Zweifel an der Unbegrenztheit meiner Fähigkeiten, und inzwischen werde ich auch schon bei Geschwindigkeiten ab 200 km/h ein wenig nervös im Auto, selbst dann, wenn ich nicht am Steuer sitze. Ich fürchte deshalb, dass ich, bevor ich in einem Landfahrzeug bei 500 km/h in den zweiten Gang hochschalte, erst mal die Unterbekleidung wechseln müsste. Von daher bin ich nicht besonders enttäuscht darüber, dass es solche Fahrzeuge in der Serienfertigung immer noch nicht gibt.

Auch das mit den Flugoptionen hat sich mit der Zeit etwas relativiert. Ich fliege zwar gern, bin aber ganz froh darüber, dass ich beim Fliegen meistens Zeitung lesen kann oder Filme gucken oder Essen aus Verpackungen pulen. Die Hubschrauber-Option hätte ich zwar manchmal immer noch gern, aber ich weiß aus eigener Erfahrung, dass Hubschrauber-Fliegen zwar bei gutem Wetter eine sehr, sehr schöne Sache ist, bei schlechtem Wetter aber ungefähr so attraktiv ist wie Follikulitis. Mir helfen da nicht mal Reisetabletten. Deshalb ist meine Leidenschaft für Hubschrauberflüge auch eher nostalgischer Natur.

Bleibt also der Sahnebonbonspender und die leichte Bewaffnung. Ersteres vermisse ich wirklich, aber ich sehe ein, dass das keine Sache der Automobilindustrie ist, so etwas zu entwickeln. Und die leichte Bewaffnung, nun gut, man kann nicht alles haben, wenn man bestrebt ist, sich einigermaßen an die Gesetze zu halten. Ich träume manchmal noch davon, durchaus auch laut und mitten im Verkehr, aber ich weiß, dass selbst ein starker Pulslaser manches hinderliche Verkehrsproblem eher noch unüberwindlicher machen würde. Nützt doch nichts, wenn man jemanden, der über seinen Einparkvorgang offenbar eine Doktorarbeit schreiben will, per Laserangriff aus dem Weg schafft, aber dafür dann ein metertiefes Loch in der Fahrbahn vor sich hat. Und dann womöglich nicht einmal eine eingebaute Helikopter-Option.

Nein, ich träume heute realistischer. So eine kleine, elegante Espresso-Maschine (mit Milchschäumer) wäre schon hilfreich manchmal im Stau. Auch eine Diktierfunktion: Ich möchte diktieren können, und aus dem Armaturenbrett kämen dann die getippten Notizen zum Mitnehmen oder die sortierte Einkaufsliste. Und wo ich gerade beim Einkaufen bin: Ein Geldscheinautomat im Cockpit wäre nicht schlecht.

Außerdem und vor allem aber hätte ich gern ein Auto, das die drei ewigen Plagen beendet, unter denen der heutige Autofahrer immer noch zu leiden hat. Erstens ist da natürlich das Ärgernis der Unfallhäufigkeit. Wieso gibt es immer noch keine Technik, die einem Auto einfach die Feindberührung unmöglich macht? Wieso stoßen Autos ineinander oder gegen Fußgänger, Bäume, Fahrradfahrer und Lärmschutzwände, wenn dabei doch immer irgendjemand oder irgendwas zu Schaden kommt? Das ist doch höchst ärgerlich. Gut, da tut sich schon was bei der Technologieentwicklung, und es wurde auch schon einiges erreicht, gerade im Vergleich zur mörderischen Vorzeit der Pferdekutschenära. Aber keine Frage: Es könnte weitaus weniger und viel folgenärmer knallen.

Zum Zweiten harrt, und das ist fast noch dringender, das Parkplatzproblem einer Lösung. Ich würde ernsthaft meinen Espresso-Spender für ein Patent eintauschen, das den Parksuchverkehr zu einem Vergnügen machen würde – zu einem Cruising, bei dem man nicht nach irgendeinem Abstellplatz sucht, sondern sich den besten, den mit dem schönsten Ausblick, erwählt. Es ist nämlich heutzutage durchaus dem Fahrvergnügen abträglich, dass man am Ziel oft stundenlang in der Gegend herumgurken muss, um sich darüber aufzuregen, wie andere Leute es schaffen, ihre Autos immer gleich über zwei bis drei Parkplätze zu strecken.

Aber damit das Auto überhaupt eine Chance bekommt, sich mit diesen beiden genannten Plagen herumschlagen zu können, wird sich die Gesellschaft zunächst etwas einfallen lassen müssen, damit die Möglichkeit zu fahren überhaupt weiterhin besteht. Denn hier ist unsere Nummer 1, der größte derzeitige Feind des Automobilismus: der Stau. Das Wort »Automobil« hat etwas mit Selbstbewegung zu tun. Wenn man steht, dann bewegt man sich aber gar nicht, und vor allem nicht selbst.

Unser täglich Stau
Von (Hans-Werner) Sinn und Unsinn der Staustatistik

Diese Woche schon gestaut? Wahrscheinlich, sagt die Dekra. Selbige, weiland mal der »Deutsche Kraftfahrzeugs-Überwachungsverein« genannt und heute natürlich diversifiziert, internationalisiert, effektivisiert und umbenannt, hat Anfang 2006 mal bei ein paar tausend Leuten die Stauerfahrungen abgefragt. Dabei ist dann herausgekommen, dass knapp die Hälfte aller Autofahrerinnen und Autofahrer mindestens einmal pro Woche, eher aber häufiger im Stau stehen. Das überrascht erst mal nicht. Aber gut jeder Zehnte steht mehrmals täglich. Und jeder Fünfte verliert dabei angeblich wöchentlich zwei bis drei Stunden seiner kostbaren Zeit. Bei 6,3 Prozent der Befragten sei dieser Zeitverlust sogar noch deutlich höher, steht bei der Dekra in der Statistik.

Ich lese von solchen Umfragen unheimlich gern. Es gibt kaum etwas, was in Statistiken nicht abgefragt werden kann, und es gibt auf den »Vermischtes«-Seiten der Weltpresse manchmal sogar einen Stammplatz dafür. 56 Prozent der Deutschen glauben an Wunder, sagt Allensbach. 53,6 Prozent der Österreicher essen dafür gerne Wurst- oder Leberkäsesemmeln, berichtet Marketagent. 52 Prozent aller Schweizer gehen mindestens einmal im Jahr ins Museum, liest man bei Link. Und 69 Prozent der Italiener glauben, dass es in ihrem Land den besten Sex Europas gibt, gibt die GfK bekannt. Das ist doch wirklich faszinierend, oder?

Nicht, dass ich irgendetwas davon ernst nehme. Man weiß doch gar nicht, wie diese Institute an ihre Daten gekommen sind. Oder man weiß es schon, was die Sache aber nicht glaubwürdiger macht. Als die Dekra nach den Staus fragen ließ, bin ich ungefragt geblieben. Aber auch mich hat es natürlich schon häufig getroffen, als repräsentativer Deutscher interviewt zu werden.

»Hätten Sie mal ein paar Minuten Zeit für mich?«

Hm. »Wenn es sein muss.« Nette Stimme hat sie ja.

»Welche Bank halten Sie für die bessere: die Debriga, die Hanseatische Hypo, die Bahnbank oder die Zitterkasse?«

Keine Ahnung. Ich habe mein Konto schon seit hundert Jahren bei einer kleinen Privatbank in Liechtenstein. »Na, Bahnbank natürlich.«

Jetzt liest sie ab. Man merkt das daran, dass die Stimme so monoton wird. Vielleicht rede ich ja auch schon die ganze Zeit mit einem Automaten. »Warum halten Sie die Bahnbank für die bessere Bank: wegen der Anlagemöglichkeiten, der Online-Kontoführung, der Gebühren oder der Kundenberatung?«

Was? Wie? Ich habe nur Bahnbank gesagt, weil die in der Werbung so eine scharfe Frau mit sagenhaftem Dekolletee haben. »Online-Kontoführung.« Und so geht das weiter. Geschlagene fünfzehn Minuten lang. Irgendwann nehme ich dann nur einfach immer die zweite Antwort, weil ich mir nichts mehr ausdenken will.

Und ein paar Tage später höre ich dann im Radio in der Werbung, dass die Debriga zur besten Online-Bank gekürt worden sei. Ach.

Jetzt weiß ich auch, wie die an ihre Staudaten gekommen sind. »Wie viele Stunden haben Sie vergangene Woche im Stau gestanden?« Blick über die Schulter: der Ehemann hört mit. »14 Stunden.« Dem hat sie ja den Bären auch schon aufgebunden. Kann sie doch jetzt nicht die Geschichte ändern.

Ich weiß, dass die Demoskopen, um Saboteure des Meinungsforschungshandwerks wie mich durchs Sieb fallen zu lassen, auf die Plausibilität der Antworten gucken: Wenn jemand den Anlageservice der Zitterkasse lobt, aber nur über ein Monatseinkommen von 50 Euro verfügt, dann stimmt vielleicht etwas nicht. Es soll mir aber mal jemand erklären, wie man eine Plausibilitätsüberprüfung bei der Stauerfahrung macht. Solange jemand ein Auto hat und einigermaßen häufig unterwegs ist, ist doch alles möglich, oder?

Wenn ich zum Beispiel an Essen vorbeimüsste (der Stadt, nicht der Mahlzeit), dann könnte ich gut und gern täglich im Stau stehen. Die Autobahnen in und um Essen haben einfach viel zu viele Auf- und Ausfahrten und sind schon von daher ständig blockiert. Wenn ich täglich um Ueckermünde herum unterwegs wäre, das ist ganz rechts am Rand von Deutschland, dann wäre Stau nicht so mein Problem. Die Ueckermünder hätten ja überhaupt gern mal Berufsverkehr, um es milde auszudrücken.

Schon von daher traue ich ihnen also nicht, den Zahlen. Aber es gibt noch zusätzliche Gründe, misstrauisch zu sein. Die Zahlen widersprechen sich zu oft.

Die Verkehrsforscher der BMW-Gruppe etwa haben kürzlich eine Studie vorgelegt, nach der der durchschnittliche deutsche Autofahrer rund 70 Stunden pro Jahr im Stau steht. Das widerspricht den Dekra-Zahlen nicht direkt; aber es ist durchaus aufwändig, die eine Statistik mit der anderen Statistik in Einklang zu bringen.

Einen noch deutlich leistungsfähigeren Taschenrechner braucht man, um all die Studien auf Linie zu bringen, die uns vorrechnen, was das Staustehen letztendlich kostet. Derartige Überschläge haben die Aufgabe, zögerlichen Politikern klar zu machen, dass sie noch ein paar hundert Milliarden Euro in die deutsche Verkehrsinfrastruktur investieren sollten. Dass die Investitionsbeschleunigung weiterhin auf sich warten lässt, mag damit zusammenhängen, dass manchem Politiker inzwischen aufgefallen ist, was auch mir aufgefallen ist: dass nämlich mit diesen Rechnungen irgendwas nicht ganz stimmen kann. Schon weil die Kosten einfach ein bisschen zu heftig variieren.

Die Nachrichtenagentur AP vermeldete 2005, dass »unabhängige Untersuchungen« den volkswirtschaftlichen Schaden durch Staus auf 250 Millionen Euro beziffert hätten, zuvörderst entstanden durch überflüssigen Spritverbrauch und vertrödelte Zeit. Das klingt auf den ersten Blick nach viel Geld, aber dann doch eher nach einem Schnäppchen, wenn man den Leiter der Abteilung für Wissenschafts- und Verkehrspolitik der BMW Group, Christoph Huß, zu Wort kommen lässt. Der hat 2006 vorgerechnet, dass »der zähfließende Verkehr einen Schaden in der Größenordnung von 100 Milliarden Euro« jährlich produziere. Hut ab! Das wäre immerhin 400mal so viel wie bei AP. Vielleicht sollte ich der BMW Group auch mal meine Honorarberechnung überlassen.

Huß hat erklären lassen, dass die BMW-Rechner dabei »die nicht geleistete Arbeit, die Gewinneinbußen und die höheren Kosten« aufaddiert hätten, die im Stau so zusammenkommen. Ein durchschnittlicher Arbeitnehmer verliere mehr als ein Bruttomonatsgehalt im Jahr, heißt es dann noch. Das ist dem überwiegenden Teil der Bevölkerung offenbar noch nicht aufgefallen, denn sonst gäbe es sicher Montagsdemonstrationen gegen Staus, und der Verdi-Chef Frank Bsirske wäre längst ein gelber Engel.

Dem ADAC hingegen, oh Wunder, ist das noch alles zu wenig. Der größte Verein der vereinsliebenden Deutschen hat ausgerechnet, dass alljährlich 4,7 Milliarden Stunden im Stau auf deutschen Straßen verloren gehen. Das sind nicht nur 536 529 Jahre und gut acht Monate, wie sie auszurechnen vergaßen, sondern vor allem 94 Stunden pro Jahr pro bundesdeutschem Führerscheininhaber. Oder auch ein Tag mehr als bei BMW.

Mit Hans-Werner Sinn, dem Präsidenten des Münchner Ifo-Instituts für Wirtschaftsforschung, hat 2003 immerhin ein gestandener Professor für Nationalökonomie und Finanzwissenschaft ausgerechnet, was diese 94 Stunden für uns alle bedeuten. Es wird einem ganz mulmig, wenn man die Rechnungen dieses bedeutenden Professors liest, der ja nicht nur wichtigkluge Bücher schreibt und Vorträge hält, sondern darüber hinaus auch im Bundeskanzleramt ein- und ausgeht.

Der Herr Sinn hat herausgefunden, dass 80 Prozent der im Stau stehenden Menschen erwerbsfähig sind. Das war mir zum Beispiel gar nicht klar, dass Arbeits- und Erwerbslose quasi von der Stauteilnahme ausgenommen sind. Der Nationalökonom ist überdies der Überzeugung, dass die Stausteher pro Stunde eigentlich knapp 28 Euro wertschöpfen müssten statt auf den Autobahnen herumzulungern. Was Summa summarum ganz schnell 105 Milliarden Euro Verlust für die Volkswirtschaft ausmacht, denen man noch einmal 12 Milliarden für den Mehrverbrauch von Kraftstoffen hinzurechnen muss sowie »die zeitabhängige Abschreibung auf die im Stau steckenden Fahrzeuge«. Auch das Kleinvieh darf ja nicht vergessen werden. Alles zusammen macht dann, kleinen Moment, haben wir gleich: 120 Milliarden Euro oder 5,7 Prozent des Bruttosozialprodukts. Da kann man mal sehen: Wir einfachen Leute stehen immer nur einfach im Stau, dabei könnten wir den deutschen Schuldenberg in zwölf oder dreizehn Jahren auf Null bringen, wenn wir währenddessen wertschöpfen würden. So einfach wäre das.

Aber was das echt Ungerechte dabei ist: Wenn ich im Stau stehe, und die Stunden tröpfeln so vor sich hin, und im Radio läuft schon die dritte Sendung mit den gleichen Wortbeiträgen von vorhin, von Musikbeiträgen ganz zu schweigen, dann geht das bei mir immer von der Freizeit ab. Nicht von der Arbeitszeit, wo ich Werte schöpfe. Das muss ich alles nachher noch machen, am Feierabend oder nachts oder am nächsten Tag. Aber dass sie einfach so verschwindet und sich auflöst, die Arbeitszeit, das passiert irgendwie viel zu selten. Muss ich mich vielleicht mal beschweren. Und wie das bei den Leuten ist, die sowieso den ganzen Tag nicht Werte schöpfen, sondern Akten von rechts nach links sortieren, bleibt in diesem Zusammenhang auch noch ungeklärt. Ganz schön deprimierend, was Leute wie der Herr Sinn, die unsere Regierung beraten dürfen, so ausrechnen müssen.

Stau aus dem Nichts
Von einem schwer umstrittenen Phänomen

Den »Stau aus dem Nichts« gibt es gar nicht, hat Michael Schreckenberg mir gesagt, aber dafür, dass es ihn nicht gibt, ist er, finde ich, ziemlich präsent. Ich stehe auf der A9 irgendwo zwischen Berlin und Leipzig, die Sonne brät vom Himmel, und das, was ich um mich herum beobachte, könnte man durchaus mit dem Wort »Stau« bezeichnen. Autos stehen hinter Autos, mehrspurig. Kein Rad bewegt sich weit und breit. Dafür laufen überall Motoren, und es stinkt nach Abgasen, so dass jeder, der eine Klimaanlage hat, die Fenster lieber geschlossen hält und dafür den Motor anlässt, damit die Klimaanlage auch weiter laufen kann und man den Gestank von den Motoren der anderen nicht riechen muss und so weiter. Leute ohne Klimaanlage sind zum Aussterben verurteilt, höre ich. Pech gehabt. Da kann man wirklich nichts dran ändern. So funktioniert nun mal Sozialdarwinismus im geschlossenen System.

Und der Stau, in dem ich stehe, scheint wirklich aus dem »Nichts« entstanden zu sein. Ich sage das so überzeugt, weil ich von meinem Anhaltepunkt über eine Talsenke gucken kann, hinter der man die Autobahn wieder auf einen Hügel hinaufkriechen sieht. Und dort drüben löst sich der Stau langsam auf, das kann ich beobachten. Am Stauanfang ist aber keine Baustelle zu sehen und kein Blaulicht, also gehe ich mal davon aus, dass es keinen zwingenden Grund für dieses kollektive Herumgestehe gibt. Dies ist einfach nur so ein Einfach-nur-so-Stau, wenn mich jemand fragt. Aber mich fragt ja wieder keiner.

Wenn jemand, was häufiger vorkommt, allerdings Michael Schreckenberg fragt, kriegt er zur Antwort: »Den Stau aus dem Nichts gibt es nicht.« Jeder Stau habe einen Grund, und sei es, dass sich irgendwo die Verkehrsdichte schlagartig geändert hat oder dass der Verkehrsfluss an einer Auffahrt ins Stocken kam, sei es, dass dieser Anlass schon länger her ist. Jenes Ereignis »pumpt dann eine Stauwelle nach der anderen stromaufwärts«, sagt Schreckenberg. Mit 15 Stundenkilometern Geschwindigkeit, sagt Schreckenberg dann noch; das sei gewissermaßen eine Naturkonstante, soweit man bei Staus von Natur sprechen möchte: Die Stauwelle bewege sich stets mit 15 km/h gegen die Fahrtrichtung voran.

Aber er gibt mir dann doch ein bisschen Recht, auf Nachfrage: Natürlich habe der einzelne Fahrer das Gefühl, dass der Stau aus dem Nichts entstanden sei. »Er selbst kann ja keinen vernünftigen Grund dafür sehen, warum hier jetzt alles steht.« Ich dürfe mir meine Gründe zurechtlegen: ein Beinaheunfall zwischen einem Rechtsüberholer und einer Mittelspurschleicherin, oder ein Lkw-Rennen zwischen zwei aus DDR-Tagen übrig gebliebenen Ifa W50, die zu einem Nostalgietreffen unterwegs sind. Aber so recht sei der Grund, warum nun alles steht, beim besten Willen nicht mehr zu rekonstruieren. Nicht für Laien, nicht für Experten.

Der Experte kann immerhin erklären, warum zwei verrückt gewordene Ifa-W50-Trucker oder ein regressiver Rechtsüberholer reichen, um einen Stau zu erzeugen. Er kann erklären, warum sich deren Stau noch über die Autobahn fortpflanzen kann, mit 15 Stundenkilometern, wie erwähnt, wenn die Ifas oder der Rowdy längst in Bitterfeld sind. Schreckenberg weiß in Stau-Angelegenheiten bestens Bescheid. Er ist der deutsche Stau-Papst, gewissermaßen. Von Haus aus Festkörperphysiker, leitet Schreckenberg an der Universität Duisburg-Essen die Arbeitsgruppe »Physik von Transport und Verkehr«. 1992 hat er das so genannte Nagel-Schreckenberg-Modell mitentwickelt, mit dem man den Verkehrsfluss auf Straßen besser als jemals zuvor simulieren und am Computer Staus erzeugen konnte – für echte Fans gibt es das immer noch als Bildschirmschoner. Seit dem »NaSch-Modell«, wie der Fachmann sagt, gibt es eine Stau-Formel.

Die Zeit, sagt Schreckenberg heute, ist über NaSch hinweggegangen. Heute würde er nicht mehr behaupten, dass man damit wirklich Verkehr abbilden könne. Man habe erheblich nachgebessert. Aber die fünfte Generation des Modells sei so komplex und mathematisch ausgetüftelt, dass man es der geneigten Öffentlichkeit gar nicht mehr zumuten könne. Ich überlege kurz, ob ich ihn trotzdem nach einer Erläuterung fragen soll; ich habe immerhin mal Mathe-Leistungskurs gehabt. Aber das war in den Achtzigern. Ich schweige lieber.

Zum Anwärmen reicht eh das Urmodell, und das ist schon interessant genug, weil es die Grundlage für die meisten Computersimulationen von Verkehrsstrom bildet. Kai Nagel und Michael Schreckenberg haben sich weiland eine (einspurige) Modellstraße vorgestellt und selbige in viele Zellen unterteilt, weshalb der Fachmann auch vom »Zellularautomaten« spricht. Jede Zelle ist immer 7,5 Meter lang; das entspricht dem Platzbedarf eines Autos im Ruhezustand. Dann haben sie auf ihrer Modellstraße so viele Autos in die Zellen gestellt, wie es die jeweilige Simulation eben von der Verkehrsdichte her verlangte. Schließlich haben sie jedem Auto einen Auftrag gegeben, der im Rahmen der normalen Teilnahme am Straßenverkehr ist: Beschleunige so lange, bis du entweder deine Wunschgeschwindigkeit erreicht hast oder bis du abbremsen musst, um dem Auto vor dir nicht ins Heck zu fahren. Im Urmodell gab es der Einfachheit halber nur sechs Geschwindigkeiten: eine, zwei, drei, vier oder fünf Zellen pro Sekunde – oder eben gar keine. Und nach jeder Sekunde wurde der Modell-Verkehr kurz gestoppt, und der Computer prüfte, was welches Auto als Nächstes tun muss. Beschleunigen, bremsen oder Geschwindigkeit halten.

Und die Wissenschaftler haben dann sozusagen zugeguckt, was passiert. Spielsekunde um Spielsekunde. Und es ist ihnen ein wenig langweilig geworden, weil nichts Besonderes passieren wollte. Der Verkehr floss viel zu störungsfrei. Sie mussten die Sache also lebensechter machen. Da haben Nagel und Schreckenberg nachgedacht und den Trödelfaktor erfunden. Was sozusagen die Geburtsstunde der modernen Verkehrssimulation war.

Wenn ich ehrlich bin, kenne ich ihn schon länger als Nagel und Schreckenberg, diesen Trödelfaktor. Er kommt hin und wieder auch in meinem Leben vor, und zwar in erster Linie unbeabsichtigt, was bei Trödeln ja ein wenig in der Natur liegt. Da habe ich zum Beispiel auf einer Autobahnreise den moralischen Vorsatz gefasst, immer etwa 150 km/h zu fahren, soweit das geht, und habe entsprechend beschleunigt. Und dann fahre ich auch eine Weile 150 km/h, weil die Straße so dankenswert frei ist, erinnere mich deshalb spontan an den wunderschönen Urlaubsabend, den ich im vergangenen Jahr auf dem Antwerpener Autobahnring verbringen durfte, und dass ich damals doch sehr intensiv über die Anschaffung eines Zwergpinschers nachgedacht habe, wozu es dann – warum eigentlich? – nicht gekommen ist, und dann gucke ich endlich doch wieder auf den Tacho, und siehe da: Ich fahre nur noch 130 km/h. Ich habe getrödelt. Ich bin unwillentlich und von mir selber unbemerkt langsamer geworden. Und das mir! Der Fahrer des Autos, den ich jetzt hinter mir im Rückspiegel entdecke, hat bereits einen irritierenden Gesichtsausdruck angenommen. Seine Augen sind sichtlich mit heißer Lava gefüllt und fallen gleich aus ihren Halterungen. Vielleicht trödele ich auch schon länger. Möglicherweise fixiert der mich schon eine Weile.

Es kommt ein bisschen auf die Stimmungslage an, aber bisweilen kommt in solchen Situationen noch ein weiterer Trödelfaktor hinzu. Wenn ich mich beispielsweise erschrecke, dass das Weiße in den Augen des Mannes hinter mir nicht mehr weiß ist, sondern rot geädert, dann kann es passieren, dass ich spontan mit dem Fuß auf die Bremse drücke. Es kann auch sein, dass ich auf die Bremse drücke, weil mir der Mann zu weit aufgefahren ist und ihm eine Lektion erteilt werden muss. Aber die Intention ist egal: Indem ich bremse, trödele ich schon wieder.

Ich würde sogar brems-trödeln, sagen Nagel und Schreckenberg, wenn vor mir das besagte Fahrzeugheck auftauchen würde, in das hineinzufahren ich vermeiden möchte. Jeder, der bremst, sagen die beiden nämlich, bremst in aller Regel ein bisschen mehr, als er streng genommen müsste. Das liege in der menschlichen Natur. Und erschwerend käme beim Bremsen hinzu, dass jedes Auto der Welt schneller bremst, als es beschleunigt. Sogar ein Porsche. So schnell wie man von 100 auf Null kommt, kommt keiner von Null auf 100. Und weil das so ist, bringt jeder Bremser ein kleines bisschen den Verkehrsfluss ins Stocken.

Und so kann dann aus meinem nie gekauften Zwergpinscher tatsächlich ein ausgewachsener Stau werden: Ich trödele. Der hinter mir bremst. Ein bisschen zu viel. Wenn der Verkehr relativ dicht ist, dann bremst hinter meinem Hintermann wieder jemand. Und wieder ein bisschen zu viel. So geht das weiter, vielleicht fünf, vielleicht zehn Minuten lang. Dann steht der Erste, und schon haben wir einen Stau. Und ich und mein nicht existenter Zwergpinscher, wir erfahren davon erst, wenn später im Radio darüber berichtet wird. Und sind uns keiner Schuld bewusst. Besonders der Zwergpinscher nicht.

Das ist ein schon etwas überholtes Modell, wie gesagt. »NaSch« wird heute höchstens mal in Grundschulen benutzt, wenn dort im Sachkundeunterricht in die Physik fließender Systeme eingeführt wird. Für echte Verkehrsvorhersagefreaks ist das alles viel, viel zu simpel. Da kommt zum Beispiel der Bremslichteffekt nicht zum Tragen, der die Sache mit dem übertriebenen Abbremsen noch verschlimmert. Es gibt auch keine ständigen Spurwechsler, es gibt keine Unfälle und keine Autobahnauffahrten in diesem Modell. Und man kann nicht überholen. Schreckenberg und seine Leute haben inzwischen alle möglichen zusätzlichen Faktoren eingearbeitet: zu zaghaftes Beschleunigen auf der Autobahnauffahrt zum Beispiel oder egozentrisches »Den-lasse-ich-auf-keinen-Fall-rein«-Benehmen bei Verengungen.

Vor allem aber haben sie noch ein Phänomen in ihre Betrachtungen aufnehmen müssen, von dem bei »NaSch« noch gar keine Rede war: einen dritten Aggregatzustand des Verkehrs zwischen fließend und stehend nämlich. Sie nennen ihn »synchronisiert«. Boris Kerner hat diese »Verkehrsphase« vor gut neun Jahren entdeckt. Er ist der Autor des Standardwerkes »The Physics of Traffic« (ja, so etwas gibt es) und ein reger Forscher in den Diensten von DaimlerChrysler.

Seine inzwischen berühmte Entdeckung verdankt der Professor dabei nicht einem mathematischen Modell oder klug gefütterten Computer, worauf er gerne und eindringlich hinweist, sondern der Beobachtung des realen Verkehrs an »vielen verschiedenen Autobahnen«.

Er hat sich dafür wohlgemerkt nicht selbst an die Straße stellen müssen. Die Verkehrsforscher werden heute von Induktionsschleifen mit Daten verwöhnt: Das sind diese nach Pfusch aussehenden Rechtecke, die man manchmal an Autobahnen oder Bundesstraßen überfährt. Knapp unter der Oberfläche liegen dort Kabel, durch die ein Wechselstrom geführt wird, der wiederum ein Magnetfeld erzeugt. Fährt ein Auto über die Schleife, wird das Feld gestört – und die Störung wird ausgewertet. Daran kann man dann die mittlere Verkehrsdichte, die mittlere Verkehrsstärke und die mittlere Geschwindigkeit ablesen. Boris Kerner kann so etwas jedenfalls, und er kann auch etwas mit diesen Begriffen anfangen. Ich eher nicht.

Jedenfalls hat Kerner dank derartiger Messdaten festgestellt, dass es neben dem »freien Verkehrsfluss« und dem Stau auch so etwas gibt wie »synchronisiertes Fahren«. Er hat aus der Beobachtung die »Kernersche Drei-Phasen-Theorie« entwickelt, in der die Empirie auch einen mathematischen Niederschlag gefunden hat. Seit 2002 gibt es das »Kerner-Klenov-Wolf-Zellularautomatenmodell«, das die »Drei-Phasen-Theorie« korrekt im Modell abzubilden weiß. Wer seinen Mathe-Leistungskurs besser in Erinnerung hat als ich, darf sich gerne daran die Zähne ausbeißen.

Mir als Laien genügt Kerners Hinweis auf den Synchronverkehr. Ich kenne den seit langem; ich wusste nur nicht, dass er so heißt. Man fährt darin einfach mit geringen Abständen zwischen den Autos und möglicherweise einer geringen Geschwindigkeit über die Autobahn, fixiert fast wie in einem Block, der Verkehr ist sehr, sehr dicht, man steht aber nicht.

Noch nicht, genau genommen. Kerner hat vor allem beobachten können und beschrieben, dass sich der »Stau aus dem Nichts« eben nicht aus dem »Nichts« entwickelt, sondern in einer Kettung. Aus frei fließendem Verkehr wird an einer Engstelle erst synchronisierter Verkehr: Die Autos fahren dichter in ihren Spuren, ihre Geschwindigkeiten nähern sich einander an. Das ist zunächst auch gar nicht schlimm. Man kann, wenn alle Leute ungefähr gleich schnell, aber nicht zu schnell fahren, erhebliche Mengen Autos über den Asphalt bekommen: 2300 Fahrzeuge schaffen es bei etwa 70 km pro Stunde und Spur über einen Zählpunkt. Das ist so ungefähr ein Autobahnoptimum. Deshalb wird manchmal zwangssynchronisiert, indem eine ganze Autobahn per vorübergehender Geschwindigkeitsbegrenzung in sich verdichtet wird. Für den Einzelnen mag das unlogisch erscheinen; aber das Herunterbremsen und Synchronisieren ist der einzige Weg, dichten Verkehr in Fluss zu halten.

Allerdings wird aus synchronisiertem Verkehr eben gerne mal ein Stau. Das kann passieren, ohne dass der Einzelne etwas davon bemerkt. Da verändern sich ein paar Parameter, und plötzlich ist ein anderer Aggregatzustand erreicht, und nun ist es vielleicht wirklich nur noch eine Frage der Zeit, bis alles steht. Oft wird diese Veränderung ausgelöst, sagt die Wissenschaft, weil schlicht ein paar Autos zu häufig die Spur gewechselt haben – solch unsynchrones Verhalten mag synchronisierter Verkehr nämlich nicht. Auch Bremser und Beschleuniger, Drängler und Trödler machen aus der freundlichen Synchronfahrerei schnell mal einen »sich breit bewegenden Stau«, wie das dann heißt bei den Experten. Bewegung ist in solch einem »sich breit bewegenden Stau« allerdings nicht garantiert. Da kann es dann auch passieren, dass man plötzlich stehen bleiben muss. Oder auch plötzlich wieder anfahren darf.

Nur eins nicht: Als Einzelner kann man nicht herausfinden, warum man eigentlich steht. Man kann den Stau nur als »aus dem Nichts entstanden« empfinden. Selbst, wenn es einen solchen Stau angeblich nicht gibt.

Stoiker und Stau-Umfahrer
Über die Zusammenhänge von Kindererziehung und Verkehrsfunk

Wenn meine Tochter mal nicht aufessen will, was ich mühevoll gekocht, gebraten und ihr serviert habe, dann drohe ich ihr gerne mit schlechtem Wetter für den Fall, dass der Teller nicht bald leer wird. Das hat meine Mutter mit mir, soweit ich mich erinnere, auch gerne gemacht, und es hat damals wohl genauso gut funktioniert wie heute. Zumal dann, wenn für den nächsten Tag eigentlich eine Tour ins Freibad geplant war.

Ich sollte allerdings drei Hinweise geben, bevor Missverständnisse auftauchen. Erstens: Natürlich ist mir völlig klar und bewusst, liebe Sozialpädagogen, Erzieherinnen und Lehramtsbewerber, dass ich meiner Tochter durch derartige Androhungen und vor allem durch den Zwang zum Telleraufessen (!) schwere traumatische Schäden zufügen könnte. Es ist mir bewusst, dass ich sie möglicherweise dazu prädestiniere, unheilbare Neurosen zu entwickeln, zu Fettsucht und/oder zur NPD zu neigen. Weil ich das weiß, habe ich aber getreu der Regel, dass Minus mal Minus immer Plus ergibt, mit der gemeinsamen Lektüre des Struwwelpeter begonnen. Die Gefahr ist also gebannt.

Zum Zweiten ist mir natürlich ebenso bewusst, liebe Meteorologen, dass sich die Wetterlage des nächsten Tages unabhängig von der Verzehrrate irgendwelcher Abendessen entwickelt. Ich könnte jetzt zwar die allgemeine relative Chaostheorie ins Schild führen und Schmetterlinge in China und dergleichen, aber auch mir ist klar, dass es ziemlich mühsam ist, einen Tornado über Florida mit einer halben Nudelportion in Deutschland in Kausalverbindung zu bringen. Zumal ich so eine Beziehung auch gar nicht zu weit aus dem Fenster hängen möchte; man weiß nie, auf welche blödsinnigen Ideen amerikanische Versicherungshäuser kommen könnten.

Und weil ich das alles weiß, setze ich drittens meine kausaldeterministische Wettervorhersage relativ vorsichtig ein. Ich bin schließlich immer darauf angewiesen, dass am nächsten Tag entweder das passende Wetter zur Verfügung steht oder das Töchterchen die Drohungen des Vorabends wieder vergessen hat. Sonst wäre der nachhaltige Ärger gewiss. Denn wenn das Töchterchen einmal mitbekommen hat, dass ihr Essverhalten mit dem Wetter am nächsten Tag so viel zu tun hat wie Fortuna Düsseldorf mit dem UEFA-Cup, dann ist es dahin mit der Überzeugungskraft meiner Privatwettervorhersagen.

Es ist also ungefähr so wie mit Stauwarnungen, und jetzt kommen wir zu dem Grund dafür, dass ich das geneigte Publikum mit Erziehungstipps gelangweilt habe.

Ich habe das mit den Stauwarnungen wirklich jahrelang geglaubt. Ich habe naiv gelauscht, wenn mir die freundlichen Leute aus dem Radio erzählt haben: »Autobahn A1 Dortmund Richtung Köln, zwei Kilometer Stau zwischen Kreuz Leverkusen-West und der Autobahnabfahrt Köln-Niehl vor einer Baustelle.« So ist das also, habe ich gedacht. Und bin dann verkehrssicher auf den nächsten Parkplatz gefahren, habe den Atlas herausgeholt und mir dann angeguckt, ob ich ab Leverkusen-West vielleicht doch lieber über die A3 und die A4/A559 unterrum um Köln herumfahre. Ist wahrscheinlich gut zehn Kilometer weiter, schätze ich, aber zwei Kilometer Stau, das macht doch eine gute Viertelstunde aus, die habe ich auf der Umgehungsstrecke locker wieder gutgemacht. Und wenn ich jetzt in den Stau fahre und Pech habe, stehe ich vielleicht bis Mitternacht auf der Rheinbrücke, und ich habe nichts zu lesen mit außer diesem Atlas.

Ergo bin ich brav über Köln-Ost Richtung Frechen gefahren und in einem Stau auf der A4 gelandet, von dem der WDR aber wohl noch nichts wusste. Und habe dann im Atlas hinten in den Fremdenverkehrstipps geblättert.

So ähnlich ist das immer gewesen, bis mir dann eines Tages etwas passiert ist, mit dem ich schon überhaupt nicht mehr gerechnet hatte. Ich weiß nicht mal mehr warum, vielleicht weil ich müde war oder von allen guten Geistern verlassen oder weil gerade so ein spannendes Fußballspiel im Radio lief. Jedenfalls bin ich geradeaus gefahren in Leverkusen-West, einfach weiter Richtung Stau vor Köln-Niehl. Ich habe nur meine Geschwindigkeit leicht gedrosselt und die Konzentration erhöht, weil nichts gefährlicher ist als ein Stau-Ende hinter der Kurve, in das man gedankenverloren hineingondelt. Ich fahre also ganz vorsichtig vor mich hin, als plötzlich die Abfahrt Köln-Niehl an mir vorbeirauscht. Ich gucke mich irritiert um. Es sind ungefähr sechzehn andere Autos mit mir in diesem Autobahnabschnitt unterwegs, und keiner fährt langsamer als 100, was streng genommen nicht den Tatbestand des Staus erfüllt. Ich habe dann gesagt: »Stau vor Köln-Niehl? Wollen die mich jetzt völlig an der Nase herumführen?« (Zugegebenermaßen habe ich eine andere Formulierung verwendet, aber ich will hier nicht vom Thema ablenken.)

Und abends am Ziel habe ich dann wie Hans-Werner Sinn alle verfahrenen Kilometer und Minuten zusammengerechnet, die ich schon auf gigantischen und möglicherweise sinnfreien Umleitungen verbracht habe. Kopenhagen nach London via Frankfurt, solche Sachen. Ich nehme an, dass ich mindestens einen Bruttoarbeitsmonat damit verloren habe, Staus zu umfahren, die es vielleicht gar nicht gab. Ich könnte, wenn ich nicht so blauäugig radiogläubig gewesen wäre, heute Eigentümer einer Mehrzweckhalle sein, über den Daumen gepeilt, nach Sinn gerechnet.

Michael Schreckenberg verzieht bei dieser Geschichte noch nicht mal das Gesicht. Sie ist für ihn inzwischen so alltäglich, er wird in Gesprächen mit Nichtfachleuten so unausweichlich darauf angesprochen, dass er keine große Energie aufwenden mag, das Phänomen genauer zu erklären. »Naja«, sagt er einfach und mit möglichst gelangweiltem Unterton, »dem Stau sind einfach ausreichend viele Autofahrer ausgewichen, weil sie der Stauwarnung geglaubt haben.« Damit habe sich – so gnädig ist er noch, mir das zu erklären – der Stau dann aufgelöst, die Stauwarnung sei überflüssig geworden. Wenn der WDR allerdings nicht vor dem Stau gewarnt hätte, dann wären alle auf der Strecke geblieben, und dann hätte ich eben auch mit gestanden. Die Stauvorhersage wäre damit, wenn ich das richtig verstanden habe, das genaue Gegenteil einer sich selbst erfüllenden Prophezeiung. Nämlich »eine sich selbst zerstörende Prognose«, wie Schreckenberg das nennt.

Vielleicht ist er auch ein bisschen frustriert, der Stauforscher von der Uni Duisburg-Essen, wenn er diese Aussage macht, was eben dummerweise nicht selten ist. Vielleicht hätte Schreckenberg es gerne anders gehabt. Seit vielen Jahren arbeitet er schließlich an Verkehrsvorhersageverfahren. Die Online-Prognose »Autobahn.NRW« für die 2250 Autobahn-Kilometer in Nordrhein-Westfalen, der »Ruhrpilot«, mit dem das Ruhrgebiet wieder verkehrsverflüssigt werden soll, das alles ist bei Schreckenberg auf dem Schreibtisch entstanden und wird von ihm bis heute gefüttert. Man kann mitfühlen, dass es eine gewisse Härte bedeutet, wenn man die ganze Vorhersagekunst, also letztendlich sein eigenes Lebenswerk, ganz beiläufig als »selbst zerstörend« zu bezeichnen hat.

Aber Schreckenberg weiß schon länger, dass er vor einem Problem steht, dessen Lösung viel komplizierter ist, als man gemeinhin annehmen möchte. Ich will das mal am Beispiel Duisburg–Essen erklären, nicht der Universität diesmal, sondern der Fahrstrecke. Man kommt von Duisburg nach Essen oder zurück entweder über die nördliche A42 oder über die südliche A40. Beide sind gerne von dichtem Verkehr überzogen, und beide liegen dementsprechend häufig auf den vorderen Plätzen der regionalen Stau-Hitparade. Wenn jetzt aber der Radio-Wetterfrosch den Leuten empfiehlt, die Nordroute zu nehmen, weil die Autos auf der Südroute kurz vor dem totalen Stillstand über den Asphalt kriechen, dann kann man davon ausgehen, dass der Verkehr auf der Nordroute ganz schnell zähflüssig wird, weil sich die Leute spontan umentscheiden. Aber was sagt der Verkehrsfunk dann? Soll er jetzt etwa doch wieder die Südroute empfehlen? Die, die er auf die Nordroute und damit ins Unglück geschickt hat, werden sich bedanken. Und die, die fünf Minuten später auf der Südroute wieder ihr blaues Stauwunder erleben, auch. Also sagt er nichts, was diejenigen, die auf der A42 im unvorhergesagten Stau stecken bleiben, dazu veranlassen wird, ab morgen die Verkehrsvorhersage zu ignorieren.

Wie man's macht, ist es falsch, mit anderen Worten.

Nun wäre ein Physiker kein Physiker und Schreckenberg nicht Schreckenberg, wenn er sich mit solchem Fatalismus begnügen würde. Rationale oder irrationale Reaktionen von Autofahrern schreien aus Physikersicht geradezu danach, auf eine wie auch immer geartete Formel gebracht zu werden. Muss doch irgendwie zu knacken sein, dieser Autofahrer. Muss doch irgendwie möglich sein, die Verkehrsvorhersagen gleich so zu gestalten, dass die Autofahrer genau das tun, was man als Verkehrsplaner möchte: sich gleichmäßig auf alle Straßen verteilen, schön defensiv fahren und brav sein.

Michael Schreckenberg hat deshalb den Spieltheoretiker Reinhard Selten gefragt, ob der ihm nicht zur Hilfe kommen könnte. Er konnte. Er hat, weil das sein Job ist, ein Spiel erfunden, mit dem Schreckenberg und Selten herausbekommen wollten, wie sich Leute im richtigen Leben verhalten, sei es ohne, sei es mit Verkehrsdurchsagen.

Da haben sie also 18 Bonner Studierende in einen Raum gesteckt und ihnen gesagt: Jeder soll von A nach B fahren und kann dabei entweder die Autobahn M oder die Bundesstraße S benutzen. Man fährt gemeinhin etwas schneller über die Strecke M, aber nur dann, wenn dort nicht zu viel los ist. Wenn mehr als sechs Leute die Nebenstrecke S wählen, dann wird man hingegen dort im Stau stehen. Eine Idealverteilung gibt es nicht; eine der Straßen wird immer etwas überlastet sein. Gespielt werden zweimal 200 Runden. Für das Setzen der schnelleren Straße gibt es in jeder Runde Geld. Und nun siegt mal schön.

Schreckenberg und Selten haben sich danebengesetzt und natürlich alles mitschreiben lassen – jeden Spielzug und so weiter. Es ging ja nicht um eine Medaille, sondern um die Wissenschaft. Und am Schluss haben sie dann ein paar Stunden gerechnet und ein paar Tage ausgewertet und dann der staunenden Welt ihr Ergebnis mitgeteilt.

Am weitaus häufigsten war unter den Studenten mit 44 Prozent die Strategie des »direkten Autofahrers« vertreten. Dazu gehöre auch ich in meiner bisherigen Inkarnation: Direkte Auto-fahrer sind Sofortabfahrer. Hatte sich die Fahrzeit auf der Auto-bahn von einer auf die andere Runde verschlechtert, wechselte der »Direkte« auf die Bundesstraße – oder eben umgekehrt.

Viel seltener gab es – mit 14 Prozent – die »Taktierer«, die ihre Route mit der genau entgegengesetzten Überlegung veränder-ten: Weil ich gerade auf der Nebenstraße besonders schnell ge-wesen bin, werden bei der nächsten Runde viele von der Auto-bahn runter und auf die Nebenstrecke fahren. Da wechsele ich doch lieber wieder auf die Autobahn – da wird gleich weniger Verkehr sein.

Den Rest aber stellten die »Konservativen«. Das waren die, die sich um den »Verkehrsfunk«, im Experiment also die Informa-tionen über den Verlauf der letzten Runde, nicht scheren moch-ten. Die meisten Konservativen wechselten hier und da mal die Route, aber unabhängig von jeder Taktik. Ein geradezu winzig kleiner Teil der Konservativen, die »Stoiker« genannt, wechselte sogar überhaupt nicht die Route. Die setzten einfach immer wie-der auf die gleiche Strecke, wie ein Lottospieler, der schon seit zwanzig Jahren die gleichen Zahlen ankreuzt, weil er weiß, dass seine Kombination so wahrscheinlich ist wie jede andere. Soll-ten doch die anderen in Hektik verfallen.

Und wer hat gewonnen? Wer hat die meisten Spielrunden für sich entschieden? Die letzten. Die Stoiker. Die Leute, denen eine Verkehrsvorhersage am Auspuffrohr vorbeigeht, weil sie sich überhaupt nicht dafür interessieren, was sich irgendjemand über die mögliche Verkehrsverteilung in der nächsten Runde ausgedacht hat. Das sind Leute, die im Radio den TP-Schalter auf »Aus« stellen und ihr Navigationssystem nur ohne Verkehrs-funkdazwischenfunken nutzen. Noch eine Niederlage für Schre-ckenberg, gewissermaßen.

Er ist allerdings ein ausgezeichneter Verlierer. Der Stau-Papst weiß nämlich, warum die Stoiker gewonnen haben, und er weiß auch, dass es sich mit der stoischen Strategie ein bisschen so verhält wie mit der A42. Wenn sich aufgrund der spieltheoretischen Untersuchungen von Selten und Schreckenberg nämlich in Zukunft ein paar Leute mehr dazu entschließen, den Verkehrsfunk einen guten Mann sein zu lassen und einfach stoisch auf ihrer Ur-Route entlangzudonnern, dann wird der Stoiker seinen Vorteil verlieren. Dann steht der Stau wieder fest und undurchdringlich dort, wo er angekündigt war, und dann kommen diesmal die Routenwechsler schneller voran.

Schreckenberg selbst aber bleibt nichts anderes als zu hoffen, dass entweder eintritt, was er vorhergesagt hat, oder sich die Leute nicht mehr daran erinnern, wie die Vorhersage gelautet hatte. Und das ist eine Lage, die einem Anhänger der deterministischen Wettervorhersage sehr bekannt vorkommt.

Das Geheimnis der Verliererspur
Und andere Rätsel der modernen Zivilisation

Ich habe mich am Anfang dieses Buches mal auf Murphy berufen, genauer gesagt auf Finagles, was hier jetzt aber keine Rolle spielen soll. Es ist nur so, dass mir kürzlich, als ich in einem eher stockenden als synchronisierten Verkehrschaos vor dem Autobahnkreuz Hannover-Ost auf der A2 stand, aufgefallen ist, dass es noch ein anderes, viel weiter verbreitetes Gesetz im Straßenverkehr gibt als das Mittelspurschleicher-Axiom. Und zwar den Loser-Lane-Leitsatz. Der besagt, dass ich immer in der Verliererspur stehe (daher sein Name), oder in der – vielleicht bekannteren – Umkehrvariante, dass die andere Spur im Stau immer die schnellere ist. Jeder, der häufiger mal einen Freitagnachmittag auf der A4 vor Olpe verbringt, kann die Gültigkeit dieses Gesetzes zweifelsfrei bestätigen.

Ich warne aber vor Verwechslungen. Das besagte Gesetz ist natürlich nicht dasselbe wie der so genannte »zweite Supermarktkassengrundsatz«. Der beschreibt ja den – bislang noch nicht schlüssig bewiesenen, aber als allgemeingültig anerkannten – Umstand, dass die Kundin, die den Brokkoli-Kilopreis noch mal überprüft wissen will oder einen seltenen Fair-Trade-Kaffee kaufen muss, dessen Bar-Code nicht mit dem Kassencomputer abgeglichen ist, die mit anderen Worten also den Fortgang aller anstehenden Verkaufsprozesse behindert, dass diese Kundin immer dann vor mir auftaucht, wenn ich einen randvollen Einkaufswagen auf das Kassenband aufsortiert habe, ein Spurwechsel also praktisch nicht mehr möglich ist.

Der Loser-Lane-Leitsatz hat, was für Gesetze gewiss unüblich ist, keine universale Gültigkeit. Wenn ich etwa auf der A46 vor Düsseldorf in einen Stau komme, weil dort nur die beiden mittleren Spuren geradeaus führen, die rechte Spur aber angeblich nur auf die A59 Richtung Köln, dann wechsele ich immer auf diese Rechtsabbiegerspur. Jene nämlich ist erstens schneller, und man kann dort zweitens, was den meisten Touristen nicht bekannt und vielen ortskundigen Trotteln noch nicht aufgefallen ist, selbstverständlich ganz wunderbar weiter gen Düsseldorf fahren. Man muss ein bisschen aufpassen auf ab- und zufließenden Verkehr und wird deshalb nicht gerade 160 km/h fahren. Aber diese Spur ist immer noch schneller als die beiden anderen in der Mitte, wo sich meistens halb NRW im Weg steht, weshalb der Leitsatz also auf dieser Spur nicht gilt.

Ich kenne mich nicht überall so gut aus wie auf diesem Autobahnabschnitt. Deshalb stehe auch ich immer wieder mal im

Stau und also in der falschen Spur. Was mich dabei früher immer verwundert hat, ist der Umstand, dass immer dann, wenn ich zum Beispiel gerade aus der langsamen mittleren Spur auf die schnellere linke Spur gewechselt war, der Typ, der zuvor vor mir in der linken Spur gestanden hatte, gegenläufig auf die mittlere Spur wechselte. War doch eigenartig. Ich habe dann immer vermutet, dass der da vorne jetzt vielleicht telefonieren muss und die hohe Geschwindigkeit auf der linken Spur deshalb gerade nicht gebrauchen kann. Oder dass es sich um ein Versehen handelt. Oder dass der einfach stockblöd ist.

Ich hatte, mit anderen Worten, den Loser-Lane-Leitsatz einfach noch nicht zu Ende gedacht. Es ist nämlich vollkommen logisch, dass der Typ vor mir in meine vormalige Spur wechselt. Besagter Leitsatz lautet ja, dass die andere Spur immer schneller ist als die, in der man steht. Wenn dies so ist, dann gilt es natürlich für beide: für mich und den Typen in der linken Spur. Für mich ist die linke Spur schneller, für ihn die mittlere Spur.

Vor einigen Monaten, als ich mal einen Abend mit einem Physiker verbrachte, der über Gesetzmäßigkeiten und dergleichen philosophierte, sind mir dann aber Zweifel gekommen. Er hat mich auf die Idee gebracht, dass irgendetwas faul sein musste an besagtem Loser-Lane-Leitsatz.

Zum Glück sind vor ein paar Jahren schon andere Leute auf die gleiche Idee gekommen und haben mir viel Zeit und Arbeit erspart. Es handelt sich um Donald Redelmeier aus Toronto und Robert Tibshirani aus Stanford. Die beiden sind von Haus aus Mediziner, beschäftigen sich aber schon lange vornehmlich mit Statistik und solchen Zahlensachen. Und sie hatten offenbar viel Zeit zur Verfügung.

Sie führten ein Experiment durch, genauer gesagt eine Simulation. Sie haben einen Computer dazu überredet, viele kleine simulierte Autos in einem simuliert stockenden Verkehr auf einer einzigen simulierten Spur zu beobachten. Neben die erste stockende haben sie sodann eine zweite stockende Spur gelegt, auf der der Verkehr die gleiche Durchschnittsgeschwindigkeit erreichen sollte, wenn auch mit ein paar wenig veränderten Parametern, damit das Modell nicht völlig lebensfremd wird. Den Spurwechsel allerdings haben sie verboten, vielleicht deshalb, weil der zuständige Programmierer aus der EDV-Abteilung der Universität Toronto, wo das Experiment stattfand, wahrscheinlich mit einem genervten Augenrollen reagiert hat, als sie ihn danach gefragt haben. Aber Spurwechsel war zum Glück auch gar nicht nötig. Die Wissenschaftler wollten ja nur herausfinden, was einem Autofahrer eigentlich vor einem Spurwechsel passiert.

Sie haben die Simulation also in ein paar Varianten durchlaufen lassen. Dann haben sie sich eines der Autos von Spur 1 und eines der Autos von Spur 2 herausgepickt und nachgeguckt, was die beiden so erlebt haben. Und was sie dabei herausfanden, war in der Tat so bemerkenswert, dass sie es gleich aufgeschrieben und veröffentlicht haben.

Erstens haben sie festgestellt, dass es bei stockendem Verkehr über längere Strecken nur langsam vorangeht und nur selten zwischendurch mal schnell – auf beiden Spuren natürlich. Damit wäre endlich erklärt, warum Autofahrer im stockenden Verkehr fast immer schlechter Laune sind. Zweitens fiel ihnen auf, dass der Abstand zwischen ihren beiden simulierten Testfahrern in völlig unregelmäßiger Art größer oder kleiner wurde – dass es also keine Gesetzmäßigkeiten gibt, wann welche Spur schnell oder langsam ist, wer vorne und wer hinten liegt. Und drittens fanden sie heraus, und das ist jetzt der Clou: dass beide Autos häufiger von anderen Autos überholt wurden, als sie selbst andere Autos überholen durften. Und zwar etwa in einem Verhältnis von 43 zu 33. Wie gesagt, beide Autos.

Und das sei der Grund, resümierten Redelmeier und Tibshirani, warum der Mensch glaube, immer in der langsameren Spur zu fahren. Wenn er häufiger überholt wird, als er selbst überholen kann, und wenn er häufiger bremsen muss, als er beschleunigen darf, dann muss ihn das frustrieren. Weil er vorne immer die andere Spur davoneilen sieht, beim eigenen kurzzeitigen Überholen aber auf seinen Vordermann achten muss, neigt er dazu, die andere Spur immer für schneller zu halten. Und das gilt für jeden, egal, in welcher Spur er fährt. Quod erat demonstrandum. Das Gesetz, dass die andere Spur immer die schnellere ist, habe in der Tat seine statistisch-mathematische Gültigkeit, hieß es aus Toronto.

Schön.

Nun kommt man allerdings, wenn man nicht ganz blöd ist, zu einer nicht ganz von der Hand zu weisenden Anschlussfrage. Wie soll das funktionieren, liebe Kanadier? Jetzt mal unter uns: Ich meine, wenn ich zum Beispiel auf der A4 vier Minuten lang überholt werde und dann nur drei Minuten lang überholen darf, und zwischendurch sind wahrscheinlich noch gefühlte sechzig Minuten vergangen, in denen niemand irgendjemanden überholt hat, weil alles stand, dann – pardon – muss mein imaginärer Testpartner auf der anderen Spur doch vor mir sein, oder? Der hat doch eine Minute länger überholt, oder nicht?

Hat er nicht, belehren mich da die Kanadier. Das liegt in erster Linie daran, dass die Spuren nicht in ihrer Gänze schneller und langsamer werden, überholen oder überholt werden. Da fahren nicht zwölf Kilometer linke Spur plötzlich synchronisiert schnell, sondern da geht durch den Stau auf der Spur eine kleine Bewegungswelle. Wenn mich also die andere Spur für vier Minuten überholt, dann heißt das noch lange nicht, dass der Kollege Testfahrer vier Minuten Vollgas fahren kann. Wahrscheinlich bleibt der bald vor mir wieder stecken, möglicherweise gleich hinter den paar Autos, die mir die Sicht versperren.

Und das geht am Ende auf, mathematisch-statistisch, weil zwischen Überholen und Überholt-werden ein himmelweiter Unterschied besteht. In einer Sekunde kann ich, wenn mir der Stau ausnahmsweise rasende 50 Stundenkilometer erlaubt, an knapp vierzehn Metern der anderen Spur vorbeifahren. Macht über den Daumen drei Autos, die Stoßstange an Stoßstange stehen. Wenn ich aber in meiner Spur stehe, und die andere Spur fährt mit denselben 50 km/h an mir vorbei, dann schaffen es in dieser Zeit keine zwei Autos, mich zu überholen, jedenfalls dann nicht, wenn sie einen einigermaßen anständigen Sicherheitsabstand einhalten.

Will sagen: Überholen geht schneller und effektiver als überholt werden. Und zwar so, dass das Verhältnis 33 zu 43 ausreicht, damit nach beispielsweise zehn Minuten der Testwagenpartner links die gleiche Strecke zurückgelegt hat wie ich rechts. Selbst wenn wir beide immer das Gefühl hatten, irgendwie benachteiligt zu werden.

Man kann jetzt natürlich einwenden, dass die beiden Mediziner Redelmeier und Tibshirani erstens sowieso keine Ahnung und zweitens nur eine sehr einfache Computersimulation angestellt haben, um den Loser-Lane-Leitsatz zu überprüfen. Aber ich gebe zu, dass ich das Gefühl habe, sie haben mich überzeugt. Vielleicht liegt es auch daran, dass ich nicht zugeben will, nicht alle Dimensionen dieser Debatte ganz verstanden zu haben. Das ist mir aber egal. Denn das Schönste an dieser Erklärung ist ja, dass ich meine Angewohnheit, in Staustockungen ständig die Spur zu wechseln, wegen dieser Berechnungen nicht aufgeben muss. Die beiden Mediziner warnen zwar davor, weil sie meinen, der Spurwechsel erhöhe nur unnötig die Unfall- und damit die Komplettstaugefahr. Aber sie konnten nicht nachweisen, dass es keinen Sinn macht, die Spur zu wechseln. Wenn man Glück hat, wechselt man immer in die Bewegung hinein – dann schwimmt man schneller. Wenn man Pech hat, steht man allerdings auch ungefähr doppelt so lange im Stau wie nötig. Man muss also nur darauf achten, dass man immer in die richtige Gruppe wechselt.

Scheitern am Reißverschluss
Über die Unfähigkeit, sich friedlich zu vereinen

Wenn es also schon so schwierig ist, Staus aus dem Wege zu gehen oder sich durch Staus durchzumogeln, dann hätte ich es fast für des Verkehrsteilnehmers erste Bürgerpflicht gehalten, den Stau zu verhindern oder das Stauen möglichst kurz zu halten. Aus volkswirtschaftlicher Sicht, ich denke dabei an Hans-Werner Sinn, wäre das sogar ein absolutes Muss. Aber selbst ohne dafür die schnöde Ökonomie zu bemühen, kommt mir bewusstes Stau-Verlängern doch irgendwie absonderlich vor. Es gibt Stauliebhaber, keine Frage, aber selbst die dürften eigentlich kein Interesse daran haben, Staus künstlich zu verlängern. Ein echter Stau lebt schließlich von seiner Unausweichlichkeit. Alles andere ist gar kein wirklicher Stau, sondern eher Parken im Halteverbot.

Mir ist deshalb auch lange nicht klar gewesen, warum sich das Verkehrskollektiv offenbar weigert, das Reißverschlussverfahren zu begreifen. Die Einfädelung bei Wegfall einer Fahrspur, wie man das etwas komplexer ausdrückt. Offenbar sind die meisten Menschen von diesem Prinzip derart überfordert, dass es im Endeffekt fast immer zu einer Rückstau-Verschärfung statt einer Rückstau-Vermeidung kommt.

Ich sage das aus der Position des spät bekehrten Späteinordners. Was ich gerne erläutern will. Ich nehme mal einen Ferienanfangsfreitagnachmittag auf der A28 im Hinterland von Westerstede, Fahrtrichtung egal. In dieser Ecke der Bundesrepublik, im schönen Ammerland, wird ungefähr seit Christi Geburt die Fahrbahn der Autobahn erneuert, warum auch immer und warum auch immer sehr, sehr langsam. Ich treffe also unweigerlich auf die Ankündigung, dass die beiden Fahrspuren nach einem Kilometer zu einer einzigen werden. Von der rechten Spur blendet mich sofort eine Phalanx von Bremslichtern, weil sich viele A28-Mitbenutzer bemüßigt fühlen, sich sofort aus der von Schließung bedrohten Fahrspur zu verabschieden. Ich hole tief Atem, weil mir diese Bremslichter ankündigen, dass ich gleich an einer Wand von gefühltem Hass vorbei muss, wenn ich jetzt links an der rechten Spur vorbeiziehe, auf der schon Stoßstange an Stoßstange steht. Aber ich bin Späteinordner, seit kurzem, also darf ich mich erst in die rechte Spur einordnen, wo es nötig ist. Also nach 1000 Metern.

Ich habe lange selbst zu denen gehört, die da jetzt schimpfend stehen. Ich habe lange gedacht, Mensch, in 800 Metern Reißverschlussverfahren, da ziehe ich doch besser jetzt schon mal nach rechts, damit ich später nicht in Schwierigkeiten komme. Ich habe auch gedacht, dass das doch höflicher ist, niemanden anderen zu überholen. Und klar, ich habe mich dann auch geärgert über all diese Mercedesfahrer und BMW-Raser und Golf-GTI-Kinder, die einfach links an mir vorbeigedonnert sind und die dann meine Wartezeit verlängert haben, indem sie sich noch ganz, ganz vorne in die Warteschlange reingedrängelt haben.

Aber dann habe ich angefangen, mich für Reißverschlüsse zu

interessieren. Pardon, natürlich für das Reißverschlussverfahren. Ich habe in Expertisen gewühlt, die Werke von Verkehrswissenschaftlern und Verkehrsfluss-Forschern studiert. Ich habe sogar die Straßenverkehrsordnung gewälzt, Paragraph 7, Absatz 4, wo das wechselseitige Einsortieren in der übrig bleibenden Spur recht umfassend beschrieben ist. Ich habe mir überlegt, warum sich wohl die Schildergestalter und Fahrbahnmarkierer der Nation seit mehr als zwanzig Jahre den Kopf darüber zerbrechen, wie man dem fahrenden Volk klarmachen könnte, dass der Trick beim Reißverschlussverfahren darin besteht, direkt vor der Fahrbahnverengung – und nicht schon einen Kilometer zuvor – auf die rechte Spur zu wechseln. Ich habe mir mal mit Verstand die Schilder angeguckt, auf denen rote und schwarze Autos dekorativ miteinander Promenade spielen, und habe diesen Satz gelesen, den die Schildermaler druntergeschrieben hatten: »Reißverschluss erst in 200 m«.

Und dann habe ich mein Erweckungserlebnis gehabt, das darin bestand, dass ich einfach mal nicht gleich vorne hinter dem ersten Warnschild in Panik verfallen bin und den Rechtsblinker gesetzt habe, sondern ganz cool einem Mercedes SLK hinterhergefahren bin. Super ging das. Ich habe bestimmt zehn Minuten gespart an dem Tag. Die haben uns vorne reingelassen, wie sich das gehört, und keiner hat Bomben geschmissen oder Warnschüsse abgegeben, und ich bin auch nicht in den Baken hängen geblieben, vorne an der Stelle, wo meine linke Spur sich in Wohlgefallen auflösen musste.

Das ist das Problem, glaube ich: Das Prinzip des Reißverschlusses ist zu kompliziert für die menschliche Seele. Man muss, damit es einigermaßen funktioniert, gleich mehrfach gegen sein Bauchgefühl ankämpfen. Das schafft nicht jeder.

Erst mal muss man zum Beispiel die Höflichkeit fahren lassen. Der größere Teil der Fahrenden findet es unsittlich, ganz bis nach vorne auf der Überholspur zu fahren, wenn rechts die Leute schon langsamer fahren oder überhaupt nicht mehr. Das ist allerdings Unsinn in meinen Augen, denn streng genommen dürfte man nach dem Argument überhaupt nicht mehr auf die Überholspur. Da fährt man drauf, weil man schneller sein will. Also die anderen langsamer. Und wenn sich vor dem Reißverschlussverfahren alle so verhalten würden wie ich, also nicht hektisch die Spur wechseln, dann blieben beide Spuren vor der Verengung auch ungefähr gleich voll und damit sogar ungefähr gleich schnell.

Allerdings muss man zweitens natürlich seine Angst überwinden. Da vorne, wo es eng wird, könnte man schließlich nicht mehr zum Zuge kommen. Die anderen könnten einen verhungern lassen. Ist zwar illegal, sagt das Oberlandesgericht Düsseldorf – denen könnte man sogar Ärger wegen Nötigung machen, wenn die einen nicht einfädeln lassen und es zu Schäden kommt. Aber will man das riskieren?

Am allerschwierigsten ist nach meiner Überzeugung allerdings die Überwindung des Herdentriebs. Wenn alle schon nach dem ersten Warnschild in die rechte Spur wechseln, dann fällt es einem doch schwer, das nicht nachzumachen. Die anderen kennen sich wahrscheinlich aus. Die wissen wahrscheinlich über etwas Bescheid, was mir noch gar nicht aufgefallen ist. Vielleicht haben die im Radio gehört, dass auf der linken Spur Nägel oder Landminen ausgelegt sind oder dass da jetzt gleich ein Airbus A380 notlandet, und wenn ich jetzt weiter links fahre, dann sind das möglicherweise die letzten Meter meines Lebens.

Aber was dem Konzept wohl endgültig den Garaus macht: Wenn man das Reißverschlussverfahren beschleunigen will, muss man widersinnigerweise allmählich langsamer werden.

Man darf nicht bremsen, muss aber so viel Abstand zum Vordermann entstehen lassen, dass man dort ruckfrei jemanden in die Lücke lassen kann, oder ruckfrei selbst in eine Lücke einfahren. Und das kann gar keiner bei uns.

Der Diplomingenieur Hans-A. Gülich, früher bei der berühmten Bundesanstalt für das Straßenwesen beschäftigt, hat »das Reißverschluss-Prinzip an Engstellen auf Autobahnen« Ende 2000 abschließend in der leider nur wenig bekannten Zeitschrift »Polizei Verkehr Technik« diskutiert. Er drückt ein bisschen anders aus, wo das Problem liegt: Mit dem Verkehrsfluss vor der Fahrbahnverengung sei es immer schon dann vorbei, wenn das erste Bremslicht aufleuchte. Denn wo einer bremse, müssten andere hinter ihm auch bremsen, oft sogar noch viel stärker, und dann sei flugs eine Welle entstanden, die ebenso flugs zu einem Verkehrshindernis werde. Klingt vertraut, finde ich.

Der besagte Herr Gülich ist allerdings eine Art Ketzer. Er bezweifelt die gängige Lehrmeinung, die besagt, dass den Späteinordnern die Zukunft gehört. Gülich hält es für Unsinn, dass es das System beschleunigen würde, wenn alle sich so verhielten wie ich. Er sagt sogar, dass es viel besser wäre, wenn auch ich und die BMW-Fahrer von diesen aus seiner Sicht hochriskanten Überholmanövern auf der linken Spur Abstand nehmen würden. Mindestens würde nämlich die rechte Spur dann nicht zum Warten gezwungen und in Mitleidenschaft gezogen werden. Herr Gülich hat einen sachlichen Fachartikel geschrieben, da ist also kein Platz für persönliche Werturteile gewesen, aber ich habe es durchaus zwischen den Zeilen herauslesen können: Späteinordner sind Schweine, sagt er.

Immerhin hat Gülich seinen Einwand mit ein bisschen mathematischem Unterfutter versorgt. Laut Straßenverkehrsordnung muss man sich immer wechselweise Platz machen: einer rechts, einer links, wie beim Stricken also. Das funktioniert ganz prächtig und ohne erheblichen Aufwand, wenn es sich bei den Einfädelnden um etwa gleichlange Autos handelt, also zum Beispiel um Pkw. Aber wenn dann ein holländischer Tomatenlaster zum Tomateneindosen nach Tadschikistan unterwegs ist, und hinter ihm folgt noch ein schottischer Schaftransporter mit Anhänger, der zum Schlachthof in Portugal muss, dann nützt die Strickregel natürlich weder mir noch den fünf anderen Autos, die auf gleicher Höhe mit den beiden Lkw auf der Überholspur stehen. Solange die Truckfahrer jetzt nicht szeneunüblich drei oder vier Autos vor sich von der linken Spur lassen, dann verhungern einfach drei. Und schon haben die nachfolgenden Generationen ein Problem. Stimmt, Herr Gülich. Noch ein Grund fürs Lkw-Fahrverbot.

Aber Gülich ist noch viel fundamentaler in seiner Reißverschlusskritik. »Der engste Querschnitt bestimmt die Durchflussmenge – und zwar unabhängig von vorausgehenden Maßnahmen«, definiert der Diplomingenieur das Grundproblem. Wenn durch die Engstelle nur 150 Autos pro Minute passen, dann steht vor der Engstelle eben der Verkehr still, wenn er 300 Autos pro Minute durchschleusen müsste. Da käme es in jedem Falle zum Stau, und keine Technik der Welt könne etwas an der Wartezeit ändern. Späteinordner würden nur ihre eigene Wartezeit verkürzen und zwar naturgemäß zum Schaden der Früheinordner, die zu Recht darüber sauer sein dürften.

Mit Verlaub: Thema verfehlt, junger Mann. Klar hat das Reißverschlussverfahren als alleinseligmachende Methode ihre Grenzen. Es gibt immer Grenzen. Wenn alle Bürger der Bundesrepublik Deutschland in diesem Moment auf die Idee kommen, den Gletscherrest auf der Zugspitze besuchen zu wollen, bricht der Verkehr zusammen. Wenn die Hälfte auf Linksverkehr umstellt, dann auch. Es geht hier um Stauverkürzung, um Verkehrsbeschleunigung, um die Minderung von Problemen. Niemand hat behauptet, dass Späteinordner die Formel für die Weltrettung gefunden hätten.

Zum Glück gibt es die Addco, und die beweist eindrucksvoll und pragmatisch, dass man als Späteinordner seinen Platz im System hat. Die Addco ist ein US-amerikanisches Unternehmen, das sein Geld mit dem Verkehrsflussmanagement vor Autobahnbaustellen verdient. Unter vielen anderen Produkten bietet die Firma ein System namens »SmartMerge« an, das das beschriebene Engstellen-Problem zu lösen verspricht. Die Addco-Bastler haben ausgetestet, dass die Sache mit den Späteinordnern durchaus dem Verkehrsfluss helfen kann – allerdings nur dann, wenn erstens relativ viel Verkehr herrscht und zweitens sich ein ansehnlicher Prozentsatz der Verkehrsteilnehmer zum Späteinordnen entschließt. Gibt es eher wenig Verkehr, dann wäre Früheinordnen besser, sagen die SmartMerge-Entwickler, weil bei den höheren Geschwindigkeiten, die bei geringem Verkehr nun mal möglich sind, das Späteinordnen zu unfallträchtig wird.

Weil das so ist, stellen die Addco-Leute Sensoren, Kameras und große Tafeln vor entsprechenden Baustellen auf, und dann wird je nach Verkehrslage entsprechend geregelt. Entweder wird – bei wenig Verkehr – zum Früheinordnen gemahnt, oder den Leuten wird – bei hohem Verkehrsaufkommen – schlicht verboten, überhaupt die Spur zu wechseln. Um zwanzig Prozent, so behauptet Addco, verringert das System die Stau- und Unfallanfälligkeit entsprechender Stellen.

Bis solch ein hochentwickeltes System auch in Europa Verbreitung finden wird, hat man als Späteinordner immerhin gleich zwei Vorteile, die ich inzwischen durchaus zu schätzen weiß. Erstens ist man im Recht, weil wie gesagt die Straßenver

kehrsordnung und die überwiegende Expertise das Späteinordnen empfiehlt. Zweitens kommt man schneller durch, weil die
meisten anderen Leute diese Empfehlung ignorieren. Wenn ich
ehrlich bin, habe ich momentan gar nicht so eine riesige Sehnsucht nach einer Änderung der Verhältnisse.

Runde Sache
Warum wir mit dem Kreisel auf Kriegsfuß stehen

Ich bin neulich mal wieder in Basingstoke gewesen. Der Name
ist dem einen oder anderen jetzt vielleicht nicht gleich geläufig;
aber das liegt daran, dass diese Stadt in der britischen Grafschaft
Hampshire ein recht exklusives Reiseziel ist. Basingstoke liegt
ungefähr 80 Kilometer südwestlich von London; man braucht also gut eineinhalb Stunden für die Reise, die allerdings reine Zeitverschwendung ist. Neben einer üppigen Auswahl sehenswerter
Architektursünden der jüngsten Neuzeit ist in Basingstoke nur
noch eine vereinsamt auf Gras stehende, leicht beschädigte
Parkbank zu bewundern. Sie hat in »Get Real«, einem zu Unrecht
in Vergessenheit geratenen Kinofilm von 1999, eine tragende
Rolle gespielt. Die zweitwichtigste Sehenswürdigkeit Basingsto-
kes ist ein Hügel, der »Watership Downs« heißt und auf dem irgendwelche Hasen wohnen. Das ist es im Wesentlichen.

Kult ist Basingstoke trotzdem und zwar als Doughnut-City.
Diese amerikanischen Krapfen, die aussehen wie gebackene
Wurfringe, werden in Basingstoke wahrscheinlich nicht häufi-
ger oder seltener gegessen als sonstwo, aber dafür taucht ihre
Form überdurchschnittlich oft auf dem Stadtplan auf. Es gibt in
Basingstoke Verkehrskreisel en masse – angeblich mehr als in ir-
gendeiner anderen Stadt in Großbritannien, und das will etwas

heißen. Die Briten sind vernarrt in »Roundabouts«. Basingstoke ist ihr Meisterwerk, sozusagen.

Jede Stadtrundfahrt (welch Wortspiel!) ist dort ein einzigartiges Erlebnis: Hauptstraßen führen in Basingstoke praktisch immer nur von einem Kreisverkehr zum nächsten, weshalb man tagelang durch Basingstoke fahren kann, ohne je an einer Ampel anhalten zu müssen. Dafür geht es immerzu rund. Ich habe mir in Basingstoke mal für ein, zwei Stunden den Spaß gemacht, von Kreisverkehr zu Kreisverkehr zu fahren und dann wieder zurück. Ich bin erst runter von der Ringstraße, als mir schwindelig war und die Arme vom Lenken zu schmerzen begannen. Wäre ich noch länger herumgefahren, hätte mich sicher die Polizei angehalten und unter Anti-Terror-Verdacht befragt. Basingstoke hat nicht nur die meisten Verkehrskreisel, sondern auch die meisten Videoüberwachungskameras pro Quadratmeter im Königreich.

Auf Basingstoke hatte mich Kevin Beresford gebracht. Beresford ist eigentlich nicht wirklich ein Basingstoke-Fan. Er ist eher ein Anhänger von Swindon. Diese Stadt liegt ebenfalls westlich von London, unterscheidet sich aber von Basingstoke vor allem dadurch, dass die Bausünden Swindons neueren Datums sind. Basingstoke ist, würde ich mal sagen, seit den fünfziger Jahren hässlich. Swindon eher seit den Siebzigern. Swindon hat zudem kompliziertere und funktionalere Kreisel, Basingstoke dafür mehr und architektonisch anspruchsvollere.

Kevin Beresford hat ein eigenartiges Hobby, selbst für britische Verhältnisse. Er sammelt Kreisverkehr-Fotos, Kreisverkehr-Pläne und Kreisverkehr-Geschichten. Er begeistert sich für Einfahrtenführungen und Verkehrsinselarchitektur. Beresford ist ein Kreisverkehr-Enthusiast, ein Roundaboutophiler, wie man vielleicht sagen könnte. Außerdem ist der Mann gut organisiert. Beresford bringt nicht nur für jedes Jahr gleich mehrere Kreisverkehr-Kalender auf den Markt (mit den schönsten Kreiseln von Redditch, Leicester, Birmingham, Droitwich und Newcastle, um nur einige Orte zu nennen), er hat auch schon mehrere Bücher über dieses unerschöpfliche Thema geschrieben. Und damit wirklich niemand in Sachen Kreisverkehr an ihm vorbeikommt, ist er zudem Präsident der United Kingdom Roundabout Appreciation Society.

Ich musste ihn also fragen, warum es in Großbritannien so viel Kreisverkehr gibt. «In allen neu gebauten Städten in Großbritannien, also zum Beispiel in Milton Keynes, Redditch, Telford und so weiter, sind die Kreisverkehre das Erste gewesen, was gebaut wurde», sagt Kevin Beresford. »Sie helfen wirklich dem Verkehrsfluss. Der Grund, warum der Verkehr in London so grauenvoll ist, ist einfach, dass sie dort zu wenig Kreisverkehre haben.« Ach so. Daran liegt das. »Wir Briten lieben unsere Verkehrsinseln. Vielleicht ist es unsere Leidenschaft für Gärten, vielleicht liegt es daran, dass wir eine Insel-Rasse sind. Es gibt nichts Expressiveres in irgendeiner Art von Straßensystem auf der Welt als einen Verkehrskreisel. Man kann alles Mögliche auf die Verkehrsinsel setzen. Ich habe Pubs gesehen, Kinos, Licht- und Laser-Shows, Brunnen, Karussells, Statuen, Skulpturen, nicht zu vergessen überragende Blumenarrangements.« Und so redet er ohne Punkt und Komma. Ob ich schon eingeschlafen wäre, fragt er noch.

Kevin Beresford ist nicht unbedingt eine unparteiische Quelle zu diesem Thema. Ich glaube aber, dass er Recht hat mit seiner Behauptung, Kreisverkehre seien gut für Verkehrsfluss und -sicherheit. Es gibt ausgerechnet in Basingstoke eine Ausnahme: den berüchtigten Brighton Hill Roundabout, der schon lange ein absoluter Unfallschwerpunkt ist, wie man der Lokalpresse entnehmen kann. Ansonsten funktionieren Kreisel hier. Meistens.

Dafür gibt es nachvollziehbare Gründe. Wenn ich in einen Kreisverkehr hineinfahren will, muss ich beim Einfahren langsamer werden, weil ich auf den Verkehr im Kreisel achten muss. Ich muss auch abbremsen, weil ich mit mehr als 140 Stundenkilometern nicht um die mittig liegende Verkehrsinsel herumkomme, ohne dabei ins Schleudern zu geraten. Langsamer Verkehr ist gut, weil Vollidioten dort nicht so auffallen. Langsamer Verkehr hilft zudem dem Verkehrsfluss. Man hält mehr Autos in Bewegung, wenn sie nicht so viel Platz verbrauchen. Am Kreisel gibt es auch nur wenig unnötige Wartezeiten: Es gibt keine Ampelphasen, bei denen unweigerlich auch mal eine leere Straße fünfzig Sekunden Grün bekommt.

Es scheppert auch seltener beim Kreisverkehr. Es gibt nämlich schlicht und ergreifend weniger »Unfallpunkte«, an denen es überhaupt aus nachvollziehbarem Grund krachen könnte. An einer traditionellen Kreuzung zweier Straßen, an der jede Form des Links- und Rechtsabbiegens erlaubt ist, gibt es sage und schreibe 32 solcher potenzieller Berührungspunkte. Im Kreisverkehr mit vier Einfahrten schrumpft die Zahl auf 16, und es gibt keinen einzigen Punkt, an dem man frontal zusammenstoßen könnte – es sei denn, jemand fährt als Geisterfahrer in den Kreisverkehr hinein.

Es fließt also alles, und sicher ist es auch. Kein Wunder, dass die Briten so stolz darauf sind und Kreisverkehrkalender kaufen.

Auf der anderen Seite ist es schon ein Wunder: Ausgerechnet die Briten haben sich mal dezidiert gegen diese Kreuzungsform ausgesprochen. Schuld waren die Amerikaner, wie so oft im Leben. Den Trick mit dem Rundfahren hatten zwar die Franzosen erfunden, aber so richtig ausprobiert wurde er in den USA. Der berühmte Columbus Circle in New York, die Kreuzung von 8th Avenue, Broadway und Central Park South, ist 1905 als erster bedeutender Autofahrerkreisverkehr eröffnet worden. Bis in die zwanziger Jahre dauerte die Liebesaffäre der amerikanischen Straßenplaner mit Kreisel und Insel. Der Liebeskummer folgte allerdings auf dem Fuß. Das Kreiseln führte nämlich zu nichts, jedenfalls nicht zu verminderten Unfällen und nicht zu verbessertem Verkehrsfluss. Das lag schon daran, dass die Amerikaner dem einfließenden Verkehr den Vorrang eingeräumt hatten – ein tödliches Verfahren für einen Kreisel, wie man auch aus Deutschland weiß. Weshalb die Liaison schließlich nach 1920 stark und nachhaltig einschlief.

In den Jahren der bereits abflauenden Begeisterung informierte sich damals auch die englische Straßenbaukommission in den Vereinigten Staaten über das Kreisel-Konzept. Nach ihrer Rückkehr gaben die Experten im Verkehrsministerium zu Protokoll, dass der Kreisverkehr in den USA nicht funktioniere und folglich auch für das Vereinigte Königreich als ungeeignet anzusehen sei.

Das ist wirklich erstaunlich. Den Verkehrsexperten ist nämlich etwas ganz Entscheidendes nicht aufgefallen: Es gibt natürlich einen Grund, warum das Kreiseln in Amerika damals nicht funktionierte, warum es dagegen in Großbritannien durchaus zu einer Patentlösung wurde. Es gibt nämlich einen gewaltigen Unterschied zwischen hüben und drüben. In Amerika fährt man, wie jeder weiß, auf der rechten Seite, in Großbritannien links. Und das hat eine ganz erhebliche Konsequenz für die Effektivität eines Kreisverkehrs.

Um das zu verstehen, sollte man einen Ausflug in die australische Verkehrsgeschichte machen. Eigentlich sind nämlich die Australier schuld. Die hatten gleich nach Einführung der ersten motorisierten Karossen auf ihrem Kontinent – dem Empire stets treu ergeben – den Linksverkehr eingeführt, so wie im Mutterland. Als dann aber 1912 eine internationale Diskussion um die Vorfahrtsregeln entbrannte, weil sich immer häufiger Autos mutwillig ineinander verkeilten, wollten die Australier plötzlich alle Amerikaner sein und akzeptierten deren (übrigens in Deutschland entwickeltes) »Rechts-vor-Links«-Prinzip. Obwohl es logischer gewesen wäre, es genau andersherum zu halten – so, wie es in der Tat auch von internationalen Konventionen empfohlen wurde: Links vor Rechts.

Nun wäre der Brite kein Brite, wenn er es einfach den Australiern gleich gemacht hätte. Der Brite hat also erst mal diskutiert und nachgedacht und wieder ein bisschen diskutiert, er hat Bedenken vorgebracht und Studien in Auftrag gegeben. 1921 hat die englische Automobilvereinigung der Regierung empfohlen, dass man es im Königreich so machen solle wie auf dem fünften Kontinent und »Rechts vor Links« übernehmen. Nach nur 45 Jahren Beratung hat die entsprechende Regel dann 1966 in ein Gesetz Eingang gefunden. Was gar keine Rolle mehr spielte. Entscheidend war, dass die Briten sich in der Zwischenzeit hartnäckig geweigert hatten, instinktiv einem Grundsatz »Links vor Rechts« zu folgen.

Deshalb sind die Briten, die natürlich im Uhrzeigersinn um ihre Verkehrsinseln fahren, auch bald auf die Idee gekommen, dass der einfahrende Verkehr nicht die Vorfahrt haben sollte. Sondern dass – »Rechts vor Links« – der Kreisverkehr im Recht sein muss. Und deshalb tun sich die Deutschen und die Amerikaner bis heute ziemlich schwer, wenn es rund geht. Denn die müssen ja an jeder Einfahrt dem Instinkt widerstehen, der ihnen sagt, dass die Leute, die von rechts in den Kreis hineinwollen, auch die Vorfahrt haben müssen.

Wobei wir es uns in Deutschland noch ein bisschen schwerer machen als nötig – auch das ja durchaus eine landestypische Eigenschaft. Es gibt nämlich in Deutschland gleich zwei Kreisverkehrtypen. Das unbeschilderte Rondell und der neue Kreisel. Super, nicht? Man muss also gleich zweimal gucken und sich verwirren lassen, denn es ist natürlich bei mehrjähriger Haftstrafe verboten, am falschen Rondell die falsche Kreiselvorschrift anzuwenden. Es ist nämlich so: Wenn da kein Schild steht am Kreisverkehr, keines oder nur ein »Vorfahrt-gewähren«-Schild, dann ist der Kreisel ein Rondell. Und dann muss man blinken, wenn man in den Rondellkreisel hineinfährt, aber auf gar keinen Fall, wenn man hinausfährt. Und man muss möglicherweise, wenn man im Rondell herumfährt, dem einfahrenden Verkehr die Vorfahrt gewähren, wg. »Rechts vor Links«, es sei denn, die Vorfahrt ist per Schild geregelt, was aber nicht vorkommen sollte. Das »Vorfahrt-gewähren«-Schild steht nämlich eigentlich nur am anderen, nicht rondellhaften Kreisel und zwar über einem blauen »Kreisverkehr«-Schild. Und wie man sich dann schon denken kann, muss man bei solch einer Beschilderung dem Kreisverkehr die Vorfahrt lassen. Aber keinesfalls blinken beim Einfahren! Kostet sonst zwanzig Euro. Dafür aber auf alle Fälle den Blinker setzen beim Herausfahren aus dem Kreisel, sonst noch mal zwanzig Euro. Und nicht zurücksetzen. Und nicht parken im Kreisel. Und überhaupt – am besten den ganzen Verkehrsknotenpunkt weiträumig umfahren, weil das alles doch sehr viel komplizierter ist, als es sein müsste, und deshalb in vielen Fällen auch nicht funktioniert.

Die meisten Kreisverkehre in Deutschland befinden sich wahrscheinlich in den neuen Gewerbegebieten des blühenden Ostens, also da, wo außer Straßenlaternen nie jemand vorbeikommt. Deshalb dürfte statistisch gesehen auch in Deutschland der Kreisverkehr sehr erfolgreich sein, was die Unfallhäufigkeit pro Kreuzungspunkt anbelangt.

Die Franzosen haben übrigens den Kreisverkehr in ihrem Land sehr erfolgreich eingeführt – und etwa gleichzeitig mit den Briten. Sie haben sehr viel Engagement gezeigt, lobt Kevin Beresford, bei der Gestaltung von Verkehrsinseln und innovativen Einfahrten. Und obwohl die Franzosen auch auf der rechten Seite der Straße fahren, jedenfalls meistens, ist der Erfolg des Kreisels in der Grande Nation durchaus ein weiterer Beleg für die These, dass Kreisverkehre bei Rechtsverkehr unter der Rechts-vor-Links-Regelung leiden. Der Franzose nämlich hat selbige Regelung nie derart ernst genommen wie zum Beispiel der Deutsche oder der Schweizer. Die Entscheidung, wer Vorfahrt hat, überlässt man bei mediterraner Fahrweise nur ungern dem Gesetzgeber, sondern lieber dem Gefühl und/oder dem Gehör. Im Kreisverkehr gilt dementsprechend, dass man einfahren kann, solange man sich nicht umgedreht und damit bewiesen hat, dass man des Verkehrs im Kreisel gewahr geworden ist. Dieses Prinzip der wechselseitigen Unfallvermeidung funktioniert ganz leidlich, meistens. Und wenn nicht, ist es auch nicht so schlimm. Dann hatte der Kreisverkehr ja wieder sein Gutes, denn man war relativ langsam, und deshalb ist meist niemand tot.

6

Der Tanz um den Unfall

Totgefahrene leben länger *oder:*
»This will never happen again«

Die Irin Mary Ward hätte eigentlich als Biologin in die Geschichte eingehen sollen oder als begabte Illustratorin. Von früher Jugend an hat sie liebevoll Schmetterlinge und anderes Getier umgebracht, unter ein Mikroskop gezerrt und für die Nachwelt zeichnerisch festgehalten. Sie hat diversen Forschern zur Seite gestanden, mit einigem Erfolg ein Buch veröffentlicht und nebenbei sechs Kinder großgezogen. Solches Multitasking war im 19. Jahrhundert noch revolutionär für eine Frau, und schon deshalb hätte sie eine Verfilmung ihres Lebens verdient. Aber Mary Ward ist leider aus einem ganz anderen Grund in die Geschichte eingegangen, streng genommen ohne eigenes Zutun und nicht sehr filmreif.

Schuld daran ist ihr Cousin. William Parsons trug den Titel »Third Earl of Rosse«, was ihm den Respekt seiner Mitmenschen und einen arbeitsfreien Lebensunterhalt ermöglichte. Zu einer wirklichen Celebrity seiner Zeit hat ihn ergo seine Freizeitbeschäftigung gemacht; er hat nämlich das unter Astronomie-Historikern weltberühmte »Leviathan-Teleskop« auf Birr Castle aufstellen lassen und nachts benutzt, um im County Offaly, Irland, fremde Lichtquellen aufzuspüren. Unglücklicherweise entwickelte er nebenher noch eine Leidenschaft für Dampfmaschinen, von denen er eine gar als Antrieb für seine ehemalige Kutsche nutzte, um pferdelos über das mangelhaft ausgebaute Straßennetz Zentralirlands zu tuckern. Am 31. August 1869, knapp zwei Jahre nach Parsons Tod, begleitete Mary Ward ihren Ehemann auf eine Spritztour mit des Cousins hinterlassenem Dampfungetüm. Was ein Fehler war. Der Gatte brachte die pferdelose Kutsche in einer Kurve ins Schleudern, ein Vorderrad hüpfte über einen Stein, Mary Ward wurde vom Wagen geschleudert und sodann derart vom Hinterrad überfahren, dass sie unverzüglich verstarb. Weshalb die 42-jährige als das erste bekannte Opfer des motorisierten Straßenverkehrs zu bezeichnen ist. Da zum Zeitpunkt ihres Todes der Ottomotor seiner Erfindung noch harrte, gilt sie allerdings – doppeltes Pech – nicht mal als erste Unfalltote des Automobilismus.

Diese Ehre wurde Bridget Driscoll zuteil. Am 17. August 1896 war die 44-jährige auf dem Gelände des Londoner Crystal Palace in Sydenham unterwegs – damals so eine Art Vergnügungspark. Sie befand sich mit ihrer Tochter May auf dem Weg zu einer Tanzveranstaltung, als ihr ein junger Mann namens Arthur James Edsall mit einem etwa fünf PS starken Fahrzeug vom Typ »Roger-Benz« in die Quere kam. Edsall bot im Auftrag des Unternehmens Anglo-French Motor Cars Probefahrten für das Publikum an und muss seine Aufgabe sehr ernst genommen haben. Eine Zeugin, das Dienstmädchen Florence Ashmore, hat vor dem Ermittlungsrichter später ausgesagt, Edsall sei so schnell gefahren wie die Feuerwehr, eine Beschreibung, die zur geflügelten Redensart werden sollte. Die Aussage selbst ist ebenso umstritten wie der Unfallhergang, den verschiedene Zeugen vor Gericht sehr verschieden in Erinnerung hatten.

Interessant an der Geschichte ist, dass unter anderem der Verdacht aufkam, Edsall habe seinen Wagen gewissermaßen »getunt«. Der »Roger-Benz«, zugelassen für vier Meilen pro Stunde, hätte nach dem Abmontieren eines verlangsamenden Gurtes fast doppelt so schnell fahren können wie erlaubt. Möglicherweise gar bis zu 13 Stundenkilometer! Edsall hat das vor Gericht natürlich abgestritten. Ihn treffe keine Schuld. Er habe sogar versucht, die Fußgängerin zu warnen: »Ich habe doch mit der Glocke gebimmelt!« Einige Zeugen wollen hingegen gesehen haben, dass er ins Schleudern kam. Andere sahen Frau Driscoll tölpelhaft in die Fahrtroute stolpern. Offenbar ist alles sehr verwirrend gewesen. Die Geschworenen diskutierten sechs Stunden lang und ließen Edsall dann frei. Es sei nicht nachzuweisen, dass der Fahrer mit Vorsatz getötet habe. Bridget Driscoll sei einen »accidental death« gestorben. Einen Tod aus Versehen. Nun, so war das damals wohl üblich.

Die Geschichte dieses ersten richtigen Autounfalls wird gerne in Erinnerung gerufen, und zwar zumeist als Einleitung eines publizistischen Klageliedes über das anhaltende Sterben auf den Straßen. Stets kommt an dieser Stelle dann der Hinweis auf den ermittelnden Untersuchungsrichter William Percy Morrison. Der soll nämlich nach Abschluss des Verfahrens einen wunderbaren Satz in den Gerichtssaal gerufen haben: Er hoffe, dass »such a thing would never happen again« – dass so etwas also nie wieder passieren werde. Es gibt einen klitzekleinen Schönheitsfehler an dieser Geschichte: Weder in den Gerichtsakten noch in den zeitgenössischen Presseberichten ist dieser Satz zu finden, wie die wenigen peniblen Historiker berichten, die der Sache mal nachgegangen sind. Er ist wahrscheinlich einfach erfunden worden.

Es ist allerdings kein Zufall, dass sich die Legende vom legendären Ausruf des Richters so gut halten kann. Das Schicksal Bridget Driscolls ist zum Symbol geworden, viel mehr noch als das von Mary Ward. Driscoll wird betrauert als das erste von 30 bis 90 Millionen Unfallopfern weltweit – die Schätzungen gehen etwas auseinander –, und all diese Unfälle hätten, so die Nachwelt, eben »nicht passieren dürfen«. Meistens wird dann noch die Dienstbotin Ashmore zitiert, jene mit dem Feuerwehr-Ausspruch, und schon ist die Argumentationslawine – meist ebenfalls schnell wie die Feuerwehr – losgetreten: Das Auto sei an all den Toten schuld, weil es dem dummen Menschengeschlecht die Fortbewegung mit zu hohen Geschwindigkeiten erlaubt habe; Raserei wäre damals die Hauptunfallursache gewesen, und sie sei es noch heute.

Ich will nicht kleinlich sein, wirklich nicht. Aber das mit den ungeheuren Geschwindigkeiten und dem Automobil ist nicht vollends korrekt. Pferdekutschen sind 1896 genauso wie Autos ungefähr mit 4 bis 5 Stundenkilometern unterwegs gewesen; auf Eilstrecken waren sie dreimal so schnell. Mit etwa 25 Stundenkilometern sogar strampelten die Fahrradfahrer durch die Straßen. Der »rasende« Mr. Edsall ist keineswegs außergewöhnlich schnell gewesen, nicht mal für seine Zeit. Ich fürchte deshalb, dass es nicht allein Geschwindigkeit war, was der beklagenswerten Frau Driscoll ihr Leben kostete. Es war, behaupte ich, mindestens zum Teil einfach Unachtsamkeit. Frau Driscoll freute sich auf den Tanz, und Herr Edsall hatte nur Augen für seinen weiblichen Fahrgast. Von Unachtsamkeit steht allerdings nie etwas in den Artikeln, die an den viel zu frühen Tod von Bridget Driscoll erinnern.

An dieser schlampigen Art der Argumentation hat sich bis heute nicht viel geändert. Jede Zeit scheint den Drang entwickelt zu haben, sich für ihre Unfälle eine favorisierte Erklärung zu suchen und auf der dann ständig herumzukauen. Heute ist es die Raserei, früher war es die Schlüpfrigkeit des Straßenbelags. Die Schlüpfrigkeit, ganz richtig. Ende der zwanziger Jahre tobte in den Berliner Tageszeitungen ein wahrer Kampf gegen die ungenügende Haftkraft des Asphalts. Dies hat uns einer der Vorväter der Verkehrspsychologie überliefert, ein recht bedeutender Wissenschaftler mit dem für heutige Ohren skurril anmutenden Namen Narziß Kasper Ach. »In der Beseitigung des Asphalts bzw. dessen Schlüpfrigkeit« werde »das Heilmittel gegen die Auto-Unfälle gesucht«, schrieb Ach 1929. Dabei spräche die Unfallstatistik eine ganz andere Sprache. Die Ursache für die überwiegende Zahl der Unfälle sei beim Fahrer zu suchen. In dessen Fehlverhalten (von »ihr« war damals noch nicht die Rede) hätten sowohl 1927 als auch 1928 ungefähr 70 Prozent der Unfälle ihren Grund gehabt. Und wiederum 70 Prozent dieser 70 Prozent in seiner Rücksichtslosigkeit.

Ausgegraben wurden die Erkenntnisse des Professor Ach von Dr. Martin Gründl. Der junge Verkehrspsychologe an der Universität Regensburg hat sich in seiner Dissertation mit »Fehlern und Fehlverhalten als Ursache von Verkehrsunfällen« beschäftigt und die Konsequenzen aus seinen Erkenntnissen für die Entwicklung von Fahrassistenzsystemen untersucht. Er weiß seitdem ziemlich gut Bescheid über das Unfallgeschehen und seine Ursachen. Er hat auch etwas gegen die Raser und Drängler, weil Rasen und Drängeln als hochriskantes Verhalten nun mal Unfälle wahrscheinlicher macht. Aber auch er warnt vor Vereinfachungen.

Vor der Vereinfachung der Unfallstatistik, zum Beispiel. Diese hochoffizielle Statistik ist einer der Gründe, warum in Deutschland so viel und gern über Raser und Drängler geredet wird. Die nicht angepasste Geschwindigkeit ist, steht dort geschrieben, mit 18 Prozent die häufigste Unfallursache, wenn sich Pkw-Fahrer eine Fehlleistung erlaubt haben. Es folgen Vorfahrtsfehler (17 Prozent), ungenügender Sicherheitsabstand, also Drängeln (13 Prozent), und Fehler beim Abbiegen (9,4 Prozent).

Das klingt klüger, als es ist. Die Bibel des Unfallgeschehens wird alljährlich durch das Bundesamt für Statistik neu aufgelegt. Besagte Aufstellung mit dem eingängigen Titel »Reihe 8, Serie 7: Verkehr, Verkehrsunfälle« hat für das Jahr 2005 immerhin 314 Seiten. Man kann dort lernen, dass der Mai und der Juni die gefährlichsten Monate auf der Straße sind, dass Unfälle gehäuft in Nachmittagsstunden passieren, Bundes- und Landstraßen überdurchschnittlich unfallträchtig sind und dass in Mecklenburg-Vorpommern fast fünfmal so viele Leute im Verkehr sterben wie in Bremen, jedenfalls bezogen auf die Bevölkerungszahl. Als hätten wir es nicht längst schon geahnt ...

Es gibt aber auch Stellen, die aufmerken lassen. Nur ein Viertelprozent aller Unfälle mit Personenschaden sollen zum Beispiel etwas mit Übermüdung zu tun haben. Ich fürchte, da greift die Statistik ein winziges Bisschen zu kurz. Das liegt wohl daran, dass die Statistik ausschließlich auf den Unfallberichten von Polizisten beruht. Polizisten sind, nicht dass hier ein Missverständnis entsteht, keineswegs dumme Menschen. Ich habe mehrere und gut durchtrainierte Polizisten im Freundeskreis und werde mich hüten, abfällige Bemerkungen zu machen. Aber das Problem ist natürlich, dass in den Unfallberichten der Polizei eigentlich immer nur ein offensichtlicher Unfallgrund eingetragen wird, und zudem möglichst ein justitiabler. Da steht dann zum Beispiel »Missachtung der Vorfahrt«, aber warum da jemand die Vorfahrt missachtet hat, bleibt unklar. Kann sein, dass er geträumt hat, dass sie böswillig war, dass er das Schild übersehen hat oder sie geschlafen. Das steht nicht in den Unfallberichten, also auch nicht in der Unfallstatistik. Übermüdung, fürchte ich, wird überhaupt nur dann eingetragen, wenn die Polizei bei Ankunft an der Unfallstelle alle Beteiligten schlafend vorgefunden hat. Gibt ja keiner zu, dass er eingepennt war.

Ich ahne mehr als dass ich beweisen könnte, dass die Sache mit der Geschwindigkeit ganz ähnlich liegt. Wenn jemand an der Unfallstelle zum Beispiel schneller gefahren ist, als es vor Ort erlaubt war, dann wird die »nicht angepasste Geschwindigkeit« schon aus rechtspflegerischen Gründen im polizeilichen Unfallbericht auftauchen. Aber ob die hohe Geschwindigkeit wirklich unfallverursachend war – und nicht die Hirnlosigkeit des Fahrers, sein Telefonat mit der Exfreundin oder ein Sekundenschlaf –, das kann selbst der beste Polizist der Welt in solch einem Fall nicht nachvollziehen.

Die wissenschaftliche Unfallursachenforschung legt immerhin nahe, dass es die Geschwindigkeit alleine nicht war. Berühmt ist in diesem Zusammenhang die Theorie von James Reason, der die Entstehung eines Unfalls mit dem Durchschießen mehrerer Scheiben Schweizer Käses vergleicht.

Das ist, ich gebe es zu, kein ganz naheliegender Vergleich, aber ich will trotzdem mal versuchen, ihn nachzuvollziehen: James Reason argumentiert, dass der Mensch gegen Unfälle immer gleich mehrere Verteidigungsmauern aufbaut – er passt zum Beispiel auf, er trinkt vielleicht nicht viel, er kauft sich einen Volvo und fährt möglichst nur tagsüber bei Trockenheit und Sonnenschein. Jede dieser Verteidigungsmauern stellt sich Reason als Scheibe löcherigen Schweizer Käses vor. An jeder Mauer schließlich gibt es Schwachstellen, weil man eben doch mal nicht aufpasst oder drei Whiskey trinkt, oder der Volvo hat abgefahrene Reifen, oder es regnet Bindfäden schon seit Stunden. Die Löcher liegen normalerweise – wie bei mehreren Scheiben Emmentalers typisch – nicht direkt hintereinander; es gibt also nicht immer ein Loch in dem Käsescheibenstapel, durch das man durchgucken oder durchschießen könnte. Mag sein, dass es mal regnet, aber dann passt man vielleicht besser auf. Mag sein, dass man drei Whiskeys getrunken hat, aber vielleicht ist es dann gerade trocken. Der Zufall muss es wollen, dass die Verteidigungskäsescheiben so dumm übereinanderliegen, dass das Loch für den Unfall durch alle Scheiben geht. Weder Regen noch abgefahrene Reifen noch drei Whiskeys noch Unaufmerksamkeit garantieren ergo für sich allein den Eingang in die Unfallstatistik – noch nicht mal, wenn sie als Quartett auftauchen. Man muss als Fünftes auch noch ein Quentchen Unglück dazulegen. Die Unfallursachen müssen zusammenpassen.

Diese komplizierte Theorie hat noch nicht mal annähernd Eingang in die Art und Weise gefunden, wie in Deutschland über das Unfallgeschehen berichtet oder diskutiert wird. Deutschland ist ein ordentliches Land, und in einem ordentlichen Land muss es einen richtig ordentlichen Unfallgrund geben. Die Unachtsamkeit zum Beispiel, die möglicherweise entscheidend am Tode von Bridget Driscoll beteiligt war, ist kein ordentlicher Unfallgrund im ordentlichen Deutschland. Das kann man in der zitierten Unfallstatistik nachlesen. Es ist nämlich höchst auffällig, wie oft auf den 314 Seiten die Worte Unachtsamkeit oder Unaufmerksamkeit *nicht* vorkommen.

Die Unfäller
Gefahrenherde der automobilen Gesellschaft

Ich will noch einmal auf Narziß Kasper Ach kommen, schon weil der einen so schönen Namen hat. Herr Ach hat 1929 wie erwähnt Krach geschlagen gegen die fixe Idee, die hohe Zahl der Unfalltoten hätte etwas mit dem schlechten Asphalt in Deutschland zu tun. Er hat dann allerdings die eine fixe Idee durch eine andere fixe Idee ersetzt. Er hat nämlich – mit vielen seiner Kollegen – nach »Unfällern« Ausschau gehalten, also nach Leuten, die ständig Unfälle bauen. Seine Theorie dahinter ist schnell nachzuvollziehen. Wenn 70 Prozent der Unfälle auf Fahrfehler zurückgehen, dann müsste man mal gucken, wer diese Fahrfehler vor allem macht. Und wenn man denen dann einfach den Führerschein wegnimmt, dann müsste der Verkehr sehr schnell sehr viel sicherer werden.

Und ein Blick in die Statistik schien ihm Recht zu geben. Da zeigt sich nämlich immer, dass gewisse Leute wie in einer schlechten Hollywood-Komödie von Unfall zu Unfall fahren, als würden sie dafür Mengenrabatt bekommen. Das ist zwar nicht ganz so schlimm wie in der berühmten 80/20-Regel (derzufolge 80 Prozent aller Unfälle von 20 Prozent aller Fahrer verursacht werden), aber in die Richtung geht es schon.

Die These, dass bestimmte Menschen eine Unfallpersönlichkeit haben, hat sich inzwischen trotzdem als Holzweg herausgestellt: Die Häufung hat nämlich vor allem etwas mit Mathematik zu tun und mit Wahrscheinlichkeitsrechnung, nicht so sehr mit persönlichen Vorlieben für das Einfahren in Straßengräben. Streng genommen ist damit auch die Idee hinter dem Schadensfreiheitsrabatt der Kfz-Versicherung gestorben. Ihr Ableben ist aber von den Versicherungen bislang übersehen worden, schon weil die mit dem Rabatt wahrscheinlich ein ganz gutes Geschäft machen.

Was den Versicherungen dafür aufgefallen ist, ist ein zweites gewichtiges Gegenargument gegen die »Unfäller«-These. Die Leute, die beispielsweise im Jahr 2004 ihren Sachbearbeiter in die Depression stürzten, indem sie ihm drei oder fünf Unfälle auf den Tisch schickten, sind nicht notwendigerweise die gleichen, die das im Jahr 2005 getan haben. Es hätte also nicht viel genützt, wenn man die Chaoten des Jahres 2004 von der Straße entfernt hätte, wie das in der Geschichte der Unfäller-Theorie durchaus häufiger erwogen worden ist. Nicht viel, wie gesagt.

Wie bei allen guten, großen wissenschaftlichen Theorien ist die Unfäller-These allerdings trotzdem nicht tot. Hin und wieder feiert sie ihre Auferstehung. Zuletzt gab es im Jahr 2001 ein größeres Comeback. Da hatte ein Team des »Institute of Science and Technology« der Universität von Manchester drei Persönlichkeitsmerkmale herausgearbeitet, die offenbar doch etwas mit Unfallhäufigkeit zu tun haben. Wenn jemand kaum Verlässlichkeit oder ein wenig angenehmes Wesen oder extrem hohe Offenheit für alles Neue zeige, oder alles zusammen, dann müsse man damit rechnen, dass er oder sie Unfälle wie am Fließband produziere. Die Royal Society for the Prevention of Accidents, also die Königliche Gesellschaft zur Unfallverhinderung in Großbritannien, reagierte umgehend auf diese Neuigkeiten, indem sie vor den Folgen solcher Forschung warnte. Leute mit einer angeblich nicht risikoträchtigen Persönlichkeit könnten auf die Idee kommen, im Straßenverkehr weniger aufzupassen.

Es hat natürlich auch allerhand andere Einwände gegeben. Man würde Leute, wenn man sie erst als unfallträchtige Persönlichkeit entlarvt habe, sicher ganz verrückt machen, so dass sie dann erst recht Unfälle verursachen würden. Jemand könnte auch auf die Idee kommen, bestimmte Persönlichkeiten zu diskriminieren, etwa bei der Einstellung als Schulbusfahrer.

Vielleicht war die Unfäller-These lückenhaft, weil sie zu einfach war. Aber vielleicht macht man es sich jetzt zu einfach, wenn man von den Unfallpersönlichkeiten nichts mehr wissen will. Es entspricht nach meinem Eindruck doch durchaus der allgemeinen Lebenserfahrung, dass man mit einer gewissen Persönlichkeitsstruktur eher auf automobilen Kollisionskurs gerät als andere. Selbst wenn es natürlich keinen Automatismus gibt. Nicht jeder Idiot hat ständig Unfälle.

Aber dass Leute, die nie zuhören, aber alles besser wissen, ständig auf 140 Umdrehungen sind, dann vielleicht auch noch Schwierigkeiten mit der Informationsverarbeitung haben und Herrenhandtaschen tragen, beim Autofahren gefährdeter sind als andere, das muss doch selbst ein Gleichstellungsbeauftragter einsehen. Es gibt Studien en masse, in denen Haushaltsunfälle und Krankheitsanfälligkeiten mit schwierigen Elternhäusern begründet werden. Da wäre es doch nicht gerade revolutionär, wenn ich behaupte, dass Menschen mit niedrigem Selbstbewusstsein auch im Verkehr viel verkehrt machen, oder? Entweder kompensieren sie, siehe oben, oder sie kompensieren nicht. Im Straßenverkehrsgeschehen ist beides nicht gut.

Zum Glück gibt es eine Hilfestellung aus der Schweiz. Die großen Verkehrstypologen Fred Hürlimann und Benedikt von Hebenstreit haben dort Mitte der neunziger Jahre den lobenswerten Versuch unternommen, uns Straßenverkehrsteilnehmer mal nicht nach unserem Lebensstil, sondern nach unseren Fahrgewohnheiten in Großgruppen einzuteilen. Für ihre Typologie haben die beiden auf Untersuchungen zurückgreifen können, die das Institut für Angewandte Psychologie in Zürich über ein knappes Vierteljahrhundert lang durchgeführt hatte, genau gesagt in den Jahren 1971 bis 1994. Das ist also kein Zufallstreffer gewesen. Über 10 000 Autofahrer, 15 000 Fußgänger und 1700 Fahrradfahrer haben die Züricher Psychologen – und der TÜV Bayern in Deutschland – in all den Jahren nach ihrem Verhalten im Verkehr befragt, nach ihren Lebensumständen, nach Bildungsstand und Familienverhältnissen, nach ihren Verkehrsverstößen und Unfallerfahrungen.

Die Typologie, die dabei herausgekommen ist, deckt eine breite Palette ab, und zwar in dieser Reihenfolge: erstens den ruhig-ausgeglichenen Fahrstil, der ziemlich ehrgeizlos ist. Zweitens den aktiv-dynamischen Fahrstil, der ein bisschen flotter daherkommt, ohne gleich unangepasst oder unhöflich zu werden. Drittens den sportlich-ambitionierten Fahrstil, der schon etwas grenzwertiger erscheint. Viertens den affektiv-unausgeglichenen Fahrstil des emotional labilen Menschen, der sich häufig auch als Verkehrs-Schulmeister betätigt. Fünftens den unsicher-ungeschickten Fahrstil, den Menschen ohne Verkehrssinn präferieren. Und sechstens schließlich den aggressiv-rücksichtslosen Fahrstil, bei dem einem Angst und Bange werden muss.

Letzterer Fahrstil ist für Hürlimann und Hebenstreit »gekennzeichnet durch das Bedürfnis, sich immer und überall im Verkehr ›ohne Rücksicht auf Verluste‹ durchzusetzen.« Rowdyhaftes Verhalten zählen die beiden zu diesem Stil und die Lust daran, andere Leute beim Fahren zu behindern. Partnerschaftliches Verhalten fehle gänzlich. Es bedarf keiner seherischen Fähigkeiten, um bei diesem Fahrstil auch das höchste Unfallrisiko zu erahnen. Aber das Ausmaß hat mich dann doch überrascht. Es liegt satte 69 Prozent über dem der ruhig-ausgeglichenen Masse.

Einer der Hauptgründe für diese »Spitzenleistung« liegt zweifelsohne in gewissen organischen, neuronalen und psychologischen Besonderheiten des aggressiv-rücksichtslosen Fahrers (und der entsprechenden Fahrerin). Aus einer Untersuchung des Eidgenössischen Verkehrs- und Energiewirtschaftsdepartements zur Straßensignalisationsdichte, die hier nicht weiter interessieren muss, weiß die Nachwelt, dass Autofahrer dieses Typs in der Tat nicht im Vollbesitz ihrer geistigen Kräfte sind, wenn sie versuchen, sich bei 250 km/h mit ihren Nebelscheinwerfern unter den Rücksitz des Vordermannes einzuhaken. Man hat das richtig medizinisch-technisch überprüft. Mit einem Elektromyogramm zum Beispiel, das die Aktivitäten des Stirnmuskels überprüft, ergo die Aufmerksamkeitsspannung. Sie liegt bei Rowdy-Typen um 15 Prozent niedriger als bei Norm-Autofahrern. Der Aggressive guckt sich auch nicht so oft um beim Fahren, wie ein Elektrooculogramm beweisen kann. Er hat sogar eine niedrigere Hautleitfähigkeit als der Durchschnitt, was man, wie jedermann weiß, mit einem simplen Psychogalvanogramm nachweisen kann. Weil weniger Schweiß auf seiner Stirne steht, wird man davon ausgehen müssen, dass er entweder völlig abgebrüht fährt oder ziemlich unkonzentriert.

Oder beides. Aggressiv-rücksichtslose Fahrer zeigen, heißt es in der Auswertung jener Untersuchungen, »Züge von Reizbarkeit, Ungeselligkeit und Zurückhaltung«. Sie sind emotional labil. Es ist also ohnehin keine gute Idee, sich mit ihnen die Fahrbahn zu teilen – oder irgendetwas sonst. Man weiß nie, wann solche Zeitbomben hochgehen.

Womit ich übergangslos zu Platz Zwei auf der Unfallträchtigkeitsskala kommen kann. Ich hätte vermutet, dass hier politisch korrekt der sportlich-ambitionierte Porsche-Fahrer landen würde oder allenfalls der affektiv-unausgeglichene Oberlehrer. Aber nichts dergleichen. Es sind diejenigen Verkehrsteilnehmer, die allen aggressiv-rücksichtslosen Autofahrern als liebstes Feindbild dienen: die unsicher-ungeschickten Fahrer mit Hut und Mantel. Hürlimann und Hebenstreit bescheinigen diesen Menschen zwar, sogar gesetzestreuer zu fahren als die Musterknaben des ausgeglichenen Typs. Aber bei Unfällen, von Blech- bis zu Personenschäden, da machen die Unsicheren ihrem Namen eben alle Ehre. »Massiv größer«, so die Schweizer, sei das Risiko für diese Gruppe, in einen Crash verwickelt zu werden.

Unsichere Fahrer sind vor allem, heißt es in der Untersuchung, »ungeschickte Menschen und Menschen mit wenig Selbstvertrauen«. Sie würden auch nach langjähriger Fahrpraxis die Dimensionen ihres Autos so wenig kennen, dass sie beim Einparken oder sogar beim Einstellen in die eigene Garage Blechschäden produzierten. »Im fließenden Verkehr sind sie häufig allen anderen im Weg, weil sie sich nicht rasch genug entscheiden können, wie und wo sie fahren sollen. Zögerliches Verhalten vor dem Abbiegen, unangemessen langsames Fahren beim Suchen von Parkplätzen oder von Geschäften oder vor Wegweisern sind typische Verhaltensweisen dieses Typs. Da zumeist nicht nur die Fahrzeugbeherrschung, sondern auch der übrige Verkehrssinn relativ schwach ausgeprägt ist, ergeben sich durchaus mitunter sogar recht kritische Situationen.« Soweit die höflichen Herren Hürlimann und Hebenstreit. »Durchaus mitunter« ist ja durchaus mitunter eine sehr zurückhaltende Formulierung. Der bekannte britische Autojournalist Jeremy Clarkson würde wahrscheinlich eher das Wort »ständig« bemühen. Nicht immer sind solche Angstfahrer schließlich am Unfall beteiligt, den sie verursacht haben. Und selbst wenn, bekommen sie es oft gar nicht mit.

Es gibt übrigens genauso viele Männer wie Frauen, denen man vorwerfen kann, dass sie vor lauter Angst und Panik einen Fahrstil entwickelt haben, der alle anderen zu Recht in Angst und Panik versetzt. Es sind etwas mehr als sechs Prozent aller Führerscheinbesitzer, männlich wie weiblich und erstaunlicherweise gleichermaßen in allen Altersgruppen vertreten.

Es wird hin und wieder, etwa von besagtem Jeremy Clarkson, der Vorschlag unterbreitet, man möge doch die Angstfahrer entweder vom Verkehr ausschließen oder mindestens zwingen, in orange-grün lackierten Fahrzeugen herumzufahren, damit die Umwelt gewarnt ist. Aber so einfach wollen wir es uns dann doch nicht machen.

Vielleicht ist einfach das Prinzip der Prävention anzuwenden. Auch hier helfen die Forschungsergebnisse der Herren Hürlimann und von Hebenstreit. Bei den medizinisch-technischen Untersuchungen stellten sie fest, dass unsicher-ungeschickte Autofahrer wesentlich mehr Blickbewegungen zeigen als alle anderen Fahrertypen. Beim Durchfahren einer Teststrecke guckten alle anderen ungefähr zweimal in der Sekunde nach rechts oder nach links – ein kleines bisschen häufiger nach links übrigens. Ängstliche Fahrer guckten im Schnitt gleich 4,33-mal nach rechts und 5,02-mal nach links. Das ist eine Plansollübererfüllung von 122 Prozent.

Anzuraten ist insofern, sich als Beifahrer zu vergewissern, ob der Fahrende nicht allzu häufig nach rechts und links guckt (120-mal pro Minute ist okay, ab 200-mal in der Minute wäre dann erhöhte Alarmbereitschaft angesagt) und recht viel die Stirn runzelt. Wer kann, misst beim Fahrenden auch unauffällig den Puls und vergleicht ihn mit dem eigenen. Die Herzfrequenz sollte beim unsicheren Fahrer etwas niedriger liegen. Wenn sie nicht ertastbar ist, nochmals die Blickfrequenz nachzählen. Geht auch die gegen Null, könnte der Fahrer in der Zwischenzeit vor lauter Angst gestorben sein.

Nassrasur und 5-Gänge-Menü
Was wir alles im Auto so machen

In Großbritannien haben sie vor ein paar Monaten eine Frau vor den Kadi gezerrt, nur weil sie sich Mascara aufgelegt hat. Das muss man sich mal vorstellen. Und der Richter hat sie auch gleich streng verurteilt! 200 Pfund musste Donna Maddock zur Strafe zahlen, über 300 Euro. Und nur wegen Wimperntusche. Nun gut, sie ist dabei auch noch Auto gefahren, das war vielleicht nicht so klug. Aber auf der Hauptstraße in Pwllheli (sprich: pa-hlel-ie) in Wales war wirklich nur ganz wenig los, und 50 Stundenkilometer sind doch auch nicht rasend schnell. Die junge Frau Maddock hat, gab die walisische Polizei sogar zu, auch nicht wie viele andere Damen in den verdrehten Rückspiegel geguckt, als sie sich am Steuer schminkte. Nein, sie hatte extra einen Handspiegel dabei, damit sie den nachfolgenden Verkehr weiterhin im Auge behalten konnte. Den Handspiegel hat sie ganz vorsichtig in die Linke genommen und dann mit rechts ganz vorsichtig den Mascarapinsel betätigt. Gesteuert hat sie mit den Knien. Alles fast verkehrssicher, also. Zumal sich Frauen, wie mir eine Bekannte neulich versicherte, ohnehin blind und automatisch schminken können.

Na, manchmal übertreibt die Polizei eben wirklich.

Sie ist nicht allein, kann ich versichern, die gute Donna Maddock. Ich habe während meiner Recherchen mehrere Personen weiblichen Geschlechts gesprochen, die mir jeweils uneidlich versicherten, ebenfalls schon einmal vergleichbare Tätigkeiten am Steuer ausgeführt zu haben, einige sogar häufiger. Männer sind da nicht so anfällig, mangels Interesse an Make-up. Manche rasieren sich dafür bei der Fahrt ins Büro, zum Glück nur im Ausnahmefall nass. Ich selbst habe den letzten Trockenrasierer

Anfang der Neunziger weggeworfen; aber ich fände das im Auto auch deshalb nicht so schön, weil man danach doch überall die kleinen Stoppeln an der Krawatte hängen hat.

Leute, denen Körperpflege nicht so liegt, lernen lieber Japanisch beim Autofahren, von Kassette oder CD. Ich habe auch mal mit jemandem gesprochen, der mir versicherte, er würde im Hamburger Berufsverkehr morgens die Zeitung lesen. Während er im Stau am Steuer sitzt. Es wäre aber nicht die Süddeutsche oder die FAZ oder sonst ein Druckwerk mit unhandlichem Format gewesen; da hätte ich dann auch Bedenken angemeldet. Ein Vertreter für optische Hilfsmittel erklärte mir, er habe jahrelang auf seiner Fahrt nach Hause seine Abrechnung gemacht, die auszufüllenden Bögen in einer Akte auf dem Lenkrad balancierend, die dazugehörigen Belege auf dem Beifahrersitz. Das wäre durchaus einfach gewesen, sagt er, weil er selten über 120 Stundenkilometer gefahren sei und meistens hätte auf der Mittelspur bleiben können.

Ich finde das schon erstaunlich. Da sitzt jemand in einem 1,8 Tonnen schweren Fahrzeug bei mindestens 120 km/h auf der Mittelspur zwischen nichts ahnenden Mitmenschen und arbeitet mit einer Technologie, die ungefähr im 19. Jahrhundert entwickelt worden ist. Hatte der Mann keinen Laptop, auf dem er seine Abrechnung gleich online hätte ausfüllen können? Wann hat der seine E-Mails gelesen und beantwortet? Wollte er keinen Video-Link zu seinem Auftraggeber, oder fehlte es an der nötigen technischen Ausstattung?

Für den Autofahrer in Amerika, lese ich in einschlägigen Zeitungen, ist solch technologisches Hinterwäldlertum passé; da werden in neuen Modellen der gehobenen Mittelklasse längst entsprechende Systeme als Zusatzausstattung angeboten; große Flachbildschirme allerdings nur für die hinteren Sitze, weil man fürchtet, dass ein Spielfilm oder so etwas den Fahrer doch allzu sehr ablenken würde. Der Trend geht allerdings ohnehin nicht so sehr zur Arbeit am Steuer, sondern vielmehr zur Nahrungsaufnahme. Dem fast schon klassischen Konzept des Drive-Thru ist seit wenigen Jahren das Dashboard Dining gefolgt, am besten wohl übersetzt mit »Armaturenbrett-Essen«. Jeder dritte Amerikaner immerhin gibt an, sich ein- bis zweimal in der Woche eine vollständige Mahlzeit am Steuer seines Fahrzeugs zu gönnen. Die einschlägigen Versorger haben sich auf dieses Bedürfnis der Kundschaft eingestellt. Die Tex-Mex-Kette Taco Bells etwa weist in ihrer Werbung für den »Crunchwrap Supreme« ausdrücklich darauf hin, dass man diese Teigtüte mit den üblichen Ingredienzien eines Mexico-Wraps besonders gut mit einer Hand essen kann. Sämtliche 569 Kalorien (naja gut, für die Pedanten: Kilokalorien) aus Nacho-Käse-Sauce, Tostada-Krümeln, Crème Fraiche, Rinderhack, Salat und Tomaten sind dermaßen geschickt in eine sechseckige Tortilla gewickelt, dass an den Seiten nichts entweichen kann. Und dann wird die Tortilla gegrillt, damit man das Ding besser anfassen kann. Sollte doch mal etwas schiefgehen, hat die Verpackung deshalb Pizzaformat, damit man sie schützend über den Fahrerschoß decken kann. Klingt doch wunderbar!

Auch für die Minderheit kulinarisch anspruchsvollerer Amerikaner ist Dashboard Dining aber möglich geworden, seit neben den Imbiss-Ketten auch der Automobilbedarf dieses Thema für sich entdeckt hat. In den USA gibt es inzwischen eine weit größere Produktpalette für die mobile Autoküche, als man es hierzulande nach einem Besuch an der Autobahntankstelle für möglich hält: Erhältlich sind Espressomaschinen, kleine Öfen, Popcorn-Töpfe (mit integriertem Herd), Kühlschränke, Toaster, Mikrowellengeräte, Warmhalteboxen – alles gespeist aus der

12-Volt-Steckdose, in der in grauer Vorzeit mal der Zigarettenanzünder saß. Wer will, kann also ein ganzes Fünf-Gang-Menü auf den Beifahrersitz zaubern, wobei allerdings schon ab etwa 30 Stundenkilometern Durchschnittsgeschwindigkeit vom Versuch abgeraten werden muss, ein passables Soufflé zu backen. Das wird so einfach nicht gehen.

Verkehrsexperten in Amerika (aber zunehmend auch in Europa) warnen hingegen nicht nur vor der Produktion, sondern sogar vor dem Verzehr komplizierterer Lebensmittel, wenn man am Steuer sitzt. Ich bin eigentlich gegen übertriebene Panikmache, aber ein bisschen kann ich diese Sorge schon nachvollziehen. Wenn ich mir vorstelle, gleichzeitig ein Steuerrad festhalten und eine Portion Spaghetti alla Napoletana essen zu müssen, ohne dass mir irgendetwas auf das Hemd tropft, dann fände ich das schwer genug. Vollends rätselhaft erscheint mir dagegen, wie man dabei noch hochschalten oder die Navigationsanlage bedienen kann. Man hat schließlich keine Hand mehr frei, wenn man mit Gabel und Löffel isst, und mit dem Knie ist Hochschalten beim besten Willen nicht möglich. Und was das Schlimmste ist: Wenn einem in solch einer Lage jemand hinten drauffährt – und Idioten gibt es ja bekanntlich genug auf der Straße –, dann hat man Tomatensauce auf dem LED-Screen kleben. Wenn man das nicht sofort abwischt, kriegt man das nur ganz, ganz schwer wieder ab. Da kenne ich mich aus.

Aber wahrscheinlich ist die Gefahr, dass einem etwas passiert, wenn man beim Fahren isst, Fernsehen guckt, E-Mails liest oder sich schminkt, eher klein. In der schon mal erwähnten Unfallaufstellung des Statistischen Bundesamtes kommt jedenfalls das Wort Spaghetti nicht ein einziges Mal vor, vom Wort »Lidschatten« ganz zu schweigen. Und ohnehin: Wenn es wirklich so gefährlich wäre, könnten wir doch alle fest davon ausgehen, dass es mindestens eine Gesetzesinitiative im deutschen Bundestag gäbe, die solcherlei Aktivitäten auf dem Fahrersitz zu verbieten sucht.

Im Bundestag aber wird nur ein Rauchverbot im Auto erwogen. Kein ganz neues Thema. Einer der ersten entsprechenden Vorschläge kam im Sommerloch 2005 von der ansonsten eher intelligent zu nennenden CDU-Politikerin Katherina Reiche auf den Tisch – das ist die, die mal unverheiratet war und trotzdem schon ein Kind hatte, was bei gewissen Kölner Bischöfen zum Aussetzen von Herz und Verstand führte. Die Frau Reiche fand, dass das Rauchen am Steuer die Unfallwahrscheinlichkeit erhöht.

Das ist durchaus einleuchtend. Raucher zünden sich eine Zigarette an und vergessen die dann im Mund, und dann fällt ihnen die Asche auf die Hose, und dann brennt sich ein Loch in den Sitz, und dann kriegen die es mit der Panik und wirbeln das Steuerrad herum, und weil sie leider gerade knapp über 200 km/h gefahren sind, zählt man nachher zwölf Leichen. Das ist ärgerlich, wirklich, und schreit geradezu nach einem Verbot. Allerdings, Frau Reiche, sollte man dann auch gleich allerhand andere Dinge verbieten. Man kann sich zum Beispiel verschlucken, wenn man aus einer Flasche einen Schluck Wasser nimmt, und zwar mit dem gleichem Ergebnis. Es gibt Fahrer, die sehen eine zwei Millimeter große Spinne sich am Rückspiegel abseilen, und weil sie dummerweise unter Arachnophobie leiden, muss jemand an den Unfallfolgen sterben. Es gibt sicher auch Todesfälle auf den deutschen Straßen, die mit Hustenanfällen oder dem Durchflug einer Wespe oder damit zu erklären sind, dass ein Kleinkind seine Barbie-Puppe so ungünstig durch den Fahrgastraum geworfen hat, dass dabei Mutters Brille von der Nase gestoßen wurde.

Weil das deutsche Parlament Wasser, Spinnen, Husten, Wespen und Kinder aber nicht pauschal verbieten wollte, haben diejenigen, die die Raucherfahrverbot-Debatte im Sommer 2006 wieder auf die Tagesordnung bringen wollten, eine neue Richtung eingeschlagen. Es geht jetzt nicht mehr um Unfallvermeidung, sondern um die Gesundheit unserer wehrlosen jüngeren Mitbürger.

Kinder, die in einer 45 Quadratmeter großen Zweizimmerwohnung unter dem Kettenrauchen ihrer Eltern leiden, sollen bald gesetzlich davor geschützt sein, dass sie der Kettenraucherei auch im Auto ausgesetzt sind. Endlich mal eine gute Idee, die auch die Polizei freuen wird, die ja seit Jahren gar nicht mehr weiß, wohin mit ihrer ganzen Freizeit. Jetzt werden sie neben den Radar- auch endlich Raucherfallen aufbauen dürfen und auf der Stelle jene verhaften, die sich und ihre Angehörigen im Auto mit Nikotin vergiften. Ich bin allerdings mal gespannt, wie sich das auf die Unfallzahlen auswirken wird. Ich könnte mir vorstellen, dass es ziemlich kompliziert ist, gleichzeitig Auto zu fahren und so zu tun, als würde man nicht rauchen, aber in Wirklichkeit doch eine Zigarette irgendwo unter dem Sichthorizont der Autobahnpolizei zu halten, möglicherweise geschickt unter der Hand, so wie wir das früher auf dem Schulhof getan haben. Wenn man dann gleichzeitig noch eine Abrechnung machen muss, dann wird es eng werden. Von teuer ganz zu schweigen.

Die feinen Unterschiede
Über den Umgang mit der Verkehrsregel

Ich weiß nicht, vielleicht hat Wolfgang Tiefensee damals gedacht, er könne sich bei der Landfrauenvereinigung beliebt machen. Oder bei der BILD-Zeitung vielleicht, keine Ahnung. Die hatten, wenn ich das richtig erinnere, mal wieder unerklärlicherweise auf die Autofahrer eingedroschen, respektive ganz speziell auf Menschen, die sich ungern auf dem linken Streifen der Autobahn durch Langsamfahrer aufhalten lassen. Da wird dann ganz schnell der »Drängler« draus in Deutschland, auch wenn man nur höchstens mal zehn Minuten ein bisschen aufgefahren ist. Irgendwie muss man sich doch bemerkbar machen, oder?

Tiefensee jedenfalls hat vorgeschlagen, Leute, die bei heftigem Drängeln oder Rasen erwischt werden (oder volltrunken am Steuer oder beim Überfahren von älteren Mitbürgern), mal so richtig zur Kasse zu bitten. Auf bis zu 2000 Euro wollte Tiefensee die Spitzenstrafe für Schnellfahrer, auf 3000 Euro jene für die Alkoholsünder verdoppeln. Damit hätte er, wie besserwisserische Kommentatoren dem Publikum sofort mitteilen mussten, also den deutschen Bußgeldkatalog ein wenig an die entsprechenden Verzeichnisse des Auslands angepasst.

Womit sie Recht hatten, zugegeben. Der Ausländer an sich, der fackelt ja nicht lange. Vom Norweger mal ganz zu schweigen. Ich bin mal in dessen Fährhafen Kristiansand vom Schiff gefahren, ganz unbeschwert von böser Ahnung oder finsteren Gedanken, dann über die gut ausgebauten Straßen brummend, bis mir nach ein, zwei Stunden auffiel, dass ich merkwürdigerweise der weitaus Schnellste unter den Schnellstraßennutzern war und der Einzige, der überholte. Weiteres Nachdenken brachte mich kurz vor Stavanger dann zu dem Schluss, dass die norwegischen Mitstraßenbenutzer wahrscheinlich nicht deshalb so langsam fahren, weil alle ihre Autos auf 80 Stundenkilometer gedrosselt sind, sondern dass es einen anderen Grund geben muss. Zum Beispiel den, dass sie sich alle sehr genau an die aktuelle Höchstgeschwindigkeit von eben 80 Stundenkilometern halten. Vorsichtshalber habe ich dann die Reisegeschwindigkeit entsprechend gedrosselt.

Was mir etwa 350 Euro erspart hat, oder eine beliebige Potenz davon (bei wiederholtem Blitzen), wie mir ein Anverwandter später in Bergen erklärte. In Norwegen gebe es keine »10-km/h-Kulanz-Zone« wie in Deutschland, dafür umso mehr Radarfallen und umso höhere Strafen. Nur in Großbritannien ist schnell fahren noch teurer, weil man sich dort glücklich schätzen kann, wenn es bei einer Rechnung über 110 Euro bleibt, bei kleiner Überschreitung. Der Betrag wird von Richtern überaus gerne auf ungefähr 1400 Euro angehoben, zuzüglich Gerichtskosten.

Wir in Deutschland sind da etwas humaner. 20 unerlaubte Stundenkilometer kosten nicht ab, sondern bis zu 35 Euro. Damit sind wir beinahe Geiz-ist-geil-Gewinner! Wer für weniger Geld geblitzt werden will, muss schon in Lettland, Estland, Litauen, Mazedonien oder Bosnien-Herzegowina Urlaub machen. Aber wer will das schon?

Zurück zum Herrn Tiefensee. Er hat dann verständlicherweise eine Abreibung erhalten. »In Berlin hält man den Autofahrer offenbar für die Melkkuh der Nation«, meldete sich in Erfurt ein Herr Trautvetter zu Wort, der dem seltenen Beruf des Landesverkehrsministers nachgeht. In Berlin kam wütender Protest aus der SPD-Fraktion, weil ein Herr Fornahl, der momentan »Verkehrsexperte« der SPD ist, wohl übersehen hatte, dass Tiefensee ein Parteifreund ist: »Das ist ein aktionistischer Schnellschuss.«

Harsche Kritik hagelte es auch seitens der Automobilclubs. Für den ADAC hatte der Minister »rein finanzielle Interessen«; sein Vorschlag sei ein »Wegbereiter, den gesamten Bußgeldkatalog anzuheben«. Der AvD erklärte satte Geldstrafen gleich ganz für wirkungslos. »Gerade im Bereich des Alkoholismus und Drogenkonsums, gegen den der Minister nach eigenen Angaben vorgehen möchte, handelt es sich um Krankheitsbilder, die nicht mit höheren Geldstrafen behoben werden können«, schrieben die Experten.

So ist das nämlich. Überhaupt halte ich es für dringend nachdenkenswert, ob man im Rahmen der Gesundheitsreform nicht armen notorischen Schnellfahrern durch Atemtherapie oder mit Ayurveda helfen sollte. Auch die Gründung eines Selbsthilfeverbandes könnte angeregt werden, der »Anonymen Raser und Drängler (ARD)«. Da gibt es gar nichts zu lachen. Der Raser ist ein armer Schlucker, oder auf dem besten Wege dorthin. Dem muss geholfen werden. Ohnehin ist die Täterbetreuung bei Verkehrsunfällen noch vollkommen unterentwickelt in Deutschland. Kaum jemand macht sich Gedanken darüber, welche traumatischen Folgen es hat, wenn man mal zwei, drei Leute überfahren hat, weil die plötzlich auf der Straße standen.

Zum Glück haben wir mit dem therapeutischen Ansatz im deutschsprachigen Raum durchaus Erfahrung. Wer seinen Führerschein verliert, darf hierzulande bekanntlich in die »Medizinisch-Psychologische Untersuchung«, kurz MPU oder respektlos »Idiotentest« genannt. Die MPU mag viel gescholten sein, vor allem von denjenigen, die sie zum wiederholten Male durchlaufen (und bezahlen) müssen, aber es gibt sie immerhin und damit die Möglichkeit, sich zu bewähren. Andere Länder sind da weitaus ungnädiger. Wer seinen Führerschein in den Niederlanden entzogen bekommt, muss dort in der Regel einen neuen machen – nach einer Wartezeit. Das muss man sich mal vorstellen! Nur wegen ein paar Stundenkilometern über dem Limit noch mal von vorne anfangen! Und dann ist auch gleich noch der Schadensrabatt weg. Wer soll das denn alles bezahlen?

Es ist allerdings keineswegs so, als wäre man in Deutschland grundlegend liberal, was den Umgang mit der Straßenverkehrsordnung anbelangt. Es gibt feine Unterschiede zwischen dem

Überfahren eines Rotlichts und dem Überfahren eines Mitmenschen.

Bei Rot über die Kreuzung zu fahren ist ein absolutes Tabu hierzulande, fast ein Schwerverbrechen. Ich bin mir sicher, dass diese hohe Akzeptanz nicht viel mit der Zahl der Kameras zu tun hat, die einen Verstoß vielleicht der Strafverfolgung aussetzen würden. Es geht vielmehr um eine Art Gesellschaftsvertrag. Jeder Verkehrsteilnehmer begibt sich nämlich unter der Voraussetzung in den Straßendschungel, dass sich die anderen ganz bestimmt auch an die Rot-Regel halten. Deshalb kann man in Deutschland ohne größeres Risiko ungedrosselt über eine Kreuzung fahren, sofern die zuständige Ampel auf Grün bis Gelb steht. Ginge man davon aus, dass das möglicherweise auch anders sein könnte, müsste man an jeder Kreuzung kurz abbremsen, gucken und könnte erst dann weiterfahren. So zumindest eine weit verbreitete These.

Für diese Theorie spricht die Erfahrung, die man macht, wenn man mal wie ich mit einem guten italienischen Freund durch Turin fährt, zum Beispiel mit sechzig Stundenkilometern in Richtung Flughafen, irgendwo in einem Vorort.

»Sag mal, hätten wir hier nicht anhalten müssen? Da war doch Rot.«

»Nein, keine Sorge. Das ist nur als Empfehlung gemeint.«

»Aha.«

»Es kam ja auch keiner.«

»Nein. Es hätte aber jemand kommen können.«

»Vielleicht, aber dann hätte der anhalten können.«

»Hatte der dann nicht Grün?«

»Ja, aber das ist ja auch nur als Empfehlung gemeint.«

In anderen Ländern ist das wieder ganz anders. In São Paolo zum Beispiel, einer Siedlung im südlichen Brasilien, hält man an vielen roten Ampeln grundsätzlich nicht an, weil dies von anwesenden Verbrechern als Aufforderung dazu missverstanden werden könnte, umgehend das Fahrzeug zu übernehmen. Ergo bremst jeder an jeder Kreuzung ein bisschen, aber nie ganz, völlig unabhängig davon, was die Ampel gerade anzeigt. Und in Johannisburg in Südafrika gelten ähnliche Regeln.

In Deutschland, wie gesagt, wäre so etwas undenkbar. Bei Rot wird angehalten. Selbst um vier Uhr morgens, bei guten Sichtverhältnissen und im hintersten Winkel Ostfrieslands. Es ist fast, als hätten wir alle Angst davor, dass der liebe Gott das Rotlichtkreuzen sehen und dann bei der Polizei petzen würde.

Dass unsere Moral bei Geschwindigkeitsbegrenzungen nicht ganz so calvinistisch ist, liegt zunächst einmal daran, dass es einen Spielraum gibt, der bei der Ampel eher nicht vorhanden ist. Wenn an einer hübsch ausgebauten Landstraße nach längerer freier Fahrt ein 80-Stundenkilometer-Schild auftaucht, dann muss man eine graduelle Entscheidung treffen. Bremst man sein Auto jetzt auf 110 Stundenkilometer herunter? Auf 100? Auf 90 gar? Riskiert man den Zorn der Mitmenschen, indem man brave 80 fährt? Oder spürt man die besondere Gefahr, auf die hier ganz subtil hingewiesen werden soll, und bremst sogar auf 70 Stundenkilometer herunter, weil man nie wissen kann? Und wie macht man es dann auf den nächsten fünfhundert Metern? Behält man die gedrosselte Geschwindigkeit bei, oder lässt man sie langsam wieder auf Normalmaß ansteigen?

Und das alles muss man entscheiden, während man versucht, in dem auf dem Beifahrersitz liegenden Atlas zu erkennen, wo in aller Welt man eigentlich gerade ist. Eine schwierige Angelegenheit also. Geschwindigkeitsregeln heißen bei den Verkehrsexperten schon deshalb nicht »Entweder-Oder-Regeln«, sondern »Kontinuumsvorschriften«.

Womit wir Deutschen offenbar überfordert sind. Schon 1966 hat ausgerechnet ein Mann namens Undeutsch bei einem Test nachgemessen, dass in einer 60-Stundenkilometer-Zone 95 Prozent der Autofahrer die Geschwindigkeit überschritten. Die fünf restlichen waren, nehme ich an, auf der Suche nach einem Parkplatz oder stark sehbehindert. Für die ohnehin nicht sehr selbstbewusste deutsche Volksseele könnte es dabei von Vorteil sein, dass Geschwindigkeitsüberschreitungen im Volksbewusstsein nicht als Schwerverbrechen gelten. Wissenschaftler nennen das »selbstberichtigte Delinquenz«: Der Autofahrer verharmlost sein Verhalten. Ich gehe indes von einer Art unbewusstem Selbstschutz aus. Wenn wir uns wegen jedes kleinen Verstoßes immerzu selbst geißeln würden, kämen wir gar nicht mehr zum Autofahren.

Eine besondere Erschwernis bei vorgeschriebener Schleicherei stellt sicherlich auch der so genannte Wildwechsel-Effekt dar. Selbiger ist jedem bekannt, der häufiger eine Strecke durchfährt, auf der eines dieser lustigen kleinen Schildchen angebracht ist, auf denen ein Rehlein hüpft. Es handelt sich entgegen anders lautenden Medienberichten nicht um eine Warnung vor Jagdunfällen, sondern um das Schild »Vorsicht Wildwechsel«, § 40 Abs. 6 Zeichen 142 Straßenverkehrsordnung. Eigentlich sollte man hinter einem solchen Schild zumal in den Morgen- oder Abendstunden die Geschwindigkeit drosseln und die Aufmerksamkeit erhöhen, alldieweil ein Wild-Unfall droht. Das macht man aber bestenfalls so lange, bis man wieder beschleunigen muss, um zu vermeiden, dass einem alle anderen auf dieser Straße hinten in den Kofferraum rauschen. Und nachdem man die Strecke 287-mal durchfahren hat, ohne einen einzigen Igel, geschweige denn ein Reh gesehen zu haben, speichert man das Schild dann unter »Sonstiges« ab und ignoriert es komplett.

So ähnlich geht mir das mit Geschwindigkeitsbegrenzungen. Es ist noch okay, wenn ich an einer Stelle abgebremst werde, wo es wirklich eng ist oder eine Einfahrt von links kommt, die ich nicht einsehen kann. Ich habe auch nichts dagegen, wenn eins von diesen variablen Verkehrsleitsystemen den Autobahnverkehr auf 80 oder gar 60 km/h drosselt, weil hinter der nächsten Kurve ein Stau-Ende im Weg steht. Ich bin nicht mal dagegen, mit 80 oder im Extremfall 60 Stundenkilometern durch Autobahnbaustellen zu trödeln. Mein Sexualleben kommt auch ohne den Nervenkitzel aus, den man erleben kann, wenn man an einer Baustelle zwischen einen schwankenden Lastzug und eine großkalibrige Betonleitplanke schlüpft.

Aber dann gibt es eben diesen Wildwechsel-Effekt. An der Südumgehung von Neuss beispielsweise, das ist die A 57, fahre ich in Zukunft nie wieder 60 km/h, selbst wenn die es blinken lassen von diesen Schildern. Nicht mal bei doppelt unterstrichener Stauwarnung mit Sternchen und Fettdruck. Ich habe das inzwischen mehrfach erlebt: vorne Riesenwarntheater, hinten freie Fahrt. Immer war das Gebremse unter den Anzeigebrücken der eigentliche Gefahrenfaktor für mich, schon weil das Gros meiner Straßenmitbenutzer einfach weitergedonnert ist. Die wussten schon Bescheid. Ich jetzt auch.

Der Deutsche an sich will eine Begründung für ein Tempolimit, und er hat sogar von Rechts wegen einen Anspruch darauf. So hat das Bundesverwaltungsgericht mal geurteilt: Selbst temporäre Geschwindigkeitsbegrenzungen seien nur wirksam, wenn es auch einen nachvollziehbaren Grund gebe. In Neuss dürfte man also sogar mit richterlichem Rückenwind rasen, gegebenenfalls. Dabei muss man natürlich höllisch aufpassen, weil es ja nicht ausgeschlossen ist, dass doch mal ein Stau-Ende oder ein Nichtortskundiger auftaucht hinter den Kurven.

Wer zu schnell kommt, den bestraft das Leben
Die Raserei gegen den Raser

Dass hohe Geschwindigkeit lebensbedrohlich ist, haben schon die alten Steinzeitjäger empirisch festgestellt. Nicht zuletzt beim Zusammentreffen des Kopfes mit stark beschleunigten Wurfgeschossen. Später demonstrierten die Hunnen die durchschlagend fatale Wirkung von Beschleunigung, indem sie Teile des staunenden Publikums von schnell laufenden Pferden aus mit Metallklingen zerlegten. Dass wir auch heute noch wissen, wie gefährlich Geschwindigkeit ist, verdanken wir nicht zuletzt dem Bayerischen Staatsministerium des Inneren.

»Die Geschwindigkeit ist bei jedem vierten Verkehrstoten und bei jedem fünften Schwerstverletzten Hauptunfallursache. In Bayern sterben so allein wegen Raserei jährlich rund 300 Menschen«, heißt es in den Veröffentlichungen zur »Aktion Verkehrssicherheit Bayern 2006«. Im Begleitfilm zur Aktion wird der hilfreiche Tipp gegeben, man solle nie schneller fahren, als der eigene Schutzengel fliegen kann.

Nun würde ich nie wagen, dem Bayerischen Staatsministerium des Inneren zu widersprechen, zumal der dort tätige Minister am gleichen Tag wie ich Geburtstag hat. Außerdem sind jede Menge kluger Menschen in diesem Ministerium tätig, das sich zugleich um die Sicherheit Bayerns vor Terroristen, Kommunisten, preußischen Schleuserbanden und Verkehrssündern kümmern muss, und noch um vieles andere mehr.

Und dennoch. Wenn ich ein bisschen länger über das Thema nachdenke, komme ich doch zu dem Schluss, dass der Satz mit der (hohen) Geschwindigkeit, die an all den Toten schuld sein soll, nicht ganz über jeden Zweifel erhaben ist. Ich will jetzt gar keine theologische Grundsatzdiskussion beginnen, aber man sollte vielleicht doch mal grundsätzlicher über Geschwindigkeit nachdenken.

Ich selbst habe Geschwindigkeit immer für eine physikalische Größe gehalten: einfach die Zeit, die man für eine Bewegung über eine bestimmte Entfernung benötigt. Aber das ist offensichtlich längst nicht alles. Der englische Ausdruck für Geschwindigkeit, »speed«, kommt ursprünglich vom altenglischen »sped«, was zu Deutsch Erfolg, Wohlstand und Fortschritt bedeutet. Erst um das Jahr 1300 hat man dann das Wort mit Bewegung in Verbindung gebracht. Heute, fürchte ich, hat sich diese etymologische Entwicklung fast wieder umgekehrt. Schnelligkeit ist inzwischen fast so etwas wie eine gesellschaftliche Teilnahmevoraussetzung. Alles muss heute schnell gehen: das Auto, das Essen, die Arbeit, die Karriere, der Computer, selbst Sex. Man ist dazu gedrillt, in immer weniger Zeit immer mehr Dinge hineinzupacken, so als könne man damit irgendwie seine Lebenszeit verlängern. Machen Sie schneller, dann sterben Sie später. Deshalb fährt man im Affentempo von Termin zu Termin, deshalb rennt man nur noch, statt zu gehen, und schlingt, statt zu kauen. Besonders faszinierend wird es, wenn die eigentlichen Tätigkeiten ineinander übergehen. Man isst dann bei 160 Stundenkilometern am Steuer auf der Autobahn ein kleines Mittagessen, diktiert dem Chef schnell eine karrierefördernde Mail und nestelt derweil noch an der Beifahrerin herum. Insofern hätten die natürlich doch wieder Recht, die Bayern. Geschwindigkeit tötet, wenn auch vielleicht nicht im streng medizinischen Sinn.

Aber Geschwindigkeit an sich ist eben doch nur Physik. Wir sind alle viel zu geschwindigkeitsfixiert, deshalb sehen und messen und diskutieren wir sie jetzt überall. Sogar bei Tisch. Wobei man doch die Geschwindigkeit eines Mittagessens gar nicht messen kann, es sei denn, man wirft damit. Fast Food kommt nach kurzer Wartezeit auf den Tisch, richtig, aber es lagert dafür dann eine Weile im Magen.

Und so schaffen wir es nie, mit der Frage der Schnelligkeit entspannt umzugehen. Wir machen sie fast zum Götzen. Für die einen gibt es nichts Schöneres. Die drehen durch, bis ihnen der freundliche Mitarbeiter einer Nichtvertragswerkstatt den Opel Astra so umbastelt, dass er noch zehn Kilometer in der Stunde weiter kommt (was die Verkehrssituation dann in der Realität sowieso nicht erlaubt). Und für die anderen gibt es nichts Schlimmeres. Die drehen völlig durch, wenn sie einen Opel Astra auf der Landstraße dabei erwischen, wie er mit 150 Sachen Slalom um die 70 km/h-Schilder fährt. Und dann sagen die halt: Die Geschwindigkeit ist schuld. Ist sie aber nicht.

Ich bringe zum Beispiel hin und wieder an die 300 Kilometer in einer Stunde hinter mich und zwar äußerst entspannt und zuweilen unter Einnahme von alkoholhaltigen Getränken. Ich lehne mich zurück und gucke seitwärts aus dem Fenster. Ich kann bei der Geschwindigkeit sogar gelegentlich spazieren gehen. Und wie alle anderen Nutzer von Hochgeschwindigkeitszügen gehe ich davon aus, dass das Beschleunigtsein an sich nicht gefährlicher ist als Sesselplattsitzen vor dem Fernseher. Man müsste schon erheblich schneller fahren können als ein ICE, um von der schieren Geschwindigkeit erdrückt zu werden. Annähernd so schnell wie Licht, in etwa. Was selbst auf deutschen Autobahnen übrigens strikt verboten ist, weil beim Fahren mit Lichtgeschwindigkeit die vorderen Scheinwerfer nicht mehr ordnungsgemäß funktionieren.

Geschwindigkeit ist eine physikalische Größe, die so ähnlich wie die Außentemperatur situations- und personenabhängig ist. Im ICE halte ich 300 Stundenkilometer für ein bisschen ruckelig, im Eurofighter-Cockpit hätte ich Angst, gleich vom Himmel zu fallen, weil er so langsam fliegt, aber wenn mein Privat-Pkw auf 300 km/h käme, würde ich wahrscheinlich einnässen vor Angst. Er ist nicht dafür ausgerichtet, ich auch nicht. Das würde so rattern und zittern, dass ich wüsste, dass meine Risikolebensversicherung demnächst fällig wird.

Deshalb fahre ich auch nicht 300 km/h mit meinem Auto – oder mit irgendeinem Auto sonst. Ich weiß, dass es Autos gibt, die so etwas können, aber ich weiß zugleich, dass ich so etwas nicht kann. Vielleicht traue ich mich mal auf 250 Stundenkilometer zu beschleunigen; in einem Leihwagen, der dafür gebaut ist. Auf einer Straße, die das möglich macht. Bei Verkehr, der das erlaubt. Sie wird mich nicht umbringen, die Geschwindigkeit. Sie wird ganz im Gegenteil einen Heidenspaß machen, denke ich mir.

Geschwindigkeit kann töten, klar, aber das ist nicht der Punkt. Wenn jemand mit 160 Stundenkilometern eine bayerische Bergstraße herunterfährt und fliegt dann bald aus der Kurve, dann passiert ihm das nicht, weil er zu schnell, sondern weil er zu blöde ist. Respektive war. Menschen mit durchschnittlicher Aufnahme- und Lernfähigkeit fahren nicht 160 km/h auf kurvenreichen Bergstraßen. Wer so schnell einen Berg hinunterfährt, hat auf der Straße nichts zu suchen; eine Forderung, die sich allzu oft erfüllt, da entsprechende Fahrkünstler mit Vorliebe in die bewaldeten Bergtäler ausweichen.

Die angenommenen 160 Stundenkilometer sind für besagte Alpenstrecke, wie noch jeder alkoholisierte Fahrlehrer sagen könnte, eine »nicht angepasste Geschwindigkeit«. Angepasste Geschwindigkeit hat noch nicht einmal etwas mit der zulässigen Geschwindigkeit zu tun, dem lokalen Tempolimit etwa. Angepasste Geschwindigkeit hat etwas mit Anpassung zu tun, wie das Adjektiv ja schon vermuten lässt, also mit den jeweiligen

Umständen. Wenn es zum Beispiel geschneit hätte, dann wären die möglicherweise erlaubten 80 Stundenkilometer viel zu schnell. In Kombination mit einem Almabtrieb wäre noch nicht mal Schrittgeschwindigkeit ungefährlich. Aber damit kein Missverständnis auftaucht: Wenn jemand bei unbeschwertem Sonnenschein mit 16 Stundenkilometer durch die bayerische Bergwelt zuckelt, weil doch die Blümchen am Straßenrand so unerhört sehenswert sind, dann hat auch das mit Anpassung nichts zu tun.

Dann ist das genauso riskant wie das Herunterrasen, selbst wenn es auf den ersten Blick legal wäre, weil es auf den meisten Landstraßen Bayerns keine vorgeschriebene Mindestgeschwindigkeit gibt. Wenn man sich als wandelndes Hindernis immer hinter den besonders engen Kurven einer Pass-Straße aufstellt, dann gefährdet man jeden, der in Normalgeschwindigkeit am Berg unterwegs ist. Später beim Richter will ein allzu zart dosierter Druck aufs Gaspedal zumindest gut begründet sein: Keine 40 Tonnen Altpapier auf dem Hänger? Hm. Keine Pfadfinderinnengruppe, die man zu schützen hatte? Ah. Keine mechanische Drosselung des Fahrzeugs auf 16 km/h vorhanden? Soso. Sie wollten Schmetterlingen nachgucken oder die bayerische Idylle genießen? Nun denn. Sie mussten in eine Landkarte schauen, weil Ihnen der Verdacht gekommen war, Sie wären nicht auf dem direkten Weg nach Travemünde? Tja. Dann werden Sie doch bitte mal beim hochgeschätzten Bayerischen Innenminister vorstellig, der auch für die Strafermittlung zuständig ist. Vielleicht hilft es ja.

Rasen ist doch gefährlich
Kleine Korrektur am vorigen Kapitel

Okay, okay. Hochverehrter Günter Beckstein; ich habe in keinster Weise Ihr Ministerium beschimpfen oder in irgendeiner Art ins falsche Licht rücken wollen. Wenn der Eindruck entstanden sein sollte, das Bayerische Innenministerium behaupte zu Unrecht, zu schnelles Fahren sei gefährlich, dann leiste ich Abbitte. Es ist im Gegenteil ganz richtig, dass schnelles Fahren gefährlich ist. Und nie hätte ich gewagt, irgendetwas anderes zu behaupten. (Das mit dem Einreisestopp ist damit vom Tisch, ja? Ich darf auch wieder in München im Englischen Garten Bier trinken? Herzlichen Dank. Nein. Nie wieder, versprochen.)

Natürlich ist Geschwindigkeit an sich schon ein Risiko. Ich habe nur mal in die richtige Perspektive rücken wollen, was sonst so an Anti-Raserei-Rhetorik von Rednertischen fällt. Der Hass gegen ansonsten unbescholtene Bürger, die gern mal ein bisschen schneller fahren, grenzt selbst schon manchmal an Raserei. Aber wenn jetzt sogar meine britischen Freunde ein bisschen zurücktreten wollen vom Tanz um das goldene Kalb der Beschleunigung, dann will ich da nicht abseits stehen.

Die besagten britischen Freunde sind Jeremy Clarkson, Richard Hammocks und James May. Ich habe die drei nie persönlich kennen gelernt, aber sie sind die Moderatoren meiner Lieblingssendung über Autos im Fernsehen. Es ist die beeindruckendste, bizarrste, politisch unkorrekteste und schon deshalb komischste Autoshow der Welt: »Top Gear« auf BBC.

Clarkson, Hammocks und May empfinden es als fundamentales Menschenrecht und von daher für stets erstrebenswert, kleine, sportliche Autos mit sehr hoher Geschwindigkeit durch sehr enge Kurven zu fahren, dabei immer an die Grenze des psychisch und physikalisch Machbaren zu gehen und möglichst durchgehend zu fluchen. Sie stimmen mit mir darin überein, dass Leute, die mit 45 km/h auf eine Autobahn auffahren oder blinkerfrei über Stadtstraßen torkeln, sämtlich aus dem Verkehr gezogen gehören. Sie haben, wie ich, eine gewisse Abneigung gegen SUV, also aufgeblasene Nichtgeländewagen. Clarkson ist darüber hinaus ein erklärter Feind des Opel Vectra.

Die drei haben eine ziemlich harte Lektion hinter sich. Im Sommer 2006 ist Richard Hammocks bei dem Versuch verunglückt, mit einem Dragster, also einem sehr schnellen Rennwagen, den britischen Geschwindigkeitsrekord für Landfahrzeuge zu brechen. Das Fahrzeug ist bei über 480 Stundenkilometern »ausgebrochen«, hat sich mehrfach überschlagen und ist erst nach einigen hundert Metern liegen geblieben. Hammocks, Vater zweier Töchter, hat dank eines kleinen Wunders überlebt. Aber so richtig gesund wird er eine Weile nicht sein.

Und bei dieser Angelegenheit kann niemand ernstlich behaupten, dass es nicht an der Geschwindigkeit gelegen hat. Hammocks hat versucht, ganz, ganz schnell zu fahren. Mehr war da nicht. Keine Schleich-, nicht mal Rennrentner, keine Hasen oder Mittelspurblockierer – einfach eine Flugzeuglandebahn in der Nähe der nordenglischen Stadt York. Einfach nur nahezu tödliche Geschwindigkeit. Die Top-Gear-Kameraden haben geschluckt.

Clarkson und Co. haben, das will ich zu ihrer Ehrenrettung nicht vergessen, auch vorher schon davor gewarnt, ohne Grund, Training oder in dichtem Verkehr zu stark auf das Gaspedal zu drücken. Ein schnelles Auto schnell zu fahren, sei für jeden Menschen eine besondere Herausforderung, hat vor allem Clarkson immer wieder betont, der älteste der drei. Er räumt gerne ein, dass es Autos gibt, in denen er lieber nicht so doll Gas gibt. Weil man schlicht Angst bekomme, wenn die Dinger abgehen. Weil man vier Arme brauche, um sie unter Kontrolle zu halten. Oder weil, wie beim Opel Vectra VXR, zwar geballte Power vorhanden sei, aber der Rest des Autos nicht so recht dazu passen wolle. Der Autonarr Clarkson ist kein Freund von getunten Autos, weil Tuning-Fans liebend gerne ihre Motoren aufbrezeln, es aber mit der Aufrüstung von Bremsen, Fahrgestell oder Reifen dann nicht mehr ganz so eng sehen. Das führe zu Missverhältnissen, sagt Clarkson, die sich bisweilen dämpfend auf die Lebenserwartung des Fahrzeughalters auswirken.

Ich bin, wie erwähnt, noch nie 300 Stundenkilometer in einem Auto gefahren. Ich habe aus eher grundsätzlichen Erwägungen Respekt vor hoher Geschwindigkeit. Das kann ich mir nach Milchmädchenart ausrechnen: Wenn ich in einen Porsche Cayenne Turbo S steige und auf 200 Stundenkilometer beschleunige, dann muss ich sehr aufmerksam und sehr reaktionsschnell sein, weil dann schlicht und ergreifend die Zeit knapper wird, um auf ein unvorhergesehenes Ereignis zu reagieren. Zwischen der Schrecksekunde, in der ich des Elches gewahr werde, der majestätisch in der Fahrbahnmitte und hinter der Kurve Aufstellung genommen hat, und meiner Begegnung mit der Leitplanke sind bei 200 Stundenkilometern nur Sekundenbruchteile übrig, um noch irgendetwas an Fahrtrichtung oder -geschwindigkeit zu verändern. Der Mensch braucht normalerweise eine Sekunde, bis der Fuß am Bremspedal tätig wird. Das gilt sogar für mich.

Und dummerweise ist das mit der Zeit dann noch nicht alles. Bei besagter Begegnung mit der Leitplanke gilt nämlich leider auch noch der Energieerhaltungssatz, den so gut wie jeder im Physikunterricht verpennt hat. Selbiger Satz besagt, dass die Wucht, die in dem 200 km/h schnellen Porsche steckt, erhalten bleibt: Sie kann in Reibung, Wärme, Verformung, Weiterbewegung umgesetzt werden, aber sie kann nicht verschwinden. Leider wächst aber – noch so eine fehlende Erinnerung an die Schulzeit – die im bewegten Porsche vorhandene kinetische Energie proportional zum Produkt aus Masse und Geschwindigkeit im Quadrat. Was leider dazu führt, dass der knapp 2,4 Tonnen schwere Cayenne bei 200 Stundenkilometern ungefähr 30-mal so viele Kilojoule auf die Waage bringt wie ein Cayenne, der 20 Stundenkilometer fährt. Für die örtliche Notfallchirurgie hieße dies, dass sie mit der Nachbereitung der Leitplankenberührung bei 200 km/h wohl nichts mehr zu tun hätte. Für den Fahrer, dass er nie wieder in einem Cayenne sitzen wird, es sei denn, er hat sich etwas besonders Geschmackvolles für die Beerdigung seiner wenigen Überreste ausgedacht.

Nun wird gleich Herr Wedekind anrufen und sagen, dass ich seinen Cayenne schlechtschreibe. Asche auf mein Haupt. Nichts gegen den Cayenne, klasse Auto. Nein, ich würde es glatt nehmen, wenn Herr Wedekind mir einen schenkt. Das mit der Energieerhaltung und der kinetischen Energie gilt selbstverständlich für jedes andere Auto auch, unabhängig vom Hersteller. Und es gibt sogar einen Faktor, der eher für als gegen Porsche spricht. Ich nenne dies den Risikoerhöhungsfaktor, der sich ungefähr reziprok zum Listenpreis verhält: Wenn man in einem Dacia Logan 200 km/h erreichen könnte, beispielsweise durch sehr geschicktes Tuning, dann bräuchte man wahrscheinlich weit weniger Geschwindigkeit, um sich bei einem Unfall mit einiger Sicherheit ums Leben zu bringen. Die bei Porsche geben einen guten Teil des Verkaufspreises dafür aus, dass man den Aufräumarbeiten nach Unfällen nicht immer gleich aus der Engelsperspektive zugucken muss. Und bei anderen Autoherstellern natürlich auch.

Allerdings ist das Gefühl, dass man in einem schweren, hohen Auto wie einem SUV sicherer sei als in einem kleinen, tiefergelegten, eine Selbsttäuschung. Der Schwerpunkt bei einem Nichtgeländewagen, wie ich den SUV gemeinhin nenne, liegt so weit oben, dass solche Autos leichter um- oder überkippen, ganz gleich, was der Hersteller da an Gegenmaßnahmen zu ergreifen versucht. Schlimmer wird es noch, wenn man ein Glasdach einbaut. Dann geht der Schwerpunkt noch ein bisschen in die Höhe. Die Regeln der newtonschen Mechanik sind leider nicht aufhebbar, jedenfalls nicht bei szeneüblichen Geschwindigkeiten.

Das sollte man also alles wissen. Das ist die Physik dahinter. Wer schneller fährt, ist länger tot, und früher vielleicht auch. Man darf sich also ruhig etwas zu Gemüte führen von der bayerischen Initiative gegen das Rasen. Fährt man 200 Stundenkilometer schnell, sollte man dafür Sorge tragen, dass keine Elche im Weg stehen oder Leitplanken. Und hohe Geschwindigkeiten sollte man den Experten überlassen. Michael Schumacher fährt nicht nur einfach mal so im Kreis rum. Das können sterbliche Mitmenschen nicht. Noch nicht mal Jeremy Clarkson, Richard Hammocks oder ich.

Dreisatz für Anfänger
Wie Sie Ihrem Vordermann garantiert drauffahren

Leider ist das Kopfrechnen irgendwie aus der Mode gekommen. Nicht mal, wenn es um eine kleine Addition von Zahlen geht, macht man sich noch die Mühe, den Kopf einzuschalten. Man hat entweder eine Registrierkasse vor sich oder einen Computer oder einen Taschenrechner, oder man hat eines dieser ungeheuer praktischen Handys in der Tasche, die zugleich als Radio, MP3-Spieler, Nagellackentferner und Funkfernbedienung für Autobomben genutzt werden können. Die haben allesamt natürlich auch einen Taschenrechner drin, den man ganz einfach findet, wenn man unter Extras oder unter Office oder unter Programme einen Unterpunkt mit Office oder Büro oder sonst irgendwas aufruft und dann ganz einfach den Rechner laden kann. Wenn mich also jemand fragt: 7 plus 5? Dann sage ich nur: »Kleinen Moment, das habe ich gleich.« Handy aus der Tasche gezogen, über Menü-Programme-Office-Text … nee, hier nicht … zurück … ach ja, hier: Rechner den richtigen Helfer auf den Minibildschirm geladen, »sieben« »plus« »fünf« gedrückt, schon habe ich es, ganz zweifelsfrei: 12.

Tja, da staunt die Mitwelt, nicht wahr?

Manchmal rechne ich das im Kopf vor. Wirklich wahr. Naja, manchmal auch heimlich unter der Theke mit dem Handyrechner. Und dann prüfe ich an Supermarktkassen oder Bäckerei-Theken, wie ungeheuer beeindruckt sich doch das Personal zeigt, wenn man das Geld schon passend in der Hand hält. Die meisten rechnen dann noch mal schnell mit der Kasse nach, um sicherzugehen, dass ich sie nicht austrickse. Noch größere Verwunderung erzielt man, wenn man eine komplizierte Wechselgeld-Vorberechnung angestellt hat: »2,73 Euro? Okay: Hier sind 3,23, da kriege ich dann noch fünfzig Cent zurück.« Hä? Wie? Nee, geht auch so, junger Mann.

Viel, viel schlimmer ist es natürlich mit dem Dreisatz. Menschen mit sehr gutem Gedächtnis oder schulpflichtigen Kindern erinnern sich vielleicht noch an diese geradezu mörderischen Rechenaufgaben, so ungefähr ab der vierten Klasse: »Ein Brötchen kostet 15 Cent. Wie viel kosten vier Brötchen?« Oder noch wesentlich komplizierter: »Ein Kilo Weizen kostet 85 Cent. Wie viel kosten 15 Gramm?«

Das Problem am normalen Dreisatz ist, dass es für ihn keine Taste am Taschenrechner gibt. Man muss sich vorher lange überlegen, ob man nun das Kilo Weizen durch 85 Cents mal 15 Gramm rechnen muss, oder waren es doch 85 Cents durch 1 mal 15 oder durch 15 mal eins oder wie? Sehr kompliziert. Deshalb kommt manchmal dabei heraus, dass 15 Gramm Weizen 12,75 Euro kosten und man sich deshalb nie wieder ein Brötchen wird leisten können.

Menschen, die keinen Dreisatz können, kaufen also beim Discounter Mehlpampe zum Aufbacken, weil sie glauben, es sei billiger. Deshalb gehen Bäcker Pleite, und wir haben noch mehr Arbeitslose als vorher. Schuld sind aber die Mathelehrer.

In Großbritannien ist die Lage nicht ganz so dramatisch. Die kennen zwar erstens keine Brötchen und haben zweitens die Bäckerläden schon länger abgeschafft. Aber ein Freund aus dem Vereinigten Königreich erzählte mir neulich, dass man ganz, ganz früher beim Führerscheintest beweisen musste, dass man den Dreisatz beherrscht. Wer das von sich nicht behaupten konnte, musste sich durch das mühsame Auswendiglernen von Tabellen durchschummeln. In den Tabellen stand dann, was man auch durch einfachen Dreisatz hätte ausrechnen können, nämlich: wie viele Meter man in einer Sekunde bei welcher Geschwindigkeit zurücklegt. Für die Briten natürlich: Wie viele Yards in einer Sekunde. Aber wer weiß schon, was ein Yard ist? Ja? 36 Inches. Richtig, setzen.

Hierzulande wären die meisten Leute wahrscheinlich völlig verblüfft, wenn sie mal so eine Tabelle in die Hand nehmen würden. Oder sich das ausrechnen. Dreisatz ist nämlich eigentlich gar nicht so schwer.

Ich rechne das jetzt mal ganz, ganz langsam zum Mitschreiben vor: Wenn man einen Kilometer in der Stunde fahren könnte (so langsam geht natürlich nicht, da säuft jeder Motor ab, aber egal, jetzt mal nur für die Theorie), dann wären das also 1000

Meter in 3600 Sekunden, nicht? Kann man auch übersichtlicher sagen: 10 Meter in 36 Sekunden. So weit mitgekommen? Gut. Jetzt muss ich nur noch beide Seiten durch 36 teilen, und dann habe ich soundso viele Meter in einer Sekunde. Auch klar, ja? Gut. Dann ist der Rest gar kein Problem mehr. Handy raus, Menü-Programme-Office-Text-Herrgottnochmal-Zurück-Rechner. 10 durch 36 sind: 0,277777778. Steht so auf meinem Display. Muss also stimmen.

Verblüffend, nicht?

Ja, aber noch viel verblüffender finde ich, dass man ergo in einer Sekunde über acht Meter zurücklegt, wenn das Auto 30 Stundenkilometer schnell ist. Einmal »Tick« gesagt, schon sind acht Meter vorbei. Klasse irgendwie. Und bei 50 km/h sind es schon 14 Meter, also nach Adam Riese 28 Meter bei 100 km/h. Und 56 Meter bei 200 Stundenkilometern. Und nur einmal »Tick« gesagt. Tolle Tabelle.

Das haben die in England seinerzeit aber natürlich nicht deshalb abgefragt, um die nationalen Rechenfähigkeiten zu verbessern. Wäre auch Unsinn gewesen, weil die Tabelle sowieso alle auswendig gelernt haben. Nein, die haben das abgefragt, weil ein Mensch, und zwar einer mit guter Aufnahmefähigkeit, nüchtern, konzentriert und mit beiden Händen am Steuerrad sitzend, etwas mehr als eine volle Sekunde braucht, um erstens ein wie auch immer geartetes Ereignis vor sich als Gefahr zu erkennen und zweitens darauf zu reagieren, sprich: mit dem Bremsvorgang zu beginnen. Man kann deshalb der Tabelle entnehmen, wie nah man seinem Vordermann auf der Straße sein muss, um ihm bei einem Zwischenfall auf alle Fälle hinten reinzufahren.

Also: Wenn man unbedingt einen Crash will, muss man bei 50 Stundenkilometern 14 Meter zwischen sich und dem Vordermann lassen. Also drei Autolängen. Wenn der dann plötzlich anhält, dann braucht man eine Sekunde, »Tick«, bis man seinem Fuß erklärt hat, er möge jetzt bitte auf die Bremse treten. Und das ist, siehe Tabelle oben, dann genau der Augenblick, in dem sich Stoßstange und Stoßstange inniglich berühren. Ungebremst. Und das ist komischerweise fast unabhängig davon, ob man ABS, ESP, ABR, PBS, PSBPLMKS oder sonst ein Wundersystem eingekauft hat. Ist einfach Biologie und hat mit Kopfrechnen wenig zu tun.

Nun habe ich den vagen Verdacht, dass das in Deutschland nicht unbedingt allgemein bekannt ist. Das hat nichts mit der fehlenden Dreisatzfähigkeit zu tun. Es passiert mir einfach zu oft, dass jemand versucht, das Kleingedruckte auf dem Strafzettel zu lesen, den ich hinten bei mir auf der Kofferraumabdeckung liegen habe, damit die Strafzettelverteiler glauben, ich hätte schon einen. Dieser Jemand ist dann mit anderen Worten immer schon so nah dran, dass er im Falle einer Vollbremsung durch mich auf alle Fälle auf meiner Rückbank Platz nehmen würde. Was ich nicht so gut finde, weil die Rückbank möglicherweise durch mir nahestehende Personen bereits besetzt ist.

Aber ich gebe zu, dass ich selbst auch keine 14 Meter Abstand im Stadtverkehr halte. Geht nämlich gar nicht. Der Abstand wäre sofort wieder weg. Wer lässt schon eine Lücke von 14 Metern ungerührt vorbeiflitzen, wenn er gerade mal die Spur wechseln oder in den fließenden Verkehr einbiegen will? Eben. Ich auch nicht.

Andere Völker, andere Fahrer
Autofahren international

Um Missverständnisse zu vermeiden, ich habe nichts gegen Italiener, nichts Grundsätzliches. Unter meinen besten Freunden sind Italiener. Mein Friseur ist Italiener. Ich war schon mal in Italien. Ich habe nach der Halbfinalniederlage der Klinsmann-Truppe den Pizza-Boykott nur wenige Monate aufrechterhalten; man soll nicht nachtragend sein, und überhaupt ging es doch nur um Sport.

Aber bei aller Liebe zum Italiener muss an dieser Stelle doch erwähnt werden, dass man sich in Italien dem Selbstbetrug hingibt. Ich rede jetzt gar nicht von Silvio Berlusconi (da wäre das Wort Selbstbetrug auch um eine Silbe zu lang). Auch nicht vom Image des italienischen Liebhabers, obwohl da möglicherweise auch Selbsttäuschung beteiligt ist. Nach Angaben des höchst seriösen Magazins der Süddeutschen Zeitung sind die italienischen Männer diejenigen, die in Europa am seltensten Sex haben. Das hört man von italienischen Männern meistens anders und von nicht-italienischen Frauen auch.

Aber darum geht es hier gar nicht. Es geht natürlich ums Autofahren. Die Italiener halten sich selbst, hat eine Befragung der Europäischen Union ergeben, für die besten Autofahrer weit und breit. Besser als die Monegassen, als die Österreicher, Schweizer, sogar besser als die Deutschen.

Man sollte, liebe Italiener, empirische Daten konsultiert haben, bevor man über seine Nation solche Aussagen macht. Man könnte da zum Beispiel mal bei Eurostat vorbeigucken, der Statistik-Behörde in Brüssel, und nach einer Unfallstatistik fragen. Man dürfte nicht allzu erstaunt sein, dass es so etwas in Europa nicht gibt, jedenfalls nicht einheitlich. Die Behörde würde aber immerhin die Statistik der Verkehrstoten vorlegen. Der kann man entnehmen, dass Italien mit 6775 Toten im Jahr 2002 (ja, so frisch sind die Zahlen bei Eurostat!) die zweithöchste Anzahl von Verkehrsopfern in Europa zu beklagen hatte. Nach Deutschland, wo 6842 starben. Deutschland hat allerdings eine um knapp 50 Prozent größere Bevölkerung als die Republik Italien. Bei der Zahl der Verkehrstoten pro Kopf liegt Italien also deutlich vor Deutschland, und selbst Deutschland liegt noch deutlich vor Großbritannien, Malta und den Niederlanden. Die Italiener sind nicht die schlechtesten Autofahrer in der EU (das sind die Letten, uneinholbar). Aber beileibe nicht die besten.

Es gibt aber immerhin eine Theorie, warum sich die Italiener für gute Autofahrer halten, warum sie so fahren, wie sie fahren, warum sie anders fahren als die Briten, und die Deutschen wieder anders. Diese Theorie würde sogar erklären, warum die Letten so schlechte Automobilisten sind.

Das Bundesamt für das Straßenwesen ist untergebracht in einem flachen Zweckbau aus den siebziger Jahren am Rande von Bergisch-Gladbach. Das Bundesamt ist eine richtige Bundesbehörde, weshalb es ordentlich zugeht, mit Pförtner und Fahne vor der Tür und einem Foyer, in dem man Gäste empfangen kann.

Werden nicht gerade Gäste empfangen, sitzen die rund 300 Mitarbeiterinnen und Mitarbeiter dieses Bundesamtes in ihren kleinen Büros und denken und lesen und schreiben. Oder sie machen Experimente oder werten Experimente aus. Oder sie sind gerade nicht da, weil sie in Brüssel sitzen, wo sie mit anderen Experten darüber reden, was sie gerade gemacht haben und was es alles noch zu tun gäbe. Es wird über das Straßenwesen nachgedacht und geschrieben, daher der Name des Bundesamtes. Es gibt Leute in diesem Amt, die wissen alles über die Eigenschaften aller Betonsorten, die im Brückenbau eingesetzt werden. Es gibt andere Leute, die kennen sich perfekt aus mit Fahrbahnoberflächen und dem uralten, aber nach wie vor schwelenden Konflikt zwischen der Teer- und der Beton-Lobby. Es gibt Leute, die sich mit Unfällen beschäftigen, Unfallhergängen, Unfallursachen und Unfallvermeidung. Und es gibt Leute, die mit Theorien spielen.

Hier also die Theorie über den kleinen Unterschied. Sie lautet: Es gibt einen Bezug zwischen der Geschichte der Motorisierung eines Landes und der Fahrweise seiner Bewohner. Je früher sich in einem Land die Massenmotorisierung durchgesetzt hat, desto kollektiver und unaggressiver ist der Verkehr. Das muss ich jetzt mal erklären, fürchte ich.

Ich fange mal bei der Massenmotorisierung an. Viele Westeuropäer mögen das vergessen haben, aber es ist noch gar nicht so lange her, dass die meisten Leute in dieser Weltregion noch kein Auto besaßen oder höchstens jemanden kannten, der jemanden kannte, der ein Auto hatte. In Deutschland vor allem hat sich das Auto signifikant später verbreitet, als das kollektiv erinnert wird. 1886 gab es in Deutschland ein Auto, das war das von Karl Benz. 1924 gab es schon 130 346 Autos. Bis 1932 hatte sich die Zahl dann mehr als verdreifacht, auf 489 270. Klingt gut, bedeutete aber, dass damals nur ein Prozent der Bevölkerung über ein Auto verfügte.

Zum Vergleich: In den USA hatte damals schon jeder zweite Farmer einen Wagen, und auf immerhin 18 Prozent aller Ranches stand schon Muttis Zweitwagen in der Garage. In Deutschland kamen am Ende der zwanziger Jahre 196 ordentlich gemeldete Staatsbürger auf ein Kraftfahrzeug, in Großbritannien und in Frankreich mussten sich nur 44 Bürger rein statistisch in eine Karre setzen. Der Nationalsozialismus versprach den Leuten das Auto für jeden, baute dafür angeblich Autobahnen. (In Wirklichkeit kam der Straßenbau unter Hitler nicht sehr viel weiter als unter seinen Vorgängerregierungen, aber die Propaganda war besser.) Dann brachen die Nazis allerdings einen Krieg vom Zaun, der die Motorisierung der Massen weit zurückwarf. 1953 kamen im Westen Deutschlands 52 Personen auf ein Auto – da waren die USA praktisch schon flächendeckend automobilisiert. Die Bundesrepublik brauchte bis 1988, um den Vorsprung der Vereinigten Staaten aufzuholen. Und dann ging die DDR unter und die Statistik gleich mit ihr.

Die Franzosen und die Briten waren schneller, aber das verwundert vielleicht nicht so sehr. Dass es aber in Brasilien und Argentinien über Jahrzehnte mehr Autos pro Kopf als in Deutschland gab, mag schon eher überraschen. In China gibt es keine offiziellen Zahlen – Beijing gibt noch nicht einmal offiziell bekannt, wie viele Chinesen es eigentlich gibt. Aber jeder Halbblinde, der das Land schon mal bereist hat, weiß von der ungeheuren Verkehrsexplosion, die das Land der Mitte im vergangenen Jahrzehnt erlebt hat, insbesondere in den großen Zentren. Die Massenmotorisierung hat ihren Höhepunkt noch längst nicht überschritten.

Zurück zu jener Theorie: Je früher die Massenmotorisierung, desto kollektiver und unaggressiver die Fahrweise. Ich komme zum zweiten Teil der Vorlesung.

Autofahren ist, wie schon erwähnt, eine merkwürdige Mischung aus individueller und kollektiver Leistung. Autos fahren nicht, ohne dass Individuen sie fahren lassen wollen, sich ans Steuer setzen und eine bestimmte Strecke von A nach B bewältigen. Aber Autos brauchen auch den kollektiven Einsatz. Das fängt bei der Straße an. Es nützt den allermeisten Modellen wenig, wenn zwischen A und B nur ein Feldweg oder, schlimmer noch, eine Bullenweide liegt. Wer keinen Trecker fährt oder einen echten Offroader (die meisten SUVs würden am ersten Maulwurfshügel scheitern), der wird verständlicherweise Wert legen auf eine einigermaßen begradigte, flache, teer- oder betonhaltige Wegdecke. Weil das so ist, sehen unsere Landschaften reichlich zerklüftet aus von einem dichten Straßennetz. Und auf den Straßen sind eben ganz viele andere Individuen unterwegs, die als Einzelne nur vorankommen, wenn sie sich einigermaßen an die Regeln halten, die sich der Staat als weiser Vater für den Straßenverkehr ausgedacht hat. Und das Erstaunliche ist, dass der Verzicht auf die Freiheit, mit 180 Stundenkilometern jede erdenkliche Straße entlangzubrettern, um z. B. mal schnell zum Bäcker um die Ecke zu fahren, sich für jeden Einzelnen lohnt. Wenn keiner Bockmist baut, fließt der Verkehr in aller Regel.

Das Gegenbeispiel ist China, vor allem seine großen Städte. Den spät motorisierten Einwohnern von Beijing oder Shanghai liegt der Gedanke, dass man sein Ziel mit gegenseitiger Toleranz und Zurückhaltung schneller erreichen könnte, etwa so nahe wie die Falkland-Inseln. Autofahren ist eine Domäne des Ego in der Kollektivrepublik. Das chinesische Ich fährt nicht hektisch, aber mit einer gewissen Unbarmherzigkeit. Niemand wird vorgelassen oder aus Kulanzgründen reingelassen, niemand darf langsamer werden, Hindernissen ausweichen oder ungestraft Vorfahrt geben, wenn keine ausdrückliche Vorfahrtregelung erkennbar ist. Sonst wird gehupt, aber gehupt wird eigentlich in jedem Fall. Es scheint überdies Pflicht zu sein, alle paar Sekunden die Spur zu wechseln und zu versuchen, Lücken im Verkehr geschlossen zu halten, damit niemand in die Spur einwechseln kann. Wer das für einen Widerspruch hält, dem ist zuzustimmen.

Sehr erfolgreich ist der chinesische Autofahrer auch darin, Linksabbiegerspuren zu ignorieren. Das macht er immer dann, wenn sich in einer solchen Spur eine dieser hässlichen Autoschlangen gebildet hat. Will der Autofahrer ebenso links abbiegen wie die bereits Wartenden, fährt er rechts an der Linksabbiegerspur vorbei, also in der linken Geradeaus-Spur. Vorne an der Ampel bleibt er dann stehen, um abzuwarten, dass auch die Ampel für die Linksabbieger grün wird. Hinter ihm staut sich nun der Verkehr, der eigentlich geradeaus fahren wollte. Weswegen der nächste Linksabbieger rechts an den beiden blockierten linken Spuren vorbeifährt und die nächste Geradeausspur blockiert. Wenn das die Fahrer aus allen Richtungen machen, dann gibt das ein hübsches Muster auf der Kreuzung, allerdings keinerlei Bewegung. Der Amerikaner spricht dann von grid-lock, also sozusagen einem Gitter-Verschluss. Laut einschlägiger Literatur über Entfesslungskunst hilft bei solchen Blockade-Staus nur ein gewalttätiger Eingriff, was aber weder in Shanghai noch in Beijing anwendbar ist, da sich der Gitter-Verschluss so schnell verbreitet, dass binnen Minuten ganze Stadtteile dicht sind. Im dichten Stop-and-Go-Verkehr geht es dann aber nach dem gleichen Prinzip weiter: Bloß keinen vorlassen, niemandem die Möglichkeit geben, rechts abzubiegen, wenn er nicht schon in der rechten Spur steht. Ich habe mal in Beijing in einem Taxi gesessen, dessen Fahrer lieber in einen anderen Wagen hineinfuhr als die Demütigung zu erleben, den anderen, zudem zivilen Fahrer vor sich in die langsam kriechende Kolonne zu lassen.

Man hört aus gewöhnlich gut unterrichteten Kreisen, dass ein einstmals großes deutsches Elektronik-Unternehmen, das früher wie eine Behörde, später wie eine Bank geführt wurde und heute eher einem Hedgefond gleicht, vor einigen Jahren in Beijing mit dem Verkauf einer Anlage zur Verkehrsstromkontrolle gescheitert ist. Das Ding sollte durch geschicktes und vor allem koordiniertes Ampelschalten dafür sorgen, dass auf dem autobahnähnlichen Ring, der um das Zentrum der Hauptstadt gelegt ist, mit einigermaßen hoher Geschwindigkeit gefahren werden könnte. Nach drei Monaten haben die deutschen Ingenieure und Softwareentwickler das zur Probe gelieferte System wieder eingepackt, weil sie zugeben mussten, dass kein mathematischer Algorithmus gegen den Ego-Wahn der chinesischen Autofahrer ankommen kann. Die Zahl der Unfälle hatte sich bedrohlich erhöht, nachdem die Durchschnittsgeschwindigkeit auf dem Ring angestiegen war. Diejenigen, die nämlich auf den Ring auffuhren, hatten nicht einsehen wollen, dass sie dem dort fließenden Verkehr (wie in der Straßenverkehrsordnung der Volksrepublik wohl vorgesehen) Vorfahrt geben sollten. Das Abbremsen und Abwarten hätte erstens dazu geführt, dass niemand sie auf den Ring hinaufgelassen hätte. Und zweitens wahrscheinlich ihre persönliche Ehre so stark angeknackst, dass sie hätten Selbstmord begehen müssen.

Immerhin. Ich habe mir erzählen lassen, dass der Verkehr in Kambodscha und Vietnam ähnlich funktioniert oder besser: nicht funktioniert. Was für die Theorie aus der Bundesanstalt für das Straßenwesen spricht. Es könnte allerdings auch reiner Zufall sein, oder?

Schilderwald und Schilderwüste
Von der Sicherheit des geteilten Raumes

Mein Lieblingsschild steht, nein: stand an der Florastraße im Berliner Stadtbezirk Pankow. Es war ein simples 30-Stundenkilometer-Schild, aber das war eben längst nicht alles. Unter dem roten Kreis mit den schwarzen Ziffern hatten die zuständigen Verkehrsingenieure nämlich ein kleines Wunderwerk der Sonderschilderanfertigung angeschraubt. Da stand nun in kleiner

Schrift, schwarz auf weiß im feinen schwarzen Rahmen und in schönster SMS-Prosa: »22 bis 6 h, mo bis fr 7.30 bis 14 h«.

Ich weiß noch genau, dass ich mich anfangs sehr über diesen Zusatz geärgert habe. Das war doch wieder typisch Pankow: gute Idee, inkonsequente Durchführung. Wenn man sich schon die Mühe macht, dann kann man doch bitte auch gleich noch ein paar weitere sinnvolle Einschränkungen dazuschreiben, oder? Es ist zum Beispiel überhaupt nicht einzusehen, dass die wegen des nahen Carl-von-Ossietzky-Gymnasiums verfügte vormittägliche Langsamkeitsphase auch in den Schulferien gilt. Hätte man also nicht dazuschreiben können: »Gilt nur vom 1. 1. bis 31. 7. und 15. 8. bis 31. 12., aber nicht am Feiertagen, insbesondere nicht am 25., 26. und 31. 12.«? Bitte, das macht die Bahn doch auch.

Der Zusatz »ab 1,2 t« hätte ebenfalls gut ausgesehen, weil dann endlich mal Kleinwagen bevorzugt werden. Oder auch: »bis 10,40 m Gesamtlänge«, damit der Fernfrachtverkehr nicht behindert wird.

Und dann hätte Pankow eine Webcam aufstellen können, und der Bezirk hätte Filmschnipsel von verwirrten Fahrzeugführern weltweit verkauft. Die Florastraße wäre berühmt geworden und Pankow wahrscheinlich im Geldsegen erstickt. Man hätte auch eine Fernsehsendung daraus entwickeln können: »Wie wären Sie gefahren?« – so eine Art Fernsehgericht über die armen Würstchen, die sich am 16. August um 14.23 Uhr mit 45 km/h hätten erwischen lassen. Ich bin sicher, ProSieben wäre an Bord gewesen, und Barbara Salesch hatte schon zugestimmt, glaube ich.

Aber leider ist dann irgendwann ein humorloser Fatzke gekommen und hat diese kleinen, wunderschönen Zusatzschilder einfach abmontieren lassen. Völlig phantasielos, wenn man mich fragt. Aber was viel schlimmer ist: schon wieder nicht konsequent. Wenn er nun schon dabei war, hätte dieser Verkehrsfuzzi nicht gleich noch die 30-km/h-Schilder mit abnehmen können, zusätzlich die Halteverbotsschilder, die Vorsicht-Schulkinder-Schilder und was da sonst noch so alles herumsteht im Schilderwald? Und warum hat er nicht gleich noch die Fußgängerüberwege übermalt und die Bürgersteige abgeschafft oder, wenn das zu lange dauern sollte, jedenfalls die Bordsteine ausgebaut und durch ein bisschen Sand und Schotter ersetzt, damit man als Autofahrer besser auf die vorherigen Bürgersteige auffahren könnte? Warum nicht, frage ich mich. Dann nämlich wäre die Florastraße wirklich sicherer geworden für die Schülerinnen und Schüler des Ossietzky-Gymnasiums. Und nicht nur für die.

Nein, wirklich. Die Idee mit dem Weglassen stammt nicht von mir. Sie stammt auch nicht, wie mancher vorschnell vermuten könnte, aus dem unmittelbaren Umfeld der Interessenvereinigung »Freie Fahrt für freie Bürger«, die für den Ausbau von Autobahnen im innerstädtischen Bereich eintritt und ein Verbot des Fußgängerverkehrs für erforderlich hält. Nein, das ist richtig ernst gemeint. Die Idee hat sogar einen Namen. »Shared Space« heißt sie, was zu Deutsch wahrscheinlich »geteilter Raum« heißen müsste und damit völlig missverständlich ist. Denn der Raum soll eben nicht geteilt werden, sondern man soll sich den Raum teilen. Und »man« heißt hier alle. Autofahrer, Fußgänger, Radfahrer, Rollstuhlbenutzer, Hunde, Katzen, Kellerasseln …

Shared Space ist eine Idee, die Hans Monderman bekannt gemacht hat. Also: er sie, und dann sie ihn. Monderman erzählt gerne, wie sie ihm 1983 gekommen ist, als er – damals als Verkehrssicherheitsbeauftragter der niederländischen Provinz Friesland – nach Ouderhaske bestellt worden war. Die kleine Gemeinde hatte ihn gebeten, die Durchgangsstraße verkehrssicherer zu machen. Täglich fuhren dort rund 6000 Autos und 2500 Radfahrer um die Wette, und weil die einen zu schnell fuhren und die anderen in der eng bebauten Ortsmitte keinen Radweg hatten, war das nicht ganz ohne. Monderman aber hatte nun ein Problem. Er hatte erstens nicht den geringsten Schimmer, was er mit dieser Straße machen sollte, und zweitens war er davon überzeugt, dass er sofort aus dem Amt geprügelt werden würde, wenn er bei seinen Verkehrsingenieuren noch einen einzigen Blumenkübel oder eine einzige Bremsschwelle bestellen würde, also einen von diesen Huckeln, die man in Straßen setzt, damit die Autofahrer davor bremsen und danach beschleunigen. Davon gab es in Friesland schon reichlich, und nicht nur die Verkehrsingenieure hatten langsam die Nase voll.

Monderman hat wohl sehr lange nachgedacht, und dann hat er alles ganz genau andersherum gemacht wie bis dato üblich. Statt die Straße schick auszubauen und mit einem Radweg zu versehen, ließ er – im Ortskern! – den Asphalt abnehmen und sie mit Klinker auslegen. Die Bordsteine wurden abgeflacht, der halbe Schilderwald ins Schilderhaus geschlossen und an den beiden Kreuzungen die Ampeln abgestellt. Dann fuhr Monderman nach Hause, in der dringenden Erwartung, dass er – wie üblich – von den Leidtragenden seiner wahnwitzigen Umbauerei Morddrohungen erhalten würde. Aber die kamen nicht. Als er sich dann nach einem Monat traute, sein Werk in Augenschein zu nehmen, staunte er nicht schlecht. Der Verkehr floss einigermaßen zügig, aber die Radarpistole, die Monderman vorsichtshalber mitgebracht hatte, schlug nicht an. »Das Gerät registrierte Geschwindigkeiten erst ab 30 Stundenkilometern«, erzählt er. Weil die Dorfstraße plötzlich aussah wie eine alte Dorfstraße und weil die Autofahrer davon ein bisschen verunsichert waren, fuhren sie alle etwas langsamer. Und die Fußgänger und Fahrradfahrer passten auf, weil es ja keinen Fußweg oder Radweg mehr gab, jedenfalls nicht streng genommen. Die Straße war jetzt für alle da, und alle mussten sich – in der Regel per Blickkontakt – einigen, wer jetzt vor wem in welche Richtung fahren durfte.

Monderman hat seitdem an über 100 Kreuzungen ziemlich viele Schilder abmontieren und Durchgangsstraßen entschärfen lassen. Sein viel besuchtes Meisterwerk ist die Stadt Drachten im niederländischen Smallingerland. Dort gibt es heute so wenige Unfälle, dass sogar die Europäische Union sich der Sache angenommen und die »verkehrsschildfreie Stadt« zum Pilotprojekt erhoben hat. Die Sache wird jetzt ausprobiert, europaweit. Das deutsche Drachten heißt Bohmte, liegt in der Nähe von Osnabrück und wird derzeit ganz streng nach den Regeln von »Shared Space« umgebaut. Die ganze Ortsdurchfahrt wird deshalb in ein paar Jahren ungefähr so aussehen, als wäre sie eine Fußgängerzone mit Autoverkehr. Straßenkreuzungen mit Ampeln wird es nicht mehr geben, auch keine Fahrspuren. Die Straßen werden neu gepflastert sein, neue Bäume am Straßenrand stehen, neue Lampen und Sitzbänke. Der Verkehr wird, so schätzen die Planer, nicht schneller durch das Zentrum fahren können als mit 20 oder 30 km/h. Die Zeit, die ein Auto brauchen wird, um von der einen auf die andere Seite von Bohmte zu kommen, werde sich aber trotzdem fast halbieren. Denn es gibt wie gesagt auch keine roten Ampeln mehr, an denen sich Verkehr stauen könnte oder Verstopfungen entstehen. Es wird mehr Parkplätze geben in Bohmte. Alle sind glücklich, jedenfalls noch. Es hat nicht mal die üblichen Proteste des Einzelhandels gegeben, auf die man sich seit der Erfindung der Fußgängerzone so schön verlassen konnte.

Aber genau darum geht es eben nicht. Bohmte wird nicht einfach verschönert. Bohmte wird nicht zu einer niedlichen Einkaufssiedlung. Der Sinn der Veranstaltung ist nicht mal Verkehrsberuhigung. Der Durchgangsverkehr soll ausdrücklich bleiben, sich gerne sogar noch erhöhen. Nur soll es eben viel seltener Unfälle geben. Das Shared Space-Konzept ist da verkehrs-psychologisch durchaus eindeutig. Die Verunsicherung vor allem der Autofahrer führe dazu, schreiben die Experten in allerlei Expertisen, dass die Autofahrer aufmerksamer fahren. Im Zweifelsfall gelte in der verkehrsschildfreien Zone nur noch das Rechts-vor-Links-Prinzip und natürlich das Rechtsfahrgebot. Alle anderen Verabredungen müssten immer ad hoc getroffen werden, also zwischen Radfahrer und Autofahrer, zwischen sich entgegenkommenden Lkw, kurz: allen Nutzern des geteilten Straßenraums. Monderman berichtet, dass man in Drachten eigentlich immer so fahren müsse, dass man mit den anderen Verkehrsteilnehmern Augenkontakt aufnehmen kann. Damit könne man nicht schnell fahren, und damit sei die Straße ohnehin sicher.

Monderman ist sehr überzeugt von seinem Konzept, so überzeugt immerhin, dass er in Drachten einen Kinderspielplatz gewissermaßen in eine Straße hineingebaut hat. Das Pflaster von Straße und Spielplatz geht ineinander über, es gibt keine optische Trennung. Die Autofahrer werden sich des Eindrucks nicht erwehren können, dass sie mitten über diesen Spielplatz fahren. Das klingt sehr radikal und sehr riskant, aber wenn man das Prinzip zu Ende denkt, dann ist es nur konsequent: Kein Autofahrer soll schneller als mit Schrittgeschwindigkeit fahren können, wenn er mal nicht dran denkt, und die Kinder sollen nicht plötzlich zwischen zwei Zäunen hindurch auf die Straße laufen können, wenn sie mal nicht dran denken.

Das funktioniert. Es funktioniert sogar in Deutschland, dem Heimatland des Porsche Cayenne S und des BMW X5. Man kann das sogar beim Bundesamt für Statistik erfahren. Es gibt hier schließlich längst, was Monderman und Konsorten da propagieren, wenngleich auch in der Version »Shared Space light«. Auf Deutsch heißt das Verkehrsberuhigung oder im Volksmund

Spielstraße. Und in der Unfallstatistik von 2005 sind solche Örtlichkeiten selbstverständlich eigens ausgewiesen. Von den 225 875 Unfällen innerhalb geschlossener Ortschaften, die in jenem Jahr gezählt wurden, sind 1533 verkehrsberuhigten Bereichen zugewiesen worden. Das sind keine 0,7 Prozent, also ziemlich wenig. Von den 1436 Verkehrstoten, die es 2005 innerörtlich zu beklagen gab, starben vier Opfer in spielstraßenartiger Umgebung. Das sind vier zu viel, keine Frage, aber trotzdem weniger als 0,3 Prozent. Man braucht keinen Niederländer, um zu ahnen, dass man bei niedrigeren Geschwindigkeiten eben sehr viel seltener ernsthafte Unfälle baut.

Es gibt allerdings doch einen kleinen Unterschied zwischen dem niederländischen und dem deutschen Umgang mit dem Konzept »Shared Space«. Ein deutsches »Büro für Stadtplanung« im Südwesten der Republik hat schon seit 1986 gute Erfahrungen mit dem Verkehrsrückbau in den Zentren kleiner Städte gemacht, in Haslach zum Beispiel, in Wolfach, in Ettenheim. Es wäre, berichtete neulich einer der stolzen Planer dieses Büros der inzwischen europaweit etablierten »Shared Space«-Organisation, heute auch kein Problem mehr, Politiker für das Konzept zu öffnen, nachdem es Beispiele dafür gebe, wie gut es funktioniere. Das Problem sei, dass es immer noch keine Verkehrsregel für »Shared Space«-Zonen gebe. Es gebe kein Verkehrsschild und daher auch keine einheitliche Geschwindigkeitsbegrenzung und Parkregelung.

Das, so hat ein Holländer dann dem Deutschen geantwortet, sei eigentlich der Sinn der Sache. Dass es kein Schild und keine Regel gebe und die Leute deshalb immer ad hoc herausfinden müssten, wie schnell man wohl fahren könne und wo man parken dürfe. Noch ist nicht ausgemacht, ob man so ein anarchistisches Konzept in Deutschland je verstehen wird.

7

Parksuchverkehr

Still und starr ruht der Verkehr
Die Plage des Parkens

Die Geschichte des menschlichen Fortschritts ist nicht frei von
gewisser Ironie. Als zum Beispiel die Chinesen ihre berühmte
Mauer bauten, Tausende von Kilometern lang und quer durch
die huckeligsten Gebirge, hatten sie eigentlich einen Verteidi-
gungswall im Sinn, der gegen die Mongolen helfen sollte. Als
Abwehrmaßnahme versagte das Mammutgemäuer dann aber
weitgehend, weil, wie der bekannte Mongolenführer Dschingis
Khan bewiesen hat, jede Verteidigungslinie nur so belastbar ist
wie die Wachoffiziere unbestechlich. Also nicht sehr. Genutzt
hat die Mauer trotzdem, allerdings auf ganz andere Art als gedacht. Mit dem befestigten Spazierweg oben auf der Mauer schu-
fen die Chinesen sich einen einzigartigen, völlig konkurrenzlo-
sen Post- und Nachrichtenweg durch das unwegsame Gelände.
Und dieser Verbindung konnte auch Herr Khan taktisch nichts
entgegensetzen.

Die Mauer, könnte man also aus heutiger Besserwissersicht sagen, ist nicht nur eines der größten Gebäude, sondern vor allem das größte Nachrichtensystem aller Zeiten gewesen – das teuerste wahrscheinlich auch.

Indes, ich fürchte, dass die Historiker eines Tages ähnlich höhnisch über das Auto urteilen werden. Selbiges war, wie bereits beschrieben, ursprünglich einmal dafür erdacht, Menschen plus Lasten schnell und bequem von A nach B zu transportieren. Diese Hauptbestimmung ist bis in unsere Tage angeblich gleich geblieben, aber ich fürchte, dass der Trend längst in eine andere Richtung weist. Man fährt nämlich nicht mehr, um von A nach B zu gelangen, sondern man fährt von A nach B, um in B am Parksuchverkehr teilzunehmen. Dann gibt man nach einer Weile auf, fährt nach C, stellt dort das Auto ab und kehrt mit einem anderen Verkehrsmittel nach B zurück. Im Saldo heißt das oft, dass der überwiegende Teil der Bewegung dem Parken gewidmet war.

Nun mag man einwenden, dass dies nicht stimmt, sofern Zielort B eines dieser seelen- und freudlosen Einkaufszentren »auf der grünen Wiese« ist, die gar nicht auf grünen Wiesen stehen, sondern inmitten grauer, schattenfreier Parkplatzwüsten. Doch dieser Einwand ist gar keiner, sondern vielmehr Beleg für den besagten Trend. Niemand würde den Einkaufsbummel freiwillig im Gewerbegebiet an der Autobahnabfahrt machen, wenn es dort nicht besonders schöne Parkplätze gäbe, oder? Eben. Fahren um des Parkens willen.

Noch ist, so viel sei zugegeben, der Trend in Erkrath, Kreis Mettmann, nur in zarten Anfängen zu erkennen. Auch in Waddenserdeich, Kreis Burhave, ist der Parksuchverkehr bislang meistens überschaubar, vor allem mittwochs. Und auch im schönen Ramsau im Berchtesgadener Land kann zumindest bei Schneefreiheit noch jeder parken, der parken will. Noch. Wo immer sich eine deutsche Kleinstadt ein wenig großstädtisch aufführen will oder sich sogar hochoffiziell Großstadt nennen darf, ist das Parken heute hohe Kunst. Da ist ein Parkplatz heiß begehrte, flüchtige Ware. Da sind die Zeiten vorbei, in denen man sich einfach einen Stellplatz suchte und ihn mit einem Auto vollstellte.

Der Grund der Verknappung ist zunächst ganz einfach. Der städtische Mensch nennt heute immer häufiger ein Auto sein eigen, vielleicht auch gleich zwei, aber den Stellplatz auf dem Hof oder in der Tiefgarage gibt es längst nicht überall. Weil sich ungünstigerweise eingebürgert hat, dass an Straßenrändern unnütze Bäume und an Straßenkreuzungen lästige Absperrpfosten aufgestellt werden, um angeblich die Luft oder die Verkehrssicherheit zu verbessern, sind heute ganze Stadtteile zu Parkplatznotstandsgebieten geworden. Ich kenne zum Beispiel in Hamburg Wohnviertel, in denen man sich sehr genau überlegt, ob man nach 17 Uhr noch mal sein Auto bewegen sollte – nicht, weil einen ökologische oder alkoholbedingte Skrupel plagen, sondern weil man den zuvor gefundenen Parkplatz nicht wieder aufgeben will. Wer nämlich um 23 Uhr vom Griechen in Altona nach Eimsbüttel zurückkehrt, der sucht dann wahrscheinlich bis kurz nach Mitternacht einen Parkplatz, driftet dabei aber möglicherweise bis weit nach Niendorf-Nord ab und muss letztendlich ein Taxi nehmen, das teurer wird als die Souvlakis vorhin.

Zum Teil reagieren die Stadtväter auf die Not, indem sie straßenweise Anwohnerparken einführen, also nur denjenigen das gebührenfreie Parken erlauben, die an Ort und Stelle nächtigen. Anwohnerparken funktioniert dann in etwa so: Besucher zahlen tagsüber fürs Parken pro Stunde ungefähr das, was Anwohner einmal im Jahr bei der ausstellenden Behörde für einen Freipark-Ausweis abdrücken müssen. Und weil dem Pendler, der sein Auto gerne arbeitsplatznah abstellen will, die tägliche Parkgebühr ein wenig zu teuer ist, mietet er sich in einer passend gelegenen Studenten-WG ein. Auch als Scheinasylant in der Speisekammer bekommt man nämlich einen Anwohner-Ausweis, womit die Zahl der Parkplatz suchenden Anwohner alsbald wieder die Zahl der freien Parkplätze übersteigt, die den Anwohnern vorbehalten sein sollten.

Es gibt Menschen, die bezüglich des Parkplatzproblems große Hoffnung auf die demographische Entwicklung in der Bundesrepublik setzen. Wenn wir alle aussterben, so die Logik ihres Arguments, dann müsste es bald wieder mehr freie Parkplätze geben und vielleicht sogar gleich neben meinem Lieblings-Griechen in Altona. Ich fürchte aber, dass sich eine solche Entwicklung nur in einem ungünstigen Falle einstellen wird. Dass es mal weniger Menschen geben wird in Deutschland, wird nämlich zunächst nur dazu führen, dass weniger Autos gleichzeitig auf den Straßen unterwegs sind, mangels Fahrzeugführern. Aber wenn ich mal unterstelle, dass man in Europa auch in Zukunft noch irgendwie Geld verdienen kann und der geeinte Kontinent sich nicht im direkten Preiskampf mit der Sahelzone verausgabt, dann wird der Durchschnittseuropäer bald nicht mehr nur ein oder zwei Autos pro Haushalt haben, sondern drei oder gar vier. Wer etwas auf sich hält, wird dann nämlich einen Minivan haben, um damit die Kinder in den Kindergarten zu bringen (soweit beides noch vorhanden sein wird in der Mitte des 21. Jahrhunderts). Man wird mit der unersetzlichen Rennreiselimousine zur Arbeit fahren, man wird aber auch ein Cabriolet oder einen Sportgeländewagen fürs Vergnügen am Wochenende halten und einen einparkfreudigen Einkaufsflitzer für die Innenstadt. Wer es braucht, wird zusätzlich eine Zugmaschine für den Caravan oder den Pferdeanhänger haben. Und wer es hat, noch einen Bentley, nur so.

Das ist ein Trend, den es auch jetzt schon gibt. Nach einer Shell-Studie von 2003 kommen heute 664 Autos auf 1000 Einwohner (also inklusive Säuglinge und Hundertjährige). 2030 sollen es bis zu 785 Autos für die gleiche Gruppe werden, stolze 14 Prozent mehr. Das funktioniert de facto nur, wenn viele Menschen gleich mehrere Autos haben. Die Laufleistung des einzelnen Fahrzeugs sinkt dabei natürlich immer mehr ab, von heute 11 400 auf 10 500 Kilometer im Jahr. Was nach Adam Riese heißt, dass immer mehr Autos einfach so vor sich hin stehen werden. Und zwar mutmaßlich meistens auf Parkplätzen, die es dann immer weniger geben wird. Was zu einer weiteren Parkplatzverknappung führen dürfte – und damit auch zu einer Parkplatzverteuerung, sofern wir mittelfristig noch in einem kapitalistischen System leben werden.

Schon heute gibt es Regionen auf der Welt, in denen Parken zu einem sozialen Distinktionsmerkmal geworden ist. In New York etwa kann man sich als Mitglied des Geld-Adels produzieren, indem man sich einen Stellplatz in Manhattan leistet. Das ist nämlich echt exklusiv. Ein Bentley Continental ist im Vergleich eine geradezu plebejische Angelegenheit. Den kann man ja einfach kaufen. Um einen Stellplatz in New York zu ergattern, braucht man dagegen Geld, Verbindungen und eventuell noch eine Waffe, falls der Vorbesitzer nicht freiwillig weicht. Hat man den Parkplatz einmal, ist einem dafür der Neid der Mitmenschen gewiss.

Irgendwann, ich ahne das schon, wird diese Entwicklung dann selbst Waddenserdeich erreichen. »Guck mal, Hein: Schöner Parkplatz da vorne am Siel, was? Hat sicher eine Menge Geld gekostet. Und sogar mit Teer und Reetdach. Der muss ja Schotter haben, der Hibbo Okke. Ich sag dir, Hein: Schotter wie andere Leute Schafe!«

Das wird unsere Kultur verändern. Wir werden in zehn, zwanzig, dreißig Jahren quasi auf dem Planet Parken leben. Es wird Publikumszeitschriften und Fernseh-Shows zum Thema Parken geben. Günter Jauch (der uns dann immer noch erfreuen wird, na klar) wird Quizsendungen moderieren, in denen dem Glücklichen am Ende ein Parkplatz winkt. Jürgen von der Lippe wird leicht schlüpfrige, aber höchst unterhaltsame Parkplatzwächter-Witze erzählen. Und Sara Kuttner wird von einer dann vollends senilen ARD-Intendanten-Runde wiederum auf Reportage-Tour geschickt werden, um uns flippige, hippe Dokumentationsfilmchen von deutschen Parkplätzen in die Wohnzimmer zu bringen. Das liegt in der Natur der Entwicklung, gewissermaßen.

Eine Entwicklung, die sich schon länger andeutet, als man sich vielleicht bewusst ist.

Der Traum von Parkplatzfreiheit
Historische Dimensionen eines Problems

Die Erfinder des Automobils, also Benz und Daimler und ihre zeitnahen Konkurrenten und Nachfahren, waren schon erstaunlich problembewusst, was das Parken anbelangt. Die kannten das Problem nämlich von der Kutsche. Um 1900 schon hat es in Berlin das erste wirkliche Parkhaus Deutschlands gegeben, aber es war natürlich noch nicht für die paar Autofahrer gedacht. Man konnte dort auf mehreren Stockwerken Pferde abstellen, gegen Gebühr. Die frühen Parksachverständigen müssen, wie die amerikanische Architektur-Kritikerin Jane Holtz Kay in ihrer »Kurzen Geschichte des Parkens« nicht ohne ironischen Unterton bemerkt, es für wahrscheinlich gehalten haben, dass sich die Parkplatzprobleme des beginnenden 20. Jahrhunderts mit der

Ankunft der Motorfahrzeuge legen werden. Denn das Auto war ja viel besser einzuparken als die Kutsche.

14 Millionen Pferde haben, so Holtz Kay, um die Jahrhundertwende in den USA Dienst vor einer Kutsche geschoben. Sie »parkten« überwiegend am Straßenrand oder auf eigens ausgewiesenen Abstellplätzen. Für zahlende Kundschaft mit höheren Ansprüchen gab es auch »Mietställe«, die Vorgänger des bewachten Parkplatzes. Aber die Pferdekutschen nahmen nicht nur wesentlich mehr Raum ein als die ersten Automobile, die Tiere gaben auch etwas von sich, und zwar jede Menge. Und sie wollten mit Wasser, Heu, Hufeisen und Streicheleinheiten versorgt werden. Es gab ergo wenig Platz und dafür umso mehr Dreck. In den Metropolen gab es auf vielen Straßen Engpässe, und wahrscheinlich ist damals deshalb auch gleich die Unsitte erfunden worden, in der zweiten Reihe zu parken. Das Auto schien hingegen eine gute Idee. Es gab am Ende des ersten automobilen Jahrzehnts ungefähr neun Millionen Autos in den USA. Alle halb so lang wie ein Pferdegespann. Das hätte doch für Einsparungen sorgen müssen.

Zu früh gefreut. Spätestens 1923 hat man wieder Park- und Halteverbote erlassen, um der Verstopfung öffentlicher Plätze und Straßen Herr zu werden. In den Innenstädten, in denen damals noch gearbeitet wurde und nicht nur Shopping betrieben, begannen Behörden und findige Geschäftsleute, alte Mietställe, Industriegebäude oder -hallen zu Parkhäusern umzufunktionieren. 1889 schon soll nach einigen Quellen die erste auf Automobile spezialisierte Garage in Boston eröffnet worden sein. In London, so ähnlich vage Berichte, gab es das erste Parkhaus 1901. Der ADAC berichtet in einem Sonderheft zur modernen Parkhausgestaltung, dass es 1910 ein Parkhaus in Berlin gegeben habe. Historiker verweisen aber lieber (und etwas glaubhafter) auf 1917 als Beginn des kommerziellen Autoabstellens, weil damals ein Herr Max Goldberg in Detroit, Michigan, für die Vermietung von Parkplätzen Werbung zu machen begann. Ein ebenso lukratives wie anspruchsloses Geschäft, wie nicht nur Herr Goldberg bemerkte. Deshalb gehört die Parking-Branche bis heute zu den eher sicheren Investitionsmöglichkeiten für konservative Anleger. Die ersten mehrstöckigen Parkanlagen hießen »mechanische Garagen«, weil die Autos in eine Art Park-Paternoster gefahren und dann in ihrer Box nach oben gehoben wurden. Bald entstanden größere Anlagen, in denen der Lift nunmehr Übergangslösung war. 1930 eröffnete das erste verbürgte Exemplar einer solchen Anlage in Deutschland. Es steht sogar noch, und zwar an der Kantstraße in Berlin.

Die damals erfundene Parkgarage mit Autolift ist die bis heute am weitesten verbreitete Form eines zum Abstellen von Fahrzeugen geeigneten Gebäudes, nehme ich an. Die Firma Fisher Price hat wirklich ganze Arbeit geleistet. Die bauen solche Garagen in großen Massen, originellerweise aber im Miniaturmaßstab, damit die Dinger in jedes Kinderzimmer passen. Die Tiefgarage hat es im Vergleich dazu nie so recht auf die Hitlisten der Spielzeugindustrie geschafft, was mich sehr wundert. Ganz anders als im Fall des Wählscheibentelefons, das aus unerfindlichen Gründen weiterhin für Säuglinge und Kleinstkinder hergestellt wird, darf sich Fisher Price im Fall der Lift-Garage allerdings sicher sein, zur gesellschaftlich-technischen Avantgarde zu gehören. Die mechanische Parkanlage mit Lift oder Paternoster-Effekt mag im Moment noch die Ausnahme sein, sie ist aber wieder im Kommen. In München zum Beispiel ist eben erst eine solche Anlage unter die Donnersberger Straße in Neuhausen gesetzt worden. So ein Automat ist Platz sparender und sicherer als eine Tiefgarage, sagen die Fachleute. Es dauere heute drei

Minuten, um sein Auto automatisch aus einem solchen computergesteuerten Regal herausholen zu lassen. Es sei denn, es steht »System Failure« auf dem Bildschirm. Dann bestellt man besser ein Taxi.

Ich erzähle das alles, um deutlich zu machen, dass Parken dabei ist, sich zu einer hohen Wissenschaft zu entwickeln. Einer Wissenschaft, die sich ein eigenes Universum geschaffen hat, fast unbemerkt von der ahnungslosen Öffentlichkeit. Es gibt heute autoreifendicke Experten zur Parkraumnachfrageerfassung. Es gibt Spezialfirmen für Parkhausschrankenanlagen, die bei Bedarf eine berührungsfreie Dauerparkererkennung einbauen könnten. Die Frage der Parkhausbeleuchtung hat sich in mehreren, aber sicher nicht unumstrittenen Normen niedergeschlagen, DIN67528 und, na klar, EN12464-1. Es gibt einen in Fachkreisen viel diskutierten Trend zu Park-Liftanlagen, wie gesagt, und einen weiteren zu bargeldlosen Parkautomaten respektive zur Parkgebührenzahlung per Handy, wie auch immer das funktioniert.

Was es dagegen nicht gibt, ist ein Versuch, das Problem grundsätzlicher zu lösen oder an der Wurzel zu fassen. Der Berliner Ingenieur Engelbert Zaschka hat es mal mit einer Idee versucht, die dann aber leider in Vergessenheit geraten ist. Obwohl ich sie sehr, sehr naheliegend finde. Zaschka träumte davon, dass man am Ende der Fahrzeugentwicklung einfach die Luft aus dem Wagen lassen, ihn zusammenfalten und dann in der Brieftasche mit ins Kino nehmen könnte. Genau dies ließ sich mit seinem »Faltbaren Auto« anstellen, das Zaschka 1929 der staunenden Öffentlichkeit präsentierte. Man brauchte nur eine vergleichsweise üppige Brieftasche, um das Faltmobil darin unterzubringen.

»Sensationelle Neuerfindung. Das zerlegbare Auto. Steuerfrei, führerscheinfrei und garagenlos. Dem Berliner Oberingenieur Engelbert Zaschka ist es gelungen, ein Auto für jedermann zu erfinden«, ließ er die Zeitgenossen wissen und zeigte dann den Fotografen, wie er aus zwei, drei, vier ungefähr esszimmertischgroßen Brieftaschen respektive ihren Inhalten und mit eleganter Hilfestellung seiner Gattin ein Auto zusammensetzen konnte. Am Ende weniger einfacher Handgriffe, die er im Ausgehanzug schmutzfrei zu bewältigen wusste, musste er nur noch das Steuerrad samt Lenksäule einschrauben, und schon ging es los in Richtung Kino. Was nicht losging, war der Verkauf, wie der Oberingenieur dann bald zu seinem Leidwesen bemerken musste. Das faltbare Auto sah irgendwie aus wie ein faltbares Auto, und das war auch schon in den Zwanzigern ein gutes Argument dafür, die Finger von der Sache zu lassen.

Die Idee ist nicht gänzlich vom Erdboden verschwunden. Der japanische Autohersteller Toyota zum Beispiel, der von Zaschkas Scheitern offenbar nichts mitbekommen hat, versuchte es 1988 mit einem auf dem MR2 basierenden Konzeptauto, das sich für die Autobahn lang und schnittig machen konnte und für den Parksuchverkehr klein und hoch. Die Fahrgastkabine hob sich wie von magischen Streben gezogen nach oben und setzte sich dann auf die zusammenrückenden Motor- und Kofferräume. Die Verkaufsabteilung des Unternehmens hat dieses Konzept allerdings, nachdem sich die Mitarbeiter von ihren Lachkrämpfen erholt hatten, in weiser Voraussicht auf den Papierkorb respektive Schrottplatz verwiesen. Während des Umwandlungsprozesses ähnelte das Gefährt wohl zu sehr der Mondlandebasis von Apollo 13, und man wäre nie die Sorge los geworden, dass man Helm und Sauerstoffflasche bei sich haben müsse, um eine Fahrt in diesem Fliewatüüt zu überleben. Zudem wäre man nie ganz sicher gewesen, ob der Wagen den Umwandlungsprozess nicht doch mal aus Versehen bei 140 Stundenkilometern einleitete.

Wenn man ehrlich gewesen wäre, war es 1988 aber vor allem

schon viel zu spät für eine technische Lösung des Parkplatzproblems. Inzwischen war nämlich die Parkraumbewirtschaftung erfunden worden. Den »ruhenden Verkehr« wollten die Verkehrsplaner damit in den Griff bekommen. Sie sind erfolgreich gewesen. In Nürnberg zum Beispiel hat eine Untersuchung der örtlichen Verkehrsbetriebe ergeben, dass pro Tag nur noch sechs von zehn Autos bewegt werden; und die dann auch nur ein- bis zweimal ganz kurz. Die allermeiste Zeit steht also alles. Das ist gut so, müsste man als Parkraumbewirtschafter sagen. Wo sich nichts mehr bewegt, gibt es nämlich auch keine Parkplatzprobleme mehr. Und ganz nebenbei auch null Emissionen. Und keine Unfälle.

Genau. Ich habe meine Gründe, warum ich das Automobil auf dem Weg in den Parkwahnsinn wähne.

Die Abzocker
Parkraumbewirtschaftung und ihre
unerwünschten Nebenwirkungen

Ich habe vor einigen Monaten mal in London ein Paket abgegeben und den Fehler begangen, am Zielort aus dringenden Gründen noch eine Örtlichkeit aufzusuchen, während mein Auto im Parkverbot stand. Dummerweise habe ich nicht daran gedacht, die vom Westminster Council angeblich vorgeschriebene 12mal 16 Meter große Plakatwand an meinem Auto anzubringen, auf der ich zuvor unzweifelhaft und in vier Sprachen (Englisch, Old-Scot, Walisisch und Gälisch) bekannt gegeben habe, dass ich hier nur halte und nicht parke und also in weniger als drei Minuten zurück bin. Als ich also vom Pinkeln kam, hatte ein schlecht bezahlter und schlecht gekleideter Mitarbeiter der Bezirksverwaltung bereits die erhöhte Parkgebühr in einen tragbaren Computer eingebucht. In Westminster, jenem Weltzentrum der Kleinkrämer und Seelenverkäufer, kostet das Halten im Parkverbot 50 Pfund, das sind gut 80 Euro. Wenn man sofort bezahlt. Wer sich wehrt, muss mit dem Doppelten rechnen oder einem kostenmäßig nach oben offenen Gerichtsverfahren. Mindestens. Möglicherweise auch mit mehrjähriger Haft, nehme ich an, im Rahmen des britischen Kampfes gegen den Terror.

Westminster aber ist nicht allein auf der Welt. Westminster hat nur eine besonders krude, weil unverhüllt gierige Form der Parkraumbewirtschaftung eingeführt. In London wird niemand ernsthaft behaupten, dass es dabei um irgendetwas anderes geht als darum, die kommunalen Kassen zu füllen. Es gibt in Westminster deshalb auch ganz offiziell ein Verfahren, mit dem man Parktickets en bloc und per Abbuchung zahlen kann. Man kann bei diesem Verfahren mitmachen, wenn man mehr als 100 Verwarnungen im Monat gesammelt hat. Die britische Hauptstadt mag einen Bürgermeister haben, der sich bisweilen als Sozialist geriert, aber in dieser Hinsicht ist völlig klar, dass eben überall parken darf, wer bereit ist, dafür viel Geld auszugeben. 8000 Euro im Monat zum Beispiel. Millionärsparken mit Lastschriftverfahren. Das ist irgendwie schon wieder cool.

Nun, es war schon mal schlimmer. Laut Maxwell G. Lay hat der assyrische König Sanherib ungefähr 700 vor Christus das Falschparken auf der Königsstraße von Ninive mit Tod durch Pfählen bestraft. Es war aber auch schon mal besser. Ursprünglich hat man die Einführung der Parkraumbewirtschaftung damit begründet, dass man sich als Kommune um das Wohl der Gesellschaft kümmern wolle, auf dass Handel und Wandel gedeihen möge. In Deutschland hat man an dieser Mär ziemlich lange festgehalten.

Zu Anfang der Parkraumbewirtschaftung sah man hierzulande hübsche Politessen an Parkuhren vorbeipromenieren, die mit einem komischen Scheibenmechanismus ausgestattet waren, der meistens nicht funktionierte. Es war eine amerikanische Erfindung, natürlich. Man musste Geld hineinstecken und dann gleichzeitig noch die Uhr aufziehen, damit eine rote Scheibe aus dem Sichtfenster verschwand. Wenn man Glück hatte, fand man eine Parkuhr, auf der noch Restzeit stand. Oder man traf die Politesse, die irrtümlich »eine Münze in den für den Münzeinwurf bestimmten Münzeinwurf eingeworfen hat«, so wie das Ehepaar im legendären Parkuhren-Sketch von Loriot. Meistens durfte man auch zwanzig Minuten »drüber« parken. Es gab so etwas wie Kulanz, von der man in Westminster leider nichts mehr weiß. (Ich bin nicht nachtragend, aber ich wollte nur mal kurz daran erinnern, dass man nach London streng genommen gar nicht mehr reisen sollte.)

Durch die Parkuhr wurde das Heer der Autofahrer eingeteilt: Der Dauerparker wurde sauber vom Kurzparker getrennt. Letzterer war in aller Regel ein Konsument, den wollte man in der Innenstadt oder an der Ladenstraße parken sehen. Der Dauerparker sollte sein Gefährt dagegen lieber ein bisschen weiter weg abstellen, damit er keinen wertvollen Kurzparkraum belegt und also Kurzparker vom Konsum abhält. Parkraumwirtschaftsingenieure kamen, zählten und fanden heraus, dass die Parkplätze zu etwa 80 Prozent belegt sein dürfen, damit es keine Probleme gibt. Dass aber eine 95-prozentige Belegung der Kurzzeitparkplätze anzeigt, dass der Bedarf nicht gedeckt ist.

Die Kommunen indes fanden heraus, dass man mit Parkuhren sehr, sehr viel Geld verdienen kann. Einer der wenigen Experten des Parkuhrenwesens, der kürzlich verstorbene Ronald Bruce Luttrell jun., hat mal geschätzt, dass es zur Hochzeit der

Parkuhr fünf Millionen Exemplare dieser Münzsammeleinrichtungen in den USA gegeben hat. Wenn jede davon täglich nur mit einem einzigen 25-Cent-Stück gefüttert, also untypischerweise nur einmal am Tag benutzt worden wäre, dann hätten die Kommunen immer noch täglich 1,25 Millionen Dollar eingenommen. Macht 456,25 Millionen Dollar im Jahr. Ohne Weihnachtseinkauf und sehr vorsichtig geschätzt.

Die Technik der Parkuhr ist heute im Museum angelangt, von sehr vereinzelten Sichtungen abgesehen. Heute steht dafür auch noch im letzten Dorf Europas eine zumeist solarbetriebene Maschine, die gegen Gebühr einen kleinen Zettel ausspuckt, den man sich hinter die Windschutzscheibe klemmt und der dann runterfällt. Und dann kommt ein schlecht bezahlter und schlecht gekleideter Mitarbeiter der örtlichen Parkraumbewirtschaftung, wahrscheinlich privatisiert, und klebt mit einem handelsüblichen Sekundenkleber Knöllchen auf die Windschutzscheibe.

Mit diesen »Parkscheinsystemen« kam seinerzeit die Behauptung auf, es ginge hier in allererster Linie um Verkehrsvermeidung. Ich habe das am Anfang sogar geglaubt, um ehrlich zu sein. Ich fand sogar, dass etwas dran war an der Faustregel, dass man den Bus dem Auto vorzieht, wenn man davon ausgehen kann, dass am Zielort kein bezahlbarer Parkplatz zu finden sein wird. Parkplatzprobleme motivieren zur Benutzung des öffentlichen Nahverkehrs.

Hat aber natürlich nicht funktioniert. Stichwort Chinesische Mauer. Ich habe ein paar Mal den Bus benutzt, klar, um in die Innenstadt zu kommen. Aber das ist mir dann zu nervig geworden. Da waren diese anderen Leute mit mir im Bus, und die waren laut, und der Bus war zu spät gekommen. Oder es fing an zu regnen, und irgendwie waren dann meine Einkäufe nass, und die Schokoladentorte rutschte beim Aussteigen aus der Tüte. Ich bin dann darauf ausgeglitten und musste mehrere Monate ins Krankenhaus. Dort aber beschloss ich, nach Alternativen zu suchen, und fand auch welche. Ich konnte zum Beispiel ein paar Straßen außerhalb der Innenstadt parken, im Gerichtsviertel, da wohnt nämlich kaum jemand. Oder gleich zum nagelneuen Einkaufszentrum vor die Stadt fahren, wo man auch quer einparken könnte, so viele Plätze haben sie da. Da macht das Einkaufen schon fast Spaß, selbst wenn es hier nur Klamotten gibt, die offenbar aus Nylon gestanzt werden.

Er ist dann in meinen Augen ein bisschen eskaliert, dieser Parkwirtschaftskrieg. Heute gibt es Anwohnerparkzonen in Gegenden, von denen aus man die Innenstadt eigentlich nur noch per Hubschrauber erreichen kann. Parkleitsysteme sind dermaßen flächendeckend verbreitet, dass es Mühe macht, zwischen all den Multimedia-Schildern noch Geschäfte zu finden. Und inzwischen haben auch deutsche Parkraumbewirtschafter den Reiz des reinen Geldmachens erkannt, unter Boulevardzeitungslesern auch als »Abzocken« bekannt.

In Berlin zum Beispiel. Da stand ich vor wenigen Monaten vor einem nagelneuen Parkscheinautomaten und versuchte zu begreifen, was ich tun sollte. Bis dato hatte ich immer gedacht, dass ich ein einigermaßen kluger Mitmensch bin, relativ gebildet, mit dem Computer auf Du und Du und nicht übermäßig begriffsstutzig. Der Apparat aber belehrte mich eines besseren. Man müsse, so die Aufschrift, je 10 Minuten 25 Cent bezahlen, mindestens aber 25 Cent. Gut, dachte ich, warum auch nicht. Ich wollte ungefähr 10 Minuten bleiben, hatte aber nur ein 1-Euro-Stück, eine Münze zu 10 und eine zu 20 Cent im Portemonnaie. Kein Problem also, dachte ich, und steckte die beiden kleinen Münzen in den für den Münzeinwurf bestimmten Münzeinwurf hinein. 5 Cent will ich gerne an die Not leidende Berliner

Stadtkasse geben, auch wenn ich das Geld gar nicht verparken kann.

Beide Münzen kamen wieder heraus.

Aha, der Apparat ist wohl kaputt.

Ich also die Straße hinunter, einen funktionierenden Automaten zu finden. Gefunden, Geld hinein, Geld kommt wieder heraus.

Beim Umdrehen erkenne ich aus dem Augenwinkel, dass sich ein schlecht bezahlter und relativ schlecht angezogener Mann mit Schirmmütze an meinem Fahrzeug zu schaffen macht. Ich eile zurück. »Hören Sie, kleinen Moment. Ich glaube, der Automat hier ist kaputt und der da unten auch, denn dort habe ich es auch nicht geschafft, einen Parkschein zu bekommen.«

Der Schirmmützenträger, leicht genervt: »Was haben Sie denn reingesteckt?«

»30 Cent. Ich will eigentlich nur ganz kurz hier stehen, aber das ist ja egal.«

»Sie können hier nur 25 Cent reinstecken.«

Ich mache kein sehr intelligentes Gesicht. Er fühlt sich bemüßigt, mir die Sache näher zu erklären.

»Es sind 25 Cent pro angefangene 10 Minuten zu bezahlen. Sie können also nur 25 Cent, 50 Cent oder 75 Cent oder einen Euro einwerfen, je nachdem, was Sie gerade klein haben.«

»Ich habe aber nur 30 Cent klein.«

»Das geht nicht. Da müsste ja dann der Automat ausrechnen können, wie viel Minuten das wären. Das kann der nicht«, sagt der Parkwärter.

Ich mache wieder kein sehr intelligentes Gesicht. Der Chip in diesem Automaten, denke ich still vor mich hin, hat wahrscheinlich eine etwas höhere Rechenleistung als der Zentralcomputer der Apollo-11-Mission. Er kann freihändig ausrechnen, wie viele

Jahrhunderte die Berliner noch parken müssen, um ihr Defizit zu tilgen, und zwar mit Zins und Zinseszins. Im offensichtlichen Gegensatz zu dir, du Idiot. Aber ich sage nur: »Ach.« Das habe ich auch von Loriot gelernt. Immer, wenn es brenzlig wird, »Ach« sagen.

»Sie können ja hier in diesem Restaurant Geld wechseln.«

Das Restaurant hinter mir gehört zu den teuersten der Stadt. Die wechseln vermutlich noch nicht mal 100-Euro-Scheine in 50er um. Außerdem hat der Laden noch zu. »Ach wissen Sie«, sage ich, »ich glaube, die haben Ihnen das einfach falsch erklärt, Ihre Chefs. Dieser Automat ist programmiert worden, damit die Stadt Berlin mehr Geld einnimmt: von denen, die entnervt einen Euro zahlen, obwohl sie nur ein paar Minuten hier sind, und von denen, die ein Knöllchen riskieren, weil sie zufällig keinen Sack mit Kleingeld dabei haben. Das ist einfach Abzockerei. Übelste Abzockerei.« Ich sage das natürlich nicht wirklich, ich denke es nur. Der Typ kann erstens nichts dafür, versuche ich meine Wut zu zügeln, und zweitens ist er viel zu blöde, das jetzt zu verstehen. Bevor ich aber anfange, öffentlich darüber nachzudenken, ob es besser wäre, nur die Parkautomaten mit kleinen Sprengsätzen zu versehen oder gleich die städtische Verkehrsverwaltung in die Luft zu jagen, setze ich mich ins Auto, sage »ach« und »ist eigentlich auch egal«. Ich fahre einmal um den Block und halte dann so, dass der Parkwächter nun vor mir ist und nicht so bald wieder an meinem Auto vorbeikommt. Und dann gehe ich meine Besorgungen machen, ohne Geld eingeworfen zu haben.

Von einer Bekannten habe ich dann später erfahren, wie man das macht, wenn man seinen Wagen immer und immer länger in Berliner Parkabzockzonen abstellen will. Man hat erstens einen halben Zentner Münzen im Kofferraum, bezahlt damit aber nur immer so viel, dass die Summe von Parkgebühr und möglichem

Knöllchen noch unter dem Preis liegt, den man für die volle Zeit an der Parkhauskasse lassen müsste – kurz: nur für ungefähr zwei Drittel der Zeit, die man dort stehen will. Für den Rest hofft man auf Kulanz oder darauf, nicht täglich erwischt zu werden. Im Schnitt rechnet sich das.

Und so erzieht uns die Parkraumbewirtschaftung nicht zum Autostehenlassen und Busfahren, sondern zum Betrügen.

Frauen können nicht einparken
Ein fast abgeschlossenes Thema

Die Debatte darüber, warum Frauen nicht einparken können, jedenfalls nicht rückwärts und parallel, durfte noch vor kurzem als abgeschlossen gelten. Das australische Ehepaar Barbara und Allan Pease hat 2001 ein Buch geschrieben, es »Warum Männer nicht zuhören und Frauen nicht einparken können« genannt, sagenhaft viel Geld damit verdient und naturgemäß Prügel für ihre Behauptungen eingesteckt. Sie hatten die Vorurteile der Männer gegenüber den Frauen nämlich nicht zerschmettert, wie es sich gehört, sondern wissenschaftliche Beweise dafür gefunden. Skandalös, mit anderen Worten.

Aber nicht dumm gemacht. Räumliche Wahrnehmung, schrieben die beiden, sei wirklich in erster Linie Männersache. Das habe die Evolution so eingerichtet, dank Auslese. Männer hätten, als sich der Homo sapiens so langsam zu einem geselligen Wesen entwickelte, immer das Mittagessen jagen müssen, und bei der Jagd sei es eben aus allerlei Gründen ganz praktisch, wenn man sich die Geographie der Jagdgründe einigermaßen merken könne. Das ist nachvollziehbar. Man sollte beispielsweise mit dem erlegten Elch auch wieder nach Hause zurückfinden können, sonst gibt es da Ärger respektive der Clan verhungert. Schwer unterdurchschnittliche Orientierungsleistung wurde also seinerzeit gern mit dem Aussterben der eigenen Gene bestraft. Was genetische Auslese bedeutet.

Frauen sind früher nicht jagen gegangen, jedenfalls nicht sehr häufig, sondern sie haben sich um den Nachwuchs gekümmert, die Höhle sauber gehalten, für Vorräte und Wasser gesorgt und mit den Nachbarinnen getratscht. Sie mussten also die Käsereitechnik, unsere Sprache und das Sozialverhalten entwickeln, hatten mit anderen Worten wichtigere Dinge zu tun als sich auf überflüssige 3-D-Wahrnehmungen vorzubereiten.

Nun wissen Barbara und Allan Pease natürlich auch, dass die meisten Leute heute nicht mehr in Höhlen wohnen und die wenigsten von uns Männern mittags auf Jagd gehen, um die Familie zu ernähren. Die Evolution allerdings weiß das nicht. Das könne man daran ablesen, heißt es in besagtem Buch, dass sich das Gehirn eines Mannes auch heute noch anders entwickelt als das einer Frau. Bei Jungen wachse die rechte Gehirnhälfte stärker und schneller als die linke, dafür verzichte das männliche Durchschnittsgehirn darauf, möglichst viele Verbindungen zwischen den Gehirnhälften zu schalten. Bei Mädchen entwickelten sich die Gehirnhälften dagegen ausgeglichener und seien besser vernetzt. Deshalb, lernt man weiter, seien Mädchen oft etwas reifer als gleichaltrige Jungen und ausgeglichener, tendenziell gar intellektuell überlegen. Mit einer wichtigen Ausnahme: Bei bestimmten Mathe-Aufgaben, bei der Schatzsuche im Labyrinth und ähnlichen topologischen Computerspielen, könnten die Mädchen den Jungen nicht mal annähernd das Wasser reichen, sagen die Peases. Was das Scheitern beim Einparken erkläre.

Man kann sich denken, dass es manche Kritik gegeben hat an diesem »halbwissenschaftlich biologisierenden Ratgeber«, wie eine freundliche Feministin das Buch beschrieb. Der Bestseller wirke kontraproduktiv, bemerkte sogar ganz offiziös das österreichische Bundesministerium für Bildung, Wissenschaft und Kultur. In einem Leitfaden dieser Einrichtung für Kindergartenpädagogen heißt es denn auch folgerichtig: »Die primäre Herausforderung in der Auseinandersetzung mit Gender und von gendersensibler Pädagogik ist es, unser Mitwirken an der heterosexuellen Ordnung aufzuspüren, diese Zuweisung als Herstellen von Heteronormativität in Frage zu stellen und aufzubrechen.« Eben. Genau. Was soll ich dem noch hinzufügen?

Nun bekenne ich, dass meine Kenntnisse der Cerebraldiagnostik und der Kulturanthropologie ähnlich begrenzt sind wie meine Begeisterung für gendersensible Pädagogik, selbst wenn dies die große, zentrale Herausforderung der menschlichen Zivilisation im 21. Jahrhundert sein sollte. Ich kann nur auf schlichte Lebenserfahrung verweisen und beim österreichischen Bundesministerium für Bildung, Wissenschaft und Kultur ein paar sehr einfache Fragen einreichen: Wie viele Männer kennen Sie, die nach dem Einkauf im Shopping-Center mehr als fünf Minuten nach ihrem Auto suchen müssen, das sie vor sich selbst im Parkhaus versteckt haben? Gut. Und wie viele Frauen? Eben. Und wie ist das Verhältnis? Unausgeglichen, sehr gut. Setzen. Sie leiden nicht unter Heteronormativität, was auch immer das ist, wenn Sie gewisse tendenzielle Unterschiede im Verkehrs- und Parkverhalten von Frauen und Männern anerkennen. Mit an Sicherheit grenzender Wahrscheinlichkeit gibt es mehr Frauen, die mit räumlicher Wahrnehmung und ergo Parken Schwierigkeiten haben, als entsprechende Männer. Darauf verwette ich einen Liter Nagellackentferner.

Die einzige Frage, die ich in diesem Zusammenhang für legitim halte, ist die, ob das Ehepaar Pease mit seiner hausgemachten DNA-Analyse den wahren Grund für diesen Unterschied gefunden hat. Ich könnte jetzt ein wenig vorurteilsbeladen daherkommen: Allan Pease ist eigentlich Unternehmensberater, und Barbara Pease ist eigentlich blondes Mode-Model. Das sind beides Berufe, in denen pedantische Selbstzweifel nicht zum Anforderungsprofil gehören.

Aber das habe ich gar nicht nötig, solche Flachheiten. Ich habe nämlich »Science«, das Magazin für den Menschen, der eigentlich schon alles weiß. Und im Herbst des Jahres 2006 fand sich dort ein Artikel, der mit dem Einparkverhalten von Frauen absolut überhaupt nichts zu tun hat. Dafür mit deren mathematischen Fähigkeiten. Und wer möchte, darf eigenmächtig eine möglicherweise bestehende Parallele ziehen.

Ilan Dar-Nimrod und Steven Heine, beides Psychologen an der Universität von British Columbia in Vancouver, Kanada, haben ebendort einen sehr lustigen Versuch gestartet – mit immerhin 203 Probandinnen, wie man weibliche Testpersonen vorschriftsgemäß nennt. Selbige wurden eingeladen, in vier Gruppen eine Reihe von Matheaufgaben zu lösen. Bevor sie sich aber an den (einheitlichen) Test machen durften, mussten sie einen hochwissenschaftlich-seriösen Essay lesen, in jeder Gruppe einen anderen.

Die erste Gruppe las irgendein semikluges Geschwafel über Frauen und Kunst. Das war die neutrale Kontrollgruppe. Wenn das jetzt ein Medikamenten-Test gewesen wäre, hätten die Pfefferminzbonbons bekommen.

Die zweite Gruppe las einen mindestens ebenso klug klingenden Aufsatz darüber, dass Mädchen in der Schule von Mathelehrern zu wenig gefördert werden, weshalb sie im Notendurchschnitt dieses Faches hinter den Jungen landen.

Für die dritte Gruppe hatten die Psychologen eine wissenschaftliche Abhandlung geschrieben, in der nachgewiesen wurde, dass Frauen in Mathematik kein bisschen schlechter sind als Männer.

Und für die vierte Gruppe stand in der ebenso wissenschaftlich fundierten Abhandlung, dass nach neuesten Erkenntnissen Frauen absolut keine Chance haben, es mit Männern in der Mathematik aufzunehmen, weil sie nämlich genetisch entsprechend vorprogrammiert seien. Im Nachhinein ist natürlich klar, dass mindestens zwei dieser Aufsätze frei erfunden waren, wenngleich auch höchst glaubhaft formuliert.

Dar-Nimrod und Heine haben die Matheaufgaben dann eingesammelt und sie korrigiert. Und, sieh an: Die vierte Gruppe hatte doppelt so viele Fehler gemacht wie die zweite. Dar-Nimrod und Heine erklären das damit, dass allein das »Wissen«, dass sie genetisch bei den Aufgaben versagen müssten, die Frauen scheitern ließ. Diejenigen dagegen, die ihr Geschlecht durch die Lehrerschaft benachteiligt sahen, haben sich extra angestrengt, weil sie etwas beweisen wollten.

Als ich das neulich meiner Friseurin erzählte, hat sie mir gleich gestanden, dass sie früher auch schlecht einparken konnte. Sie habe dann aber eine Weile in der Großstadt gelebt, wo man das Einparken einfach erlernen müsse, wenn man nicht verhungern wolle. Heutzutage schrecke sie nichts mehr. Nicht mal zu kleine Parklücken.

Mich übrigens auch nicht. Vor ein paar Wochen ist es mir gelungen, mein Auto in eine Lücke zu setzen, bei der vorne wie hinten höchstens noch fünf Zentimeter Platz blieben. Das war gar nicht so geplant, und ich habe auch keine Ahnung, wie das funktioniert hat. Aber wir wollten zum Essen, ich hatte Hunger, fuhr schon zum dritten Mal um den Block und war entsprechend genervt, als ein Smart aus einer kleinen Parklücke fuhr. Ich fahre keinen Smart, sondern ein ausgewachsenes Auto. Ich habe es trotzdem versucht. Ich habe gekurbelt wie ein Weltmeister, meine bessere Hälfte hat gewunken wie eine Cheerleaderin, und das Auto hat – dank rückseitigem Peilsender – gefiept, als hätte es einen Asthma-Anfall. Als es dann stand, habe ich mich ernsthaft gefragt, wie so ein Einparkvorgang eigentlich technisch möglich ist. Wenn das Auto während des Einparkens schräg steht, dann ist es doch über die sich bildende Diagonale länger, als es eigentlich ist. Oder?

Immerhin. Nach meiner Beobachtung hat die versammelte Wissenschaft aus einer ganz ähnlicher Verwunderung heraus sehr, sehr lange mit dem Problem des Parallelparkens gehadert. Mathematiker haben bald Jahrzehnte an der topologischen Aufgabe gerechnet, ein von ihnen als »nicht-holonomes« Gebilde bezeichnetes Auto in eine Lücke zu verschieben. Sie haben mit Kontroll-Theorien um sich geworfen und mit Pontryagin-Maximen, sie haben iterative Algorithmen ent- und verworfen, aufwändige Trajektoren erfunden, kurzum eine Reihe von Gerätschaften, von deren Existenz ich bislang gar nichts gewusst habe. Selbst für die simple Aufgabe, eine Parklücke ausfindig zu machen, haben Generationen von Mathematikern schon optisch atemberaubende Formeln entworfen. Es gibt Regale voll mit entsprechenden Ausarbeitungen, die nach meinem Dafürhalten allerdings auch auf Koreanisch abgefasst sein könnten, so wenig erschließen sie sich dem interessierten Laien. Selbst wenn »$D = (b+d/2)q = ((d+b)q + bq)/2 = (Dr + Dl)/2$« heutzutage schon pisa-gängiges Allgemeinwissen ist.

Inzwischen beginnen die Autohersteller, die inzwischen gefundenen Lösungen für das Problem in ihre Fahrzeuge einzubauen. Den VW Touran zum Beispiel gibt es jetzt in der neuesten Auflage mit einer Einparkautomatik, die ganz einfach funktioniert – und nicht so absurd kompliziert wie vor ein paar Monaten die von Toyota. Man drückt beim langsamen Durchfahren einer Straße auf den ersten Knopf, dann sucht der Wagen selbsttätig einen geeigneten Parkplatz, piept im Erfolgsfall und lädt einen dann ein, den zweiten Knopf zu drücken. Viel mehr muss man dann nicht mehr tun, nur unbedingt das Lenkrad loslassen. Das dreht sich dann nämlich wild und gefährlich und von selbst, während der Wagen ganz langsam in die Parklücke zuckelt.

Man könnte fast dem Missverständnis anheim fallen, dass diese Erfindung sich als segensreich für unser Gemeinwesen und die Heteronormativität etc. erweisen könnte. Diejenigen Autofahrerinnen, die aus welchen Gründen auch immer überdurchschnittliche Probleme mit dem Rückwärtseinparken haben, werden schließlich bald nicht mehr in entsprechende Verlegenheit geraten. Aber diese Hoffnung beruht, fürchte ich, auf einem Irrtum. Weil das Einparken eben so überaus kompliziert ist, parkt die Automatik nämlich vorsichtshalber nur in Parklücken ein, die mindestens um 1,4 Meter länger sind als das Auto, das automatisch eingeparkt werden soll. Und zwar schon deshalb, weil der Computer nur ein einmaliges Zurücksetzen berechnen kann – und nicht so ein Hin und Her, wie es in der Realität beim Einparken in enge Lücken notwendig ist. Die Technologiefolgen sind also absehbar: Es wird alles nur immer noch schlimmer. Wenn die einparkunfreudige Autofahrerin der Zukunft eine gewaltige Parklücke sehen wird, wird ihr der Automat selbst dann die Kurbelei abnehmen und damit die Möglichkeit, eigene Einparkerfahrung zu sammeln. Bei engen Parklücken wird der Automat sich verweigern und die ungeübte Autofahrerin also scheitern. Und weil immer mehr Autofahrerinnen aus unerfindlichen Gründen meinen, in absurd großen Autos herumfahren zu müssen, wird es immer weniger gewaltige Parklücken geben. Nicht mal in Parkhäusern.

Womit ich andeuten will, dass das Thema Frauen und Einparken uns noch eine ganze Weile beschäftigen dürfte. Und das völlig unabhängig davon, ob Frauen nun aus genetisch-evolutionären Gründen oder dank eines Vorurteils nicht einparken können.

Das Einmaleins der Park-Philologie
D'Humy und andere Widrigkeiten des
stehenden Verkehrs

Der berühmte Bildungsforscher, -politiker und -papst Andreas Schleicher, im zivilen Leben Pisa-Koordinator bei der OECD, der Organisation der Industrieländer, will demnächst auch die Allgemeinbildung von Erwachsenen abfragen lassen, schon damit sich die 15-jährigen deutschen Schüler, die bei den Pisa-Studien so kläglich abgeschmiert sind, in passender Gesellschaft und also nicht mehr so schlecht fühlen. In Vorbereitung dieses ab 2009 an jeder Aldi-Kasse verbindlich abzulegenden »Piaac«-Tests (Programme for the International Assessment of Adult Competencies) soll an dieser Stelle jetzt schon mal das d'Humy-Prinzip in Erinnerung gerufen werden. Also bitte mitschreiben.

Bei den meisten deutschen Erwachsenen passiert nämlich nach wie vor zweierlei, wenn man sie etwa anlässlich einer Weihnachtsfeier fragt, ob sie das d'Humy-Prinzip erläutern könnten. Bei den meisten zieht man mit dieser Frage eine glatte Niete inklusive passendem Gesichtsausdruck. Bei einer Minderheit erntet man einen weitschweifigen Vortrag über den Zusammenhang von Verhältniswahlrecht, Mehrheitswahlrecht und Überhangmandaten. Was mit d'Humy natürlich überhaupt nichts zu tun hat, weil es nämlich d'Hondt ist. Nur sehr wenige Deutsche kennen das d'Humy-Prinzip so gut, dass sie es freihändig beschreiben können.

Es ist diese Ignoranz, die Andreas Schleicher immer so sorgenvoll gucken lässt, wenn er als Bildungspapst seinen Blick auf Deutschland richtet. Der andere Grund ist der, dass die deutschen Bildungspolitiker sich weigern, endlich Schleichers bildungspolitische Vorstellungen umzusetzen. Unverschämtheit.

Zurück zu d'Humy, der normalerweise im Sachkundeunterricht eine Rolle spielt, wenn die »Grundzüge des Parkhausbaus« durchgenommen werden (das ist Stoff der 3. Klasse, jedenfalls in unionsregierten Ländern, soweit mir bekannt ist). Der original d'Humy war, wie jede Sachkundelehrerin sicher erläutern kann, Fernand E. d'Humy, somit der berühmte Namensgeber des nicht minder berühmten US-Patents 1,704,499 von 1929 über die schräge Anordnung von Rampen in Parkhäusern. Genau. Das Parkhausrampenprinzip, über das gerade in den späten Siebzigern in manchem Gemeinschaftskundeunterricht heftig debattiert werden musste.

Für diejenigen, die sich nicht mehr erinnern, will ich das gerne wiederholen. Das segensreiche Wirken d'Humys für das internationale Parkhauswesen ist architektonischer Art. D'Humy hat weiland vorgeschlagen, die Parkdecks alle um genau zwölf Grad schräg zu stellen, in die Mitte des Parkdecks aber quasi ein viereckiges Loch zu schneiden, durch das dann eine zweispurige Rampe führt, die mit der gleichen Schräglage, aber gegenläufig, zur nächsten Rampe läuft. So entsteht eine Parkhaussituation, die jederzeit von größtmöglicher gegenseitiger Sichtbarkeit und Benutzerfreundlichkeit gekennzeichnet ist.

Nur mal als Hinweis am Rande: Wenn man so etwas bei einer Weihnachtsfeier vorträgt, wird man seine Kollegen sehr schnell in Park-Enthusiasten und Park-Amateure aufteilen können, wobei ich die Erfahrung gemacht habe, dass gerade junge, attraktive Frauen in aller Regel zu den Park-Enthusiasten gehören. Nicht selten jedenfalls habe ich, wenn ich mich mit spannenden Erläuterungen zur Parktechnik und -theorie in den Mittelpunkt eines gesellschaftlichen Events gedrängt hatte, auf meiner Schulter eine sanfte weibliche Hand verspürt (oft sogar die der Gastgeberin), die mich dazu nötigte, auf einem weichen Fauteuil Platz zu nehmen, damit ich meine Ausführungen in einem bequemeren Umfeld fortsetzen konnte.

Es geht, sehr richtig, um die Ausrichtung des idealen Parkplatzes. Nur Laien meinen, dass dies eine Frage ist, für die sich nur Fachidioten begeistern können. Wer nur mal wenige Minuten darüber nachdenkt, wie sich Parkordnungen auf das gesellschaftliche Miteinander auswirken, wird sehr schnell zu dem Schluss kommen, dass die Art, wie wir unser Auto abstellen, erhebliche Auswirkungen hat auf die Art, wie wir leben.

Es ist kein Zufall, dass sich vor allem in den USA Stadtplaner und Sicherheitsingenieure bereits am Ende der zwanziger Jahre des zwanzigsten Jahrhundert umfassende Gedanken zu diesem Thema machten. »Abgesehen vom Wetter gibt es keine Frage, die in den Städten heute häufiger diskutiert wird als die des automobilen Parkens«, erklärte immerhin die United States Conference of Cities im Jahre 1928. Wer schräg einparke, schrieb der Nationale Rat für Sicherheit, zeige wenig Respekt vor anderen Fahrern.

Ich glaube, dass dies die zentrale Frage im Zusammenhang mit Parken ist: Respekt. Respekt vor dem Mitmenschen, Respekt vor Leistung, Respekt vor dem Gesetz. Vielleicht kann ich das an einem Beispiel deutlich machen.

Es gibt Leute, die parken unauffällig, unaufdringlich und

wahrscheinlich stets legal, weil sie meinen, dass man mit einem ruhenden Auto immer irgendjemanden stört, im Weg steht, Platz verbraucht. Das sind dieselben Leute, die sich dafür entschuldigen, wenn sie zu ihrem Auto zurückkehren, um beispielsweise einen Regenschirm herauszuholen, und dann bemerken, dass man mit seinem Wagen schon in Hab-Acht-Stellung gegangen war, um den Parkplatz zu übernehmen. Die bieten einem dann ihre Hilfe an: gucken vielleicht, ob sie aus der Fußgängerperspektive noch irgendwo eine alternative Parkgelegenheit erspähen. Manche von ihnen fahren auch gleich weg, obwohl sie es gar nicht wollten, nur damit sie einen Wartenden nicht enttäuschen müssen. Es sind, kurzum, Menschen, denen man gerne begegnet.

Unauffälligparker parken in aller Regel parallel zur Bürgersteigkante, fein säuberlich und ohne Fremdberührung. Sie präferieren darüber hinaus den normalen Senkrechtparkplatz: 90 Grad zur Straßenrichtung, denn das ist die Parkplatzstellung, bei der am wenigsten Verkehrsraum verbraucht wird. Sie wissen wahrscheinlich sogar, dass man am allerbesten rückwärts einparkt, weil man dann erstens eine optimale Einparkposition und über die Seitenspiegel beide Nachbarn gut im Blick hat und zweitens beim Ausparken weder Blech noch Fußgänger gefährdet.

In Deutschland ist dieser Typus Parker allerdings akut vom Aussterben bedroht, was möglicherweise auch zu den Sekundärfolgen der Parkraumbewirtschaftung gehört. In Deutschland parkt man heute eher so, wie es auch der ADAC empfiehlt, nämlich schräg, also egoistisch. Man braucht dafür deutlich mehr Platz, rund drei bis vier Quadratmeter pro Auto. Schrägparken ist, da hat der ADAC natürlich Recht, einfacher für den Autofahrer. Erstens kommt man besser rein in die Parklücke, weil man einfach geradeaus hineinfahren kann. Das ist keine Kunst. Zweitens kommt man besser raus, weil man ohnehin nichts hinter sich sehen kann, also einfach rausfahren wird ohne sich groß umzugucken. Dann müssen die Leute, in die man hineinzufahren droht, eben hupen. Drittens und vor allem stößt man beim Öffnen der Fahrertür nicht immer gleich voll gegen die Beifahrertür des Nachbarwagens, sondern gegen dessen hinteren Kotflügel, also an eine Stelle, wo der Halter des besagten Fahrzeugs den Schaden wahrscheinlich nicht sofort bemerken wird. Große Künstler schaffen es manchmal, in Schrägparkplätzen sogar rückwärts einzuparken, worauf sie dann gegen die Fahrtrichtung der anderen Autos stehen und später den Parksuch- und den Ablaufverkehr gleichzeitig durcheinanderbringen. Schrägparken, mit anderen Worten, ist etwas für egoistische Nichtkönner. Es fehlt diesen Schattenparkern an Respekt vor dem Nächsten, wenn man mich fragt.

Ich beobachte überdies, dass es immer häufiger an Respekt vor Leistungsbereitschaft mangelt. Sogar von Staats wegen. Ordnungsbehörden erlassen bisweilen Verwarnungen, wenn Autos über die Linien von vormarkierten Parkplätzen hinausragen. Das ist allerdings absurd, denn die deutsche Norm-Parkbucht von 4,7 mal 2,5 Metern ist viel zu eng für manchen oder auch zu kurz. Der Cadillac Escalade zum Beispiel ist etwas über zwei Meter breit und etwas über fünf Meter lang. Da kommt man mit sozialistischem Gleichmacherparken nicht aus. Da ragt etwas über, so sehr man sich auch bemüht, korrekt zu parken. In Amerika sind Parkbuchten signifikant größer. Man sollte sich ein Beispiel nehmen, von Zeit zu Zeit, an der westlichen Führungsmacht.

Oder eben Gelassenheit an den Tag legen oder gar Großzügigkeit. Ich sah kürzlich, wie zwei Politessen schulterzuckend an einem größeren BMW vorbeiliefen, der auf einem Gehweg in der Düsseldorfer Innenstadt abgestellt war. Das hat mir gefallen. Es war ihnen klar, dass dieses Fahrzeug dort nicht einfach so stand, sondern dass wahrscheinlich ein wichtiger Leistungsträger unserer Gemeinschaft entscheidende Maßnahmen zu ergreifen hatte, die einen zeitaufwändigen Parkvorgang im Sinne gesamtgesellschaftlicher Verantwortung nicht gerechtfertigt hätten.

Es macht doch nichts, wenn mal einer auf dem Gehweg parkt, oder? Fußgänger können schließlich leichtfüßig auf die Straße ausweichen oder sich ein wenig zwischen den Mülltonnen hindurchbemühen. Dabei entsteht kaum einmal ein wirkliches Problem; höchstens, wenn eine Mutter mit einem Zwillings-Kinderwagen vorbeikommt, aber wann passiert das schon mal? Und wenn doch, dann kann man der Frau immer noch einen Zehner in die Hand drücken, damit sie den Kleinen mal ein Eis ausgeben kann. Großzügigkeit muss in alle Richtungen gehen.

Das vermisse ich oft, solche Großzügigkeit, solchen gegenseitigen Respekt. Ich habe kürzlich sogar beobachten müssen, wie eine Frau dafür beschimpft wurde, dass sie ihren Sohn von der Grundschule abholte. Sie hatte ihren bescheidenen Mercedes ML 320 nur ganz kurz – für allerhöchstens eine Viertelstunde – auf dem Zebrastreifen vor der Schule angehalten. Das geht dort nicht mehr anders, seit irgendwelche Bauamt-Dummköpfe auf die Idee gekommen sind, die wenigen Parkplätze vor dem Schultor mit hässlichen Pollern unbenutzbar zu machen. Da fasse ich mir wirklich an den Kopf: Diese Maßnahme ist damit begründet worden, dass die »Unfallgefahr« verringert werden sollte. Sie ist dadurch natürlich viel höher geworden, weil man gerade beim Parken eines etwas höher liegenden SUVs diese Pfosten gar nicht richtig sehen kann. Also stehen die Autos jetzt halt alle auf der Straße inklusive Zebrastreifen. Wo sollen die auch sonst hin?

Die arme Frau ist dann von anderen intoleranten Müttern beschimpft worden, die meinten, dass ihre lieben Kleinen nun nicht mehr unbehelligt die Straße überqueren könnten. Einige haben sich sogar noch darüber echauffiert, dass der ML im Leerlauf lief. Wussten offenbar nicht, dass sonst die Klimaanlage nicht laufen könnte.

Wie gesagt, ich erwähnte es schon: Gerade wenn wir parken oder halten, behandeln wir uns immer weniger mit dem nötigen Respekt füreinander. Was in meinen Augen nicht zuletzt eine Folge der mangelnden Allgemeinbildung ist. Ich wünsche Herrn Schleicher deshalb viel Erfolg mit seiner Erwachsenenbefragung.

8

Humor ist, wenn man trotzdem fährt

Die Killer-Story
Ein paar nüchterne Daten zum Eindruck schinden

Es ist immer wieder überraschend, aber zuweilen reicht ein einziger Blick, um die nervöse Euphorie, die ich mit der Ankunft auf einer Party verbinde, ad hoc in schlechte Laune zu verwandeln. Er stand in der Küche, neben dem Büfett und vor den Getränken, so dass jeder an ihm vorbei musste. Schwarzes Rocker-T-Shirt über dem Wohlstandsbauch, die kurz geschorenen Haare leicht angegelt, Ohrring, Intellektuellenbrille. Wir kannten uns noch nicht, aber er guckte mich schon mal höchst spöttisch an. Links von ihm stand eine mir fremde hennarothaarige, hochgewachsene Furie mit gereizt blinkenden Augenlidern. Rechts eine mir umso bekanntere Dauerstudentin, Germanistik und Jura, glaube ich, unglaublich klug, schön und erstaunlicherweise Single. Ich hatte mich immer zu alt und arriviert gefühlt in ihrer Gegenwart, aber dieser Fleischklops vor der Weintheke wirkte mindestens zehn Jahre älter als ich.

Und dann redete er auch noch von seinem neuen Auto, laut, angeberisch, begeistert: von einer Tour, die er offenbar erst vor einigen Tagen abgeschlossen hatte, einer Fahrt über den Schweizer Simplon-Pass nach Italien, an den Lago Maggiore. Er habe für die Strecke mit seinem neuen Audi R8 nur zwölf Stunden gebraucht, von Berlin aus. Mit einem Audi R8! Warum fährt dieser Typ einen Audi R8? Das sind doch Fahrzeuge für Dynamiker, nicht für Hefeklöße.

Ich musste etwas unternehmen. Auch wenn es jetzt vielleicht ein Stimmungskiller werden würde. Ich berührte die Jura-Germanistin am Oberarm, lächelte ihr zu, in der Hoffnung, dass sie mein Lächeln erwidern würde (was sie bedauerlicherweise nicht tat), und fragte dann, nach einem Weinglas fischend: »Wusstet ihr eigentlich, dass ...«

Ich ratterte die Statistiken aus dem Kopf herunter. »Autofahren ist ein Killer. In den 25 Ländern der Europäischen Union starben im Jahr 2005 41 600 Menschen an den Folgen eines Verkehrsunfalls, das sind zwar 17,5 Prozent weniger als 2001, aber immer noch ein Toter alle 12 Minuten. Zählt man die Verletzten dazu, dann wird laut Unfallstatistik in jeder Minute irgendwo in Deutschland jemand zum Opfer des Verkehrs, tags wie nachts. Für junge Leute zwischen 18 und 24 Jahren ist hierzulande der Tod auf der Straße die Haupttodesursache.«

Kunstpause. Alle drei guckten mich entsetzt an. Ich hatte sie fast so weit. »Und Europa ist eine Insel der Seligen, was die Verkehrssicherheit anbelangt. In China oder in El Salvador oder in den allermeisten Ländern Afrikas wären sie glücklich, wenn das Verhältnis von Verkehrstoten zur Gesamtbevölkerung nur annähernd so wäre wie auf dem alten Kontinent. In der so genannten ›Dritten Welt‹ fahren sich die Leute geradezu enthusiastisch zu Tode. Von den 1,2 Millionen Menschen, die jährlich bei Unfällen auf der Straße sterben (das sind über 3000 am Tag), kommen nach Schätzungen der OECD über 88 Prozent aus unter- oder wenig entwickelten Ländern. In Indien, wo es 2005 ungefähr 8,1 Millionen Autos gab, ist fast jedes hundertste Auto einmal im Jahr in einen tödlichen Verkehrsunfall verwickelt. In Großbritannien, nur zum Vergleich, ist nur jedes zehntausendste Auto betroffen. Und weil in Indien oder in China nur der Verkehr zunimmt, aber nicht die Verkehrssicherheit, schätzt die Weltbank, dass 2020, also in nicht mal mehr 15 Jahren, sowohl in dem einen als auch in dem anderen Land mehr als 300 000 Menschen bei Verkehrsunfällen sterben werden. Macht zusammen 600 000.«

Noch mal eine Kunstpause. Ich habe inzwischen Blickkontakt zu diesem Obermotz, diesem Wichtigtuer mit seinem Audi R8. »An Vogelgrippe sind bis Ende 2006 153 Menschen weltweit gestorben. Weltweit. 153. Und wir haben in Europa Millionen von Hühnern eingesperrt, die Bundeswehr hat Rügen besetzt, und die Bundeskanzlerin ist hingefahren, um sich tote Schwäne anzugucken.«

Ich weiß, man soll seine Umgebung nicht überfordern, auf Stehpartys schon gar nicht. Bei diesem Thema ist das schnell passiert. Man muss immer damit rechnen, dass sich die Angst vor und das Entsetzen über die eigene Spezies plötzlich Bahn bricht, dass jemand in Tränen ausbricht oder zu einer Axt greift, um draußen auf der Straße Killer-Autos zu zerstören. Als eleganteste Wendung (und auch als die, die die eigene intellektuelle Meinungsführerschaft zu festigen hilft) ist an dieser Stelle ein Zitat von Peter Sloterdijk zu empfehlen, aus dessen Essay »Die Gesellschaft der Kentauren«. Ich verschränkte die Arme also vor der Brust, das Weißweinglas dabei lässig in der Rechten haltend, blickte in die bald handtellergroßen Augen meiner Lieblingsjuragermanistin und zitierte, es sei unsere »archaische Bereitschaft zum Blutzoll«, die es uns als Gesellschaft ermögliche, die vielen Toten als unvermeidlich zu ertragen. Ich ließ das jetzt wieder ein paar Sekunden sacken, das mit dem Blutzoll. Sie hatte das verstanden, da war ich mir sicher, aber dieser T-Shirt-Träger? Wohl kaum.

Ich begann sodann von Abraham zu erzählen, der von Gott doch dazu aufgefordert worden war, seinen einzigen Sohn Isaak zu opfern. Und der seinen Sohn beinahe getötet hätte, weil er Gottes Wort als die Wahrheit verstand, die einzige Wahrheit, der unbedingt Folge zu leisten sei. Das sei die ursprünglichste Form des Wahrheitsverständnisses, sagte ich zur Erläuterung, mit größeren Pausen in den Sätzen nun, damit es auch ordentlich bedeutungsschwanger klang: »Ich begreife das als die martyriologische Dimension im Begriff Wahrheit – wonach wahr ist, wofür der Tod als Preis in Kauf genommen wird.« Ist alles Sloterdijk, weitgehend. Ich guckte kurz, ob meine Germanistin das jetzt ordentlich beeindruckend fand. Wenn nicht, hätte ich jetzt Sloterdijks Namen nennen und mich über ihn lustig machen können. War aber nicht nötig.

In anderen Situationen, bei denen ich dieses Thema erfolgreich habe einfließen lassen, hat an dieser Stelle eine stundenlange Diskussion begonnen über die Frage, ob wir den besagten »Blutzoll« eigentlich wirklich akzeptieren müssen. Wer eigentlich daran Schuld hat, dass es so viele Tote gibt, ohne dass sich irgendjemand groß darüber aufregt. Warum es ein Mahnmal für die Maueropfer gibt, aber keines für die Auto-Opfer (es gibt eins, zugegebenermaßen: in Budapest). Worin eigentlich der Grund dafür liegt, dass das Eintreten für Verkehrssicherheit als unerträglich spießig gilt, während man sich mit seinem Einsatz für die Befreiung von Käfighennen zum gesellschaftlichen Avantgardisten stilisieren kann.

Wenn es zu langweilig wurde, habe ich diese Debatten manchmal noch mit Verwirrungsmaterial angefüttert. Es findet sich da zum Beispiel eine Statistik beim amerikanischen Straßenhistoriker Maxwell G. Lay, die beweist, dass Autofahren viel sicherer ist als das Kutschieren im 19. Jahrhundert. Damals hätte man für jede Milliarde Kilometer Verkehrsleistung ungefähr 180 Todesfälle gezählt. Beim Auto läge die Rate heute bei nur 20 Todesfällen. Es wäre also gar nicht das Auto, das uns Probleme mache, sondern der Bewegungsdrang. Oder ich sage etwas zu dem bereits erwähnten statistischen Fakt, dass der Straßenverkehr für junge Menschen in Deutschland die Haupttodesursache ist: Man könne das sicherlich dem Straßenverkehr anlasten, natürlich, aber ich machte eher die verbesserte medizinische Betreuung dafür verantwortlich. Und den Umstand, dass wir derzeit keinen größeren Krieg führen. Es gäbe heute schlicht viel zu wenige Möglichkeiten für einen jungen Menschen, sich ums Leben zu bringen.

An diesem Abend aber brauchte ich das alles gar nicht mehr. Der Typ in seinem schwarzen T-Shirt war wortlos aus der Küche verschwunden, nicht ohne mir noch einen Blick zuzuwerfen, aus dem wohl Mitleid sprechen sollte. Die Rothaarige hatte mich gefragt, ob ich irgendwelche Probleme hätte, und war ihm dann, bevor ich eine Antwort geben konnte, ins Wohnzimmer gefolgt. Meine Jura-Germanistin aber hatte sich meiner offenbar nun doch erinnert und fragte mich, ob ich das eigentlich immer so machen würde. Ich guckte wohl etwas überrascht. »Bei der letzten Party, auf der ich dich getroffen habe, hast du über genau das gleiche Thema geredet. Lass dir doch mal was Neues einfallen.«

Anschließend hatte ich dann die Küche für mich allein und direkten Zugriff auf die Wein-Vorräte. Und bin ins Grübeln gekommen über die Ungerechtigkeit der Welt, das Leben an sich und die schwer wiegende Frage, ob das Auto in der Tat eine Geißel der Menschheit ist.

Lass krachen, Alter
Vom phänomenalen Verkehrslärm

Das Beste an unserer Wohnungssuche war der Immobilienmakler. Ich hatte ihm eingeschärft, dass wir eine ruhige Wohnung suchen, und schon hatte er uns in sein Auto gepackt und auf die Schönhauser Allee in Berlin gefahren. Dort verläuft der Durchgangsverkehr lediglich vierspurig, zum Ausgleich aber gibt es die U-Bahn-Linie 2, die aus historischen Gründen als Hochbahn posiert, und zwar in etwa auf der Höhe des dritten Stocks.

»Vielleicht liegt hier ein Missverständnis vor. Wir suchen eher nach einer ruhigen Wohnlage.«

»Ich weiß, ich weiß. Aber warten Sie es mal ab, junger Mann. Da drinnen wird Ihnen die Straße gar nicht mehr auffallen. Das ist so eine zauberhafte Wohnung, lichtdurchflutet und wunderschön, da hört man praktisch nichts. Wir haben außerdem Lärmschutzfenster einbauen lassen.«

Drinnen in der Wohnung hat man in der Tat nicht den Eindruck, als stünde man direkt an der Straße oder der U-Bahn-Linie. Es fühlt sich eher so an, als seien beide ungefähr zehn Meter entfernt. In den lichtdurchfluteten Räumen hört man ein Auto nach dem anderen vorbeirauschen, und zwischendurch grüßt immer mal wieder die U-Bahn durchs Fenster. Ich finde es überaus aufregend, dass man die Bahn sogar im Fußboden spüren kann. Der ganze Raum vibriert, wenn sie vorbeifährt. Das erspart einem morgens um 5 den Wecker, sofern man überhaupt zwischendurch einschlafen konnte. Der Makler erläutert noch die Vorzüge des schmucken schwarzen Marmorbads mit Whirlpool, aber ich höre ihm leider kaum noch zu, denn ich stehe im mutmaßlichen Wohnzimmer und überlege, was für eine Hi-Fi-Anlage man da einbauen müsste, um ungestört fernsehen zu können. Wir haben die Wohnung dann nicht genommen.

Ich verstehe eigentlich überhaupt nicht, wie man an der Schönhauser Allee in Berlin wohnen kann oder am Petuelring in München oder an der Huckarder Straße in Essen, wo man direkt auf den Ruhrschnellweg guckt. Vielleicht geht es, wenn man ungefähr 86 Jahre alt ist und/oder seit vier Jahren Techno-Fan, ergo keine Geräusche mehr unter 80 Dezibel wahrnehmen kann. Aber alle anderen müssen an solchen Straßen sicher auch tagsüber Ohropax tragen. Ich mag überdurchschnittlich lärmempfindlich sein – manchmal muss ich nachts den Funkwecker vom Nachttisch auf den Boden stellen, weil er mir zu laut tickt –, aber es gibt Schallgrenzen, die nach meinen Informationen universellen Charakter haben. Eine dieser Grenzen wird durch das Geräusch überschritten, das ein Motorrad macht, wenn es einem durch das Schlafzimmer fährt. An eine andere Schmerzgrenze geht jede Sendung von und mit Florian Silbereisen, aber dazu komme ich noch.

Lärm ist eine ziemlich eigenartige Form von Umweltverschmutzung, wenn man sich damit mal genauer befasst, gerade im Vergleich zu anderen Sünden wider die Natur. Wenn man etwa eine Zigarettenkippe aus dem Autofenster wirft, bleibt sie ihrer neuen Heimat für eine Weile erhalten; und wenn zufällig ein passender Bach vorbeiläuft, dann kann sie ihren Wirkungskreis sogar erweitern. Ähnlich ist das mit alten Batterien, von gebrauchten Plutoniumkapseln ganz zu schweigen.

Schall hingegen ist erstens extrem flüchtig und zweitens nur begrenzt transportabel. Ich bin seinerzeit hin und wieder in London-Heathrow dabei gewesen, wenn eine Concorde abflog, was mit absolut ohrenbetäubendem Krach verbunden war. Schon 20 Sekunden nach dem Abflug, wenn also der nächste Jumbo starten durfte, war von der Concorde nichts mehr zu sehen noch zu hören. Es blieb zur Erinnerung höchstens ein leises Säuseln in der Ohrmuschel zurück, mehr nicht. Und nur ein paar Ecken weiter nördlich oder südlich hätte man gar nichts gehört von dem Überschallvogel.

Weil Lärm eine so individuelle und vergängliche Form der Belästigung ist, vergessen viele Leute leicht, dass erhebliche Langzeitschäden für die Gesundheit oder die Stimmung drohen, wenn man sich den falschen Geräuschen aussetzt. Nur eine Minderheit deutscher Fernsehzuschauer ist zum Beispiel darüber informiert, dass man die körpereigene Produktion von Sexualhormonen gefährdet, wenn man am Samstagabend Volksmusik hört. Man erkennt diesen Effekt unter anderem daran, dass das Publikum bei Florian Silbereisen immer so aufgeschwemmt wirkt.

Aber das ist längst nicht alles. Eine Schädigung der Gehörorgane zum Beispiel ist laut Weltgesundheitsorganisation zu erwarten, wenn der Dauerschallpegel am Ohr des Betroffenen rund um die Uhr 70 Dezibel übersteigt. Das ist durchaus machbar. Verkehrslärm hat im Schnitt und am Straßenrand 80 Dezibel. Nun weisen Wissenschaftler darauf hin, dass man sogar am Ruhrschnellweg das Fenster stets offen halten müsste, um so einen Wert auch nur annähernd zu erreichen. Denn erstens rauscht der Verkehr selbst in Essen nicht rund um die Uhr mit Maximalkraft, und zweitens sinkt der Pegel mit jedem Meter Abstand und mit jeder Mauer, die zwischen Hörer und Lärmquelle steht, deutlich ab. Abhilfe schaffen kann auch bereits ein einfacher Walkman mit lauter Musik oder ein schnarchender Ehepartner.

Womit ich bei Schlafstörungen wäre – auch nicht ganz ungefährlich, weil sie nämlich Langzeitfolgen für Psyche und Physis haben. Für eine ordentliche Dauerschlafstörung muss man noch nicht mal an den Ruhrschnellweg ziehen. Der Schlaf wird nämlich weniger durch Dauerlautstärke als vielmehr durch Maximalausschläge gestört. Da reicht ein einzelnes Motorrad oder ein einzelner schlecht getunter 3er BMW, der mit lautem Röhren das Ende der Schicht bekannt gibt, und die Nacht wird zum Tag. Da hat es der Ruhrschnellweg-Nachbar schon wieder fast gut, weil das Lärmgrundrauschen bei ihm so laut ist, dass die Spitzen vielleicht nicht so auffallen.

Wo ich gerade beim Lärm bin, möchte ich nicht versäumen, gleich noch auf ein Missverständnis im Zusammenhang mit Großraumbüros hinzuweisen. Die Entfernung von Trennwänden und -türen wird von sparwütigen Chefetagen gerne mit dem Argument verbrämt, im Großraum könne man besser kommunizieren. Die Weltgesundheitsorganisation widerspricht dem energisch. Es werde schwierig, Gespräche zu führen oder intellektuell anspruchsvollere Arbeiten zu erledigen, heißt es dort, und zwar immer dann, wenn der durchschnittliche Lärmpegel über 35 Dezibel liegt. Der Laie wird jetzt erleichtert aufatmen: »Na, das ist doch weniger als die Hälfte von der Autobahndröhnerei.« Der Fachmann weiß indes, dass Dezibel die Maßeinheit für den logarithmierten Schalldruck ist.

Alles klar? Ich will versuchen, mich klarer auszudrücken. Der Schalldruck steigt gewissermaßen in Potenzen. Er verdoppelt sich in etwa von 10 zu 20 Dezibel, aber dann geht das mit dem Verdoppeln immer schneller. Mit 80 Dezibel rauscht lauter Verkehr, mit 70 Dezibel schon ein einzelner Pkw oder, nun ja, eben das durchschnittliche Großraumbüro. Ein Gespräch in Normaltonfall bringt es auf ungefähr 60 Dezibel, und alles unter 40 Dezibel ist verdammt leise. Blätterrauschen z. B. Schon das stört beim kreativen Denken, weshalb sich Großraumbüros für Kreativberufe eigentlich von selbst verbieten sollten.

Auf 40 Dezibel bringt es nach WHO-Berechnungen übrigens auch leise musikalische Berieselung. Damit wäre dann endlich erklärt, warum die netten Damen im Kaufhaus immer so einen leicht abwesenden Eindruck machen.

Was Lärm darüber hinaus so interessant macht, ist aber natürlich seine subjektive Seite. Lärm wird als »störendes Geräusch« definiert. Was aber stört, entscheidet jeder selbst. Was für den einen ein fröhliches Kindergeplärr ist, stellt für den anderen eine wahrhaft mörderische Störung seines Mittagsschlafs dar. Was der eine für einen Höhepunkt volkstümlicher Musikkultur hält (ich denke dabei wiederum an das Schaffen Florian Silbereisens), empfindet der andere als Tonfolter.

Bei Verkehrsgeräuschen ist das nicht wesentlich anders. Es gibt Leute, die Verkehrsgeräusche schön finden. Das sind durchaus bemitleidenswerte Menschen, weil sie viel Geld für »Soundtuning« ausgeben müssen – so heißt das heute – und nichts Besseres zu tun haben, als sich in ausgewählten Webforen gegenseitig die Musik ihrer Motoren vorzuspielen. Weil Verkehrsphonie ein Minderheitenprogramm ist, ist selbst ProSieben bislang vor einer »Super-Hitparade der Verkehrsmusik« zurückgeschreckt. Auch die Show »Deutschland sucht den Super-Auspuff« ist in der Konzept-Phase stecken geblieben.

Die meisten anderen finden Verkehrsgeräusche eher störend, jedenfalls bei höherer Intensität. Das Schweizer Bundesamt für Umwelt, Wald und Landschaft, für das auch das wunderschöne Kürzel BUWAL steht, hat deshalb einmal versucht zu quantifizieren, wie Menschen Lärmbelästigung eigentlich empfinden. Das war natürlich gar nicht so einfach. Einmal hat man sich eine große Zahl von Umfragen angeguckt, in denen das Verhältnis von Lärmstärke zu »Belästigung« abgefragt wurde. Demnach war »ein markantes Ansteigen« des Anteils der »stark Gestörten« festzustellen, sobald der am Straßenrand gemessene Lärmpegel tagsüber 42 Dezibel und nachts 32 Dezibel überstieg. Demnach wäre fast jeder fast überall gestört, weshalb die Untersuchung dann auch niemandem so richtig weiterhalf.

Die Umweltforschung kennt aber noch einen anderen Weg, um die Belästigungsqualität von Lärm zu quantifizieren. Nicht ganz überraschend für mich, führt dieser Weg, genau: über die Immobilienwirtschaft. Da sucht man sich Wohnanlagen, die möglichst gleichwertig sind, also zum Beispiel über die gleiche Anzahl von schwarz marmorierten Luxusbädern verfügen, aber in ganz unterschiedlichen Lärm-Umfeldern liegen. Und dann kann man sich eben anschauen, um wie viel billiger die lärmgeplagte Wohnlage gegenüber der ruhigen ist. In der Schweiz jedenfalls sinkt demnach der Preis eines Hauses oder die Miete einer Wohnung um durchschnittlich 0,66 bis 1,2 Prozent pro Dezibel. Womit bewiesen wäre, dass sich der Mensch um 0,66 oder 1,2 Prozent schlechter fühlt für jeden Dezibel Krach, den er ertragen muss.

In Deutschland hat das Umweltbundesamt schon 1998 Menschen befragt, wie viel Geld ihnen eine Lärmverminderung wert wäre, wenn man eine solche einfach bei Aldi kaufen könnte. Da kam dann natürlich etwas weniger dabei heraus, weil die Deutschen ja alle gerne sparsam sind, wenn es um Lebensqualität geht. Aber immerhin: Jeder Dezibel Geräuschabsenkung wäre dem deutschen Durchschnittsbürger zwischen 8 und 16 Euro wert. Im Jahr.

Nur zum Vergleich: So eine Schallschutzanlage an der Autobahn kostet pro Quadratmeter zwischen 300 und 500 Euro. Und für nur 405 Euro kann sich jeder stolze Eigentümer eines Honda Akkord – kein Scherz! – eine Sportauspuffanlage für sein Spießerauto kaufen. Damit es auch ja schön dröhnt, wenn er mit seiner Familienkutsche zum Aldi fährt. »Lass krachen, Alter.« Hoffentlich ist die Kiste so laut, dass die Insassen das Lachen der umstehenden Passanten nicht hören.

Die Armutsmaschine
Das Benzin wird immer teurer, oder nicht?

Selbst wenn uns das Auto nicht unmittelbar ins Grab bringt, indem es uns zum Beispiel überrollt, und selbst wenn wir den steten Angriff des Verkehrslärms auf unser zentrales Nervensystem überleben sollten, stehen uns doch wahrhaft harte Zeiten bevor: Wir werden in allernächster Zeit unter die Armutsgrenze sinken, und wieder ist das Auto schuld.

Genauer gesagt natürlich die Politiker. Ganz speziell die von Rot-Grün. Wie so gut wie alle einschlägigen Quellen übereinstimmend bestätigen, sind es namentlich die Letzteren gewesen, die dem Benzinpreis zu solch einem Höhenflug verholfen haben, dass selbst Herr Ackermann sich jede Fahrt vom Munde absparen müsste, wenn sein Dienstfahrzeug nicht auf Kosten des Dienstherren betankt werden würde. Das Gros der Bevölkerung aber, dem die Deutsche Bank nicht den Tankgutschein schickt, ist praktisch unausweichlich dem ökonomischen Untergang geweiht. Und das alles nur wegen der Rente.

Na ja, nur angeblich wegen der Rente. Wenn man es genau nimmt, befindet sich die Bundesrepublik Deutschland derzeit in einem Großversuch, in dem geprüft werden soll, inwieweit sich Verkehr durch Benzinverteuerung vom Individual- auf den öffentlichen Nahverkehr umlenken lässt.

Das klingt jetzt etwas technisch, weshalb ich es gerne erläutern will: Wie sich mancher dunkel erinnert, wurde 1999 die Mineralölsteuer mit einem (in den Folgejahren stetig anwachsenden!) Aufschlag versehen, um mit dem Geld ein paar Großraum-Rentenlöcher zu stopfen. Das eigentliche Ziel des Schweizer Ökonomen Hans Christoph Binswanger, der als einer der Väter der Ökosteuer gilt, war allerdings die Senkung des Benzinverbrauchs aus ökologischen Gründen, daher der Name Ökosteuer. Weil die Deutschen zur gleichen Zeit im Sinne des Mottos »Geiz ist geil!« einem geradezu hysterischen Sparwahn verfielen, hätte sich dieser Effekt streng genommen auch einstellen müssen. Hat er auch, behauptet seitdem alljährlich das Bundesamt für Statistik. Zuletzt vermeldeten die staatlich bestellten Rechenschieber für das Jahr 2005, dass nach durchschnittlich 205 Millionen Litern (vor Einführung der Ökosteuer) jetzt nur noch täglich 171 Millionen Liter Treibstoff an den Tankstellen abgezapft werden. Macht immerhin 34 Millionen Liter weniger. Und das, obwohl im gleichen Zeitraum die Zahl der zugelassenen Kraftfahrzeuge von 52,4 auf 56,3 Millionen stieg.

Es gibt einen kleinen Schönheitsfehler an dieser Berechnung, der sich auch in diversen wissenschaftlichen Expertisen zum Thema nicht abschließend auflöst. In der gleichen Zeit ist nämlich der Tank-Tourismus rasant angestiegen. Das wundert wenig. Im Rahmen des besagten Anfalls von Sparhysterie hat der Durchschnittsdeutsche es sich angewöhnt, selbst noch ein Einkaufszentrum am anderen Ende des Bundeslandes aufzusuchen, wenn er per Postwurfsendung erfahren hat, dass dort der Löwensenf 5 Cent weniger kostet als beim Edeka um die Ecke. Wenn es ihm gleichzeitig noch nach Bockwürstchen gelüstet, die wiederum bei einem Discounter im Nachbarland heruntergesetzt sind, kann er auf dem Weg dorthin auch schnell noch mal Polen, Österreich oder Luxemburg einen Besuch abstatten, um den Tank aufzufüllen. Deshalb hat in bestimmten grenznahen Regionen der Republik, die insgesamt immerhin 15 Prozent der Landesgesamtfläche ausmachen, ein tragisches Tankstellensterben begonnen, was jeder bedenken sollte, der mal in Ostbayern oder der Westeifel mit halbleerem Tank unterwegs ist.

Es ist schwierig, genau auszurechnen, wie viel Benzin der gemeine Deutsche inzwischen im Ausland abfüllt, allen Appellen der Rentenkassen zum Trotz. Geschätzt wird aber ein Mineralölsteuerverlust von 1,5 Milliarden Euro im Jahr; und diese Zahl kommt nicht etwa von den Tankstellenbetreibern, sondern von der »Forschungsstelle für fiskalische Effekte internationaler Steuerdifferenzen« am Institut für Finanzen der Universität Leipzig. Eine bessere Quelle für solch eine Schätzung ist kaum denkbar, meine ich. 1,5 Milliarden Euro Mineralölsteuer entsprechen übrigens, nur so am Rande, überschlägig einer Menge von 37 Millionen Litern Treibstoff, die jetzt nicht mehr im Inland, sondern im Ausland getankt werden.

Diejenigen, die nicht am Tanktourismus teilnehmen können, weil sie zum Beispiel in Hannoversch-Münden wohnen, von wo aus die nächste Staatsgrenze einfach zu weit entfernt liegt, brauchen sich nun aber nicht gleich vor Verarmung zu fürchten. Es mag überraschen, aber die Statistiker sagen, dass Benzin eigentlich gar nicht viel teurer geworden ist. Benzin mag heute zwar nominell immer mal wieder Rekordpreise erreichen, schon dank der Rohölmarktentwicklung, doch im Verhältnis zu dem, was Menschen durchschnittlich verdienen, sei die Fahrt zur Zapfsäule zu Anfang des 21. Jahrhunderts eine geradezu nachrangige

Angelegenheit geworden. Erstens verdient man nämlich heute besser als früher, und zweitens sind die meisten Dinge des täglichen Bedarfs billiger geworden. Ernst-Ulrich von Weizsäcker, Neffe des berühmten Expräsidenten und naturwissenschaftlich beleckter Politiker, hat mal eine besonders saftige Zahl in den Raum gestellt: »Wenn wir die Treibstoffkosten von 1950 im Sinne der Inflation und der Kaufkraft auf den heutigen Tag abbilden würden, so würde ein Liter Benzin 7 Mark kosten«, hat er vorgerechnet.

Bevor nun jemand erregt an den Computer springt und das Internet nach anders lautenden Rechnungen durchforstet: Es geht eigentlich gar nicht um den Preis. Die eigentliche Botschaft des Herrn von Weizsäcker ist folgende: Die Entwicklung der vergangenen Jahre hat vor allem gezeigt, dass weder der wahre Preis der Ware Treibstoff noch der gefühlte Preis etwas Entscheidendes an der Fahrlust eines Volkes ändert. Ökonomie funktioniert so nicht. Die allermeisten Leute rechnen sich den Anteil der Autofahrtkosten an ihrem Haushaltsbudget nicht mit dem Taschenrechner aus. Das macht nicht mal jene Minderheit, die es bedauerlicherweise eigentlich nötig hätte. Man ärgert sich, weil man schon wieder locker über 50 Euro vertankt hat, oder man ärgert sich nicht, weil man sowieso immer nur für 20 Euro tankt (und dann dafür häufiger). Aber letztendlich ändert man nicht die Gewohnheiten seines Lebens wegen so ein paar Cent. Man gewöhnt sich einfach an die Preise, und dann vergisst man die Debatte wieder.

Zahllose Studien zeigen, dass eine Preisänderung nur Folgen hat, wenn sie als erheblicher Sprung daherkommt. In Großbritannien hat es dazu vor ein paar Jahren mal ein interessantes Experiment gegeben. Weil eine Mineralölsteuererhöhung drohte, blockierte im September des Jahres 2000 eine verhältnismäßig kleine Clique von Lkw-Fahrern die Einfahrten und vor allem die Ausfahrten der wenigen britischen Ölraffinerien mit ihren Fahrzeugen. Binnen Stunden war das halbe Land zum Stillstand gekommen, weil es an den Tankstellen keinen frischen Sprit mehr gab. Sehr bald leerten sich auch die »Just-in-time«-belieferten Supermärkte, und die ersten Fabriken meldeten Kurzarbeit an. Es braucht nicht viel, haben die Politiker da bemerkt und die Benzinsteuern eingefroren.

Es braucht nicht viel: Das ist auch das Mantra der amerikanischen »Peak-Oil«-Bewegung, die für uns Autofahrer die schwärzeste Zukunft zeichnet. Diese Glaubensrichtung geht davon aus, dass etwa 2008 mit der westlichen oder überhaupt der Zivilisation auf dem Globus Schluss ist, weil dann weniger Öl gefördert werden kann als vom Markt gefordert. Das ist jetzt vielleicht ein bisschen verkürzt dargestellt, aber wenn man sich auf die Argumentation von »Peak-Oil« einlässt, dann kann man tatsächlich das Gruseln lernen. Die meinen erstens, dass Öl dann sofort sehr, sehr teuer werden wird, weil alle Nationen im Konkurrenzkampf um diese Energiequellen stehen. Und zweitens sagen die »Peak-Oil«-Leute, dass unsere Zivilisation dann binnen Tagen den Bach runterginge, weil Rohöl die Grundlage für praktisch alles sei, was unsere Gesellschafts- und Wirtschaftsordnung ausmacht. Vom Biobauern bis zum Internetbetreiber könne niemand mehr ohne Rohöl auskommen. Und weil man auf das Schlimmste vorbereitet sein muss, setzen sich erste »Peak-Oil«-Anhänger bereits jetzt in kleine, gut bewaffnete Öko-Kolonien in den Hinterwäldern Vermonts ab. Ich habe erst mal nur einen Kerzenvorrat angelegt.

Es gibt zum Glück gewichtige Stimmen, die der »Peak-Oil«-Bewegung widersprechen. Ja, sagen sie zum Beispiel im Auftrag der Ölindustrie, das Rohöl wird vielleicht ein wenig teurer werden. Aber man möge doch etwas mehr Vertrauen in die gestalterische Kraft des Kapitalismus haben. Die Automobilindustrie, die Ölindustrie und die sonstigen Energiekonzerne würden sicher nicht einfach das Feld räumen, nur weil das Öl knapper wird. Und die Öl produzierenden Länder würden sich anstrengen, den Preis nicht explodieren zu lassen. Sie haben nämlich nichts davon, wenn irgendwann nur noch Herr Ackermann an der letzten deutschen Tankstelle in Kronberg/Taunus ein paar Schluck in seinen Maybach füllt. Damit kann man nicht wirklich viel Geld verdienen. Heute rauschen schließlich 171 Millionen Liter am Tag in die Tanks. Das darf sich nicht über Nacht ändern.

Die Autoindustrie glaubt auch, dass sie den Abschied vom Benzin durchaus noch so rechtzeitig verkraften könne, dass die Preise nicht explodieren würden und weiterhin genug Rohöl vorhanden sein werde, um Motoren zu schmieren und Plastiktüten herzustellen. Man werde die Hybrid-Technik in ein paar Jahren wieder zu den Akten legen (sagen jedenfalls die deutschen Hersteller, die bekanntlich von Hybriden nicht viel halten), weil die ohnehin nur teilweise vom Erdöl unabhängig macht. Aber dafür werde es dann Ethanol zum Tanken geben oder Benzin, das aus Müll herausgequetscht wird oder aus unseren alten Gardinen. Wie auch immer. Autos würden sich auch weiterhin bewegen. Man möge nur etwas Geduld aufbringen, denn solche Entwicklungen kosten viel Geld.

Es gibt natürlich Leute, die drängeln. Der frühere CIA-Direktor James Wolseley zum Beispiel, der seit einigen Jahren auf allen Bühnen, die ihm einen Auftritt bezahlen, das Lied vom baldigen Ende des petrochemischen Zeitalters singt. Wolseley ist ein Mann, der den Irak-Krieg für eine klasse Idee hielt und George W. Bush zu seinen (bisherigen) Freunden zählt. Er steht auch nicht im Verdacht, von pazifistisch-ökologischem Eifer gepackt zu sein. Wolseley ist aber ein Sicherheitsfreak. Er findet es leichtsinnig, dass man heutzutage immer noch 65 Prozent des geförderten Öls in Autotanks kippt, damit man Brötchen holen kann. Das dürfe nicht so bleiben, sagt er. Die Welt brauche die Restbestände an Erdöl für wichtigere Dinge.

Zum Beispiel für die Bewältigung des Klimawandels, wie man anmerken könnte. Und schon haben wir wieder eine neue Baustelle eröffnet.

Verbrannte Luft
Das Auto als Klimawandler

Wenn ich Auto fahre, dann hänge ich gerne meinen Gedanken nach, speziell auf der Autobahn und wenn ich allein fahre. Als ich also neulich auf der A3 unterwegs war, mitten in der Woche und auf dem Weg nach Frankfurt, wo ich mich mit einem alten Freund auf eine Tasse Tee verabredet hatte, dachte ich mal etwas ausgiebiger über einen auffälligen Widerspruch nach. Warum fahren eigentlich so viele Leute mit dem Auto herum, obwohl wir doch alle wissen, wie schädlich das Autofahren für die Umwelt ist.

Die Problematik hatte sich mir geradezu aufgedrängt: Es war kurz nach 11 Uhr, und zwar an einem Dienstag oder Mittwoch. Die Menschheit hätte demnach eigentlich auf Schicht sein sollen oder beim Arzt, meinethalben auch mit der Vorbereitung des Mittagessens beschäftigt, in jedem Falle aber irgendwo stationär untergebracht. Allem Anschein nach aber war die Menschheit mehrheitlich auf der A3 unterwegs. Kein Ferienanfang, kein Messeauftakt in Frankfurt oder sonst irgendein Ereignis. Was sich um mich herum bewegte, war einfach das Hintergrundrauschen des Alltagsverkehrs.

Da fragt man sich natürlich: Haben die Leute nichts Besseres zu tun? Ist es wirklich notwendig, dass hier jeder im Auto herumgurkt? Haben die denn alle noch nie etwas von der Klimakatastrophe gehört? Das müsste einen doch aufrütteln, oder? Hitzesommer sollen in Zukunft der Normalfall sein, haben die jetzt, glaube ich, in Nairobi beschlossen. Und Überschwemmungskatastrophen wie weiland an der Elbe soll es im Minutentakt geben. Die Polkappen werden schmelzen, das Plankton stirbt und anschließend die Fische. Holland wird möglicherweise untergehen, und um Venedig und die Malediven wird man einen gigantischen Schutzwall bauen müssen, um die vielen Touristen nicht unnötig zu verärgern. Möglicherweise wird die sibirische Nordküste zwar zu einer Art neuer Côte d'Azur werden, aber ich fürchte, das ist kein echter Trost. Auch mit dem Skifahren wird es bald vorbei sein, denn Schneefälle werden in Zukunft selbst in der Antarktis eine Ausnahmeerscheinung sein.

Ich glaube natürlich nicht alles, was ich lese und gesagt bekomme. Ich habe in den Siebzigern schon mal zu meinem großen Erschrecken ein kleines Büchlein gelesen, das hieß »Das Selbstmordprogramm«. Darin wurde haarklein von irgendeinem Amerikaner aufgelistet, was alles demnächst mit unserem Planeten passieren würde, wenn sich nichts ändert in Verkehr und Wirtschaft. Damals war noch umstritten, ob der Anstieg des Kohlendioxid-Anteils in der Atmosphäre nun zu einer Erderwärmung oder zu einer extremen Abkühlung führen würde, aber der Mann warnte damals schon vor den katastrophalen Folgen des Klimawandels. Allerdings hatte er ungefähr das Jahr 1980 als Endpunkt der zivilisatorischen Entwicklung vorausgesagt. Im Jahr 1985 habe ich das Buch deshalb zum Altpapier gegeben und geschworen, nie wieder einer Weltuntergangsphilosophie Glauben zu schenken.

Ich gebe allerdings zu, dass das Verdrängen schwieriger wird, wenn man im T-Shirt in der Novembersonne auf dem Balkon sitzt und über die Pläne des Astronomen Roger Angels aus Arizona liest, der zwischen Sonne und Erde eine riesige zylinderförmige Wolke aus mehreren Billionen künstlicher Segel bilden will. Die Segel sollen zwei Prozent des Sonnenlichts auf ihrem Weg zu uns aufhalten, was eine Verdoppelung der Kohlendioxidmenge in der Atmosphäre kompensiert. Der Erd-Sonnenschirm würde ein paar Billionen Dollar kosten, es würde 25 Jahre dauern, ihn zu bauen, und er würde nur 50 Jahre halten. Aber Roger Angels bekommt von der NASA Forschungsgelder. Erstaunlich.

Ich fürchte, dass das gut angelegtes Geld ist. Denn irgend so etwas Hochtechnisches werden die Wissenschaftler wohl für uns erfinden müssen. Es ist nämlich so, haben andere kluge Leute ausgerechnet, dass der CO_2-Ausstoß weltweit bereits jetzt um etwa 75 Prozent über der Menge liegt, die das gesamte auf dem Globus verteilte Grünzeug wieder zu Kohlenstoff und Sauerstoff zerlegen kann. Und das war vor der Rodung der letzten Amazonas-Reste, die von den umweltbewussten Brasilianern derzeit vorangetrieben wird. Außerdem wurde der Untersuchung die Autodichte von vorgestern zugrunde gelegt.

In Beijing, das früher Peking hieß, haben sie wegen der Olympischen Spiele 2008 seit kurzem ihr Herz für alles Grüne entdeckt. Deshalb wird in Beijing jetzt jeder brach liegende Quadratmeter mit Rollrasen überklebt, ein paar nette Blumenrabatten dazu, und hier und da soll sogar mal ein Baum gepflanzt worden sein. Zweck der Übung ist nicht etwa die Luftverbesserung; dafür ist es in Beijing sowieso längst zu spät. Nein, es geht um die Optik. Der Autofahrer, der durch Beijing fährt, oder besser: staut, soll zumindest etwas Hübsches zu sehen bekommen. Und Autofahrer soll es in der fortschrittlichen Hauptstadt demnächst noch viel mehr geben: Das Stadtoberhaupt hat angekündigt, dass in fünfzehn Jahren jeder Haushalt in Beijing über ein eigenes Auto verfügen soll. Mindestens eins.

Wer wollte diesem Ziel widersprechen? Ein Auto pro Haushalt ist Standard in Deutschland, selbst in der rückständigen Uckermark. In ganz Europa gibt es kaum noch Flecken, wo auf zwei Bewohner weniger als ein Auto kommt, was deutlich mehr ist als ein Auto pro Haushalt. Für die Klimaforscher ist die Ankündigung aus Beijing nichtsdestotrotz ein Grund zu tiefer Beunruhigung. Wenn nämlich nur jeder dritte Chinese ein Auto sein eigen nennen würde, und dann vielleicht auch noch jeder dritte Inder und jeder dritte, der in Brasilien nach dem Abholzen des Amazonas noch übrig geblieben ist, dann dürfte das mit dem globalen CO_2-Haushalt noch mal ein bisschen dramatischer aussehen als heute. Dann nämlich, so die Berechnungen, produziert der Weltverkehr vier Mal so viel Kohlendioxid, wie die geneigte Photosynthese wieder aufspalten kann.

Was heißt, dass wir jetzt alle ziemlich schnell mit dem Anpflanzen von Bäumen beginnen sollten. Eine Weisheit, die die Chinesen immerhin schon mal umzusetzen beginnen. Die pflanzen seit ein paar Jahren an der »Grünen Großen Mauer« herum, einem 4500 Kilometer langen Waldstreifen am Rande der mongolischen Wüsten. Bis 2010 soll der größte Teil davon stehen, bis 2050 werden rund 8 Milliarden Euro ausgegeben sein.

Wer weniger Geld hat oder ausgeben möchte, sich aber ebenso Sorgen macht über die Zukunft des Planeten, muss sich derzeit mit dem Kauf eines umweltfreundlichen Autos behelfen. So richtig viele Öko-Modelle gibt es allerdings nicht im Angebot. Ein schon immer sehr um das Wohl der Welt und vor allem sein eigenes Image besorgter Freund von mir hat sich kürzlich den Toyota Prius angeschafft. Dabei handelt es sich um ein Auto mit

Hybrid-Antrieb, das wie ein Silberfisch aussieht. Die einzige echte Alternative dazu ist der Honda Civic Hybrid, was also keinen Unterschied macht. Peinlich ist beides ein bisschen, aber gleichzeitig fast schon wieder cool, denn mit Hybrid kann man fast lautlos durch die Stadt schleichen. Natürlich nur, wenn man langsam genug bleibt, also nur mit dem Elektroantrieb fährt, der sich beim Bremsen und auf der Autobahn selbst wieder auflädt. Wenn es schneller gehen soll, schaltet sich der Benzinmotor dazu, alles irgendwie automatisch und ruckelfrei und, wie mein Kumpel sagt, auch nicht auffällig schlaff. Nicht zu vergessen ist, dass der Verkehrsclub Deutschland, also der ökologisch korrekte Konkurrent des ADAC, die japanischen Hybrid-Fahrzeuge für 2006 als umweltfreundlichste Autos weit und breit ausgezeichnet hat.

Die deutsche Automobilindustrie mag Hybride eher nicht. Man hält, teilt mir ein Sprecher mit, die Kombination von Benzin- und Elektroantrieb eher für ein vorübergehendes Phänomen und ärgert sich deshalb darüber, dass man jetzt auf Druck der Öffentlichkeit in Hybride investieren muss. In Deutschland machen wir die Sachen lieber ganz oder gar nicht, deshalb wird hier an der Wasserstoffbaustelle gewerkelt. Mit Wasserstoff sollen wir in fünfzig Jahren widerstands- und rückstandslos fahren. Allerdings sind die ersten Test-Modelle entweder antriebsschwach oder verbrauchen wie der neue BMW 7 Hydrogen so viel Energie, dass man sich ökologisch effizienter von einer Handvoll Arbeitssuchender per Sänfte durch die Stadt tragen lassen kann.

Vielleicht ist das aber alles auch nur ein deutsches Problem, wie der bereits erwähnte Autoprofessor Ferdinand Dudenhöffer mutmaßt: Für einen deutschen Ingenieur muss immer erst alles perfekt und zu Ende durchdacht sein, bevor man es auf den Markt bringt. Also verschläft man lieber den Hybrid und diverse

Benzin-Ersatzstoffe, vielleicht auch die in Deutschland kürzlich erfundene synthetische Nano-Kohlenprodukion, mit der man Brennstoffzellen antreiben könnte. Oder das von mir projektierte Holzpellet-Auto, das zur Not auch mit rohen Eiern von Biobauernhöfen angetrieben werden kann, alles CO_2-neutral selbstverständlich, denn wir wollten doch sparen.

Apropos sparen. Ich hätte diesem Kumpel von mir mit seinem Prius neulich fast widersprochen, als er mir von seiner ökologischen Guttat erzählte. Ich wollte ihm eigentlich vorrechnen, wie viel Benzin er jetzt sparen muss, bis sich die Herstellung des Neuwagens – und im Falle des Prius natürlich auch noch der Transport dieses schnöden Fahrzeugs aus dem Fernen Osten zu uns – globalenergetisch gelohnt hat. Beim VCD jedenfalls haben sie mir erzählt, dass 20 Prozent der Energie, die in der Lebenszeit eines Normautos von diesem verbraucht wird, während der Produktion verbraucht wird. 20 Prozent entspricht auch ungefähr der Benzin-Einsparung, die Experten langfristig von einem durchschnittlich benutzten Hybrid erwarten.

Der kleine Ausredenratgeber *oder:*
Wie man begründet, dass man trotzdem fährt

Nun fragt man sich natürlich langsam, wie man angesichts der oben geschilderten, mal mörderischen, mal krank, arm oder atemlos machenden Fakten überhaupt noch begründen kann, dass man immer noch Auto fährt. Zum Glück hat sich die Wissenschaft mit dieser Frage schon länger beschäftigt, genauer gesagt mit der Gegenfrage. Man sucht in der Verkehrswissenschaft schließlich schon seit Jahrzehnten nach einem praktikablen Argument, mit dem man uns Mitmenschen vom Autofahren abbringen könnte, und hat sich deshalb intensiv mit den Gründen auseinandergesetzt, die für das Auto sprechen.

Dabei sind die Experten schon länger über die Hypothese hinaus, dass man das Auto benutzt, um von A nach B zu kommen. Dieser Grund spielt immer eine Rolle, aber es ist nie der entscheidende, wie man weiß. Eine bestimmte Schule der Verkehrswissenschaft hat über lange Zeit zu beweisen versucht, dass Autofahren vor allem mit Psychologie zu erklären ist. Die meisten Vertreter dieser Schule sind Psychologen, also Leute, die immer gleich alles über unser Verhältnis zur Mutter wissen wollen, wenn wir beispielsweise beim Anblick von Brokkoli in Tränen ausbrechen. Der erste Ansatz dieser Psychologen besagte dementsprechend, dass Leute nur deshalb Auto fahren, weil sie »autofixiert« sind. Allerdings wurde nie ein dazu passendes Krankheitsbild entdeckt, so dass die Ausrede »Ich fahre Auto, weil mein Vater mich früher mit Matchbox-Autos beworfen hat« nicht recht verfängt.

Wir Autofahrer, sagten die Psychologen deshalb, könnten natürlich auch Opfer eines hohen psychosozialen Anpassungsdrucks sein. »Ich muss Auto fahren, weil ich sonst in meiner Firma unten durch bin. Wenn ich mit dem Bus käme, hätte ich schon den Job verloren.« Diese Erklärung hat sicher für eine Weile funktioniert, entbehrt heute aber der Überzeugungskraft. Nach meiner Schätzung fährt jeder siebte Hartz-IV-Empfänger in einem 3er BMW herum, während Bankdirektoren immer häufiger in Nissan Micras anzutreffen sind. In ihrem Benz ist nämlich die Gattin zum Shoppen unterwegs.

Hier kommt die Nutzwerttheorie ins Spiel. Leute fahren Auto, posaunen ihre Anhänger, weil das bequemer und schneller ist, als mit dem Bus oder mit der Bahn zu reisen (weshalb der Bus noch bequemer und die Bahn noch schneller werden muss, so die Argumentation dann weiter). Na ja, das ist ein bisschen simpel gedacht, oder? Und stimmt auch nur manchmal. Es gibt Leute, die fahren mit dem Auto von Köln nach Frankfurt, selbst wenn es im ICE schneller und bequemer ginge. Und es gibt Leute, die fahren Bahn von Leer nach Husum, obwohl man da tagelang unterwegs ist. Hilft also nicht weiter. Zudem ist nicht zu empfehlen, in einer Diskussion um den Weltuntergang einzuräumen, dass man das Auto allein aus Bequemlichkeit dem öffentlichen Nahverkehr vorzieht. Das könnte missverstanden werden.

Besser ist es, wenn man ökonomische Gründe für sich geltend macht. Man fahre Auto, weil man das Leben sonst finanziell nicht bewältigen könnte. Das Argument kann nicht ganz falsch sein: Halbe Universitätsfakultäten haben schließlich jahrzehntelang vergeblich versucht, das Gegenteil zu beweisen. Sie wollten wissen, ab wann nicht mehr das Auto, sondern der »Umweltverbund« aus Rad, Bus, Bahn und Rikscha die effizientere Fahrgelegenheit ist. Das Ausbleiben einer »Verkehrswende« ist der beste Beleg dafür, dass diese ökonomische Sollbruchstelle bislang nicht erreicht ist. Nicht mal die Ökosteuer hat offenbar den Trend zum Umweltverbund beschleunigen können.

Es ist allerdings auch immer ein bisschen peinlich, wenn man zugibt, aus Sparsamkeitsgründen Unsinn zu fabrizieren. Das weiß jeder, der schon mal bei dem Versuch gescheitert ist, den Kauf einer als Gastgeschenk mitgebrachten Flasche Discounter-Rioja damit zu begründen, dass dieser Rotwein günstig und durchaus »trinkbar« sei. Trinkbar ist nämlich auch Kirsch-Cola und wahrscheinlich Elefantenurin. Es schmeckt nur nicht, weder der Urin noch der Rioja. Und entsprechend gequält ist dann meistens auch der Blick des Gastgebers.

Eleganter ist es in einem solchen Fall, ein wenig mit den Erwartungen des Gegenübers zu spielen. Die Flasche Rioja überreicht man vielleicht mit den Worten, dass man diesen einfachen Kochwein mitgebracht habe, weil man darin so phantastisch Lammkoteletts marinieren könne. Bei der Begründung der Anreise mit eigenem Wagen macht man es ähnlich: Man weicht den ökologisch begründeten Vorwürfen der Mitwelt nicht aus, sondern lenkt sie von sich ab. Man vergleicht zum Beispiel sein eigenes ökologisches Bewusstsein mit dem der Amerikaner oder der Briten. »Na ja, die fangen ja gerade erst an, sich überhaupt für die Umwelt zu interessieren. Da sollen die jetzt mal schön Hybrid fahren, die müssen einiges wettmachen, bevor wir wieder dran sind.« Beliebt ist, sagen Sozialwissenschaftler, die sich mit solcherlei Ausreden auskennen, auch der Verweis auf die eigene ökologische Unbescholtenheit in anderen Lebensbereichen. »Ich hebe immer alle Joghurtbecherdeckel auf und bringe das Leergut nach Möglichkeit mit dem Fahrrad zum Container«, sagt man also, wenn man gefragt wird, warum man noch Auto fahre. »Ablasshandel« nennen die Fachleute solch eine Argumentation, aber zugelassen ist sie trotzdem auch für Protestanten.

Das Muster ist ausbaufähig, auch für andere, nicht das Auto betreffende Umweltsünden. Der letzte Sommerurlaub zum Beispiel kann gut auf Grün geschminkt werden. »Unsere Bildungsreise auf die Malediven haben wir nur gemacht, weil wir den Kindern noch mal zeigen wollten, was alles durch falsches Umweltverhalten gefährdet ist.« Das Flugzeug wäre außerdem sowieso geflogen. Es war schließlich eine Linienmaschine.

Ich finde den »Ablasshandel« immer noch eleganter als jene andere Methode, die Experten das »Kollektivgut-Dilemma« nennen. Dieses Dilemma beruht auf der Erkenntnis, dass die eigene Verhaltensänderung überhaupt nichts bewirkt, solange nicht auch alle anderen Leute ihr Verhalten ändern: »Der Verkehr wird immer schlimmer. Aber es hätte nun wirklich überhaupt keinen Unterschied gemacht, wenn ich jetzt am Wochenende darauf verzichtet hätte, zum Spazierengehen in den Wald zu fahren.« Das Kollektivgut-Dilemma kann man auch auf globale Dimensionen übertragen. Es ist demnach völliger Unfug, wenn wir uns hier in Europa mit Umwelt- oder Sozialauflagen herumplagen, wenn doch in China in einem Ausmaß Raubbau an Bio- und Soziosphäre betrieben wird, dass die Welt ohnehin dem Untergang geweiht ist. Ich finde das als Begründung zwar annehmbar, aber wir machen natürlich sonst auch nicht alles so wie die Chinesen. Ich laufe zum Beispiel ungern im Pyjama auf der Straße herum, selbst wenn das im Boomtown Shanghai so Usus ist.

Gern wird das Kollektivgut-Dilemma auch mit der so genannten Gegenvorwurf-Technik verbunden. Mit selbiger lässt sich dann nicht nur Autofahren, sondern fast jede Verhaltensweise erklären, sei sie auch noch so auffällig. Wird zum Beispiel ein Uckermarker Nazi darauf angesprochen, warum er mit seinem aufgebrezelten Audi A3 stundenlang auf dem Penny-Parkplatz seine Runden dreht, dann wird er einfach zurückschimpfen. Die Wessi-Politiker, die sollten doch erst mal selbst anfangen mit dem Sparen, und die Industriebosse, die kriegen doch den Hals überhaupt nicht voll. Unverzichtbar ist in diesem Zusammenhang ein Seitenhieb auf die Grünen, die für den gemeinen Audi-A3-Tuner ein natürlicher Gegner sind.

Der systematische Hintergrund dieser Ausredetechnik ist das Relativierungs-Prinzip. Man sucht sich einfach einen schlimmeren Umweltverschmutzer, einen Politiker zum Beispiel oder den Besitzer einer rumänischen Asbesthütte. Damit lässt man die eigene Umweltverschmutzung verzeihlich erscheinen. Ich empfehle in diesem Zusammenhang immer eine Aufrechnung des eigenen Jahresbenzinverbrauchs mit dem des Eurofighters.

Von den Experten oft übersehen wird schließlich und endlich das Noah-Prinzip, das in dem schlichten, aber finalen Spruch »Nach mir die Sintflut« zum Tragen kommt. Auch dieses Prinzip dürfte wiederum in den Kreisen der schon erwähnten Uckermarker Nazis sehr verbreitet sein, falls von denen jemand weiß, was eine Sintflut ist und wer Noah war.

9

Fahren beginnt im Kopf

Blick hinter die Kulisse
Vom Abschalten im Pendelverkehr

Ich sitze vor einem Laptop, auf dem ein Autofahrsimulator läuft; ein sehr, sehr einfacher Autofahrsimulator, genauer gesagt. Der Dacia Logan der Simulatoren, noch genauer, denn unraffinierter wird es wirklich nicht gehen. Vor mir schwebt die kreischend grüne Hinteransicht eines extrem krude gezeichneten Autos, im Wesentlichen nur ein simples Viereck mit zwei roten Lichtern. Selbiges wabert über eine platte Straße, die aussieht, als hätte ich selbst sie mit Microsoft Paint ausgerollt. Ohne die Maus zu benutzen. Und diese Straße windet sich um genau fünf Links- und eine Rechtskurve zu einem Mini-Parcours, um den herum einfach schwarzes Nichts herrscht, zu dessen Belebung jemand eine Handvoll grüner Sonnenschirme nicht aufgespannt hat. Das sollen wahrscheinlich Bäume sein, sehr humorvoll. Es gibt ansonsten nur noch eine Art Bürgersteig in Pink und als grafisches Highlight einen roten Balken an derjenigen Stelle, an der anständige Autofahrsimulatoren einen Zieleinlauf präsentieren würden. Aber das wäre es dann auch schon, und darauf gucke ich also jetzt und versuche, mit einem Joystick dieses Viereckauto dazu zu bewegen, auf der Straße zu bleiben. Die Steuerung hat etwas von rohem Ei auf Wasserbett, aber irgendwo muss der Reiz ja liegen. Ich bin nicht begeistert.

Neben mir sitzt André Bresges. Er ist überraschend stolz auf diesen seinen selbst programmierten Fahrsimulator. Die technische Finesse seines Programms liege darin, sagt er ganz ernsthaft und ohne mit der Wimper zu zucken, dass ich es mit den ganz normalen physikalischen Gegebenheiten eines Fahr-Aktes zu tun habe: Querbeschleunigung bei der Kurvenfahrt, Bremsweg, solcherart Sachen. Ist mir jetzt gar nicht aufgefallen. Aber es wird noch bemerkenswerter. Als ich ihm nämlich andeute, ganz höflich natürlich, dass sein Fahrsimulator eine Zumutung, da sterbenslangweilig sei, ist der Physikdidaktiker von meiner Kritik ganz angetan.

»Prima«, sagt er. »So soll es sein. Fahren Sie ruhig noch mal zehn Minuten weiter, und dann drehen wir noch zehn Runden, und dann legen Sie sich in den Magnetresonanztomographen.« Ganz ernst.

Vielleicht sollte ich an dieser Stelle einen Rückblick einschieben. Als der Duisburger Staupapst Michael Schreckenberg mir ein paar Wochen zuvor davon berichtet hatte, dass er und sein Kollege Bresges Autofahrern ins Gehirn schauen wollten, während besagte Autofahrer Auto fahren, da habe ich wahrscheinlich erst einmal etwas erschreckt geguckt. Ein gehirnchirurgischer Eingriff am Frankfurter Kreuz ist für mich weder eine besonders appetitliche Vorstellung noch ein Vorhaben, das unter »sehr empfehlenswert« abgespeichert ist. Dann hatte Schreckenberg in seine Ausführungen das Wort »Kernspintomograph«

einfließen lassen, was die Sache nur unwesentlich einleuchtender machte. Ein Kernspintomograph, auch Magnetresonanztomograph oder MRT genannt, ist gewissermaßen der Urenkel des Röntgenstrahlers; man kann mit so einem Gerät in ausgewählte Körperteile gucken, in Wirbelsäulen zum Beispiel oder Gehirne eben, und das praktischerweise, ohne die Patienten erst aufschneiden und danach möglicherweise wieder zusammennähen zu müssen. Man kann zudem, was Röntgenstrahler nicht so gut können, sehr scharfe Schnittbilder von Körperteilen anfertigen, also sozusagen Fotos schießen, die man sonst nur bekäme, wenn man Patienten wie eine Salami aufschneidet, was illegal ist.

Unpraktischerweise ist das Gerät allerdings so pingelig, dass man als Patient nicht mal einen Nasenring tragen darf. Magnetisches Metall findet der Tomograph so schön, dass selbst simple Tattoos sich in diesen Röhren zuweilen in Brenneisen verwandeln, was gerade an einschlägig bestickten Körperarealen unangenehm sein kann. Außerdem ist so ein MRT ungefähr so handlich wie eine Schrankwand, dafür aber wesentlich teurer.

Jedenfalls hatte ich vor meinem geistigen Auge Schreckenberg samt Kollegentross am Frankfurter Kreuz und auf einem Schwerlasttransporter stehen sehen, darauf einen riesigen Kernspintomographen, in dessen Röhre ein ausgewachsener Renault Laguna eingefangen war wie eine Küchenschabe im Reagenzglas. Oder irgendwas Ähnliches.

Die Wirklichkeit ist wie so häufig deutlich unspektakulärer. André Bresges und ich sitzen in einem unscheinbaren Raum in Krankenhausambiente, was schon daran liegt, dass besagter Raum zum Herzzentrum des Klinikums Essen gehört. Im Raum nebenan steht der Magnetresonanztomograph, ein großer, schwer wirkender Ring in Pastellgrün, und damit es jedenfalls irgendetwas Aufregendes zu berichten gibt, hat Bresges vorhin erklärt, wie so ein MRT ungefähr funktioniert. In dem Ring steckt ein Supraleiter drin, durch den ein starker elektrischer Strom widerstandsfrei fließen kann, wobei es da drin etwa minus 267 Grad Celsius kühl ist, also sehr kalt. Der Strom erzeugt ein sehr, sehr, sehr starkes Magnetfeld, das bestimmte Moleküle in meinem Gehirn für den Tomographen sichtbar macht. Wenn ich eine Region meines Gehirnes benutze und deshalb Energie zuführe, dann könnte man sich zum Beispiel dies auf einem Bildschirm anzeigen lassen. Mein Gehirn bekäme dann rote Flecken. Was Bresges gerne nicht sehen würde.

Er möchte, dass ich mich langweile.

»Wir wollen wissen, was im Gehirn eines Autofahrers vor sich geht, der auf dem täglichen Weg zur Arbeit ist.« Im Kopf eines Pendlers. Der fahre, glaubt Bresges, praktisch automatisch seine Strecke ab. Der habe quasi einen Tunnelblick, sei mit den Gedanken nicht auf der Fahrbahn, sondern noch zu Hause oder schon im Büro; der müsse sich noch nicht mal anstrengen, das Auto auf der Straße zu halten. Der sei, mit anderen Worten, fast wie in dieser Dacia-Logan-Simulation auf dem Weg in »reizarmer« Umgebung, ohne besondere Anforderungen, herausforderungsfrei.

Am Anfang des Experiments schieben mich Bresges und die Neuroradiologin Elke Gizewski einmal »nur so« ins MRT. Es rattert und brummt, als habe ein australischer Didgeridoo-Spieler bewusstseinserweiternde Drogen genommen, aber immerhin gibt es die erste gute Nachricht: Ich habe ein Großhirn. Dann muss ich wieder in die Röhre, mir aber eine Art Helm aufsetzen, in dem – direkt vor meinen Augen – ein kleiner gekippter Spiegel eingebaut ist. Dank des Spiegels kann ich erkennen, was die beiden mir von erwähntem Laptop aus durch eine Scheibe auf eine

Leinwand projizieren: die superlangweilige Fahrsimulation. Bei diesem ersten Durchgang gucke ich nur zu, wie Bresges fährt. Ich bin der Beifahrer, sozusagen. Mein Gehirn zeigt, sagt mir Frau Gizewski, mäßiges Interesse an der Tour.

Dann fahre ich selbst, ausgiebig, aber am Laptop im Vorraum. Bis ich mich langweile, wie erwähnt. Ich soll, sagt Bresges, die Strecke kennen wie ein Pendler. Die letzte Rundfahrt wird wie ein Film aufgenommen. Ich werde im MRT nur die Simulation einer Fahrsimulation fahren. Dadurch wird verhindert, dass Sress aufkommt. Das Auto zieht »wie von selbst« seine Bahn und würde auch niemals von der Bahn abkommen. Pendler bräuchten sich auf das Steuern ihres Wagens auch nicht konzentrieren, sagt Bresges.

Ich lasse mich respektive meinen Kopf also wieder in das Zentrum des supraleitenden Magneten schieben, in dem es übrigens zieht wie Hechtsuppe. Der Didgeridoo-Spieler trötet. Weil ich meine Brille nicht aufbehalten durfte, sehe ich über den Spiegel und die Leinwand, wenn ich ehrlich bin, nicht meine Fahrsimulation, sondern das Nebelbild einer simulierten Fahrsimulation. Insofern wird das hier eine Weltpremiere, glaube ich. Die anderen Testpersonen vor mir waren jünger, konnten besser sehen und besser mit Joysticks umgehen.

Immerhin weiß ich allerdings, was von mir erwartet wird. Bresges und Gizewski haben mir nämlich erklärt, was bei den anderen herausgekommen ist. Erschreckendes. Das Großhirn, Ort des Dichtens und Denkens, Hort der menschlichen Intelligenz und das, was uns im Eigentlichen von Küchenschaben, Eidechsen und Hühnern unterscheidet, das Großhirn ist an den eingeübten Fahrten im Fahrsimulator nicht wesentlich beteiligt. Oben und vorn, wo im Schädel das Großhirn liegt, hat die Tomographie bei den Fahrsimulationen kaum signifikante Aktivitäten erkennen können. Aktiv ist meistens nur das Kleinhirn gewesen, das hinten im Kopf untergebracht ist, gleich oberhalb der Wirbelsäule.

»Wir schalten das Großhirn offenbar ab«: Das ist die Arbeitshypothese. Es wäre ein logisches Verhalten, weil ungeheuer energie- und ressourcensparend. Die Großhirnabschaltung funktioniert allerdings nur, wenn man sich auf höchst riskante Art selbst belügt. Das Großhirn muss Entwarnung geben, bevor es seine Arbeit an das niedere Kleinhirn delegieren kann: »Hier droht keine Gefahr, hier kannst du alleine weitermachen.« Und das macht die Sache dann doch zum Problem. Das Großhirn ist vor allem deshalb eine höchst angenehme Einrichtung, weil dieser evolutionär noch ganz junge Teil unseres Nervensystems gewissermaßen »in die Zukunft« schauen kann. Dank Großhirn können wir ständig Szenarien ablaufen lassen: mögliche Variationen dessen, was uns gleich passieren kann und worauf wir uns deshalb klug, intelligent, gerissen einstellen können. Wenn wir in Schweden um eine Kurve fahren oder laufen, dann kann uns das Großhirn davor warnen, dass hinter der Kurve ein Elch quer stehen könnte. Oder an der Seite ein Saab mit Motorschaden. Oder an derselben Stelle eine schlankbeinige Schwedin, die per Anhalter unterwegs ist. Ohne dass wir uns dessen bewusst werden, kann das Großhirn auf Vorrat Reaktionsmöglichkeiten durchspielen: Bremsen und Ausweichen, Anhalten und Helfen, Anhalten und Anbaggern, je nachdem. Und in der nächsten Kurve passiert das Gleiche wieder.

Schreckenberg, Gizewski und Bresges glauben, dass es deshalb von Vorteil wäre, wenn das Großhirn angeschaltet bliebe beim Fahren. Das Großhirn könne sich nämlich auch dann eine sinnvolle Reaktion ausdenken, wenn etwas ganz Ungewöhnliches hinter der Kurve zum Vorschein kommt, etwas ganz Neues.

Ein von einem Elch gesteuertes Kleinflugzeug im Landeanflug, zum Beispiel, oder – mitten in Schweden (!) – eine Italienerin, die nicht per Anhalter mitgenommen werden möchte.

Dummerweise arbeitet das Großhirn nicht gerne, respektive hat es noch dermaßen viel an Arbeit von der Vorwoche übrig, dass es versuchen wird, diese ständige Szenarienfilmerei und Lösungserarbeitung möglichst einzudämmen. Wenn der Eigentümer des Großhirns mit seinem Auto – von Schweden kommend – gerade das erste Mal am norwegischen Hardangerfjord unterwegs ist, dann entsteht kein Problem. Da wird es sich das Großhirn nicht nehmen lassen, höchstselbst aufmerksam Bergwelt, Straßenkurven und -gefahren zu beobachten. Aber wenn es nicht am Fjord entlanggeht, sondern wie jeden Tag von Wesel Nord nach Wesel Süd, von Heimstatt zu Werkstatt oder umgekehrt, dann sagt sich das Großhirn eben nach einer Weile: Was soll's, hier passiert sowieso nie was, da spare ich mir die Hitze.

Und dann überlässt das Großhirn die Fahrerei eben dem Kleinhirn, genauer gesagt dem »Reptilienkomplex«, der so genannt wird, weil schon die Dinosaurier mit den entsprechenden Gehirnteilen herumgelaufen sind. Das klingt so fürchterlich und primitiv, dass bei der Bild-Zeitung prompt eine entsprechende Überschrift zum Abdruck kam: »Bewiesen: Pendler sind doof«. Aber doof ist das mit dem Reptilien-Komplex gar nicht, vor allem, wenn man gerade 200 Stundenkilometer fährt. Das Kleinhirn ist nämlich nicht nur kleiner und komplexer als das Großhirn, sondern auch viel schneller. Das Kleinhirn spielt deshalb Basketball und wirft Speere auf vorbeilaufende Antilopen und dergleichen, es arbeitet einfach direkter als das Großhirn, wo immer erst eine Konferenz mit allen Abteilungsleitern abgehalten wird, bis mal die Entscheidung »Werfen« fällt, gegen die dann aber immer noch die Buchhaltung Bedenken hat. Ohne

Kleinhirnhilfe könnten wir nicht 200 km/h fahren. Das Großhirn mag im Einzelfall großartige Ideen produzieren, ein Rennen gewinnen kann es nur im Duo mit dem alten Nachbarn weiter unten.

Dass aber auch das superschnelle Kleinhirn ein Problem haben muss, wird einem klar, wenn man mal mit einer Eidechse über Poststrukturalismus diskutiert. Eidechsen haben kein Großhirn, mit dem zu reden wäre. Also können diese Tiere weder etwas mit neumodischem Kram anfangen, noch sind sie besonders lernfähig, noch in der Lage, sich auch nur den einfachsten Sozialnormen zu unterwerfen. Das Gespräch wird also nicht nur einseitig, sondern die Echse unhöflich und uneinsichtig sein.

Deshalb ist es leider doch keine so gute Idee, das Fahren allein dem Reptil in uns zu überlassen. Wenn man mit 200 Stundenkilometern über die Autobahn schleicht, ist es nämlich hilfreich, wenn man a) Sozialnormen und b) Erfahrungen oder erworbenes Wissen in sein Fahrverhalten einspeisen kann. Man würde dann zum Beispiel auf die Idee kommen, dass es möglicherweise unhöflich ist, jemanden zu rammen, und dass gleichzeitig die Wahrscheinlichkeit steigt, jemanden zu rammen, wenn man fährt wie ein betrunkenes Kaninchen.

Das weiß ich alles, aber trotzdem versuche ich also jetzt in diesem ratternden und knatternden MRT meine Fahrkunst dem Reptil zu überlassen. Das ist nicht schwer, denke ich, zumal ich mit der Joystick-Attrappe Vollgas links geben kann, und das Auto schleicht trotzdem schön brav durch die Rechtskurve. Ist ja nur Simulation. Ich versuche auch, meine Gedanken bewusst wandern zu lassen. Stelle mir vor, dass gleich Scarlett Johansson in diesen Raum käme, mich aus dem MRT zu holen …

Der Didgeridoo-Spieler ist endlich fertig. Es dauert eine Weile, bis die Fahrsimulation abgestellt und die Leinwand zur Seite gefahren wird, ich aus dem Zentrum des Magnetresonanztomographen herausgefahren und von diesem merkwürdigen Helm befreit werde. Im Vorraum gucken sie alle nicht so richtig glücklich. Elke Gizewski zeigt mir die Bilder von eben auf ihrem Bildschirm. Darauf ist in vielen kleinen Bildern mein artig aufgeschnittenes Großhirn zu sehen, verziert mit allerlei roten Pünktchen. Das ist Aktivität. »Sie sind sehr bewusst gefahren«, erklärt mir Gizewski die Bilder, »viel bewusster als vorhin, als Sie der Beifahrer waren.« Das Reptil in mir hat zwar mitgemacht, aber nicht annähernd so viel wie bei den anderen Probanden. Bei denen wäre die Abfolge genau anders herum gewesen: »Großhirn an« beim Beifahren, »Großhirn aus« beim Selbstfahren. Mein Ergebnis widerspricht der Arbeitshypothese. Gizewski klingt unbegeistert.

Bresges beruhigt mich. Er hatte eine Wette laufen. Dass ich ein erfahrener Autorfahrer sei. Dass ich gewissermaßen Experte bin. Dass ich also unbewusst bewusst aufmerksam fahren würde. Ganz gleich, was ich versuche.

Sie stehen noch am Anfang ihrer Forschung, die Essener. Sie müssen noch viele Probanden durch den MRT jagen. Bald werden sie auch Experimente mit einem wesentlich stärkeren Tomographen fahren, dem Super-MRT, der seit kurzem in der alten Zeche Zollverein in Essen steht. Damit werden sie zugucken können, was bei plötzlichen Ereignissen passiert: wenn ein anderes Auto von rechts kommt, wenn an der Kreuzung das Licht von Grün auf Rot wechselt. Ich habe mich schon mal vormerken lassen als Versuchsperson. Nächstes Mal bringe ich aber Kontaktlinsen mit. Und ich stelle mein Großhirn ab. Versprochen.

Bugatti an Netzhaut
Der Mensch ist für das Autofahren leider nicht geschaffen

Was im Kopf des Autofahrers vor sich geht oder nicht, ist ein faszinierender Forschungsgegenstand. Im Alltag stelle ich mir diese Frage immer wieder, vor allem dann, wenn ein Mitmensch vor mir erst mit 50 Stundenkilometern über die Landstraße zuckelt, um dann unmittelbar hinter dem Ortseingangsschild auf etwa 75 zu beschleunigen, um die Kindergartengruppe am Straßenrand zu beeindrucken. Es gibt nach meiner Beobachtung sehr viele Leute, die mit wirklich erstaunlichen Störungen der Wahrnehmungs- und Erkenntnisfähigkeit unterwegs sind. Schon deshalb bin ich der Meinung, dass die Forschung dringend herausbekommen sollte, wie das menschliche Gehirn beim Autofahren funktioniert, respektive warum nicht. Vielleicht könnten Wissenschaftler auch gleich einen einfachen Test entwickeln, mit dem kurz, aber präzise bei gewissen Personen die andauernde Fahrunfähigkeit wegen Hirnfehlers festgestellt werden könnte. Das wäre auch für die Verkehrssicherheit ungeheuer förderlich.

Zuständig dafür ist die kognitive Psychologie. Das ist derjenige Bereich der Psychologie, der sich mit Informationsaufnahme und -verarbeitung sowie mit Verhaltenssteuerung beschäftigt. Leute, die sich das zur Lebensaufgabe gemacht haben, denken sich ganztags Aufgaben aus, die wohlmeinende Test-Teilnehmer bewältigen müssen. Dann gucken sie selbigen beim Scheitern zu und erklären uns anschließend, dass der Mensch dieses oder jenes nicht kann. Eine kleine Minderheit der Kognitionspsychologen – nach meinem Eindruck sind das vor allem britische und amerikanische – hat mittlerweile ihr Herz für das Autofahren entdeckt. Das finden sie spannend, weil Autofahren eine erstens sehr komplexe und zweitens evolutionär ziemlich neue Tätigkeit für Menschengehirne ist.

Es wird gerne vergessen, aber die Höchstgeschwindigkeit lag für uns Menschen unter normalen Umständen bis vor gut 150 Jahren bei etwas über 30 Stundenkilometern. So schnell kann man laufen, wenn man gesund ist, und so schnell trabt ein bezahlbares Pferd über einen Feldweg. Es gab allenfalls einzelne Menschen, die sich auch stärker zu beschleunigen wussten: mongolische Reiterhorden etwa, tollkühne Klippenspringer, unvorsichtige Floßkapitäne und der Baron Münchhausen. Für die Evolution der Gehirne sind diese Leute aber von nachrangiger Bedeutung. Erstere kamen beim Schnellsein zu häufig ums Leben, um ihr Erbgut weitergeben zu können; bei Letzterem handelt es sich möglicherweise um einen Aufschneider.

Darüber, wie die Menschheit reagierte, als der Einfallsreichtum der Ingenieure ihr plötzlich das Angebot maschinell beschleunigten Reisens machte, gibt es eine Reihe reizvoller Anekdoten. Vor der Benutzung der Eisenbahn auf der sechs Kilometer langen Strecke zwischen Nürnberg und Fürth, die am 7. Dezember 1835 eröffnet wurde, warnten Zeitgenossen mit dem Hinweis, dass bei einer Reisegeschwindigkeit von 40 Stundenkilometern ganz sicher mit Geistesverwirrung und anderen Schäden zu rechnen sei. Der »Adler« zuckelte dann, weil auch die Autoritäten besorgt waren, nur mit gedrosseltem Tempo über die Strecke; 28 Stundenkilometer hat er im Schnitt geschafft.

In London pendelte zur gleichen Zeit ein Dampfomnibus namens »Enterprise« zwischen dem Bahnhof Paddington und Islington hin und her. Er brachte es bisweilen auf 14 Meilen pro Stunde, etwas über 22 Kilometer. Der Widerstand in England war etwa so heftig wie in Deutschland, weshalb die schon immer sehr vorsichtigen Briten im Jahr 1861 die Höchstgeschwindigkeit für derartige Geräte auf vier Meilen in der Stunde reduzierten. Weil aber selbst das noch riskant erschien, musste ab 1865 ein mit roter Warnfahne bewaffneter Hilfssheriff in sicherer Entfernung vor dem Omnibus einherschreiten, um die Straße frei zu wedeln. Erst zum Ende des 19. Jahrhunderts und als sich auf dem Kontinent der Verbrennungsmotor breit machte, erlaubte auch die Regierung Ihrer Majestät der Königin Victoria ihren Untertanen, auf immerhin 32 km/h zu beschleunigen. Und der Hilfssheriff wurde durch den Scheinwerfer wegrationalisiert.

Womit, um auf das Thema zurückzukommen, dem Menschengehirn gut 100 Jahre blieben, um sich evolutionär darauf vorzubereiten, auf der Autobahn von einem Bugatti EB 16.4 Veyron überholt zu werden. Der Bugatti ist das schnellste Gefährt mit Straßenzulassung. Unter Vollgas bringt er es auf etwa 407 Stundenkilometer.

Das konnte natürlich nicht gutgehen. In hundert Jahre passen gerade mal vier, fünf Generationen, das entspricht evolutionsbiologisch nicht mal der Viertelstunde, die der Bugatti dafür braucht, bei Höchstgeschwindigkeit seinen Benzintank leer zu machen.

Ansporn also für den britischen Psychologen John A. Groeger, Autor des viel beachteten Standardwerks »Understanding Driving« (Fahren verstehen), die Frage zu beantworten, wie sich der Homo sapiens an Geschwindigkeiten gewöhnen konnte, die von der Evolution nicht vorgesehen sind. Das besagte Werk macht vor allem anderen klar: Die kognitive Psychologie ist von der Beantwortung dieser Frage ungefähr so weit entfernt wie ich von der Anschaffung eines Veyron. Herr Groeger und seine Kollegen wissen nämlich nicht einmal genau, wie ein Menschengehirn kognitiv erfasst, dass es gleich von einem Opel Astra überholt wird. Das Gehirn ist weder in der Lage, die Geschwindigkeit eines sich langsam nähernden Fahrzeugs zu messen noch vorauszuberechnen, wann es zur Kollision kommen müsste.

Dass sich von hinten ein Auto nähert, erfährt der Mensch, wenn er fährt, bekanntlich ausschließlich über die Augen. Vorausgesetzt, es gäbe da eine sehr lange, sehr gerade Strecke, weiter vorausgesetzt, die Witterungs- und Lichtverhältnisse wären gnädig, dann erscheint ein Veyron für kurze oder ein Astra für längere Zeit im Rückspiegel, bevor er vorbei- oder ins Heck rauscht. Mit dem Sehen ist das aber so eine Sache. Es ist eine in jeder Hinsicht vielschichtige Angelegenheit.

Das Licht, das einen via Rückspiegel über die nahende Gefahr in Kenntnis setzt, tut dies auf wenigen Millimetern Netzhaut, wo rund 120 bis 130 Millionen lichtempfindlicher Nervenzellen sitzen. Diese nehmen ständig das gesamte Gesichtsfeld auf, einen Winkel von etwa 150 Grad. Im visuellen Cortex des Gehirns wird zunächst zusammengesetzt, was die Nervenzellen jedes Auges einzeln melden, dann werden die beiden zweidimensionalen Bildchen wie im 3D-Kino zu einer Ansicht mit Tiefenschärfe zusammengemogelt.

Nun gibt es ein Problem. Solange der Opel noch ein Stück weit entfernt ist, wird er auf der Augenrückwand nur einen ziemlich bescheidenen Eindruck machen: als fetter Punkt respektive als Scheinwerferdoppel. Dass sich der Wagen da hinten nähert, kann der Cortex nur erkennen, wenn der Punkt größer wird oder sich die Scheinwerfer voneinander entfernen. Leider passiert das aber erst, wenn der Verfolger ungefähr auf Rufweite herangekommen ist.

Das liegt zunächst an simpler Trigonometrie. Für die Netzhaut ist der Winkel entscheidend, den das sich nähernde Auto im Gesamtblickfeld ausfüllt. Bleibt der Winkel gleich, meldet das Auge ans Gehirn, dass sich nichts verändert hat. Hat sich der

Winkel geändert, wird darauf geschlossen, dass das andere Auto nun näher oder weiter weg gerückt ist. Allerdings kann – Insuffizienz der Natur – unser Auge solch eine Veränderung nur in Schritten von 0,17 Grad erkennen.

Herr Groeger beherrscht Trigonometrie, anders als ich. Deshalb hat er ein Beispiel berechnet. Wenn der Astra noch 200 Meter entfernt ist, sagt er, sei die durch das Näherkommen entstehende Winkelveränderung für das menschliche Auge nicht feststellbar. Man müsste am Straßenrand stehen (ergo: nicht selbst fahren), damit das Auge erkennen könnte, dass der Astra durch Annäherung langsam größer wird. Bei 100 Metern Distanz müsste der Geschwindigkeitsunterschied 64 Stundenkilometer betragen, damit das Gehirn die richtige Meldung macht.

Nun mag das alles richtig sein, was John A. Groeger da ausgerechnet hat, der empirischen Wirklichkeit entspricht es aber nicht. Wie jeder weiß, auch Groeger, bekommt man trotzdem irgendwie mit, dass da hinten einer anrauscht. Ich kann von Rückspiegelblick zu Rückspiegelblick Entfernungsdifferenzen abschätzen. Ich kann beobachten, wie sich der Veyron hinter mir zur Landschaft und zu anderen Autos verhält. Ich kann schätzen, wie schnell ich bin und wie schnell dann der andere sein müsste. Aus all dem können Teile meines Gehirns, die besser Mathe können als ich, sogar ausrechnen, wie lange es noch dauern wird, bis es »Whhrooooshg« neben mir macht. Denke ich.

Groeger ist da anderer Ansicht. Aus zahllosen Tests und Experimenten weiß er, dass der Mensch in den für besagten Überblick nötigen Disziplinen eine ziemliche Niete ist. Entfernungen unterschätzen wir zum Beispiel tendenziell um den Faktor 0,85. Warum, weiß Groeger nicht. Dafür nennt er Ausnahmen von der Regel: Objekte, die wir leicht in ihrer Form erkennen (zum Beispiel einen Menschen), halten wir für weiter entfernt, als sie in

Wirklichkeit sind. Unförmige Objekte, zum Beispiel ein Autowrack, wirken dagegen näher. Unser Unvermögen vergrößert sich, wenn wir uns selbst bewegen, also etwa im fahrenden Auto sitzen. Absolute Distanzen können dann gar nicht mehr geschätzt werden, relative Entfernungen kaum. Und das betrifft jetzt alles nur die Entfernungsmessung.

Das menschliche Geschwindigkeitsgefühl ist im Vergleich dazu eine völlige Fehlanzeige. Wenn uns kein Tachometer hilft, halten wir uns für langsamer, als wir wirklich sind, für Geschwindigkeitsveränderungen fehlt uns jedes Gespür. Wenn Autofahrer im Experiment gebeten werden, bei verdecktem Tacho erst auf eine Richtgeschwindigkeit zu beschleunigen und diese dann beispielsweise um 20 Stundenkilometer wieder abzusenken, dann liegt die Trefferquote im Zufallsbereich. Wer gleich schon mal zu schnell gefahren war, wird seine Geschwindigkeit nicht weit genug reduzieren; wer von Anfang an zu langsam fuhr, bremst auch noch zu viel.

Und wenn man glaubt, es könnte nicht schlimmer werden, dann werden die Sichtverhältnisse schlecht. Wenn uns die Kontraste fehlen, wir also z. B. durch Nebel fahren, dann kann das Auge Veränderungen im Gesichtsfeld nicht mehr erkennen. Anschleichende Astras inklusive. Gleichzeitig wird es für das Gehirn schwieriger, das Gesehene nachzukorrigieren. Wenn etwa ein Kind auf die nur noch undeutlich erkennbare Straße läuft, wird unser Gehirn es möglicherweise mit einem erwachsenen Menschen verwechseln. Das ist doppelt fatal, weil wir die Entfernung zum Kind dann gleich doppelt überschätzen – erstens, weil bekannte Objekte wie gesagt entfernter scheinen, als sie in Wirklichkeit sind, zweitens, weil wir kein nahes, kleines Kind zu sehen glauben, sondern einen entfernteren, großen Erwachsenen. Im Dunkeln kommen weitere Probleme ins Spiel, die ich hier nicht auch noch alle aufführen will. Wenn wir aber im Dunkeln durch Nebel fahren, kommt es zu einer derartigen Anhäufung von Sinnesinsuffizienzen, dass es schon an ein Wunder grenzt, wenn die Fahrt nicht in einer Katastrophe endet.

Unser Sicht- und Hörapparat, sagt Groeger, ist für das Führen von Kraftfahrzeugen also streng genommen nicht geeignet und unser zentrales Nervensystem ebenso wenig. Ich werde das bedenken, wenn ich das nächste Mal in einen Veyron steige. Und mich dann wundern, wenn es trotzdem klappt.

Krokodil am Steuer
Das Reptilienhirn und seine ärgerliche Begrenztheit

Ich will noch mal auf die Sache mit dem Reptilienkomplex zurückkommen. Ich fahre manchmal ganz gerne als Krokodil durch die Gegend. Als Krokodil in Schonhaltung, wohl gemerkt, nicht als Krokodil auf Nahrungssuche. Es entsteht ein sehr angenehmes Fahrgefühl, wenn ich mich einfach gehen lasse und die Tachonadel, die Klimaanlage und meine Triebe gleich mit. Wenn es noch ein bisschen flott dabei zugeht, dann ist der Effekt auf meine Psyche durchaus mal mit dem schönen deutschen Fachbegriff »geil« zu umschreiben. Wenn nur das Kleinhirn steuert, dann fliege ich gewissermaßen über die Straße. Mein Auto und ich verwachsen miteinander, fast würde ich sagen, dass ich in solchen Phasen mit dem Auto eine Art symbiotische Verbindung eingehe. Ich nehme also gleichsam eine neue Identität als Cyborg an: Auto plus Mensch.

So ein Einswerden mit dem Auto ist keineswegs nur eine spätpubertäre Phantasie. Kein Geringerer als der deutsche Philosoph Karl Jaspers hat schon 1913 über das »Leibbewusstsein« geschrieben, das über die Grenzen unseres Körpers hinausgeht. Sein französischer Fachgenosse Maurice Merleau-Ponty hat in der »Phänomenologie der Wahrnehmung« 1964 beschrieben, wie man – zum Beispiel beim Fahren – unwillkürlich den »Eigenraum« auf das Auto ausdehnt. Wie man sich dermaßen in sein Auto hineindenkt, dass die Seitenspiegel sozusagen zum Ellenbogen werden. Damit verschafft man sich auch Vorteile, denke ich. Dann braucht man diesen ganzen Klimbim von Entfernungsschätzung oder Geschwindigkeitseinordnung nicht mehr, die der Mensch laut John Groeger so wenig draufhat. Dann ist die Geometrie im Raum für Auto und Mensch nämlich gleich, mit dem einen kleinen Unterschied, dass Blechschäden nicht so schmerzhaft sind wie Knochenbrüche.

Der Vollständigkeit halber will ich gerne Donna Haraway als Beleg für meine Parteinahme für das Reptilienhafte zitieren. Diese Dame hat 1985 ein »Cyborg Manifesto« von sich gegeben: Darin hat sie beschrieben, wie die Grenzen zwischen natürlichen und technischen Systemen in der Moderne verschwimmen. Das ist übrigens absolut heftige feministische Kulturtheorie, also extrem fortschrittlich und intellektuell. Haraway sieht mich allerdings weniger als primitives Krokodil denn als »soziotechnisches Handlungssystem«. Wenn sie das so sehen möchte, von mir aus.

Als solches käme ich auch mal ganz ohne Rausch und gute Gefühle aus. Damit ist gemeint, was ich persönlich gern Fahr-Trance nenne. Wohl jeder kennt das, der sich schon mal dabei ertappt hat, wie er an der Autobahnabfahrt Schleswig/Schuby plötzlich erschrickt und sich denkt: »Mensch, du warst doch eben noch in Nesselwang, wie bist du eigentlich hierher gekommen?« Mir passiert das hin und wieder. Manchmal bin ich so tief in Gedanken, dass ich ganze Autobahnabschnitte nicht mehr rekapitulieren kann, zum Beispiel eben die A7. Wenn man dann aufwacht, stellen sich gleich ein paar dringende Fragen: »Habe ich da eben überholt?« Oder: »Wie lange fahre ich wohl schon auf der Mittelspur?« Es funktioniert, keine Angst. Ich lebe ja noch, und meistens ist niemand anders zu Schaden gekommen, jedenfalls wäre mir das nicht bewusst. Während solcher Trance-Momente, die auch mal länger dauern dürfen, wird die Lage einfach vom vegetativen Nervensystem kontrolliert. Da merkt der Cyborg nichts davon, genauso wenig wie von der Verdauung. Dank Kleinhirn, denke ich, geht das alles automatisch. Das ist ja dafür zuständig.

Auch John Groeger, der britische Kognitionswissenschaftler und Psychologe, kennt entsprechende Fahrberichte. Aber Groeger ist ein Skeptiker. Er glaubt nicht daran, dass man automatisch fährt. Er hält das für ein großes Missverständnis. Die Fahrt in Trance sei ein Spiel mit dem Leben. Allenfalls kurze Ablaufroutinen ließen sich vom Menschen »automatisieren«. Der Griff der rechten Hand zum Schalthebel zum Beispiel.

Ich war immer der Meinung, dass der gesamte Vorgang des Schaltens automatisch geht, von der Entscheidung »Hochschalten« bis zum Abheben des Fußes vom Kupplungspedal. Ist es nicht, sagt der Neuropsychologe John Duncan von der Universität Cambridge in Großbritannien. Duncan hat vor ein paar Jahren – mit ein paar Kollegen – eine Videokamera in einem Auto installiert und ein paar Dutzend Mitmenschen gebeten, in einer ruhigen Gegend mehrfach um immer dieselbe Ecke zu fahren. Vorher hat er sie alle ankreuzen lassen, ob sie besonders erfahrene Autofahrer sind, Ottonormalmenschen oder Anfänger.

Herausbekommen hat Duncan zum einen, dass das Runterschalten fast doppelt so lange dauert wie das Raufschalten. Für Groeger ist das ein Beweis dafür, dass Runterschalten und Raufschalten für das Gehirn zwei völlig verschiedene Paar Stiefel sind. Zweitens hat Duncan herausgefunden, dass die Neulings-Gruppe zwar langsamer hochschaltete als die beiden anderen Gruppen, beim Runterschalten aber gleichzog mit den Normalos. Will sagen: Der Effekt, der hätte eintreten müssen, wenn Schalten sich mit längerer Fahrpraxis automatisiert, blieb zumindest beim Runterschalten aus. Es gab keinen nennenswerten Unterschied zwischen Leuten, die 15 Jahre Auto fahren, und Leuten, deren Führerschein eigentlich noch in Druck ist. Das klingt nach einer Kleinigkeit. Aber es wirft ziemlich viel von dem über den Haufen, was man bislang über das Fahrenlernen gedacht hat.

Aufbauend auf Duncans Tests haben dann andere versucht, Neulinge und Experten beim Um-die-Ecke-Fahren und Schalten abzulenken, ihnen zum Beispiel Denksport-Aufgaben zu geben oder sie alberne Pappschilder am Straßenrand zählen zu lassen. Das Pappschildersuchen störte ziemlich. Das Schalten dauerte länger als bei den Tests von Duncan und Co. Und nicht mal alle Pappschilder haben die Probanden gefunden. Ein paar durften auf der Teststrecke Automatik fahren. Die waren dann allesamt schneller und fanden mehr Schilder.

Und was sagt uns das alles nun? Schalten, sagt Herr Groeger, ist höchstens in Teilen ein antrainierter Ablauf. Automatisch geht es nicht. Selbst diese eigentlich simple Aufgabe verlangt vom menschlichen Gehirn eine Arbeitsleistung, weswegen so ein Schaltvorgang alle anderen Geistestätigkeiten des Menschen beeinträchtigt – und umgekehrt. Man bekommt das normalerweise nicht mit, räumt Herr Groeger ein. Aber es gibt einen Punkt, da ist sich Groeger sicher, an dem das Gehirn nicht mehr fähig wäre, den Schaltvorgang »unterzubringen«.

Ich stelle mir das so vor wie bei meinem Computer: Wenn der Arbeitsspeicher kaum benutzt wird, tritt zum Beispiel beim Tippen auf der Tastatur keine erkennbare Verzögerung ein, bevor der Buchstabe im Textverarbeitungsprogramm auf dem Bildschirm auftaucht. Wenn ich allerdings gleichzeitig dem Virenschutz eine Generalgrundreinigung auftrage und das Bildbearbeitungsprogramm bitte, aus einem Scarlett-Johansson-Akt die Vorlage für einen Wandteppich zu berechnen, dann muss ich plötzlich Geduld aufbringen, bevor der Rechner das Wort »Geduld« auf dem Bildschirm anzeigt. Er verschluckt dann auch schon mal einen halben Satz, wenn ich einfach weiterhacke.

Nach Meinung der Forscher wäre das mit dem Schalten im Auto ganz ähnlich. Wenn bei mir gleichzeitig das Handy klingelt, Scarlett Johansson vor der Kühlerhaube die Straße überquert und mir zulächelt, ich auf dem Weg zu einem Vorstellungsgespräch bin (und zwar verspätet) und der Beifahrer mir etwas über eine angebliche Affäre seiner Partnerin erzählt, mit der ich selber gerade eine Affäre hatte, dann würde ich mich möglicherweise auch beim Schalten verhaspeln. Arbeitsspeicher voll.

Nun passiert es gerade mir viel zu selten, dass ich Scarlett Johansson begegne. Auch habe ich keine Affären mit den Partnerinnen von Beifahrern, wie ich insbesondere meiner hauptsächlichen Beifahrerin guten Gewissens versichern kann. Es wäre darüber hinaus auch kein besonderes Drama, wenn ich mich mal verschalten würde.

Aber zum Nachdenken haben mich diese Einwände der Herren Groeger und Duncan natürlich schon verleitet. Denn man verlässt sich heutzutage doch immer öfter darauf, dass man beim Fahren allerhand nebenbei erledigen kann. Autofahren ist deutlich komplexer geworden in den vergangenen Jahren. Nicht nur, dass immer mehr Krokodile unterwegs sind, zum Teil in Gestalt zorniger Männer im Zustand des akuten Kontrollverlustes, zum Teil als bewusstlos fahrende Frauen oder als ältere

Herrschaften in hochbeschleunigten SUVs. Auch die Geschwindigkeit hat zugenommen. Die Höflichkeit dagegen ab. Und bei all dem wird mir im Cockpit eines modernen Fahrzeugs deutlich mehr abverlangt als dermaleinst in meinem ersten VW Käfer. Ich kann dank Bordcomputer mehrere CDs, Radiostationen, den iPod und die Mehrzonenklimaanlage steuern. Ich kann während der Fahrt sämtliche Verkehrsmeldungen der letzten Stunden abrufen, mein Fahrtziel ändern, Hotels suchen und mich per Navi dorthin lenken lassen. Ich kann telefonieren und gegebenenfalls meiner Tochter auf dem Rücksitz einen Film per DVD einspielen lassen. Außerdem muss ich hin und wieder auch noch einen Gang wechseln.

Unter Groegerschen Gesichtspunkten stellt sich mir da natürlich die Frage, ob die schöne neue Technikwelt, die uns die Autobauer in den Sonderausstattungslisten als »Fahrassistenz« anpreisen, eigentlich wirklich sinnvoll ist oder eher kontraproduktiv.

Bei Anruf Panik
Warum uns Telefonieren im Auto so fertigmacht

Ich selbst telefoniere nie im Auto. Wenn mich jemand trotzdem mal mit einem Telefon sehen sollte, das ich zwischen Wange und Schulter eingeklemmt habe, dann kann ich das erklären. Ich habe ein seltenes, wenig bekanntes Kieferleiden. Ich muss meinen sehr beweglichen Kiefer manchmal fixieren, gerade beim Autofahren komischerweise, und ich bin nun im Zuge einer Testreihe mit verschiedenen orthopädischen Hilfsmitteln zu der Erkenntnis gelangt, dass mein Kiefer am besten stabilisiert wird, wenn ich mir mein Telefon zwischen Ohr und Schulter einklemme.

Man kann das natürlich mit einer landläufigen Telefonierhaltung verwechseln, klar, aber wie gesagt: Das ist bei mir rein therapeutisch bedingt.

Ich bin, wie ich kürzlich las, nicht der Einzige, der diese Methode anwendet. Unverständlicherweise hat der Richter am Amtsgericht Sondershausen in Thüringen meinem Leidensgenossen aber trotz entsprechender Schilderung ein Bußgeld auferlegt – wegen verbotenen Telefonierens im Auto ohne Freisprechanlage. Und der arme Mensch musste dann auch noch seine Führerscheinprüfung wiederholen, weil der Richter der Meinung war, dass jemand, der einen herunterhängenden Kiefer habe, den er ständig mit der Hand festhalten müsse, nicht uneingeschränkt am Straßenverkehr teilnehmen könne. Unglaublich, so etwas. Ich meine: Entweder glaubt er die Sache mit dem Kiefer, dann ist die Sache mit dem Führerschein in Ordnung, aber die mit dem Bußgeld nicht, oder er glaubt sie nicht. Dann gibt es Bußgeld, aber der Führerschein bleibt. Oder?

Obschon ich selbst bekanntlich nicht telefoniere beim Autofahren, habe ich so etwas natürlich schon beobachtet, wenn auch nur in seltenen Ausnahmefällen. Meine besondere Hochachtung gilt dabei denjenigen Leuten, die in ihr sicher geparktes Auto einsteigen, den Motor starten, sodann zum Handy greifen und losfahrend beginnen, ein Telefonat zu führen. Einhändig, versteht sich. Ich finde das toll. Es ist ein Politikum, gelebter Widerstand gegen die Regulationswut des Staates, also ein Ausdruck höchster Liberalität.

Ich würde manchmal gerne für kurze Zeit eines von diesen Geräten haben, mit denen in Großbritannien gemeinhin Telefonate von Thronfolgern mitgehört werden können. Und dann lauschen, was die Helden des automobilen Alltags ihren Funkfernsprechgeräten anvertrauen.

»Ja, also das Gespräch ist jetzt gerade zu Ende gegangen. Und, äh, ich bin jetzt wieder auf dem Weg zurück ins Büro. Ist eigentlich gut gelaufen, will ich mal sagen. Aber wir müssten vielleicht nachher noch mal drüber reden, ja? Nicht so wichtig, aber ich wollte schnell Bescheid geben.«

Gut, vielleicht ist es doch kein Politikum. Vielleicht nur eine Folge von Teilzeitdenken oder Frühdemenz. Man telefoniert doch bitte nicht, wenn es sich vermeiden lässt, aus dem fahrenden Auto heraus, oder? Besonders nicht, wenn man selbst fährt. Das ist höchst unhöflich. Damit signalisiert man seinem Gesprächspartner sofort, dass er nur die zweite Geige spielt, weil das Autofahren bzw. der Zeitplan wichtiger ist. Abgesehen davon, dass man kaum etwas verstehen kann, wenn jemand bei 250 km/h durch eine Gegend mit schlechtem Empfang fährt.

Das für den Fahrzeugführer bestehende Verbot, im Straßenverkehr ohne geeignete Freisprechanlage zu telefonieren, halte ich übrigens für unmaßgeblich. Erstens wird es nach meiner Beobachtung ungefähr so häufig beachtet wie die Vorschriften zur Nutzung einer Nebelschlussleuchte. Die darf man bei Sicht unter 50 Metern benutzen, eingeschaltet wird sie gemeinhin aber auch bei Sicht unter 50 Kilometern. Zweitens wird das Verbot ganz offensichtlich nicht polizeilich durchgesetzt. Die Polizei in Deutschland hat Besseres zu tun als sich auf den Straßen herumzutreiben, sie muss nämlich Anzeigen abtippen. Drittens steht das Verbot nach meinem dringenden Eindruck sachlich auf wackeligen Füßen. Letzteres will ich gerne erläutern.

Einzuräumen ist, dass das Telefonieren ohne Freisprechanlage schon deshalb eine Beeinträchtigung der Fahrkunst zur Folge hat, weil man mit einer Hand das Handy festhalten muss. Dies führt bei den allermeisten Menschen dazu, dass zur Arretierung des Steuerrads und zum Betätigen des Schalthebels nur noch insgesamt eine Hand übrig bleibt. Handyhalten ist allerdings bei weitem nicht die einzige Nebentätigkeit des gemeinen Autofahrers, die zu einem entsprechenden Handicap führt. Gummibären-Essen zum Beispiel erfordert üblicherweise die Benutzung von mindestens einer Hand. Auch Kaffeetrinken, das Wechseln einer CD oder Kassette, die Nasenreinigung oder das Kratzen an zentralen Körperteilen ist nach meinen Beobachtungen ohne halbfreihändiges Fahren nicht zu bewerkstelligen.

Die Einhändigkeit wird also überbewertet. Zahllose Studien legen nahe, dass es keinen signifikanten Unterschied macht, ob man nun mit oder ohne Freisprechanlage telefoniert. Es ist schlicht beides ziemlich ungünstig. Das National Safety Council der USA kam im Sommer 2001 nach einer Versuchsreihe zu dem Ergebnis, dass »die Nutzung eines Mobiltelefons beim Fahren zu einer erheblichen Ablenkung führt, die durch die aktive Beteiligung des Fahrers am Gespräch erzeugt wird, nicht so sehr aber durch die physische Belastung, die vom Halten des Telefons ausgeht«. Es gibt sogar eine britische Studie von 1991, bei der die Testpersonen beim Telefonieren mit Handy ihre Spur besser gehalten haben als beim simplen Radiohören. Die internationale Kampagne gegen das einarmige Telefonfahren scheint mir also nicht zuletzt zu Gunsten der Industrie vom Zaun gebrochen worden zu sein, die teure Freisprechanlagen anbietet.

Was mich zu einem weiteren Hinweis darauf führt, dass auch der Gesetzgeber über diese Marginalitäten Bescheid weiß: Wenn es wirklich so einen großen Unterschied machen würde, ob wir mit oder ohne Gerät am Ohr hinter dem Steuer telefonieren, dann wären Freisprechanlagen bei Neufahrzeugen längst Standard- und Zwangsausrüstung. Gurte muss man heutzutage auch nicht mehr als Sonderausstattung bezahlen. Sie sind Pflicht.

Ich fürchte allerdings, dass das Problem viel zu kompliziert ist für eine so schlicht gestrickte Sache wie die Straßenverkehrsordnung. Telefonieren ist schon mit Festnetztechnik eine Kommunikationsform, die uns weit mehr abverlangt, als uns bewusst ist. Der entscheidende Unterschied zum persönlichen Gespräch ist evident: Man sieht sich nicht. Damit aber fehlen – gerade zu Anfang eines Gesprächs – eine ganze Reihe von wichtigen Informationen darüber, was der Gegenüber wahrscheinlich von uns erwartet. Macht er ein kaltes Pokerface, dann will er aggressiv verhandeln. Guckt er süßlich-schmachtend, dann will er jetzt flirten, traut sich aber nicht so recht. Sind die Augen rot unterlaufen, dann hat er entweder geweint und muss getröstet werden, oder er ist wütend, und man geht besser gleich wieder.

Am Telefon soll man diese Ausgangssituation an der Stimme erkennen können. Deshalb muss man am Anfang eines Telefonats auch so gut zuhören, und deshalb gibt es auch die meisten Missverständnisse in Telefonaten gleich zu Anfang. Telefoniert man mit jemandem von Handy zu Handy, kommt erschwerend hinzu, dass man nicht weiß, in welcher Lage und an welchem Ort sich der Gesprächspartner gerade befindet. Und wer bei ihm ist. Und wenn man Auto fährt, wird alles noch viel schwieriger, weil die Tonqualität der Übertragung meistens recht schlecht ist. Und der Wagen laut, sofern man nicht gerade Rolls-Royce fährt. Oder die Umgebung macht sich störend bemerkbar, z. B. wenn irgend so ein Idiot hupt, nur weil man vor lauter Telefonieren übersehen hat, dass es grün geworden ist.

Wissenschaft, Verkehrsforschung, Politik, Polizei und Versicherungswesen sind sich jedenfalls darin einig, dass das Telefonieren am Steuer irgendwie schwierig ist. Aber auch die sollten sich hüten, vorschnell zu urteilen. Im Stadtverkehr ist die Beeinträchtigung durch ein Kurztelefonat üblichen Inhalts fast zu vernachlässigen. Menschen, die in einer anspruchsvollen Verkehrssituation unterwegs sind, können sich normalerweise gut auf den Verkehr konzentrieren, selbst wenn sie telefonieren. Auf einer langweiligen Autobahn sieht das schon anders aus. Dort nimmt das Reaktionsvermögen im Fall eines Anrufs dramatisch ab, weil das Gehirn die Prioritäten »falsch« setzt: erstens Telefonieren, zweitens Fahren. In der Stadt ist es andersherum.

In Tests fügt die Telefonbenutzung rund eine Sekunde zur normalen Reaktionszeit hinzu; aus einer Schrecksekunde werden also zwei. Im Stadtverkehr hieße das, dass man gut 27 Meter weit kommt, bevor der Fuß die Bremse berührt. Es gibt dabei allerdings Unterschiede von Mensch zu Mensch. Leute, die schon etwas älter sind und vielleicht selten mit dem Handy telefonieren, sind von einem Anruf weitaus stärker beeinträchtigt als junge Menschen, deren Reaktionsvermögen höher und deren Handy häufiger in Benutzung ist. Es gibt auch Unterschiede von Gespräch zu Gespräch, sagen die Experten. Eine Terminabsprache oder seichte Plauderei scheint Autofahrer nicht weiter anzustrengen. Eine komplexe geschäftliche Verhandlung am Steuer dagegen ist riskant – sowohl für das Verhandlungs- als auch für das Fahrergebnis. Wenn man auf der Autobahn von seiner besseren Hälfte angerufen wird, die einem mitteilen möchte, dass sie eine noch bessere Hälfte gefunden hat, dann erfüllt das ungefähr den Tatbestand der versuchten Körperverletzung mit möglicher Todesfolge. Emotionaler Aufruhr ist gar nicht gut für einen Menschen am Steuer.

Für John Groeger ist der kritischste Moment eines Telefonats am Steuer allerdings nicht die Sekunde, in der die Liebste das Ende der Liaison verkündet und die Tränen in die Augen schießen. Das kommt rein statistisch wahrscheinlich einfach zu selten vor. Die Phase des größten Stresses beginnt laut Groeger mit dem Klingeln des Handys.

Ich kann das nachvollziehen. Ich telefoniere, wie schon erwähnt, eigentlich nie im Auto. Aber früher, als es noch nicht verboten war, da habe ich, wenn es die Situation erlaubte und ich beispielsweise gerade weniger als 170 km/h fuhr, durchaus hin und wieder zugegriffen, wenn das Handy klingelte. Und ich erinnere mich gut: Das ist natürlich Stress pur. Erstens muss man entscheiden, ob die Verkehrslage es erlaubt, dass man überhaupt mit dem Gedanken ans Telefonieren spielen darf. Dann muss man ausfindig machen, wo das Handy ist, und es dann wahrscheinlich aus der Tasche eines Mantels fischen, der auf dem Rücksitz liegt. Schließlich muss man auf das Display gucken, wo die Nummer angezeigt wird, möglicherweise auch der Name des Anrufers. Wenn es jemand ist, bei dem man Schulden hat oder noch etwas abzuliefern, kann man auf »Ablehnen« drücken, dann kriegt der die Mailbox zu hören. Wenn auf dem Display »Unbekannt« steht, muss man entscheiden, ob man ein Risiko eingehen will. Es könnte die Lottoannahmestelle sein, die den Gewinn eines Jackpots verkündet. Oder ein gut situierter Auftraggeber, der für kurze Texte viel Geld bezahlt. Es könnte aber auch irgendetwas Schlimmes sein. Das Kind ist von der Schaukel gefallen. Die Bundeskanzlerin braucht Hilfe. Irgend so etwas.

Und das alles muss durch den Kopf durch, bevor uns das Handy die Entscheidung abgenommen und auf die Mailbox umgeschaltet hat. Das ist Stress, in der Tat, und wie gesagt fast unabhängig davon, ob das Handy nun an einer Freisprecheinrichtung hängt oder nicht. Groeger sagt, dass allein das Klingeln eines Telefons dramatische Folgen haben kann, wenn man sowieso gerade gestresst ist, also etwa in einer engen Bergkehre einen Lkw überholt oder 40 Meter vor sich eine Ampel sieht, die gerade auf Gelb umgeschaltet hat.

Es gehört zu den ungeschriebenen Gesetzen unserer demokratischen Gesellschaft, dass immer dort, wo ein Risiko beschrieben wird, sofort irgendjemand auf die großartige Idee kommt, das riskante Verhalten zu verbieten. Rauchen im Auto wäre so ein Beispiel. In Falle der Handynutzung ist der Ruf nach einem Totalverbot indes eher verhalten. Das liegt zum einen daran, dass der Gesetzgeber große Vorsicht walten lässt, um keine eigenen Interessen zu berühren. Wenn Beifahrer oder Fahrgäste nicht mehr telefonieren dürften, dann müssten Politiker wahrscheinlich ihre Kommunikationsgewohnheiten radikal überdenken. Zum anderen ist es unwahrscheinlich, dass sich die Politik die Telekommunikationsbranche zum Feind machen möchte – und die Automobilindustrie gleich dazu.

Vielleicht liegt es aber auch daran, dass die Politik ausnahmsweise mal einsieht, dass sich hier ein Feld auftut, das fast nicht zu regulieren ist. Der Wunsch, ständig erreichbar zu sein und ständig zu telefonieren, ist so groß, dass sich der Mensch immer etwas einfallen lassen wird, um Verbote zu umgehen. Wie gut, dass es also die Automobilindustrie gibt, die sich natürlich ganz uneigennützig Gedanken darüber macht, wie man zu einer klugen, ausgewogenen Kompromisslösung kommen kann.

Die Welt steht, was das mobile Telefonieren angeht, schließlich immer noch am Anfang einer Entwicklung. Handys werden klüger und multifunktionaler werden. Bei meinem nächsten Modell werde ich großen Wert darauf legen, dass es auch meine Oberhemden bügeln kann. Klüger werden aber auch die Autos. Schon jetzt sind etwa bei DaimlerChrysler Systeme in der Erprobung, die die Freisprechanlage mit den anderen Funktionen des Fahrzeugs so vernetzen, dass das Auto einen Anruf selbst unterdrücken wird, wenn die Verkehrssituation ein Gespräch nicht sinnvoll erscheinen lässt. Man wird also in Bälde Autos haben, die von sich aus auf die Taste mit der Mailbox drücken, wenn man gerade durch dichten Stadtverkehr muss oder auf der Autobahn mit höherer Geschwindigkeit unterwegs ist. Wahrscheinlich wird man dem Auto dann auch mitteilen können, wessen Anrufe bitte grundsätzlich nicht durchgestellt werden sollen, zum Beispiel die von der Ex. Ich gehe fest davon aus, dass solch ein Auto dann auch Diktate aufnehmen wird, Termine koordinieren und Kaffee kochen. Es wird ganz paradiesisch werden, fast so schön wie im Büro.

Am Anfang stand Eva
Eine kurze Geschichte der Navigationssysteme

Am Anfang stand Eva. Das ist kein Scherz und auch erst 25 Jahre her. Bei der guten, alten deutschen Firma Blaupunkt hatte man sich besagte Eva ausgedacht oder eher den Eva: den »Elektronischen Verkehrslotsen für Autofahrer«. Deutsche Technik, deutscher Name. So sperrig wie die Begrifflichkeit war auch das Gerät. Eva war weder hilfreich noch formschön, dafür aber unerhört aufwändig.

Nun gut, das trifft für vieles zu, was in den Achtzigern erfunden wurde. Eigentlich war alle Technik damals irgendwie sperrig, wenig formschön und aufwändig, vom Dual-Plattenspieler mal abgesehen. Bei mir auf dem Schreibtisch landete seinerzeit ein Original IBM AT (was ganz unironisch die Abkürzung für »Advanced Technology« war). Das Gerät wog gefühlt einige Zentner und war teuer wie ein Kleinwagen, dafür aber immerhin mit einem sensationellen Farb-Bildschirm ausgerüstet (alle meine Freunde guckten billig Bernstein auf Schwarz). Die Gesamtspeicherkapazität entsprach ungefähr jener, die heute eine elektrische Zahnbürste braucht, damit sie einem sagen kann, wann zwei Minuten vorbei sind. Aber ich hatte noch mehr zu bieten. Ich war stolzer Besitzer eines selbstverständlich externen Modems mit ebenfalls über alle Maßen sensationellen 14 400 bps und konnte mich mittels Terminal-Befehlen in fernen Datenbanken einwählen. Ich gebe zu, dass ich keinerlei Erinnerung daran habe, was man mit dem einen und den anderen überhaupt anfangen konnte. Das World Wide Web gab es damals nur bei Cern in Genf, es wurde erst noch erfunden. Ich glaube, man konnte im Katalog der Staatsbibliothek nach Buchtiteln suchen, brauchte dazu aber mindestens ein Ingenieursdiplom.

Aber zurück zu Eva. Eva war nicht nur sperrig, sondern auch nicht sehr beliebt damals, Anfang der Achtziger. Die meisten Verkehrswissenschaftler hielten die Idee für schlichtweg abstrus, an jeder Ecke Funkempfänger oder -sender aufzustellen, dazu in jedem Auto einen Computer einzubauen und schließlich die Republik digital aufzureißen, nur damit weniger Leute in der Frankfurter Innenstadt verloren gehen. Es sei, so ist in zeitgenössischen Untersuchungen zu lesen, doch wesentlich einfacher, die Orientierungsprobleme von Ortsunkundigen auf konventionelle Weise zu lösen.

So zu denken, lag durchaus nahe. Besagte Eva hatte ein recht atemberaubendes Programm zu bewältigen, wenn man sich ihre eingeschränkten Möglichkeiten vergegenwärtigt. Das Global Positioning System, mit dem man heute auch Kleinkinder und Zwergpinscher verfolgen kann, wenn man will, war damals durchaus militärische Verschlusssache. Es war nämlich, kein Scherz, nur für U-Boote und Mittelstreckenraketen gedacht. Eva musste die Bewegung ihres Wirtsautos deshalb mit Sensoren erspüren und dann mühsam die jeweilige Fahrtrichtung und den zurückgelegten Weg abschätzen. Damit sie überhaupt irgendeine Chance hatte, hin und wieder die wirkliche Position des Autos nachzumessen, peilte sie die extrem sporadisch verteilten »Stützpunktsender« an, die Blaupunkt in der Landschaft installiert hatte, verglich die internen Messdaten mit der ausgepeilten Lage und dann diese Erkenntnisse mit einem elektronisch gespeicherten Stadtplan. Wenn es gut lief, sagte dann eine Stimme, dass man bitte nach fünfhundert Metern rechtsrum fahren solle. Wenn es schlecht lief, dann stand nach fünfhundert Metern rechts eine Betonwand.

Es hat sich also, könnte man sagen, nichts Substanzielles geändert.

Eva und das ihr folgende Navigationsradio TravelPilot IDS, das erste serienreife System auf dem Markt, verkauften sich ähnlich gut wie die Laserdisk von Phillips, nämlich gar nicht. Blaupunkt formuliert das heute etwas gewählter: »Eine erfolgreiche Vermarktung dieser Geräte scheiterte seinerzeit vor allem am Fehlen kostengünstiger Massenspeicher und geeigneter digitaler Straßenkarten.« Na ja, und vielleicht auch noch am Preis, am Design, an der gebotenen Leistung, Verlässlichkeit, am Nutzwert, am Status und den fehlenden Zusatzqualifikationen. Eva hatte was mit Adam, aber das war es auch schon irgendwie.

Ein bisschen haben sich die Zeiten seither immerhin geändert. Navigationsanlagen verbreiten sich heute schneller als jede andere neue Technologie. Ende 2006, so wird geschätzt, wird jedes dritte Auto auf den europäischen Straßen ein Navigationssystem an Bord haben. Mit Eva ist höchstens die Hälfte noch vage verwandt.

Die Familiengeschichte der Navigationsgeräte ist nämlich auch ganz modern. Sie ist außerdem höchst interessant, weil sie etwas über die Zukunft verraten könnte.

Die älteste Tochter der Familie stammt immerhin direkt von

Eva ab und wird unter anderem von der guten, alten deutschen Firma Blaupunkt hergestellt. Sie hört auf den schönen, englischen Namen »embedded system«, was mit Bett nichts, aber viel damit zu tun hat, dass sie im Auto fest eingebaut ist. Die hochwertige Navigationsanlage sitzt »embedded« in der Mittelkonsole und glänzt dort in der Regel mit einem recht großen Farbbildschirm, auf dem man notfalls auch einen Kinofilm verfolgen könnte. Die hochwertige Anlage denkt mit und weiter. Sie hört, selbst wenn der Wagen ausgeschaltet ist, schon mal den Verkehrsfunk mit. Sie kann Hausnummern auswendig und weiß ungefähr, wie schnell man auf welcher Straße reisen kann. Sie kann deshalb ziemlich gute Routenempfehlungen geben, wenn man ihr sagt, wohin man will. Und sie peilt nicht irgendwelche Blaupunkt-Baken an, sondern immer mindestens drei GPS-Satelliten, die inzwischen friedliebend um den Globus sausen. Und damit nichts schiefgeht, wenn mal eine Tunneldecke oder ein Parkplatzdach im Weg ist und die Satelliten verdeckt, spürt Evas eingebaute Älteste auch bei den Reifen und der Lenkung nach, wohin die Reise geht. Sogar einen Kompass hat die Gute.

Die hochwertige Navigationsanlage hat allerdings mindestens ein Problem. Sie ist teuer. Man zahlt gut und gern mal ein paar tausend Euro dafür. Das fällt natürlich kaum ins Gewicht, wenn die Autos, in die die hochwertige Anlage eingebaut wird, auch nicht gerade billig sind. Der neue BMW M6 Cabrio kostet z. B. 120 000 Euro, da fallen die paar Tausend für die Navi nicht so auf. Bei einem Volkswagen Fox sieht die Sache schon anders aus. Weshalb es beim Fox auch das Navi-Angebot nicht gibt.

Als die Älteste noch jünger war, so Mitte der neunziger Jahre, gab es genau deswegen eine Bedenkenträgerdiskussion unter den deutschen Verkehrssoziologen. Würde das Navigationssystem zur Zwei-Klassen-Gesellschaft führen? Würde bald jeder,

der es sich nicht leisten kann, ein paar Tausender in seiner Mittelkonsole unterzubringen, im Stau stecken bleiben (zum Beispiel auf dem Weg zum Bewerbungsgespräch), während der reiche Nachbarssohn, verwöhnt und GPS-gelenkt, am Stau vorbeifährt und pünktlich erscheint? Würden, wenn erst einmal auch die Parkplätze über die Navigationsanlage reservierbar sind, nur noch reiche Leute überhaupt mit dem Auto in die Stadt fahren können, weil die Parkplätze alle vorreserviert sind? Den pessimistischeren unter jenen Beiträgen war die Besorgnis anzumerken, dass es demnächst zu bürgerkriegsähnlichen Zuständen an Autobahnauffahrten oder Parkhäusern kommen könnte. Brennende Luxuslimousinen inklusive.

Kurz bevor dieser Bürgerkrieg aber ausbrechen konnte, meldete sich plötzlich ein Navigationsnachzügler an. Der hat nicht nur die Älteste überrascht, sondern – wie das bei Nachzüglern häufig der Fall ist – auch die Eltern. Weder Blaupunkt noch seine Konkurrenten, nicht mal Eva selbst, wusste so recht, ob sie etwas mit diesem Kindchen zu tun hatten.

Der Nachzügler heißt, und wieder so ein schöner Name: PND. Ausgeschrieben heißt das Portable Navigation Device, tragbares Navigationsgerät. Nicht ganz zufällig sieht der PND aus wie einer dieser Kleincomputer, in dem semiwichtige Leute ihre Adressen und Termine mit sich herumtragen. Die Ähnlichkeit ist der Verwandtschaft geschuldet. Der PND ist nämlich gewissermaßen das Produkt eines Seitensprungs.

Anfang der Neunziger saßen zwei Niederländer, Peter-Frans Pauwels und Pieter Geelen, mit frischen Universitätsabschlüssen und der vagen Idee in ihrem Büro, dass man für Geschäftsleute, die mit der ersten Generation der Taschencomputer in der Gegend herumliefen, Kartenmaterial anbieten müsste, damit sie sich in besagter Gegend nicht verlaufen. Die Taschencomputer boomten, dem Psion folgte der Palm, und jede Menge semiwichtiger Menschen – auch ich – guckten auf ihren kleinen Bildschirmen nach, ob man in der Nähe der Kreuzung, an der man gerade stand, irgendwo einen Cappuccino bestellen könnte, ohne dafür verhaftet zu werden. Pauwels und Geelen hatten Erfolg.

Zur gleichen Zeit kamen die ersten Navigationssysteme in die Autos. Sie waren, wie gesagt, teuer und technisch aufwändig. Außerdem waren sie attraktiv und hilfreich. Könnte man nicht das Kartenmaterial auf den Palms und Psions ähnlich nutzen?

Schon kurz bevor man mit den Handgeräten auch telefonieren konnte oder die Telefone endlich mit brauchbaren Adressverzeichnissen und Terminkalender ausgestattet waren, kamen die ersten GPS-Empfänger auf den Markt, die man an die kleinen »Handhelds« anklemmen konnte. Nun wusste man gleich, wo man stand, und die Cappuccino-Suche beschleunigte sich. Auch das Routing ging nun etwas besser, weil der Palm mitbekam, wenn man sich verlief oder in eine Umleitung geriet. Jetzt brauchten die Herren dieser Schöpfung nur noch auf die Idee kommen, das Adress- und Terminverzeichnis unauffällig zu verstecken, so dass auch unwichtige Menschen sich einen Palm in die Tasche stecken würden, und das tragbare Navigationssystem war geboren.

Es hat sich gehalten. Zwar guckt es, anders als die eingebauten Verwandten, nur nach den GPS-Satelliten, macht also Fehler bei Tunnelfahrten. Es wird auch liebend gerne aus Autos geklaut, aber es ist billig, unvergleichlich viel billiger jedenfalls als ein Einbaugerät. Im Elektro-Billigmarkt, bei Deutschlands beliebtesten Discountern, selbst auf Trödelmärkten sind die kleinen Dinger erhältlich, immer im Super-Sonderangebot und hin und wieder sogar beim Autohändler in der Nachrüstabteilung. Wer will, kann auch gleich sein Handy aufrüsten. Man kann das

Duo dann am Armaturenbrett festnageln, an der Windschutzscheibe ankleben oder es in die Handtasche stecken. Es sieht vielleicht ein bisschen peinlich aus, mit dem ganzen Kabelgewirr und neben der Gutriechtanne, aber man braucht nicht auf den Jahresurlaub zu verzichten, um es anzuschaffen.

Der Haffner-Effekt
Bei Navigationsgeräten ist der Irrtum eingebaut

Ich erinnere mich gerne an eine Situation, in der Sebastian Haffner sein Hitler-Buch in Oldenburg vorstellen wollte. Das ist schon lange her, irgendwann in der zweiten Hälfte des vorigen Jahrhunderts muss es gewesen sein. Ich saß wie viele andere gebannt in der Aula der Cäcilienschule und harrte schon etwas länger als üblich des gefeierten, aber verspäteten Autors, als der Veranstalter mit betretener Miene an das Mikrophon trat.

»Meine Damen und Herren, ich muss Ihnen leider mitteilen, dass die Lesung heute Abend ausfallen muss.«

Kunstpause bei ihm, enerviertes Raunen im Publikum.

»Herr Haffner hat sich eben telefonisch beim Hausmeister gemeldet.«

Lange vor der Jahrtausendwende war das Handy natürlich noch nicht erfunden. Sebastian Haffner konnte also in der Tat nur den Hausmeister anrufen.

»Herr Haffner ist zwar in Oldenburg eingetroffen, aber er kann den Weg zur Cäcilienschule nicht finden. Er steht nämlich in Oldenburg in Holstein am Bahnhof.«

Gelächter. Die Cäcilienschule ist, wie Kenner wissen, unverrückbar in »Oldenburg in Oldenburg« beheimatet. Die beiden Oldenburgs liegen rund drei Stunden Autofahrt voneinander entfernt. So habe ich dann Herrn Haffner tatsächlich nie in meinem Leben kennen gelernt. Wie schade.

Aber gelernt haben wir beide sicher etwas dabei. Man sollte im Leben immer auf die Geographie achten. Wenn man da Fehler macht, kann man sich ungeheuer blamieren. Denn diese Geschichte ist mit Sicherheit kein Einzelfall, sie wiederholt sich sicher hundertfach, bis in unsere Tage, wenn auch der reisende Autor heute nicht mehr nur von der Bundesbahn, sondern auch von seinem Navigationssystem ins falsche Oldenburg geschickt werden kann. Es ist mir selber fast einmal passiert: Ich bin neulich völlig blindlings zu einem Termin in die Stadt Lohne gefahren, ohne vorher auch nur einen Gedanken daran zu verschwenden, ob jenes »Lohne«, das sich mein Navigationssystem zum Ziel genommen hatte, überhaupt etwas mit dem Ort zu tun hat, an dem ich ankommen wollte. Ich wusste noch nicht mal grob, wo Lohne liegt. Ich hatte gesehen, dass es auch eine Stadt Löhne gibt, und ich war mir keineswegs sicher, dass ich nicht dort verabredet bin. Ich bin einfach guten Mutes dem Navigationssystem gefolgt. Ich hatte Glück. Es war Lohne.

Aber es hätte auch schiefgehen können. Nicht jeder Ort ist so wenig verwechselbar wie Lohne oder Oer-Erkenschwick. Es gibt auch Buchholz. Vom Navigationssystem eines großen deutschen Autoherstellers wird man, wenn man nach Buchholz will, mit einer Liste von 19 Buchhölzern konfrontiert, aus denen man sich dann das richtige aussuchen muss. Aber es gibt da einen Haken. Das bei weitem größte Buchholz unter den Buchhölzern in Deutschland ist in der Liste nicht aufgeführt. Man muss wissen oder zumindest ahnen, dass jenes südlich von Hamburg gelegene Buchholz nicht Buchholz heißt, sondern »Buchholz i. d. Nordheide«. Womit für jedes computergesteuerte Sortierprogramm sonnenklar ist, dass »Buchholz i. d. Nordheide« nicht unter »Buchholz« aufzulisten ist, sondern gleich dahinter. Für Menschen mit organischen Gehirnen ist das leider überhaupt nicht evident.

Wenn man das nicht bemerkt und in »Buchholz i.d. Nordheide« in die Lindenstraße wollte, die es zufälligerweise in »Buchholz Nr. 18« ebenfalls gibt, dann macht man sich zum Deppen. Aber gut. Geben wir es doch zu: Es liegt nicht an den Listen oder den dämlichen Sortierprogrammen, sondern an Homo sapiens, der bei jeder Gelegenheit seinen Kopf abstellt, genauer gesagt das Großhirn. Das genau ist doch das Problem des anbrechenden Navigationszeitalters. Wir werden die Orientierung verlieren. Wir werden uns entmündigen lassen von diesen Geräten, freiwillig sogar und ohne Gegenwehr. Es kann peinlich werden, aber das stört offenbar nicht. Jede Woche taucht eine Meldung in irgendeiner Zeitung auf, dass wieder jemand mit seinem Auto – »die freundliche Dame aus dem Navigationssystem hatte es aber so angesagt« – die Treppe zu einem Toilettenhäuschen hinaufgefahren ist oder in den Zierteich einer Gartenanlage oder entgegen der Fahrtrichtung eine Brückeneinfahrt hinauf.

Ich habe kürzlich mit großem Erstaunen beobachtet, wie jemand seinen mittelgroßen Mazda in eine ganz offensichtlich unbefahrbare Baustelle steuerte. Um ein Haar wäre der in eine Tiefgarage gefahren, die leider erst nächstes Jahr eröffnet wird und bis dahin nur zur Einweg-Benutzung geeignet ist. Hat er die Umleitungsschilder nicht gesehen? Die Warnbaken? Die Absperrungen? Nein. Das heißt: Ja. Gesehen hat er sie, aber das Signal ist nicht verarbeitet worden. In England habe ich kürzlich ein Autobahnschild gefunden, hinter dem man gut und gerne zwei Einfamilienhäuser hätte verstecken können. Das müssen die mit Bedacht aufgestellt haben, mit Hintergedanken. Ich bin mir aber sicher, dass es im Ernstfall nichts nützen wird.

Und die Wissenschaft gibt auch entsprechende Hinweise. Von Christopher Wickens, emeritierter Professor für Psychologie am interdisziplinären Beckman Institut der Universität von Illinois, Urbana, stammt eine recht anerkannte Theorie darüber, was der Mensch an Aufgaben zur selben Zeit erledigen kann und was nicht. Wickens wird von all den Leuten gelesen und zitiert, die sich mit jenem Phänomen beschäftigen, das der Fachmann »Mensch-Maschine-Schnittstelle« nennt und der Laie »die ganzen Knöpfe da vorne«. Das ist eine richtiggehende Wissenschaft, weil es angesichts der immer größeren Knopf- und Einstellungsvielfalt gar nicht so einfach ist, auch einfacheren Gemütern eine sichere Fahrt zum Bäcker zu ermöglichen, ohne dass das Schiebedach die ganze Zeit auf- und zugeht.

Wickens, der sich hauptsächlich um die Sicherheit des zivilen Flugverkehrs verdient gemacht hat, mahnt zu großer Sorgfalt bei der Gestaltung solcher »Mensch-Maschine-Schnittstellen«. Der Mensch, so Wickens' Ansatz in grober Verkürzung, kann seine »multiplen Ressourcen« in nur ganz bestimmten Kombinationen einsetzen. Man könne zum Beispiel prima gleichzeitig reden und gestikulieren, ohne dass Sprache oder Gestik leiden, und wer will, kann dabei sogar noch eine Bundestagsdebatte verfolgen. Man kann, um ein Szenario aus dem Autofahreralltag zu beschreiben, problemlos mit der Hand den Schaltknüppel erfühlen und bewegen und davon völlig ungestört seinen Vordermann beschimpfen. Aber es gibt auch Dinge, hat Wickens erarbeitet, die man nicht gleichzeitig versuchen sollte. Sprechen und konzentriert zuhören, zum Beispiel. Oder Fußnägelschneiden und Kochen. Aus anderen Gründen.

Haarig sind nach der Wickens-Theorie hauptsächlich Kombinationen aus zwei Tätigkeiten, die den gleichen Wahrnehmungssinn betreffen und dieselben mentalen Kapazitäten benötigen. Wofür die Annäherung an eine durch Baustellenschilder verunstaltete Kreuzung in einer fremden Stadt sicher ein gutes Beispiel abgeben würde. Die Stimme aus dem Navi erzählt: »Bitte in 200 Metern nach rechts abbiegen« (Hören). Auf irgendeinem Display stellt sich wahrscheinlich noch ein passender Pfeil quer, gibt es eine kleine Karte oder die 3-D-Darstellung (Sehen). Dann stellt sich das Gehirn darauf ein, dass es jetzt gleich nach rechts weitergeht (mentale Orientierung im Raum). Jetzt guckt man wieder nach draußen. Da laufen Leute vorbei (Sehen), fahren Autos und Fahrräder (Sehen), Scarlett Johansson lächelt vom Bürgersteig (Sehen, mentaler Overkill), und dann steht da noch das Umleitungsschild »in 200 Metern nach links abbiegen« (auch Sehen).

Hier scheitert die erste Hälfte der späteren Navigationsopfer, schätze ich. Bei denen wird das Auge dieses Schild überhaupt nicht fokussiert wahrnehmen, weil das Gehirn da draußen eigentlich nicht mehr nach einer Orientierungshilfe sucht. Das Thema Orientierung ist durch. Es geht nach rechts, hat doch die Dame gesagt. Und außerdem stand da doch eben Scarlett Johansson, oder?

Bei der anderen Hälfte geht ein »Interrupt«-Befehl an die Navigationsabteilung im Gehirn und sagt Bescheid, dass da irgendetwas faul ist. Ansage rechts, Schild links. Dort wird dann entschieden, welchem Hinweis man wohl Priorität einräumen sollte, und das Ergebnis ist doch klar, oder? Den Empfehlungen der freundlichen Damenstimme? Das ist bequem und hat sich durch Stunden erfolgreichen Orientierens auch bewährt. Oder dem Hinweis des Umleitungsschilds? Das wird unbequem, führt zu 15 Ansagen – »Bitte kehren Sie bei nächster Gelegenheit um!« –, und man verfährt sich wahrscheinlich trotzdem, weil die Beschilderung nicht vollständig ist.

Und dann fährt man eben nach rechts und in eine Baukuhle hinein. Und wundert sich. Eigentlich muss man sich aber über die Leute wundern, die nicht in die Baukuhle hineingefahren sind. Deren Verhalten spricht für extrem hoch entwickelte Multitasking-Fähigkeiten. Wenn das vielleicht auch nicht für jeden gilt. Es könnte auch ein emotional gestörtes Verhältnis zu besagter Navi-Dame dahinterstehen, in der der Betreffende einen Mutterersatz sieht. Oder eine Schwierigkeit mit den Ohren.

Die Technikfreaks unter den Entwicklern der automobilen Zukunft sind sich sicher, dass sich Fehlfunktionen wie der Haffner-Effekt oder die Baustellennummer bald erledigen werden. Sie setzen darauf, dass die Systeme klüger und besser vernetzt sein werden. Die derzeitige Technik bezeichnen sie als arg begrenzt, in jeder Beziehung. Das System müsste besser darüber Bescheid wissen, was wirklich gerade los ist, und das System müsste es dem Menschen einfacher machen, bedient zu werden.

Die Zukunft heißt »Now« – Network on Wheels. In dem entsprechenden Forschungsprojekt, unterstützt vom Bundesministerium für Bildung und Forschung, sitzen alle großen deutschen Autobauer, der Hedgefond Siemens, der Computerhersteller NEC und das Fraunhofer-Institut für offene Kommunikationssysteme. Entwickelt wird eine Technik, mit der Autos mit Autos kommunizieren können, eine Art Internet auf der Straße, ein spontanes Funknetzwerk, das funktioniert, indem Informationen immer von einem zum anderen Auto durchgewunken und weitergefunkt werden. »Multihopping« nennen die das. Gehoppelt kommen sollen nicht nur Navigationsdaten, sondern auch Informationen darüber, was in den anderen Autos so getrieben wird: ob die Straßenmitbenutzer schnell oder langsam fahren, bremsen, kurven, Licht an- oder abschalten, Scheibenwischer betätigen.

Die Idee dahinter klingt fast überzeugend. Wenn mein Navigationssystem sich nicht auf eine alte CD verlassen muss, sondern von den Autos in meiner Umgebung mitgeteilt bekommt, dass man an der nächsten Kreuzung in Wirklichkeit nur linksherum fahren darf (denn alle fahren links), dann wird es mich wahrscheinlich nicht in die Baugrube schicken. Wenn es mitkriegt, dass es vor mir regnet (die anderen Autofahrer machen die Scheibenwischer an), dann kann es mich vor Nässe warnen. Wenn dort Temperaturen von minus 3 Grad gemessen werden, gleich auch noch vor Eis. Wenn hinter der nächsten Kurve alle anderen mit Warnblinkanlagen und Bremslichtern spielen, dann könnte mich das System zum Bremsen überreden, weil es dann hinter der Kurve wahrscheinlich gekracht hat.

Aber die Warnung vor Umleitung, Pfütze, Eis oder Hindernis soll nicht nur verlässlich weitergegeben werden in diesen Mini-Internets. Sie soll auch überprüft werden. Der nächste Netzwerkteilnehmer, der die Gefahrenstelle passiert, soll Meldung machen. Wenn der einfach durchfährt, war es wohl eher ein Reh, das eine Vollbremsung ausgelöst hat. Das aber ist jetzt wieder im Wald, wo es hingehört. Gefahrenstelle gestrichen.

Die Umleitungsempfehlungen der Navigationsgeräte ließen sich so gleich mitkontrollieren. Melden andere Netzwerkautos, dass auf der Autobahn kein Verkehr mehr stattfindet und alles steht, dann lässt sich im Nachbarnetzwerk nachfragen, ob die Ausweichstrecke frei ist. Wenn nicht, ob es eine andere gibt. Und so weiter.

Brave new world. Die Marktreife für derartige Systeme soll, schreibt die Fachpresse, spätestens 2008 erreicht sein.

Ich werde allerdings den Teufel tun, mir so ein Gerät einbauen zu lassen, bevor nicht der Chaos Computer Club eine entsprechende Empfehlung gibt. In irgendeinem Science-Fiction-Roman, den ich mal beim Zahnarzt im Wartezimmer gelesen habe, kommt eine Szene vor, in der jemand seinen Wagen stehen lassen muss, weil der von einem Computervirus lahmgelegt worden ist. Ist klar. Wenn alle Autos erst am Internet hängen und gleichzeitig ihre ganzen Systemdaten in der Gegend herumposaunen sollen, dann braucht es nur ein paar geschickte Programmiererfinger, und das Auto schaltet sich selbst aus. Im günstigsten Fall kann man dann wenigstens noch die Autotür öffnen.

»Assistent« oder Vormund?
Was die Technik noch alles mit uns vorhat

Sollte ich mal den geheimen Wunsch gehegt haben, in einem Eurofighter mitzufliegen, dann hat sich der bei einem Besuch in Rostock-Laage vor ein paar Monaten in Luft aufgelöst. Ebendorthin sah ich eine dieser erstaunlich kleinen Kampfmaschinen entschweben und zwar mit ohrenbetäubendem Fauchen, annähernd senkrecht und mit einer derartigen Beschleunigung, dass mir vom Zugucken schlecht wurde. Später kam das Ding dann in einer Flugkurve herunter, die danach aussah, als wolle sich das Flugzeug ungebremst in den Flughafenfußboden einbohren. Aber es ist dann doch ganz cool gelandet.

Einer der leitenden Offiziere des Jagdgeschwaders 73 der Luftwaffe hatte mich vorher immerhin gewarnt. Das Erstaunlichste an seinem neuen Spielzeug sei, dass es im Unterschallbereich aerodynamisch instabil wäre und man es deshalb nur »unfliegerisch« fliegen könne. Andere Anwesende übersetzten mir diesen Fachausdruck damit, dass der Eurofighter etwa so flugfähig sei wie ein Dartpfeil, den man mit den Federn nach vorne in die Kneipe hineinwirft. Schadlos durch die Lüfte käme der Eurofighter nur deshalb, weil nicht der Pilot, sondern ein Computer das Fliegen übernehme. Der gemeine Eurofighter-Pilot müsse seinem Flugzeug nur immer (mündlich!) ansagen, wohin er möchte, zum Beispiel zum Bäcker, und dann fliegt das Flugzeug dort auf dem kürzesten Wege hin, ganz egal, ob der Pilot mitbekommt, wie das nun wieder vor sich gegangen ist. Was im Jargon »unfliegerisch« heiße.

Das ist so gedacht, beim Eurofighter. Der Mann im Cockpit soll nämlich gar nicht in erster Linie fliegen, sondern Landesverteidigung bereitstellen. Gegen feindliche Luftlandekräfte, Terroristen, dumme Gerüchte, wen auch immer.

Bernhard Schlag aber serviert Kaffee in der Küche seines Reihenhauses in Aachen und guckt leicht belustigt. Der Inhaber des einzigen deutschen Lehrstuhls für Verkehrspsychologie, der traditionell an der Technischen Universität in Dresden eingerichtet ist, beschäftigt sich seit vielen Jahren unter anderem mit der Frage, wie eigentlich Fahrassistenzsysteme aussehen müssen, damit Menschen mit ihnen umgehen können. Ich habe ihm gerade die Geschichte vom Eurofighter erzählt, dass man ihn nämlich komplett per Autopilot fliegen könnte, wenn man ein Eurofighter-Pilot ist.

Ich hätte gerne einen ähnlichen Autopiloten für meinen nächsten Wagen, sage ich. Damit ich während der Fahrt die Zeitung lesen und Tee trinken könnte. Das müsse doch technisch bald zu bewerkstelligen sein. Technisch vielleicht, sagt Professor Schlag, selbst wenn Experten einen ziemlichen Unterschied machten zwischen einem Auto in der Dresdner Innenstadt und einem Flugzeug hoch oben in der Luft, wo schließlich keine Hunde, Fahrräder, Rentner oder Lieferwagen vorbeikommen könnten. Aber gut, das sei vielleicht einfach eine Frage der Entwicklung und der Zeit. Schlag hat aber einen anderen Einwand.

Er glaube mir gar nicht, dass ich nur noch Tee trinken möchte, wenn ich im Auto sitze. »Niemand hat etwas dagegen, wenn das Auto im extremen Notfall das Bremsen übernimmt. Aber sonst? Die Menschen wollen die Kontrolle behalten«, sagt er. In der Kontrolle liege der Reiz beim Autofahren; das »Beherrschen« des Fahrzeugs sei Voraussetzung dafür, dass man sich als Mensch dem System Auto anvertraue.

Der Fahrvollautomat steht nicht auf der Wunschliste des Ottonormalautofahrers; jedenfalls zurzeit nicht. Der Mensch ist eine recht konservative Spezies: Beliebt sind Systeme, berichtet Schlag, die vor anstehenden Problemen im Auto, auf der Straße oder im Verkehr warnen. Das geht vom gängigen Warnlämpchen, das Ölbedarf anzeigt, über den Rückfahr-Piepser bis hin zur so genannten »Telematik«, die uns dereinst das Stau-Ende hinter der nächsten Kurve verkünden soll. Was »Assistenten« zusätzlich gerne übernehmen dürfen, so der Standard-Autokunde, sind allerlei punktuelle Hilfestellungen vom Runterkurbeln der Fensterscheiben über das Steuerradwuchten beim Einparken bis zum Einparkvorgang selbst. Aber kaum ist ein System eingebaut, das ohne sich zu melden in den Fahrvorgang greift, nimmt die Skepsis der Nutzer zu, sagt Schlag. »Die Leute haben Schwierigkeiten damit, sich so einen Eingriff der Technik bewusstzumachen.« Wenn ein Assistenzsystem sie dann auch noch auffordert, jetzt bitte selbst einzugreifen, sind sie erst recht überfordert.

Wobei das erste Problem schon beim Bescheidsagen auftaucht. Wie schon erwähnt, ist die Aufnahmefähigkeit des Homo currens, des fahrenden Menschen, relativ begrenzt. Sie nimmt zum Beispiel stark ab, wenn jemand vom Rücksitz vermeldet, dass die Kugel Vanilleeis leider gerade in die stabile Seitenlage übergegangen ist und jetzt auf der Fußmatte zur Vanillesoße mutiert. Wenn dann noch das Auto piept und flötet, wird es schlichtweg ignoriert, selbst wenn es anzeigen möchte, dass man sich gerade auf einen Kollisionskurs mit der massiven Betonwand da drüben begeben hat.

Die Automobilindustrie macht sich darüber natürlich ihre Gedanken und probiert aus, wie das Auto dem fahrenden Mitmenschen sonst noch beistehen könnte. Das kann man an den Spurassistenten begutachten, die es heute in immer mehr Fahrzeugen gibt. Das sind kluge Geräte, keine Frage: Die nehmen per Kamera die vor dem Auto liegende Fahrbahn auf und erkennen anhand der dort hoffentlich sichtbaren Linien, wie sich das Auto gerade zum Straßenrand verhält. Aus allerhand Faktoren berechnet der Computer ständig die »Time to Line Crossing«, also die Zeit, die man noch hat, bevor der Wagen von der Fahrbahn abkommt. Und wenn ein bestimmter kritischer Wert unterschritten wird, dann reagiert das System eben. Aber nicht durch Piepsen. Piepsen tun schon andere, weiß der Spurassistent. Also wird zum Beispiel »gerattert«, als würde das Auto über ein Nagelbrett fahren. Und zwar rattert es ganz geschickt über den Lautsprecher vorne rechts oder vorne links, jeweils da, wo gleich die Fahrbahn verlassen wird. Oder das Sitzkissen vibriert seitlich. Oder das Lenkrad wummert. Oder es steuert ein kleines bisschen vor. Auf dass der Fahrende aufwacht aus seiner Trance und sich und dem Steuerrad intuitiv einen Ruck in die richtige Richtung gibt.

Weniger ginge nicht. Nur ein kleiner Pieps oder eine Ansage auf dem Armaturenbrett kommt gegen keine Vanilleeiskugel mehr an, nicht in der heutigen Zeit. Aber mehr geht eben leider auch nicht, selbst wenn es vielleicht für die Verkehrssicherheit wünschenswert erscheint. Einen automatischen Komplettschwenk mit dem Lenkrad möchte niemand in seinen Peugeot eingebaut bekommen. Und wenn man ehrlich ist, wäre so etwas auch nicht wirklich sinnvoll.

Erstens kann das System – eine Kinderkrankheit, denke ich – bislang die Spur nicht fehlerfrei erkennen, wenn zum Beispiel Laub auf der Straße herumliegt, tote Frösche oder alte Plastiktüten. Zweitens würde der Spurautomat eben auch nicht mitbekommen, ob man sich und sein Auto vielleicht ausnahmsweise ganz bewusst auf einen Acker werfen möchte, weil man entweder unbedingt die Cross-Eigenschaften seines VW Bora testen oder Scarlett Johansson ausweichen möchte, die schon wieder ohne zu gucken vor einem über die Straße geht. Ein Computer kann weder die Cross-Intention noch eine Schauspielerin erkennen. Und selbst wenn er es könnte, würde man nicht ausprobieren wollen, ob er auch richtig reagiert. Man kann Scarlett Johansson oder die eigene Tochter nur einmal totfahren. Autos auf Acker setzen möglicherweise mehrfach.

Für Bernhard Schlag ist dieses Dilemma ein perfektes Beispiel dafür, warum der Fahrvollautomat vielleicht nie kommen wird. Automaten sind nicht perfekt. Automaten brauchen ständige Aufmerksamkeit. Beim Eurofighter sind die Systeme alle mehrfach redundant angelegt, aber das Flugzeug wird trotzdem nach jedem Ausflug durchgecheckt, als ginge es um ein 100 Millionen Euro teures Flugzeug. Worum es ja auch tatsächlich geht. Ein Auto wird gemeinhin nicht ganz so häufig durchgecheckt, nämlich ungefähr einmal pro Jahr, falls man die Inspektionsrhythmen noch einhält. Wenn der Kfz-Mechatroniker-Azubi allerdings gerade Ärger mit der Süßen hat, dann bleibt es möglicherweise beim kursorischen Blick in den Motorraum. Und mehrfach ausgelegt ist beim Auto nur das System Fahrzeugschlüssel, weil Frauen derartige Kleinigkeiten gerne mal in ihrer Handtasche verlieren, für ein Vierteljahr oder so.

Ein System aber, das nicht perfekt ist, ist immer dann angewiesen auf menschliche Mithilfe, wenn es an seine Grenzen stößt. »Bei einem Automaten nimmt mir das System im Normalbetrieb alles ab, aber im Extremfall soll ich doch noch eingreifen können«, beschreibt Bernhard Schlag das Problem, das er ganz allgemein als eine der »Ironien der Automation« bezeichnet. Wenn ewig nichts passiere und Aufmerksamkeit am Steuer nicht gefragt sei, dann könne die Fahrerin oder der Fahrer nicht plötzlich hellwach sein. Für die Entwickler von Sicherheits- oder Assistenzsystemen heißt das, dass sie den Menschen entweder geschickt bei Laune halten oder ihm helfen müssen, ohne dass er es merkt.

Das ESP ist wahrscheinlich das beste Beispiel für die letztere Strategie. Das Elektronische Stabilitätsprogramm, das Bosch in Deutschland in den Achtzigern entwickelte, wird heute in 80 Prozent aller Neuwagen eingebaut. Nachweislich hilft ESP schwere Unfälle zu vermeiden und Unfallfolgen zu reduzieren, weil das hochkomplexe System das Schleudern und Ausbrechen selbst dann noch verhindert, wenn man mutwillig auf Eisflächen Gas gibt. Ein freundlicher Computer bremst dafür ganz gezielt einzelne Räder ab oder drosselt die Benzinzufuhr. Als Fahrer braucht man aber nicht zu wissen, wie und warum das funktioniert, denn man hat mit dem ESP nichts zu tun. Weshalb wahrscheinlich auch kaum jemand weiß, was die drei Buchstaben bedeuten, die friedlich in der Nähe des Lenkrads vor sich hin leuchten. Es ist fast egal. ESP funktioniert automatisch und macht sich nur im Extremfall bemerkbar.

Es gibt andere Systeme, bei denen der Kontakt zwischen Mensch und Maschine wesentlich weniger vermieden werden kann. Die automatische Notbremse (Collision Avoidance System, CAS) kommt mir da in den Sinn. Mit diesem System sollen, wie der Name jedem gebildeten Laien verrät, Auffahrunfälle vermieden werden. Per Radar oder Kamera wird dafür ständig das Verkehrsgeschehen verfolgt und berechnet, ob man auf ein Hindernis auffahren könnte. Wenn ja, wird das Auto so abgebremst, dass ein Zusammenstoß verhindert oder mindestens abgemildert wird. So ein System muss ziemlich intelligent und schnell sein, weil man ja nicht nur auf unübersehbare Großraumtransporter oder Lärmschutzwände auffahren kann, sondern auch auf zart gebaute Rehe. Zudem sollte das System nicht allzu häufig eine Vollbremsung machen, nur weil der Wind ein paar alte Plastiktüten über die Straße weht. Das würde, gerade in Zusammenhang mit Vanilleeiskugeln, gewisse Akzeptanzprobleme erzeugen. Vor allem, wenn dann noch das nachfolgende Auto im Kofferraum einparkt. So ein Unfallverhütungssystem könnte schnell zu einem Unfallverursachungssystem werden, was nicht die ursprüngliche Intention war.

Weil das so ist, wird der Notbremsassistent also, wenn er denn kommt, irgendwie dem Menschen die letzte Entscheidung überlassen, jetzt mit Schmackes auf die Bremse zu treten. Oder nur dann eingreifen, wenn dem Computer ein Totalschaden so unvermeidlich erscheint, dass er sich trauen darf einzugreifen. Bei hochwertigen Fahrzeugen macht das Auto das schon heute, indem es in brenzligen Situationen schon mal die Bremsbeläge in Hab-Acht-Stellung bringt, also ein paar Nanometer näher an die Bremsscheibe fährt. Bremsen muss nachher der Fahrer selbst, aber es wird dann nicht mehr so lange dauern, bis die Bremskraft auch wirkt.

Noch schwieriger wird die Kommunikation von Maschine zu Mensch natürlich dann, wenn das Auto nicht sich selbst, sondern uns Autofahrer überwachen soll. Dafür besteht durchaus eine Notwendigkeit. Nach einer Studie des Gesamtverbandes der deutschen Versicherungswirtschaft gehen ein Viertel aller Autobahnunfälle mit Todesfolge auf Übermüdung am Steuer zurück. Seit vielen Jahren werden deshalb Systeme ausprobiert, die bei Fahrenden Anzeichen von Müdigkeit feststellen und dann reagieren sollen.

Schon das Feststellen ist natürlich nicht ganz einfach. Es gibt aber inzwischen Systeme, die zum Beispiel über eine am Rückspiegel montierte Kamera das Gesicht der Fahrerin oder des Fahrers kontrollieren. Dort zählen sie zum Beispiel mit, wie oft und wie schnell die Lider herunterfallen. Je häufiger und langsamer, desto müder ist der Typ am Steuer nämlich. Wenn das Auto gleichzeitig noch häufiger die Ideallinie verlässt und die Lenkung seltener, dafür aber jeweils umso heftiger benutzt wird, steht wahrscheinlich der Sekundenschlaf unmittelbar bevor.

Womit das Problem aber erst richtig anfängt. Kein Mensch kauft ein Auto, das sich in solch einem Fall einfach spontan abschaltet und mitteilt, dass man zu müde sei, um noch zum nächsten Parkplatz oder nach Sizilien zu fahren. Auch das automatische Ansteuern des nächsten Hotels muss nicht immer zielführend sein, zumal dann, wenn es weiter entfernt liegt als das heimische Bett. Der Fahrer muss, mit anderen Worten, schon ein Einsehen haben und selbst Konsequenzen ziehen. Das Auto muss also »Überzeugungsarbeit« leisten, aber ganz vorsichtig und ohne besserwisserisch zu wirken.

Wie der Regensburger Verkehrswissenschaftler Martin Gründl herausbekommen hat, sind die Ideen für geeignete Methoden zwar vielfältig, aber es besteht »über die Eignung bestimmter Maßnahmen bislang noch keine Einigkeit«. Es könnte piepsen und rumpeln, und der Sitz könnte vibrieren. Eine Stimme könnte aus dem Lautsprecher warnen (»Sie sind müde!«, »Ihr Fahrstil ist unsicher!«, »Du stinkst!«) oder Handlungsempfehlungen geben (»Bitte halten Sie bei der nächsten Gelegenheit und machen Sie eine Pause!«).

Offenbar hat die Autoindustrie aber auch schon Pläne für diejenigen unter uns, bei denen entsprechende Piepstöne und Warnungen allenfalls das Ausschalten der »Aufmerksamkeits- und Müdigkeitskontrolle« zur Folge hätte. Gründl berichtet jedenfalls, dass unter den diskutierten Gegenmaßnahmen auch die Einrichtung eines handlichen Spenders wäre, aus dem bei Bedarf kleine Koffein-Tabletten kullern.

Hatte ich nicht mal eine Espressomaschine erwähnt?

Das Nachtsichtdilemma und der wilde Wilde-Effekt

Es gibt auch Fahrassistenzeinrichtungen, die ein bisschen nach James Bond aussehen. Zum Beispiel im 7er BMW. Da legt man ganz lässig einen Schalter um, auf dem Display vom Navi verschwindet die szeneübliche Karte mit Positionscursor, und an ihrer Stelle baut sich in Sekundenbruchteilen ein ganz unscharfes Schwarzweißbild von der zu durchfahrenden Peripherie auf. Und jede Wärmequelle, sei sie auch noch so schwarzdunkel verkleidet, ist mit einem Mal gleißendes Licht.

»Hier«, sagt man dann zu der jungen Dame, die einem ein gegnerischer Geheimdienst zur Ablenkung ins Auto gesetzt hat, und zeigt mit dem Finger auf den hellen Fleck links oben. »Da kommt gleich ein Reh aus dem Wald, pass mal auf.« Oder man entdeckt, dass hinter dem geparkten Auto auf der rechten Seite offenbar jemand hockt. Ein Hinterhalt. »Sorry Schätzchen, es wird mal kurz etwas ungemütlich. Ich muss wohl einem alten Freund das Rentnerdasein verkürzen«, sagt man dann lässig, legt den vierten Gang ein und überfährt den frechen Angreifer. Sodann schaltet sich Q über den Bordcomputer zu, zum Gratulieren.

Das ist nicht nur cool, es ist auch richtig praktisch. Man braucht nur mal in die einschlägigen Unfallstatistiken zu gucken. 23 Prozent aller Unfälle passieren bei Nacht, 36 Prozent aller Unfälle mit Todesfolge, und dies, obwohl der Autoverkehr nachts deutlich geringer ist. Soweit mir bekannt, geben nicht wenige Wissenschaftler den allnächtlich wiederkehrenden »schlechten Sichtverhältnissen« die Schuld an dieser statistischen Häufung. Nachts ist es nämlich dunkel, wie Studien zeigen. Etwa zwanzig Prozent der Fahrzeuge, die mir auf einsamen Landstraßen entgegenkommen, nutzen aus diesem Grund durchgehend das Fernlicht, das ihnen eine Sicht über etwa 150 Meter beschert (und mir eine Sicht von ungefähr 0,5 Zentimetern, aber das kann denen ja egal sein). Ein wachsender Prozentsatz von Fahrzeugen hilft sich auch durch Einschalten der Handschuhfachinnenbeleuchtung (alternativ zu den Scheinwerfern), was ebenfalls für Überraschungen sorgen kann.

Dem Infrarotgerät im BMW wären solche Idioten kein Hindernis. Alles, was warm ist oder sich nicht in gut isolierte Schneeanzüge gewandet hat, wird aus 300 Metern Entfernung leuchten. Mercedes nutzt eine etwas andere Technik und lässt seine S-Klasse dafür nur 150 Meter weit gucken, selbst wenn das Fernlicht aus ist. Macht beides Sinn, keine Frage.

Es gibt allerdings auch hier Skeptiker. Ich meine jetzt nicht gewisse unverbesserliche Fortschrittsfeinde, sondern die Wissenschaft. »Wenn das Nachtsichtgerät kontinuierlich Bilder anbietet, dann ist das Display ein konstanter Herd der Ablenkung«, warnt etwa der Arbeitspsychologe Josef F. Krems von der Technischen Universität Chemnitz. Ganz gleich, ob das Bild wie beim

BMW über der Mittelkonsole schwebt oder wie bei Mercedes im Tachobereich – die Augen des Fahrers müssten sich ständig umstellen von nah auf fern und von hell auf dunkel, und das würde nicht nur Aufmerksamkeit, sondern auch unglaublich Energie und Zeit kosten. Krems ist sich deshalb nicht sicher, ob bei den Nachtsichtgeräten der derzeitigen Generation die Vorteile schon die Nachteile überwiegen. Es könnte sein, sagt er, dass sie kontraproduktiv wirken, weil Fahrer stark ermüden oder verwirrt werden von der Fülle der Informationen, mit denen sie vielleicht gar nichts anfangen können.

Krems will nicht zu negativ klingen: »Bei den Nachtsichtsystemen befinden wir uns erst am Anfang der Entwicklung. Wir werden in den nächsten Jahren andere, bessere Varianten sehen«, sagt er. Man werde sich an solche Systeme schon noch gewöhnen. Beim Nutzwert dessen, was derzeit auf dem Markt ist, hat Krems allerdings Zweifel. Und er kennt sich aus. »Im Auftrag eincs Fahzeugherstellers« hat er wochenlang Testpersonen durch die Nacht fahren lassen, um herauszufinden, wie die derzeit serienreifen Geräte am Menschen funktionieren. Sein Urteil: Die vorherrschenden Display-Lösungen würden zwar im Einzelfall eine große Hilfe sein, etwa dann, wenn man bei Regenwetter von einem entgegenkommenden Fahrzeug geblendet wird, auf dem kleinen Bildschirm die Personen auf der Fahrbahn aber trotzdem erkennen kann. Ansonsten aber bleibe die Ablenkung enorm. Die Geräte hätten einen Geburtsfehler, meint Krems: »Ein Nachtsichtassistent braucht dem Fahrer eigentlich nicht das Objekt selber zeigen, das vor ihm im Dunkeln liegt«, so der Professor. »Es wäre viel besser, wenn der Fahrer nur im Gefahrenfalle gewarnt wird: Achtung, da vorne links ist irgendwas.« Dazu würde Krems rund um die Windschutzscheibe so eine Art Partybeleuchtung anbringen: viele kleine LED-Leuchten. Wenn man dann durch das Dunkel rast, soll es dort grün blinken, wo der Nachtsichtassistent etwas entdeckt hat, das ungewöhnlich wirkt oder für das Auge möglicherweise schlecht wahrnehmbar ist.

Leider ist so etwas schwer umsetzbar, sagt der Professor. Das liegt nicht allein daran, dass es bis dato für Computer ziemlich schwierig ist, Gefahrenquellen überhaupt als solche zu erkennen. Es liegt auch daran, dass zum Beispiel ein BMW-Kunde vielleicht gar keine Lust hat, 2000,43 Euro (inkl. 19 Prozent Mehrwertsteuer) für ein System auszugeben, bei dem es manchmal ein bisschen grün blinkt. Man möchte schon etwas sehen für sein Geld. Oder vielmehr zeigen. Selbst wenn mal keine feindliche Agentin im Auto sitzt. Der Nachbar wäre zum Beispiel auch gelegentlich zu beeindrucken. Partybeleuchtung hat der aber selber, vor allem zu Weihnachten.

Aber das ist noch nicht mal das größte Problem, das so ein Gerät der Wissenschaft bereitet. Das zweite Problem hat etwas mit der Frage zu tun, wie der Mensch auf die Fähigkeiten des Nachtsichtgeräts reagieren wird. Es könnte nämlich durchaus sein, dass es in diesem Fall endlich mal zu einem ungefilterten »Wilde-Effekt« kommen wird. Was Gerald Wilde, nach dem dieser Effekt benannt ist, sicher sehr erfreuen würde.

Was hat es mit diesem Effekt auf sich? Nun, der kanadische Psychologe behauptet, dass der Mensch immer das gleiche subjektiv gefühlte Risiko eingehen wird, wenn er etwas erreichen will. Ob alte Dame mit Hut oder ambitionierter Sportwagenfahrer: Menschen, die Auto fahren, würden ständig überprüfen, ob sie das ihnen genehme Risikoniveau schon erreicht oder gar überschritten haben und dementsprechend ihre Fahrweise anpassen. Und weil das Risiko, sagt Wilde, auf subjektive Art eingeschätzt wird und maßgeblich davon abhängt, wie wohl und sicher man sich beim Fahren fühlt, werde der Mensch in einem sicheren, wohligen Auto mit höherem objektiven Risiko fahren als in einer unsicheren Schüssel.

Wenn die alte Dame in einem übrig gebliebenen Trabant tuckert, wird sie es also schon bei der Einfahrt auf die Bundesstraße dermaßen mit der Angst zu tun kriegen, dass sie gleich wieder rechts ranfährt und ein Taxi bestellt. Wenn sie aber zufällig ihren Bentley genommen hat (und der Chauffeur hatte gerade frei), dann traut sie sich vielleicht auch 140 Stundenkilometer auf der Autobahn zu – denn in einem Bentley fühlen sich eben 140 km/h an wie 20 km/h in einem Trabbi. Genauso geht es natürlich dem Testosteronjunkie mit Todessehnsucht. Der fährt im alten Käfer vielleicht mit 140 km/h in die Kurve, weil er da das Gefühl des Fliegens kennen lernt. Aber wenn er dann umgestiegen ist in den Mazda MX 5, dann werden ihm 140 Stundenkilometer wie Einparken vorkommen. Aber um so richtig Action pur zu fühlen und ein bisschen Angst zu erleben, muss er den Mazda natürlich völlig anders durch die Gegend jagen als diese umgedrehte Badewanne aus Wolfsburg.

Gerald Wilde stellte seine Theorie weiland anlässlich der Einführung des Antiblockiersystems bei Daimler-Benz vor. Weil das nun mal der Fall sei, werde ABS niemandem auch nur einen Deut mehr Sicherheit bringen, denn die Leute würden jetzt einfach ihren Fahrstil daran anpassen, dass ihr Auto mit ABS ausgerüstet ist. Sie werden schneller in die Kurve fahren und stärker auffahren auf die alte Dame in ihrem Bentley. Sie werden bei Regen erst recht Gas geben und bei Glatteis sowieso. Der Sicherheits-Effekt, den das ABS hätte bringen sollen, werde neutralisiert durch die menschliche Sehnsucht, das Verhalten jeweils an das eigene Risikogefühl anzupassen. Wilde nannte das damals, 1982, Risiko-Homeostase.

Der Wilde-Effekt ist recht umstritten, um es vorsichtig auszudrücken. Die Statistik spreche gegen die Thesen des Herrn Wilde, sagen seine Kritiker: Die Zahl der Unfallopfer sei stark zurückgegangen, trotz erhöhten Verkehrsaufkommens und trotz erhöhter Durchschnittsgeschwindigkeit. Stimmt nicht, sagt Herr Wilde: Die Zahl der Unfälle sei vielleicht punktuell zurückgegangen. Aber die Unfälle hätten sich nur verlagert. Um es für den Beobachter noch etwas verwirrender zu machen, greifen die Sicherheitsingenieure inzwischen den Wilde-Effekt still und heimlich auf und berechnen ihn gleich mit, wenn sie ihre Systeme entwerfen. Sie handeln also aufgrund einer Theorie, die nicht stimmt, um sie dann zu widerlegen. Oder so ähnlich.

Eines der Argumente, das gegen den Wilde-Effekt ins Feld geführt worden ist, müsste aber auch für Wilde selbst akzeptabel sein, denn es nimmt seine Idee eigentlich ernst: Das Antiblockiersystem, sagt dieses Argument, hat etwas zur Sicherung unserer Straßen beigetragen, weil die Menschen, die in Autos unterwegs sind, die Sache mit dem ABS nach einer Weile vergessen haben. Das ist wahrscheinlich tatsächlich so. Heute hat jedes in Deutschland verkaufte Auto ABS, sogar das rumänische Ikea-Mobil Dacia Logan, weil sich die Industrie auf diesen Standard selbst verpflichtet hat. Ein gutes Drittel der Verkehrsteilnehmer hat schon gar keine Ahnung mehr, was das ABS bewirkt, wie sich beim europaweiten »Pisa-Test« für Autofahrer zeigte. Es gibt Leute, die es auf eisiger Piste mit Stotterbremsen versuchen, obwohl ihr Wagen ABS hat.

Es drängt sich also nicht wirklich der Eindruck auf, als würden viele Menschen sagen: »Hey, was soll's, ich habe ja ABS, da kann ich jetzt mal die Sau rauslassen.« Es sagt ja auch keiner: »Mann, irre, diese Kiste hat Scheibenwischer, also fahre ich jetzt mal wie Schumi.«

Was mich jetzt unmittelbar zurück zu den Nachtsichtgeräten und ihrem Anschlussproblem bringt. Denn so ein Nachtsichtgerät, gerade in der derzeitigen Gestalt als abendfüllender Schwarzweißfilm für die Mittelkonsole, macht einem das Vergessen oder Übersehen ziemlich schwer. Alzheimer hilft möglicherweise, aber Alzheimer ist wiederum nicht sehr gut für die Fahrtüchtigkeit. Für alle anderen ist das Nachtsichtgerät immer ungefähr so unauffällig wie Pamela Andersons Oberweite. »Ach, ja, jetzt wo du es sagst, fällt es mir auch auf. Die Frau hat ja doch ziemlich ...«

Und das lenkt nicht nur ab, so eine Pamela vor der Nase, man sieht die Dinge auch plötzlich mit ganz anderen Augen. Dimensionen verschieben sich. Bei dichtestem Nebel zum Beispiel kann man dann plötzlich sehen, was ungefähr 150 Meter vor einem passiert. Also lässt man den Blick durchs Fenster vielleicht gleich bleiben, heftet die Augen auf das Display und fährt dann einfach mit 100 Sachen in diese Nebelwand rein, denn auf dem Display ist ja alles so schön sichtbar gemacht.

Bis auf die gefrorenen Schweinehälften halt. Oder das Loch in der Straße. Oder die drei Typen, die sich einen Spaß damit machen wollten, in sehr, sehr gut isolierenden Schlafsäcken über die Straße zu hüpfen. Die sind für Infrarotkameras leider alle so sichtbar wie ein Eisbär im Schneesturm. Und schon geht man ein in die Unfallstatistik und macht damit immerhin Professor Wilde in Toronto eine Freude.

Professor Krems hat übrigens noch eine ganz einfache Maßnahme gegen Unfälle in der Nacht vorzuschlagen. Er weiß nicht mehr genau, woher diese Zahlen stammten, aber irgendwo hat sein Forschungsteam eine Statistik gefunden, nach welcher immerhin achtzig Prozent der nachts angefahrenen Fußgänger oder Radfahrer dunkle Kleidung getragen haben und damit praktisch unsichtbar waren.

»Wenn die sich bei Aldi für 30 Cent so einen Rückstrahlergurt gekauft hätten, dann würden die noch leben«, sagt Krems. Sicher. Aber das wäre ja noch schöner, wenn wir uns das Leben plötzlich einfach machen würden, oder?

Dazu haben wir uns doch kein Auto gekauft.

Epilog

Eigentlich wollte ich nur ein Auto kaufen.

Und eigentlich ganz sicher nicht dieses. Einen Mercedes ML 280 in Iridiumsilber. Ich glaube, ich erwähnte bereits, dass ich keinen derartigen Sport-Geländewagen benötige, schon weil mir das dafür notwendige Gelände fehlt. Ich bin kein Landwirt und habe auch sonst selten Gelegenheit, mich mit dem Auto von Straßenoberflächen zu entfernen. Zudem, auch darauf hatte ich mehrfach hingewiesen, erscheint mir so ein Mercedes ML – oder jedes andere so genannte »Sport Utility Vehicle« – einfach zu groß für meinen täglichen Bedarf. Wenn ich Schulklassen zu transportieren habe, nehme ich den Gelenkbus. Schrankwände lasse ich liefern.

Aber jetzt stehe ich doch vor dem Wagen, die Fahrzeugschlüssel probeweise in der Hand, und bin, ich gebe es zu, ein bisschen beeindruckt. Dieser ML ist das erste Auto in meinem Erfahrungsschatz, das selber zugibt, dass es eigentlich zu groß geraten ist. Wenn er geparkt wird, dann klappen sich beim ML die Seitenspiegel automatisch an. Das wirkt wie das instinktive Bücken, das man bei groß gewachsenen Menschen beobachtet, wenn sie durch eine Tür gehen; aber es ist doch etwas ganz anderes. Hier geht es schließlich nicht um Selbstschutz; dafür wäre es ja nach dem Einparken schon zu spät. Nein, das automatische Einklappen der Seitenspiegel ist die notwendige Vorbedingung darauf, dass diese sich später wieder aufklappen können, wenn man losfahren will. Um dieses Aufklappen geht es. Es ist eine wunderbar kleine Geste, aber sie macht den Mitfahrern und der Umwelt des Wagens völlig unmissverständlich klar, dass es sich hier um einen großen, mächtigen Wagen handelt. Das Ausklappen ist so eine Art automatische Kurz-Balz. Das Auto macht den Pfau.

So recht ausgiebig mag ich den Mercedes jetzt allerdings gar nicht bewundern, jedenfalls nicht von außen. Es regnet nämlich heftig. Es ist kalt. Erbärmliches Wetter. Auf den Straßen stehen riesige Pfützen, in denen sich mitten am Tag die Beleuchtung spiegelt. Ich steige lieber ein in (oder besser: hinauf auf) den Wagen, den ich eigentlich nicht kaufen möchte, weil er eigentlich zu groß ist. Aber man soll sich bekanntlich nicht von vorneherein einem Konzept verschließen, und ich lasse mich jetzt mal darauf ein. Die Tür fällt satt ins Schloss. Der Lärm der Straße verstummt daraufhin. Nur noch gedämpft höre ich den Regen und das Zischen von Reifen auf Wasser von der nahen Straße. Die Außenwelt klingt jedoch nicht nur entrückt. Sie hat sich auch sonst entfernt. Vor allem ist sie nach unten weggesackt. Ich sitze jetzt immerhin auf gut 75 Zentimetern über Normalniveau, das ist beinahe wie bei Transportern. Rund um mich herum herrscht aber keine Nutzfahrzeugatmosphäre, sondern wurzelholzwohnliche Wärme. Schwarz und matt das Leder, samtig weich die Armaturen. Alles wirkt klar, sauber und edel. »Willkommen zuhause«, hat es mal geheißen in einer genialen Mercedes-Werbung.

Und wie Recht sie doch hatten. Selbst wenn mir einiges eigenartig vorkommt: Ich sitze in einem fremden Auto, kaum ein Schalter oder Hebel, den ich schon ausprobiert hätte, und doch ist mir alles gleich geläufig. Instinktiv stecke ich etwa den Schlüssel in die Vertiefung, die Mercedes-Benz vom Schlüsselloch übrig gelassen hat, drehe daran herum und lasse den Diesel an. Auch der Motor klingt nur wie aus dem Hintergrund, ein leises Summen oder Rauschen, das nicht mal entfernt an Trecker-Tuckern erinnert. Meine Rechte nestelt an einem Hebel, ich drehe ein wenig daran, und die Scheibenwischer klären das Blickfeld. Links vorne ein Drehschalter mit den üblichen Symbolen. Ich bediene sie, das Licht geht an. Ich drücke auch gleich den richtigen Knopf am Multifunktionsdisplay, und ein Bildschirm erwacht zum Leben. Ich greife in die Innentasche meines Mantels. Mein alter Kumpel Lutz Göllner, Journalist in Berlin, vor allem aber mein wandelndes Lexikon der Populärkultur, hat mir seine fünf schönsten Autosongs zur Probefahrt mitgeschickt. Ich schiebe die Scheibe in den CD-Schlitz. Sie verschwindet. »Highway to Hell« brettert los. Na, dann fahre ich doch mal hinterher.

Es geht wie von selbst. Der Mercedes ML ist ursprünglich wohl für Amerikaner gebaut, deshalb gibt es ihn gar nicht erst als Schaltwagen. Die Sieben-Gang-Automatik zieht mich dermaßen ruckfrei in den allgemeinen Straßenverkehr, dass ich den Wechsel der Getriebegänge kaum bemerke. Schnell bin ich auf 60 Stundenkilometern und gondele auf der Ausfallstraße Richtung Autobahn. So schön also kann Autofahren sein. So anstrengungsarm. So entspannend. Von hier oben wirkt die Welt da draußen ganz klein. Die Minivans um mich herum sind nur noch Minis, die Kompaktwagen wirken wie Autoscooter. Sie benehmen sich auch alle so. Wo ich auftauche, wird Platz gemacht.

Keiner, der vor mir schnell noch aus einer Ausfahrt kommt. Niemand, der mich zu schneiden versucht. Als wäre ich zu einem anderen Menschen mutiert.

Die Sitzheizung hat begonnen, den Ledersitz unter mir zur Fango-Packung zu machen. Ich stelle sie noch ein wenig höher. Es zwickt mich bei solchem Wetter gerne im Kreuz. Meine Linke hat die beiden Kontrollwippen gefunden, die den Sitz über viele kleine Motoren heben, senken, kippen, nach vorne oder nach hinten rutschen lassen. Es dauert eine Weile, bis ich meine neue Lieblingshaltung gefunden habe: Da hänge ich breitbeinig und lässig auf dem Führerbock, der Oberkörper weit nach hinten in den Fahrersitz gekippt, und ich lache dazu, denn ich fahre wie ein kleiner Junge die Pfützen ab, die sich rechts am Straßenrand gebildet haben. Wusch, macht es da. Wusch, immer wieder. Manchmal gelingt es mir, das Wasser bis auf meine Windschutzscheibe prasseln zu lassen – ansonsten kann ich zumindest Fußgänger wegspringen sehen. Bei manchem Loch habe ich das Gefühl, dass sich eine Badewannenladung über den Bürgersteig ergießt.

Aber dann ist die Autobahn dran. Es ist zum Glück nicht viel Verkehr, da kann ich mal ausprobieren, was unter der riesigen Motorhaube steckt. Ich lasse Revue passieren, was man mir erklärt hat. Dieselmotor mit Common-Rail-Direkteinspritzung, 190 PS, maximales Drehmoment 440 Newtonmeter; ein bisschen untermotorisiert für meinen Geschmack, aber es gäbe da ja noch den 320 CDI, der hat schon 224 PS, vielleicht sollte ich …

Später. Jetzt will ich genießen. Der Regen prasselt derart heftig auf die Fahrbahn, dass ich es bei 180 km/h einmal bewenden lasse. Ich will den Wagen nicht gleich in die Leitplanken fahren. Und außerdem bin ich auch ohnedies der Schnellste. So etwas kann halt nicht jeder. So schnell durch die Wassermassen fahren. Jetzt komme mir keiner mit dem Aquaplaning: Ich bin einfach angenehm schwer mit diesem ML. 2,2 Tonnen liegen satt auf der Straße. Dazu der permanente Allradantrieb und das elektronische Traktions-System: Ich nehme auf dieser kaum befahrbaren Piste allenfalls zur Kenntnis, dass der Wagen sich hin und wieder automatisch fängt, wenn er mal ein wenig ins Schwimmen gekommen ist. Aber sonst brauche ich noch nicht mal am Lenkrad richtig zupacken. Das Schalten, Sichern, die erwünschte Richtung finden, das alles macht der Wagen ganz von selbst. Ich kann mich total entspannen.

Die Beach Boys sind dran. »Fun, Fun, Fun« tönt es harmonisch aus acht Lautsprechern. War es nicht das, was ich gesucht hatte? Den Spaß, in einer der letzten Domänen unbekümmerter Freude? Und so gibt mein Großhirn die Kontrolle ab an den dämlichen Reptilienkomplex und wischt kleine Zweifel bezüglich eines gewissen Wilde-Effekts beiseite. Ebenso wie die Furcht vor der Beschleunigungsenergie. Es lässt für einen Moment Revue passieren, was meine Nebenniere jetzt wahrscheinlich in die Blutbahnen ausschüttet, ohne dass mich das aber noch beirren kann. Dann reißt mich der Gedankenfluss über die Kreisverkehre und die Mittelspurschleicher hinweg in jene beinahe kindliche Freude hinein: Ich darf in einem gigantischen Multifunktions-Spielzeug an einem ebenso gigantischen Experiment teilnehmen, einfach ganz »Ich« sein und doch so etwas wie ein Halbgott, Herr über Leben und Tod und den Autobahnabschnitt, unaufhaltsam, entzückt, entrückt und ganz erfüllt vom Fahrerglück.

Und darum ging es mir.

Glossar

Blaupunkt-Baken Seinerzeit von der Firma Blaupunkt installierte Baken, die Funksignale von sich gaben. Damit wollten sie den frühen Navigationssystemen eine Idee davon vermitteln, wo sich deren Fahrzeug gerade befand. Es gab nämlich noch keine Baken für alle im All, sprich: Satelliten.

Common-Rail-Direkteinspritzung Moderne Technik, mit der die Zylinder eines Dieselmotors mit Kraftstoff versorgt werden. Bei der Common-Rail-Einspritzung werden alle Zylinder über eine einzige Versorgungsleitung (»common rail«) angesteuert, im Gegensatz zum konventionellen Motor, in dem jeder Zylinder seine eigene Treibstoffzufuhr hat. Das Mitte der 90er Jahre erstmals von Fiat erprobte System erlaubt eine wesentlich feinere Justierung der Treibstoffzufuhr mit sehr hohem Druck, was zu besseren Motorlaufeigenschaften und einer vollständigeren, also umweltfreundlicheren Verbrennung führt.

Dolly Buster Tschechische Schauspielerin, Jahrgang 1969, eigentlich Kateřina Nora Bochníčková. Berühmt geworden als Darstellerin in Sexfilmen, durch ihre künstliche Oberweite und ihren Witz. Deshalb auch nach Beendigung ihrer Filmkarriere ständig im Fernsehen zu sehen. Betreibt eine eigene Porno-Produktion und -Verkaufskette. Zudem blonde Buchautorin, aber nicht zu verwechseln mit ➤ Eva Herrmann.

Drive-Thru Verkaufskonzept bestimmter Hamburger-Ketten: Man fährt erst an einem Mikrophon vor und bestellt, bezahlt dann an einem Seitenfenster des Imbiss-Gebäudes und erhält an einem zweiten Fenster seine Waren. So kann man Essen bestellen und bezahlen, ohne das Auto verlassen zu müssen.

Easy-Entry-Hilfe Sonderausstattung bei Dreitürern, z. B. bei bestimmten VW- und Audi-Modellen, durch die der Ein- und Ausstieg für die hinteren Sitze erleichtert wird. Beim Vorklappen der Lehne fahren die Frontsitze automatisch nach vorn, danach wieder zurück auf die zuvor eingestellte Sitzposition.

Elektromyogramm Medizinisches Verfahren zur Messung von Muskelströmen. Mittels Scheiben- oder Nadelelektroden werden die elektrischen Ströme im Muskel im Ruhezustand und bei Anspannung gemessen. Die aufgenommenen Impulse werden auf einem Bildschirm als Wellenmuster angezeigt. Bestimmte Wellenmuster können auf Muskel- oder Nervenerkrankungen hinweisen.

Elektronisches Traktions-System Traktion ist die Fähigkeit eines Autos, die Antriebskraft auch in Beschleunigung umzusetzen. Elektronische Traktions-Systeme sorgen bei Oberklasse-Fahrzeugen dafür, dass beim Beschleunigen auch auf schwierigen Oberflächen nichts schiefgeht, also kein Rad durchdreht, der Wagen nicht ausbricht oder abhebt. Dabei bremst oder beschleunigt eine Computersteuerung einzelne Räder oder greift in den Motor ein.

Endorphin(e) Auch als »Opium des Gehirns« bezeichnet, obwohl Opium streng genommen umgekehrt das Endorphin der Natur ist. Endorphine sind bei der Schmerzbewältigung des Körpers involviert, zum Beispiel dann, wenn Unfallopfer trotz klaffender Wunden keine Schmerzen empfinden. Es gilt als sicher, dass Endorphine auch etwas mit Glücksgefühlen und Euphorie zu tun haben. Zudem werden durch die Neurohormone auch der Ausstoß von Sexualhormonen und Hungergefühle gesteuert. Endorphine werden bei Stress, aber auch bei positiven Glücksmomenten ausgeschüttet.

Ethanol Landläufig auch als Alkohol bezeichnet. Die Produktion von Ethanol als Kraftstoff für Autos wird seit vielen Jahren in Brasilien und seit einigen Jahren in den USA und in Europa gefördert. Weil Ethanol aus Pflanzen hergestellt werden kann, kann es ohne negative Auswirkung für den globalen CO_2-Haushalt verbrannt werden. Umstritten ist der »Bio-Kraftstoff« allerdings, weil zur industriellen Herstellung große Anbauflächen gebraucht werden.

Eva Herrmann Ehemalige Nachrichtenvorleserin der ARD, Jahrgang 1958. Schreibt sich selbst schick und modern »Eva Herman«, dafür aber umso konservativer über Glauben, Erziehung und die fehlgeleitete moderne Frau. Wurde im Sommerloch 2006 viel diskutiert, aber völlig überbewertet.

Fliewatüüt Das Fliewatüüt, eine Erfindung des Drittklässlers Tobbi, konnte fliegen (Flie), auf Wasser (wa), aber auch wie ein Auto auf Straßen fahren (tüüt). Gebaut durch den Roboter Robbi, wurde das Fliewatüüt mit Himbeersirup angetrieben. Erdacht wurde das Ganze von Boy Lornsen (1922–1995), einem genialen Kinderbuchautoren, der auf Sylt lebte. Berühmt ist die Geschichte nicht zuletzt dank der Verfilmung durch den WDR.

Florian Silbereisen Blonder Almdudler aus Bayern. Jahrgang 1981, jedoch schon als Zehnjähriger zum Volksmusikanten vergreist. Seit 1999 nicht mehr von deutschen Fernsehbildschirmen wegzudenken, u. a. als Moderator der samstagabendlichen ARD-»Feste der Volksmusik«. Singt, lächelt, redet sehr langsam und mit begrenztem Wortschatz. Eine große Fernsehkarriere ist somit unvermeidlich.

Follikulitis Entzündung im oberen Bereich der Haarwurzelscheide, die durch Bakterien oder bestimmte Pilze hervorgerufen wird. Eine Follikulitis erkennt man an juckenden Knötchen oder stecknadelgroßen Pusteln, die etwa im Bartbereich, am Gesäß oder an den Oberschenkeln auftauchen. Der Besuch eines Arztes sowie Bemühungen um Körperpflege sind empfehlenswert.

GPS Global Positioning System. Gemeinhin Bezeichnung für das in den Neunzigern von den US-Streitkräften entwickelte System von mindestens 24 Satelliten, die um die Erde kreisen. Sie geben zur genau gleichen Zeit Signale ab. Aus den unterschiedlichen Laufzeiten der Signale lässt sich – von einem Computer jedenfalls – die Position des Empfängers auf der Erde errechnen, sobald vier Satelliten anpeilbar sind. Seit 1995 ist das GPS auch für den zivilen Gebrauch freigegeben. Seit dem Jahr 2000 lassen sich Positionen auf 10 Meter genau feststellen. Die Europäer installieren trotzdem ein Nachfolgesystem namens Gallileo.

Hansi Hinterseer Österreichischer Skifahrer, Jahrgang 1954. Weil das Bergabfahren irgendwann nicht mehr reichte, begann Hinterseer eine Karriere in der leichten (Volks-)Muse und trat sogar vereinzelt als Schauspieler auf. Leicht zu verwechseln mit ➤ Florian Silbereisen, der aber erstens langsamer spricht und zweitens deutlich jünger ist.

Hardtop Gegenteil von Softtop. Das Cabrio-Verdeck aus Metall oder Plastik gibt es schon seit Jahrzehnten. Früher wurde das Hardtop im

Herbst aufmontiert und im Frühjahr zurück in die Garage gestellt, denn im Sommer fuhr ein Cabrio dank aufklappbarem Stoffverdeck möglichst offen. Neuerdings lassen sich auch Hardtops falten und im Kofferraum versenken.

Häuptling Seattle Führer der Suquamish und Duwamish, zweier indianischer Stämme, die im heutigen US-Bundesstaat Washington leben. Gestorben 1866. Wurde berühmt durch eine Rede, die er 1854 bei Vertragsverhandlungen mit dem damaligen Territorial-Gouverneur Stevens hielt. Der viel zitierte Text dieser Rede (»Wir sind ein Teil der Erde, und sie ist ein Teil von uns. Die duftenden Blumen sind unsere Schwestern ...«) stammt allerdings nicht von ihm, sondern von Ted Perry, dem Script-Autoren des Hollywood-Films »Home«, und wurde 1971 verfasst.

Head-Up-Display Anzeigetechnik, die aus dem Kampfflugzeug-Bereich bekannt ist, jetzt aber auch in einigen BMW-Spitzenmodellen als Sonderausstattung angeboten wird. Informationen wie etwa die Geschwindigkeit oder ein Navigationspfeil werden auf die Innenseite der Windschutzscheibe projiziert. Vorteil: Man muss nicht mehr nach unten gucken. Nachteil: Die Anzeige stört beim Rausschauen.

Hedgefond Riskantes Anlageprodukt am Kapitalmarkt. Ein Hedgefond sammelt Geld, um es mit dem Ziel möglichst schneller Gewinnmaximierung zu re-investieren. Dabei stehen dem Fondsmanager – anders als bei klassischen Investment-Fonds – praktisch alle Spekulationsmöglichkeiten offen, etwa Wetten auf fallende Märkte. Damit gehen Hedgefonds zwar hohe Risiken ein, bieten aber auch hohe Gewinnmöglichkeiten. Langfristige strategische Überlegungen, etwa die Fortentwicklung eines Unternehmens oder Rücksichtname auf die Belegschaft, sind Hedgefonds dagegen fremd.

Hybrid-Technik Kombination zweier Antriebe, meistens von Benzin- und Elektromotor, wobei sich dessen Batterien etwa beim Bremsen selbst aufladen. Per Hybrid wird der Energieverbrauch heute um bis zu 30 Prozent gesenkt – die Entwickler sehen aber durchaus noch Steigerungsmöglichkeiten. Kritiker warnen derweil, dass sich der hohe Aufwand der Hybrid-Technik nicht durch den Spar-Effekt aufwiegen lässt. Deshalb hatte die deutsche Autoindustrie sich auch nicht groß um die Hybrid-Technik gekümmert. Seit die Japaner damit Geld verdienen, ziehen VW, Mercedes und Co. aber nach.

Hypothalamus Im Zwischenhirn liegendes Kontrollzentrum des Gehirns, das eine Vielzahl von Funktionen des vegetativen Nervensystems steuert, beispielsweise den Wärmehaushalt des Körpers. Der Hypothalamus bewirkt aber auch die Ausschüttung von Hormonen und anderen Botenstoffen. Zudem ist hier unser Durst beheimatet.

Kant'scher Imperativ Der Kategorische Imperativ Immanuel Kants ist eine ethische Regel, die im deutschen Sprachraum auch gerne zu einem Sprichwort verkürzt wird: »Was du nicht willst, das man dir tu, das füg auch keinem andern zu.« In Kants »Metaphysik der Sitten«, wo der Imperativ diskutiert wird, finden sich mehrere Formulierungen des gleichen Gedankens, aber selbstverständlich akademischer ausgedrückt. Etwa: »Handle nur nach derjenigen Maxime, durch die du zugleich wollen kannst, daß sie allgemeines Gesetz werde.«

Katecholamine Bestimmte Botenstoffe des Körpers, z. B. Adrenalin, Noradrenalin. Sie hemmen die Verdauung, steigern die Herzaktivität und die Muskeldurchblutung und hemmen die Insulinausschüttung. Adrenalin erhöht zusätzlich den Blutzuckerspiegel. Sinn der Übung ist die Vorbereitung des Körpers auf irgendeine Aktivität, die meistens aus einer Stress-Situation herrührt.

Kernspintomograph Auch Magnetresonanztomograph genannt, um bloß nicht mit einem Kernkraftwerk verwechselt zu werden. Ist aber nichts Schlimmes, sondern ein Verfahren zur Aufnahme von Schnittbildern des (menschlichen) Körpers, das sich bestimmte magnetische Eigenschaften von Wasseratomen (daher der »Kernspin«) zu Nutzen macht. Ein Kernspintomograph liefert Bilder, die sich mit Röntgenstrahlen nicht erzeugen ließen. Macht einen Höllenlärm, ist aber völlig harmlos.

Macramé Orientalische Knüpftechnik. Begeisterte in den späten Siebzigern große Teile der bundesrepublikanischen Volkshochschul-Gemeinde, die dank Macramé ganze Wohnzimmer mit Wandknüpfarrangements und Blumenampeln schmückte. Merke: Es gibt Trägerfäden und Arbeitsfäden. Nur Arbeitsfäden bilden Knoten. Trägerfäden machen nie Schlaufen.

Mechatroniker Seit 1998 anerkannte Berufsbezeichnung für einen Ausbildungsberuf, in dem die klassischen Berufe des Mechanikers und Elektrotechnikers weitgehend Aufnahme fanden. Für die früheren Kfz-Mechaniker gibt es seit 2003 entsprechend den Kfz-Mechatroniker. Deutschland ist nämlich modern.

Molwanien Weltberühmter, allerdings nicht existenter Staat irgendwo östlich von Rumänien. Wird in dem gleichnamigen fiktiven Reiseführer von Santo Cilauro, Tom Gleisner, Rob Sitch und Gisbert Haefs als

»Land des schadhaften Lächelns« gepriesen. Auf Molwanien vereinigen sich wahrscheinlich sämtliche Vorurteile gegen (süd-)osteuropäische Länder.

Neocortex Auch Neopallium genannt. Größter und jüngster Teil des Großhirns, gern (und wahrscheinlich irrtümlich) als »Hort der Intelligenz« missverstanden. Immerhin: Nur Säugetiere haben einen Neocortex, dieser ist evolutionsbiologisch also noch recht jung. Dank der vielen Falten des Neocortex können Menschen gemeinhin lernen, Verbindungen ziehen, kombinieren und nachdenken. Auch die Analyse der Sinneswahrnehmungen wird vermutlich im Neocortex vorgenommen.

Pneumothorax Im Einzelfall lebensgefährliches Eintreten von Luft in den Spalt zwischen den beiden Schichten des Lungenfells. Kann zum Zusammenfallen eines oder beider Lungenflügel führen. Verbreitete Unfallfolge.

Scarlett Johansson Amerikanische Schauspielerin, Jahrgang 1984. International bekannt geworden 2003 durch ihre Rolle in »Lost in Translation« an der Seite Bill Murrays. Im gleichen Jahr brillierte sie in »Das Mädchen mit dem Perlenohrring« in der Titelrolle. Von Woody Allen, der mit ihr »Match Point« und »Scoop« drehte, mehrfach und erfolgreich zur schönsten Frau der Welt nominiert.

Sebastian Haffner Deutscher Journalist, Publizist und Historiker, 1907–1999. Eigentlich Raimund Pretzel. Er floh 1938 vor den Nazis nach England, wo der Journalist den Namen Sebastian Haffner annahm, um seine Familie in Deutschland vor Verfolgung zu schützen. Schrieb für den Observer, die Welt und den Stern, später aber vor allem Bücher. Berühmt wurde Haffner insbesondere durch seine »Anmerkungen zu Hitler«, die 1978 erschienen.

Serotonin Botenstoff (Neurotransmitter) im zentralen Nervensystem. Serotonin bewirkt eine Verengung der Blutgefäße und steuert den Gemütszustand, Schlafrhythmus, Sexualtrieb und die Temperatur im Körper. Die Wirkungsweise auf den Gemütszustand ist umstritten.

Tai Chi Eigentlich Tai Chi Chuan. Uralte chinesische Kampfsportart, die aber vor allem meditativen Charakter hat. Im Tai Chi wirkt die Lebenskraft (chinesisch »Qi« oder »Chi«) als Energiequelle für den Alltag wie für Notwehrsituationen. Tai-Chi-Anhänger erkennt man von weitem, wenn sie o-beinig, aber sehr konzentriert im Stadtpark schattenboxen.

Telematik Die Verknüpfung von Telekommunikation und Informatik. Für Autos könnten Telematik-Systeme etwa die Kenntnisse eines Navigationssystems der nächsten Generation mit der Fahrzeugtechnik verknüpfen: Das Auto würde automatisch abbremsen, wenn der Navi einen Stau hinter der nächsten Kurve meldet oder feststellt, dass das Auto zu schnell ist für die Kurve, die vor dem Wagen liegt. So etwas bleibt aber noch eine Weile Zukunftsmusik.

Testosteron Das wichtigste männliche Geschlechtshormon, ist es doch für die Entwicklung von Geschlechtsorganen und Spermien sowie für tiefe Stimme und schöne Brustbehaarung zuständig. Auch Frauen brauchen Testosteron, hilft es doch beim Wachstum von Knochen und Muskulatur, im Einzelfall auch beim Damenbart. Ein hoher Testosteronwert fördert zudem dominante und aggressive Verhaltensweisen nebst Begattungsdrang, was evolutionsbiologisch Sinn macht, heute aber manchmal nervt.

Tiptronic Gewissermaßen die Schaltung beim Automatikgetriebe, meist (und daher der Name) in Form von Tippschaltern am Lenkrad angebracht, sonst auch schon mal an einem Hebel in der Mittelkonsole. Funktioniert ganz einfach. Man tippt den Knopf an, das Getriebe schaltet. Die Idee der Tiptronic ist schon etwas komplexer: Sie ist erdacht für Leute, denen die Automatik manchmal zu lahm hoch- oder runterschaltet. Die können das Auto dann per Knopfdruck in Gang bringen.

Torsen-Differenzial/Zentral-Differenzial Mal etwas grob gesagt, weil es sonst zu kompliziert wird: Über das Differenzial, auch Ausgleichsgetriebe genannt, verteilt sich bei allen modernen Autos die Kraft gleichmäßig auf die Antriebsräder. Das ist vor allem in Kurven gar nicht so einfach, wird aber von einer Handvoll konischer Zahnräder, soweit richtig angeordnet, recht ordentlich erledigt. Komplizierter als beim üblichen Vorder- oder Hinterradantrieb wird der Job des Differenzials bei Allradantrieben. Da muss das Drehmoment auch noch gerecht zwischen Vorder- und Rückachse verteilt werden. Häufig wird dazu ein Zentral-Differenzial zwischen die Achsen gesetzt. Bei einigen neueren Autos findet man an dieser Stelle ein komplexes Differenzial vom Typ Torsen (»*Torque sensitive*«).

Videobeamer Der Filmvorführprojektor des Multimedia-Zeitalters. Wirft alles, was auf einen Bildschirm passt, auf eine Leinwand. Zum Beispiel den Inhalt einer Video-DVD.